KB049000

검도철학

이상호 지음

A PHILOSOPHY OF
KUMDO

박영사

가장 따듯하고 사랑스러운 아내 정순경에게

나에게 검도란 여유(餘裕)이다.

검도란 검으로 상대를 이기는 것이 아니라, 표층적으로 드러난 나의
마음(경구의혹)을 버림으로써 심층적 마음(차별하지 않는 보편마음)
이 갖는 위대함의 깊이를 발견하는 것이다.

－검도를 즐기는 나의 아들 재민, 재영에게－

책을 내면서

    1989년 어느 화창한 봄날 걸어가는 길에 보인 검도도장 간판은 저자로 하여금 검도를 배우고 싶다는 생각을 들게 하였다. 그 이후 검도수행은 나의 일상적인 삶과 태도에 많은 영향을 미쳤다. 지속적인 검도수행은 나 자신에게 다양한 질문을 던져 주었다. 처음에는 경기에서 승리를 위한 검도기술에 관심이 있었지만, 시간이 지남에 따라 검도란 나에게 무엇인가? 검도를 어떻게 이해해야 하는가? 검도의 아름다움은 어디에 있는가? 등의 철학적 질문으로 이어졌다. 그 답을 찾기 위해 저자는 검도관련 서적을 찾아보았다. 그러나 검도기술과 관련된 책은 많이 있었지만, 나의 철학적 질문에 답을 주는 검도철학과 관련된 책은 상대적으로 찾기 힘들었다.

    검도철학과 관련된 책의 부재는 저자로 하여금 검도철학에 대한 학문적 관심을 갖게 했다. 그리고 이는 그 당시 다니던 게임회사를 그만 두고 늦깎이로 대학원에 진학하여 무도철학을 공부하는 계기가 되었다. 석사 과정에서 저자는 동양무도의 핵심적인 용어인 기(氣)가 어떻게 작동하는지를 서구적 개념으로 설명하고 싶었으며 이를 위해 스피노자(Spinoza)의 저서인 『에티카(Ethica)』에 보인 신체관을 연구하였다. 저자는 그 책에서 스피노자가 언급한 몸과 마음의 합일에서 나오는 힘, 즉 코나투스(Conatus)가 무도에서의 기(氣)를 설명하는 데 충분히 설득력을 갖는다고 생각하였다. 그리고 박사 과정에서 저자의 관심은 검도깨달음의 문제였다. 검도의 궁극적인 목적이 검도를 통한 깨달음이라면, 그 깨달음의 과정을 설득력 있게 해명해야 한다고 생각하였다. 검도깨달음의 과정을 모르는데 검도깨달음을 획득하기란 논리적으로 말이 되지 않았기 때문이다. 이를 위해 현상학의 방법으로 검도깨달음의 구조를 연구하였다. 그 이후로도 저자는 지속적으로 검도철학 및 무도철학과 관련된 논의를 연구하고 발표하였다. 이와 같이 저자에게 검도수행은 철학적 질문을 던지는 선생이며, 나는 선생의 질문에 답을 찾기 위해 지금도 노력하는 학생이다.

　　물론 다른 검도수행자들도 자신의 검도수행이 진행됨에 따라 검도기술의 증진뿐만 아니라, 검도가 자신의 일상적인 삶에 어떤 의미인지 질문을 던지고 답을 찾으려고 한다. 이 과정 속에서 검도수행자는 다른 사람에게 자신의 검도철학을 설명하거나 그로부터 요구받기도 한다. 그런데 다른 누군가로부터 당신의 검도철학이 무엇인지 질문을 받으면 즉각적으로 답하기란 쉽지 않다. 그 이유는 검도수행자가 검도철학을 무언가 대단한 것으로 미리 설정하거나, 그것을 언급하기 위해서는 오랜 검도수행이 뒷받침되어야 한다고 생각하기 때문이다. 그러나 검도철학은 검도수행의 높고 낮음과 관계가 없다. 검도철학은 검도수행자 자신의 검도수행 과정에 나타난 의문에 질문을 던지고 답을 찾으려는 노력과 의지만 있으면 된다. 검도철학은 검도수행자 자신의 검도경험의 과정 속에서 만들어가는 것이지 완성된 것이 아니기 때문이다.

　　검도수행자가 알고 있는 평상심(平常心), 경구의혹(驚懼疑惑), 수파리(守破離), 백련자득(百鍊自得), 검선일여(劍禪一如) 등 다양한 검도철학의 내용도 과거 검도수행자 경험의 결과물이지, 그들 또한 처음부터 그것을 목적으로 수행하지 않았다. 이러한 사실을 토대로 오늘날의 검도수행자는 검도철학에 대한 새로운 인식 전환이 필요하다. 먼저 우리는 기존에 언급된 검도철학의 내용을 이해하기 이전에 지금 검도하는 자신의 검도움직임에 먼저 질문을 던져야 한다. 검도철학은 지금 자신의 검도수행의 움직임에서 갖게 된 의문과 경험을 근거로 하는 질문과 답으로 구성되어야 한다. 이는 검도수행의 깊이 정도와 상관이 없다. 이 책은 저자의 검도수행의 과정에서 수반된 자신의 검도움직임과 경험에서 질문을 하고, 많은 선생님과 동료들과의 이야기에서 나온 결과물이다. 따라서 이 책은 모든 검도를 관통하는 검도철학의 내용이기보다는 저자 자신이 검도를 설명하는 하나의 검도철학(A Philosophy of Kumdo)이라는 것이 정확한 표현이다.

　일상적인 삶 때문에 지속적인 검도수행이 부족한 상황에서 과연 저자가 검도철학을 언급하는 것이 타당한가의 근본적인 회의가 없는 것이 아니다. 그럼에도 검도철학이라는 제목으로 한 권의 책을 세상에 내놓는 이유는 검도철학의 연구를 통해 알게 된 앎이 저자의 평생검도의 동력으로 작동하였기 때문이다. 이러한 원동력에서 출발한 저자의 이 책은 충분히 다른 검도수행자에게도 도움이 될 수 있을 것이다. 저자의 검도철학에 대해 다른 검도수행자의 비판과 격려가 있다면, 차후 검도철학 내용을 더 풍부하게 만들어갈 수 있을 것이다. 그러나 그 이전에 저자의 검도철학의 설명이 어렵지 않고, 독자들에게 쉽게 전달되어야 하는데 걱정이 앞서는 것 또한 사실이다.

　본 저서는 이미 학술지에 발표한 글을 새롭게 수정하여 완성하였다. 다만 8장 조선세법과 14장 윤리부분은 이 책을 위해 새롭게 추가하였다. 목록 중 공동저자의 논문을 단독으로 내는 것에 기꺼이 허락해

주신 동아대 이동건 교수님, 국립목포대 박동철 교수님에게 감사드린다. 논문과 본 저서를 구성하는 논문의 출처는 다음과 같다.

1장: 검도철학에 대한 일 고찰. 움직임의 철학: 한국체육철학회지. 2017. 25권 제1권, 197-213.

2장: 검도철학에 대한 일 고찰(Ⅱ)-몸, 움직임, 반성과 경험을 중심으로-. 움직임의 철학: 한국체육철학회지. 2017. 25권 제2호, 139-159.

3장: 검도철학에 대한 일 고찰(Ⅲ)-검도에서의 깨달음의 의미와 방법-. 움직임의 철학: 한국체육철학회지. 2018. 26권 제3호, 65-79.

4장: 검도깨달음의 구조에 관한 연구-후설(Husserl)의 현상학적 관점에서-. 대한무도학회지. 2012. 14권 1호, 35-49.

5장: Phenomenology of Kumdo: Surprise, Fear, Suspicion, and Bewilderment. 대한 무도학회 국제학술대회(2012. 11. 21).

6장: 검도에서 무의식 행위-Husserl의 발생론적 현상학을 중심으로-. 움직임의 철학: 한국체육철학회지. 2009. 제17권 제4호, 1-17.

7장: 『화랑세기』에 보이는 검도의 해석학적 함의. 대한무도학회지. 2013. 제15권 제2호, 67-82.

9장: 검도에서 아레테와 덕(德)의 의미. 움직임의 철학: 한국체육철학회지. 2010. 제18권 제2호, 1-18.

10장: 검도실천자의 미적 체험구조. 움직임의 철학: 한국체육철학회지. 2010. 제18권 제3호, 1-18.

11장: 검도관전자의 미적 체험구조. 움직임의 철학: 한국체육철학회지. 2011. 제19권 제2호, 1-19.

12장: 검도심판자의 미적 체험구조. 움직임의 철학: 한국체육철학회지. 2011.

제19권 제4호, 1-17.

13장: 검도철학에 대한 일 고찰(Ⅳ) -검도윤리의 이론적 검토와 실천적 방법-.
움직임의 철학: 한국체육철학회지. 2020. 28권 제4호, 91- 106.

각 논문의 내용과 순서는 유지하였으나, 책 구성에 맞게 많은 부분을 새롭게 수정 및 보완하였다.

이 책은 많은 분의 관심과 도움으로 완성되었다. 동아대학교 이동건 교수님은 필자의 학문적 출발과 성장 과정에 큰 도움을 주셨다. 그는 늦깎이 학생을 기꺼이 제자로 받아주시고, 스포츠철학의 시각을 이끌어 주신 분이다. 또한 강동균 교수님의 불교 가르침도 역시 잊을 수 없다. 그의 불교 가르침은 검선일여(劍禪一如)의 개념 등 검도철학을 이해하는 데 많은 도움이 되었다. 특히 유식학(唯識學, Yogacara)의 공부는 저자에게 검도의 무심(無心)과 심층마음의 작동을 이해하는 데 유익한 인식론적 틀을 제공하였다.

경상대 심리학과 이 양 교수님의 배려 또한 잊을 수 없다. 저자는 정신물리실험의 박사 후 과정(post-doctor) 전후로 지각(perception)과 행동(action)과 관련된 새로운 학문인 생태 심리학(ecological psychology)을 그로부터 배울 수 있었다. 특히 심리학 강의와 공부를 통해 얻게 된 몸에 배인 인지(embodied cognition)의 이론적 토대는 인지과학과 관련된 학문적 시야를 넓게 해 주었다. 나중에 알게 되었지만, 이 양 교수님도 자연스러운 검을 사용하는 검도 4단의 검도인이었다. 인연이라는 말은 이럴 때 쓴다.

저자는 새벽에 검도장에서 후배, 동료, 사범님, 선생님으로부터 검도를 배운다. 저자에게 검도장(劍道場)의 수행은 학문적 토대가 된다. 특히 부산 여명관(黎明館) 범사 8단 도재화 선생님의 검도에 대한 깊은 사랑과 철학은 빼놓을 수 없다. 생각해 보면 선생님으로부터 특별한 검도 기술을 배운 적은 없는 것 같다. 배운 기술이라고는 힘을 빼고 바르게 큰칼을 사용하는 방법이 전부였다. 이는 동양무도를 서양에 소개한 헤리겔(Herrigel)의 『활쏘기의 선』에서 언급한 "기술 없는 기술(an artless art)"과 다르지 않다고 생각한다. 단지 저자가 그것을 아는 데 적지 않은 시간이 필요하였다.

이 책의 일부 논문은 학회에 발표하였고, 제출된 논문이다. 더 좋은 논문이 되기 위해 심사의견을 주신 모든 선생님께 감사드린다. 그들의 비판적 의견이 있어 이 책의 완성도를 높일 수 있었다. 사상이나 철학은 자신만의 독창적인 생각의 결과물은 아니다. 이 책도 기존 검도철학과 관련된 앞선 연구자의 내용과 결과물에서 얻게 된 유익한 통찰을 기초로 했다. 세상에는 혼자 이루는 것이 없다. 이 책은 많은 사람들의 관심과 격려에서 나왔다. 이 책이 출판되는 과정 속에서 선생님, 사범님, 여명관 선후배의 관심과 격려에 감사의 마음을 표한다. 그들 모두가 나의 검도선생님이다. 대아관 송복진 관장님, 세인관 이천혁 관장님, 청무관 김덕주 관장님, 검도의 태도가 무엇인지 보여준 한용칠 사범님, 검도하는 젊음을 보여주신 심경보 사범님, 검도의 꾸준함이 무엇인지를 보여주신 이순희 사범님, 자신만의 검도를 끊임없이 탐구하고 있는 송수원 사범님, 박성현 사범님, 김경록 사범님, 김동수 사범님, 김범주 사범님, 배순찬 사범님, 장원석 사범님, 장호철 사범님, 정인교 사범님, 하명호 사범님, 허재호 사범님, 윤재성 사범님, 이찬우 사범님, 황상현 사범님, 전상헌 사범님, 김기영 사범님, 서호석 사범님, 손병구 사범님, 문양환 사범님, 김종수 사범님, 류성문 사범님, 김태업 사범님,

김양호 사범님, 강경보 사범님, 장성길 사범님, 이현승 사범님, 정진우 님, 정상훈 님, 허지성 님, 남영원 님, 장세영 님, 여영태 님, 안정현 님, 최호중 님, 허태훈 님, 김근호 님(정명스님), 김재원 님 그리고 검도 가 주는 질문에 꾸준히 답을 찾으려고 노력하는 성화수 님, 표지사진을 찍어준 Maximilian Ludwig Hillenblink 님, 저자가 일하고 있는 경성 대학교 스포츠건강학과 황옥철, 전병환, 최승준 교수님과 e스포츠연구 실에 있는 김영선, 김재훈, 최경환 연구교수에게도 감사드린다. 특히 이 책의 초안을 검토해주시고 세심한 부분까지 의견을 주신 이순희 사 범님과 이돈준 박사님께 감사함을 전하며, 부자연스러운 문장들을 지 적하고 수정해준 아들 이재영, 이재민에게도 고맙다는 말을 전한다. 그 이외에도 도움을 주신 많은 분들을 일일이 거명하지 못함을 이해해주 시길 바랍니다.

저자의 검도철학은 나의 검도수행과 불가분의 관계를 맺기 때문에 검도에 대한 본인의 주관적인 생각과 관점이 많이 투영되어 있음은 부 인할 수 없다. 그럼에도 이 책이 다른 검도수행자에게 평생검도의 길을 가는 데 촉매제가 되길 바란다. 검도의 단(段)은 거기에 맞는 실력을 보여 주었기 때문에 주는 증표이기보다는 그 단에 맞는 검도를 해야 한다는 의무감의 표시라고 들었다. 이렇게 한 권의 검도철학을 내놓으 며, 이 책이 다른 검도수행자의 더 깊은 검도철학의 연구를 위한 디딤 돌이 되기를 기대한다. 저자의 검도수행이 진행되어감에 따라 검도철 학의 내용도 달라질 수 있을 것이다. 따라서 저자는 많은 동료, 선배, 후배, 선생님의 질정을 기꺼이 기다린다.

새벽에 검도장 가기를 싫어했던 둘째 아들인 재영의 질문은 잊을 수 없다. 그는 왜 자신이 검도를 배워야 하는지 논리적으로 설명해 주기를 저자에게 요구하였다. 초등학교 때 어린 나이의 투정이었지만, 그 질문은 오랜 시간 나의 머리에 숙제로 머물러 있었다. 이제 성인이 된 둘째 아들의 질문에 늦었지만, 이 책으로 그 답변을 대신하고자 한다. 사회인이 되어 '이제 검도를 즐긴다'고 말하는 첫째 아들 재민에게도 이 책이 검도를 더욱더 사랑하는 계기가 되었으면 한다. 이 책을 쓸 때 힘들 때마다 듣게 된 가야금 명인 황병기의 작곡 음악 CD인 춘설(春雪), 침향무(沈香舞), 비단길, 미궁(迷宮)은 나의 평온한 마음의 회복에 도움을 주었다. 다시금 그에게 감사를 전한다.

대중적이지 않는 검도철학서의 출판을 결정해 준 박영사와 완성된 책을 위해 힘써주신 편집의 김윤정 선생님, 정성혁 선생님에게도 감사를 드린다.

마지막으로 나의 모든 검도철학의 연구 과정과 결과는 아들인 재민, 재영의 변함없는 지지와 아내 정순경의 따뜻한 격려 덕분에 모든 것이 가능할 수 있었다. 이 기회를 통해 다들 사랑한다는 말을 전한다.

2023년 2월 봄 같은 날에
해운대 장산이 보이는 연구실에서
이상호 씀

차례

PART
02

검도철학의 구성과 내용 · 101

PART
03

검도해석학 · 221

Chapter 07   **화랑세기와 검도해석학**

PART
04

검도철학의 실천 · 279

PART
05

검도의 아름다움 ·

PART
06

검도윤리 · 407

Introduction

서론

Introduction 서론

1. 연구의 필요성과 목적

초보 검도수행자는 검도기술에 많은 관심을 갖는다. 그러나 검도수행의 시간이 지속됨에 따라 검도수행자는 검도기술을 넘어, 검도수행과 관련된 다양한 질문을 던지게 된다. 검도기술의 완성이 무엇인지, 검도경험이 자신의 일상적 삶에 어떠한 영향을 주는지, 궁극적으로 검도를 왜 배우는지, 검도가 무엇인지 답을 찾으려고 한다. 이러한 질문과 답은 자연스럽게 검도철학으로 연결된다. 그러나 현실에서 검도수행자는 목소리 내어 검도철학이 무엇인지 질문하는 데 주저하고, 그러한 질문에 즉각적으로 답하기도 쉽지 않다. 이러한 현상은 검도철학이라는 제목의 책을 찾아보기 힘든 것과 연결된다. 한국뿐만 아니라, 전 세계의 수많은 사람들이 검도를 수행한다. 그럼에도 불구하고 검도철학의 제목을 가진 책의 부재는 검도수행자 중의 한 사람으로서 당혹감을 느낀다.

검도철학은 검도수행의 근본적인 해답을 제공하고, 평생검도를 가능하게 하는 원천으로 작동함에도 불구하고, 체계적인 검도철학 책의 부재 현상을 어떻게 받아들여야 하는가? 또한 검도철학이 검도수행의 방향성 설정과 평생검도의 밑거름이 됨에도 불구하고, 검도철학과 관련된 논의 부족을 어떻게 인식하고 해소할 수 있을까? 이는 모든 검도수행자라면 던져야 할 질문이다. 검도철학과 관련된 논의가 없다는 것을 말하는 것이 아니다. 검도철학이라는 하나의 논리적 체계를 갖춘 저술이 없다는 것이 정확한 표현이다. 예컨대 검도란 무엇인가? 검도를 어떻게 인식할 것인가? 검도의 가치는 무엇인가? 검도의 아름다움은 무엇인가? 검도의 윤리적 지향점은 무엇인가? 등 체계적인 논리적 근거를 갖춘 검도철학의 책이 보이지 않는다는 것이다. 더 나아가 검도이론을 넘어 실천적 방법까지 포함된 검도철학 책의 부재는 검도수행자의 한 사람으로 아쉬움을 느끼게 한다.

이러한 검도철학 부재의 이유는 몇 가지로 설명이 가능하다. 첫째, 검도기술과 관련된 철학적 질문과 검도세계는 검도수행자의 개인적 영역이기 때문에 상대에게 설명하고 설득시키기 쉽지 않다. 둘째, 검도철학은 검도기술의 깊은 이해와 검도의 인생관이 결합되기 때문에 검도수행자가 검도철학을 말하기 위해서는 일정 이상 물리적인 시간의 검도수행이 필요하다. 셋째, 검도철학은 개인의 영역을 넘어 특정한 나라의 사상이나 철학적 내용이 검도철학에 개입되기 때문에 검도철학의 이론적 근거 제시와 타당성 확보라는 어려움이 존재한다. 넷째, 기존 검도철학의 내용을 검도수행자 자신에게 적용할 때 그 방법이 이론적 타당성을 확보할 수 있느냐의 근본적인 의문도 존재하기 때문이다.

하지만 이러한 주장이 검도철학 형성에 어려움의 이유는 되겠지만, 그렇다고 해서 검도철학 책의 부재에 대한 근본적인 면제 이유는 될 수 없다. 따라서 누군가는 이러한 검도철학 책의 부재 현상을 해결해야 한다. 물론 과거의 많은 검도수행자는 자기 나름대로 검도에 질문을 던지고, 답을 찾으려는 노력을 해왔다. 검도철학은 검도를 배우는 검도수행자에게서 떨어질 수 없기 때문이다. 검도수행이 지속됨으로써 검도수행자에게 검도와 관련된 다양한 질문은 반드시 따르기 마련이다. 그 질문은 검도기술과 관련된 것일 수도 있고, 검도를 통해 느끼는 개인 삶과 인생의 문제일 수도 있다. 문제는 오늘날 대부분의 검도수행자는 그것을 자신의 관점에서 체계적으로 설명하지 않았고, 그러한 해명과 설명에 주저해 왔다는 사실이다. 어떻게 보면 검도수행자가 그동안 검도철학과 관련된 질문과 답을 앞에서 언급한 검도철학 부재의 이유를 방패삼아 애써 외면하여 왔다는 사실이 정확한 표현이다. 그러나 검도에서 상대는 당당하게 맞서야 하는 대상이듯이 검도수행에서 제기된 다양한 철학적 질문에 외면하지 말고, 이제는 검도수행자 자신의 검도철학을 제시해야 한다.

저자가 생각하기에 자신의 검도철학 제시에서 가장 중요한 것은 먼저 검도철학에 대한 검도수행자의 인식전환이 선행되어야 한다. 기존 검도철학의 이해 방법은 인격완성(人格完成), 심신일여(心身一如), 부동심(不動心), 수파리(守破離), 경구의혹(驚懼疑惑), 검선일여(劍禪一如), 깨달음 등에 우선하여 초점을 맞추어 해석한 후 검도수행자 자신에게 적용하고자 하였다. 문제는 기존의 검도철학 내용을 이해하기가 쉽지 않다는 점이다. 이처럼 쉽지 않은 철학적 내용을 검도수행자 자신에게 적용해서 실천하기란 더욱더 어렵다. 이러한 상황은 검도수행자로 하여금 검도철학에서 더 멀고 어려운 방향으로 몰아간다. 이는 다시금 검도철학의 부재로 연결된다.

누군가는 이러한 악순환의 고리를 끊어야 한다. 그렇다면 이러한 악순환 고리의 매듭을 어디에서 풀어야 하는가? 저자는 검도철학 책의 부재의 악순환과 어려움의 원인은 기존에 언급된 검도철학을 이해하고 그 다음으로 검도수행자 자신에게 적용한다는 순서에 있다고 생각한다. 기존 검도철학과 관련된 내용을 먼저 이해하고 자신에게 적용하는 방향은 검도철학을 이해하는 데는 도움이 되지만, 자신만의 검도철학 완성에는 일정 정도 한계를 갖는다. 예컨대 전장에서 전투복의 기능이 잘 발휘하기 위해서는 자신의 몸 체형과 움직임의 특성을 고려해서 자신에게 맞는 전투복을 찾아 입어야 한다. 자신의 몸 치수에 따르는 움직임의 상태를 모르는 상황에서 가장 좋은 옷을 찾는 것은 의미가 없다. 검도수행자 자신의 몸과 몸의 움직임에서 나오는 경험의 내용이 무엇인지 모르는 상황에서 과거 검도철학의 내용에 우선하여 초점을 맞추는 것은 궁극적으로 검도철학의 부재로 연결될 가능성이 높다. 예를 들어 검도(劍道)는 몸으로 배우고 마음으로 베는 것이라고 하자. 검도수행자가 이 문장을 완전하게 이해하기 위해서는 먼저 검도수행 과정에서 몸이 어떻게 배울 수 있는지를 알고 있어야 한다. 마음으로 상대를 베는 것이라면 몸에서 마음의 역할이 무엇인지 다른 사람에게 설명해야 한다. 실제 마음으로 상대를 벨 수는 없기 때문이다. 즉 검도에서 몸과 마음의 관계에서 각각 어떠한 역할을 하고 있는지 알고 있어야 한다. 그것을 모르는 상황에서 검도수행자가 그 문장을 받아들이고 실천하기에는 한계를 가질 수밖에 없다.

따라서 저자는 검도철학에 대한 근본적인 인식론적 전환이 필요하다고 생각한다. 검도수행자는 과거 검도철학의 내용에 대한 이해를 우선한 후 이를 근거로 자신에게 적용하는 것을 잠시 접어 두고, 검도하는 자신의 몸이 무엇이고, 검도하는 자신의 몸 움직임이 어떻게 의식작동의 결과로 나타나는지, 그리고 그 속에서 경험이 어떻게 일어나고 작동하는지 먼저 질문을 던져야 한다. 즉 검도철학은 검도수행자 자신의 검도하는 몸의 이해와 검도움직임에 따른 의식작동 경험의 과정과 내용 등이 어떻게 검도수행자 자신에게 드러나는지를 먼저 파악하는 것에서 출발해야 한다. 그 이후 이를 기반으로 검도수행자는 과거 검도철학의 다양한 내용을 이해, 해석, 적용을 해야 한다. 오늘날 검도수행자가 알고 있는 검도와 관련된 철학적 내용, 즉 인격완성, 심신일여, 부동심, 수파리, 경구의혹, 검선일여, 깨달음 등도 과거 검도수행자 자신의 몸과 그 몸 움직임에 따른 경험의 결과물이다. 즉 과거 검도수행자는 검도수행의 과정에서 일어난 자신의 몸의 움직임을 다른 사람에게 전달하거나 해명하기 위해 동양사상과 철학을 인용하여 그들 나름대로 자신의 검도철학을 형성한 것이다.

따라서 오늘날의 검도철학도 검도수행자 자신의 검도하는 몸이 무엇이고, 검도움직임에서 몸과 마음이 어떻게 작동하는지, 검도움직임에서 자신의 경험이 어떻게 형성되는지를 설명해야 한다. 여기에 검도철학의 논리적 근거와 타당성을 확보하기 위해 과학적인 연구의 성과물도 반영해야 한다. 여기에 덧붙여 검도철학이 추상적이고 사변적(思辨的) 주장을 극복하기 위해서는 실천적인 방법까지 포함된 내용까지도 제시해야 한다. 이러한 논의의 전개는 다른 누군가도 시도하지 않았던 이론적 접근방식이며, 기존 검도철학의 내용과도 차별화된다. 검도철학은 높고 낮은 것이 존재하지 않는다. 자신의 수준에서 검도철학을 말할 수 있느냐 없느냐로 구분해야 한다. 자신만의 검도철학은 검도와 관련된 자신의 생각을 논리적으로 체계화하는 것에 지나지 않기 때문이다. 다만 검도수행의 시간이 진행됨에 따라 검도철학의 내용도 심도있게 형성될 가능성은 높다.

본 저서는 자신의 검도에 대한 질문과 답을 찾는 과정이 포함된 결과물이기 때문에 개인의 검도관을 강조하는 내용으로 드러날 가능성이 높다는 일각의 지적에 동의를 한다. 그럼에도 누군가는 자신만의 검도철학을 제시해야 한다. 왜냐하면 이것을 토대로 또 다른 누군가의 수정과 비판을 거치며 또 다른 검도철학이 만들어질 수 있기 때문이다.

이러한 저자의 시도 과정에서 이 책은 다음과 같이 여러 가지 점에서 중요한 학문적 의미를 갖는다.

첫째, 이 책은 과거의 검도철학과 관련된 여러 가지 내용들, 즉 심신일여, 인격완성, 깨달음, 경구의혹, 수파리 등을 설명함으로써 검도수행자뿐만 아니라, 일반인에게도 검도수행의 의미와 방향성을 파악하고 이해하는 데 도움이 될 것이다. 깊이 있는 검도이해는 검도기술과 검도철학이 서로 소통이 될 때 가능하다. 그러나 현실은 검도와 관련된 책이 대부분 기술적 활용에 초점을 맞추고 있는 상황에서 검도철학이라는 제목의 책은 사실상 찾아보기 힘들다. 이 책을 통해 이러한 불균형이 어느 정도 해소될 수 있기를 기대한다.

둘째, 이 책은 검도철학을 새롭게 이해하는 데 이론적으로 기여할 것이다. 기존 검도철학이 사상적 배경에 따른 철학적 내용의 해석에 우선하였다면, 반대로 본 연구는 검도수행자 자신의 검도움직임에 따른 경험을 근거로 한 실천 가능한 검도철학의 내용들에 초점을 맞추어 해명하였다. 저자가 주장하는 검도하는 몸의 움직임에 따른 경험과 무의식의 해명 그리고 반성의 과정은 다른 검도수행자 자신의 검도철학 형성에 새로운 이론적 단초가 되기를 기대한다.

셋째, 이 책은 다른 검도수행자 자신의 검도철학을 만들어가는 데 비판 근거로서 기능할 것이다. 기존의 검도철학이 단편적인 내용으로 설명된 것과 다르게, 이 책에서는 저자가 생각하는 검도철학의 이론적 논제와 내용을 제시하였다. 이를 기반으로 다른 많은 검도수행자와 검도연구자들이 저자의 검도철학을 비교, 검토, 비판함으로써 또 다른 검도철학의 탄생을 기대할 수 있다.

넷째, 이 책은 검도철학의 타당성 확보를 위해 이론적 근거와 실천적 방법의 통합을 제시하고자 한다. 검도철학과 관련된 내용은 한국, 일본, 다른 국가의 주어진 환경에 따라 다를 수 있지만, 검도철학은 시대적 문화적 배경을 넘어 모든 검도수행자에게 실천적으로 적용되어야 한다. 특히 실천적 방법의 타당성 확보를 위한 과학적 근거 제시는 학문적 타당성 확보라는 점에서 중요한 의미를 가진다.

다섯째, 이 책에서 저자의 검도철학을 해명하기 위해 언급된 현상학(phenomenology), 인지과학(cognitive science), 몸에 배인 인지(embodied cognition), 행위창발(enaction), 해석학(hermeneutics), 미학(aesthetics), 유식학(唯識學) 등의 이론적 배경은 차후 태권도, 유도, 합기도 등 또 다른 무도철학의 이해와 폭을 넓힐 수 있는 이론적 근거로 활용되기를 기대한다.

2. 연구의 목표와 논의 순서

검도철학은 검도수행에서 나침반의 역할을 함에도 불구하고, 현실에서 논리적 체계를 갖춘 검도철학 책의 부재와 원인을 확인하였다. 많은 검도연구자들이 그들 나름대로의 관점에서 자신의 검도철학에 의견을 피력하고 있지만, 논리적 체계를 갖춘 검도철학의 부재는 검도수행자인 한 사람으로서 아쉽게 생각한다. 저자는 이러한 아쉬움을 털어내려는 시도를 하고자 한다.

이 책의 연구목표는 검도철학이란 무엇이고, 자신만의 검도철학을 형성하기 위한 이론적 접근은 어디에서 시작해야 하는지, 그리고 검도철학의 이론적 근거와 실천적 방법의 통합이 어떻게 가능한지를 제시하고자 한다. 이러한 연구목표를 달성하기 위한 이론적 근거로 검도하는 몸이란 무엇인지, 검도하는 몸의 움직임 속에서 나타난 의식과 무의식의 작동과정, 경험의 문제 등 다양한 관점에서 검도철학의 내용과 관련된 논의를 진행하고자 한다. 이를 근거로 기존 검도철학적 내용, 즉 경구의혹, 수파리, 심신일여, 인격완성 등이 오늘날 검도수행자에게 어떻게 실천적으로 적용 가능한지를 검토하고자 한다. 덧붙여 검도깨달음과 관련된 의식과 무의식의 작동과정을 상세하게 검토하고자 한다. 이러한 논의를 바탕으로 저자 나름대로 검도해석학, 검도에서의 심신일여와 인격완성의 의미, 검도미학, 검도윤리 등을 해명하였다. 이러한 체계적인 검도철학의 접근은 지금까지 그 누구도 시도하지 않았다. 그렇다고 해서 저자가 이 책에서 제시하는 내용이 완성된 검도철학이라고 생각하지 않는다. 다만 이 책이 검도철학의 논의를 새롭게 촉발시키는 계기가 되었으면 한다. 누군가 검도철학을 제시해야 그것을 토대로 비판하고 수정해서 더 나은 검도철학이 가능하기 때문이다.

이 책은 다음과 같은 순서로 진행할 것이다.

1부는 검도철학의 출발과 이해를 위한 이론적 근거를 제시한다.

1장에서는 검도철학은 어디에서 시작해야 하는지 예비적인 해명을 시도한다. 구체적으로 왜 검도철학이 필요하고, 검도와 철학의 연결점이 무엇인지를 논할 것이다. 그리고 검도철학의 이론적 접근으로 존재론적, 인식론적, 가치론적 관점에서 개괄적으로 논의한다. 기존의 검도철학이 자신의 몸 움직임과 거기에서 나오는 경험을 검토하지 않고,

검도철학을 객관적으로 달성해야 할 추상적인 개념으로 이해하고 파악한다는 사실을 비판적으로 논할 것이다. 이에 따라 저자의 검도철학은 자신의 검도움직임과 거기에서 나오는 경험의 내용이 자신의 일상적인 삶과 태도를 어떻게 바꿀 수 있는지 해명하고자 한다. 구체적으로 자신의 검도움직임과 그에 따른 검도경험의 내용을 긴장, 투영, 선형성, 진폭, 감각을 기반으로 해서, 저자가 생각하는 검도철학의 구성 내용을 설명할 것이다. 이는 기존 검도철학의 반성이며, 저자가 생각하는 검도철학의 출발점이다.

2장에서는 검도철학의 내용 전개를 위한 검도움직임과 관련된 예비적인 이론적 근거를 제시한다. 검도는 자신의 몸으로 한다면, 검도하는 몸의 역할에 대해 알고 있어야 한다. 예컨대 심신일여와 인격형성이 검도하는 몸의 움직임에서 일어난다면, 검도수행자는 검도하는 몸의 움직임에서 심신일여가 어떻게 작동하는지, 경험과 반성 그리고 태도를 통해 어떻게 인격이 형성되는지 알고 있어야 한다. 그렇지 않으면 심신일여와 인격완성은 추상적인 개념으로 머물게 된다. 검도하는 몸의 움직임과 관련된 이론적 검토는 검도철학이 지향하는 심신일여, 인격완성, 깨달음의 이해 조건이다.

2부는 검도철학을 구성하는 중 가장 중요한 내용인 검도깨달음을 검토한다.

3장에서는 검도깨달음이 무엇이고, 깨달음이 어떻게 의식에서 작동하는지 설명할 것이다. 검도의 궁극적 목적이 깨달음에 있다고 한다면, 그 문장의 타당성 확보를 위해 검도수행자는 깨달음이 무엇이고 어떻게 검도를 통해 깨달음을 얻을 수 있는지 논리적으로 제시할 필요가 있다. 구체적인 검도깨달음과 관련해서 저자는 경구의혹(驚懼疑惑)과 수파리(守破離)를 자신의 검도수행 과정에 적용해서, 각각 깨침의 길과 닦음의 길로 설명할 것이다.

4장에서는 검도깨달음의 구조에 초점을 맞춘다. 검도수행자는 검도깨달음의 궁극적 목적을 심신일여와 인격완성으로 언급한다. 그러나 심신일여와 인격완성이 몸과 관련된 의식작동의 결과라는 측면을 고려한다면, 그 과정의 면밀한 검토와 설명이 뒷받침 되어야 한다. 저자는 심신일여와 인격완성을 해야 한다는 당위론적 접근보다는 검도깨달음의 관점에서 심신일여는 깨침의 과정으로, 인격완성은 닦음의 과정으로 각각의 실천적 방법론이 포함된 내용으로 설명할 것이다.

5장에는 검도본질의 하나인 경구의혹이 어떻게 검도수행자 자신의 의식과 경험에 일어나는지를 검토한다. 여기에서 저자는 의식의 경험과 그것이 갖는 본질파악의 이론적 방법으로 발생적 현상학을 차용하여 설명하였다. 의식작동과 관련된 경구의혹의 본질파악은 검도현상학을 구성하는 중요한 요소이다. 의식의 경험과 본질과 관련된 상세한 논의는 『검도현상학』이라는 책에서 다루고자 한다. 다만 이 장에서 저자는 경구의혹의 의식작동과 관련하여 의식의 지향성, 초월적 자아, 평상심, 무심 등이 갖는 의미를 정리하고 설명할 것이다.

6장에서는 검도의 무의식 과정이 어떻게 진행되는지 살펴본다. 검도경기에서 한 판은 상대를 생각하지 않고 몸을 던져 공격할 때 한 판의 가능성이 높다. 그러나 생각하지 않는 무의식이라고 하더라도, 그 속에서는 의식이 작동하고 있다는 점에서 검도무의식의 작동과정 이해는 대단히 중요한 문제이다. 검도의 무의식의 작동과정과 관련된 이해는 검도움직임에 대한 이론적 근거 제시와 이를 근거로 검도수행자 자신의 실천적인 적용 가능성을 확보할 수 있을 것이다.

3부는 검도해석학과 관련된 논의이다.

검도해석은 검도수행자에게 자신만의 검도철학의 형성과 실천적 방향을 규정하는 데 중요하다. 그러나 해석은 단지 과거 검도의 역사적 영광만을 재현해서는 안 된다. 오늘날 해석의 과정은 검도수행자에게 실천적으로 적용시켜, 일상의 삶에 도움이 될 수 있는 논리적 근거를 제시해야 한다.

7장에서는 『화랑세기』에서 보이는 검도단어의 해석적 의미를 검토한다. 여기에서 『화랑세기』에서 기술된 검도단어를 해석하고, 오늘날 그것이 실천적으로 적용 가능한지를 검토한다. 신라시대에 검도라는 단어가 있었다는 것이 중요한 것이 아니다. 우리는 신라시대 당시 검도와 관련된 화랑도의 인식과 태도를 이해할 필요가 있다. 이를 통해 신라시대 검도개념이 오늘날의 검도수행에서 어떤 의미를 가지고 있는지, 그리고 어떻게 실천적 적용이 가능한지를 정리하고자 한다.

8장에서 검도수행자는 조선세법(朝鮮勢法)을 배우는 데 우리가 가져야 할 태도에 대해 설명한다. 조선세법과 관련된 텍스트의 이해와 해석도 중요하지만, 오늘날 조선세법이 지금 검도수행자의 몸에 어떻게 적용해야 하는지, 배움의 주체인 몸 자신이 조선세법의 책에 기술된 자세와 내용을 어떻게 받아들여야 하는지에 대해 검토할 것이다.

4부는 검도철학의 실천과 관련된 논의이다.

9장에서는 검도에서 덕(德)과 인격완성의 문제를 검토한다. 무도로서 검도가 지향하는 목적이 인격완성이라면, 그 과정을 설득력 있게 제시해야 한다. 구체적으로 검도수행자 자신의 인격적 완성인 덕(德)을 '스포츠로서 검도'와 '무도로서 검도'로 나누어 각각 어떻게 적용 가능한지를 검토한다. 이를 위해 서구 스포츠에서 주장하는 탁월성(arete, excellence)과 동양의 인의예지신(仁義禮智信)이 어떻게 검도에서 덕(德)의 완성으로 구현될 수 있는지를 제시하고자 한다.

5부는 검도의 아름다움에 대한 논의이다. 검도미학은 검도본질을 이해하는 또 다른 길을 제공한다. 이를 위해 저자는 검도미학을 검도실천자, 검도관전자, 검도심판자의 미학으로 나누어 설명하고자 한다.

10장에서는 검도실천자의 미학(美學)을 설명한다. 검도실천자의 미학은 자신만의 움직임에서 나오는 감각이 무엇인지에 초점을 맞추어 해명한다. 감각이 검도실천자의 아름다움을 느끼는 출발점이기 때문이다. 검도실천자는 감각을 통해 상대의 힘을 파악한다. 저자는 동양적인 의미의 감각을 감(感)으로 표현하고 대상의 힘을 기(氣)로 설명한다. 그리고 검도실천자의 미학을 '검도 기감(氣感)의 맛'으로 표현하고자 한다.

11장에서는 검도관전자의 미학을 설명하고자 한다. 여기에서 검도수행자가 왜 검도에서 아름다움과 인격을 느낄 수 있는지 설명한다. 이를 위해 검도관전자의 미적 감정은 어떻게 발생하고, 미적 본질은 어떻게 파악할 수 있는지를 검토한다. 저자는 검도관전자의 미학을 '검도의 멋'에 대한 '검도의 맛'으로 표현하고자 한다.

12장에서는 검도심판자의 미학을 설명하고자 한다. 검도심판자의 미학은 경기에 직접 참여하는 실천자와 심판을 하는 관전자라는 이중적인 관점과 윤리적 정당성의 의미를 설명한다. 검도심판자가 검도실천자의 움직임에 대해서 어떠한 미적 감정을 가질 수 있는지, 그 속에서 검도수행자 자신의 윤리적 움직임을 어떻게 해야 하는지를 살펴볼 것이다. 검도심판자의 미학은 '검도의 감칠 맛'으로 표현하고자 한다.

6부는 검도윤리에 대한 논의이다.

검도윤리를 아는 것과 윤리적 행동을 하는 것은 다른 문제이기 때문에 저자는 검도윤리의 이론적 근거와 구체적인 실천방안을 윤리적 노하우로 제시하고 설명하고자 한다.

13장에서는 검도가 추구하는 윤리의 이론적 근거와 실천적 방법을 제시한다. 먼저 기존 예시예종(禮始禮終)과 활인검(活人劍)의 윤리적 의미를 재검토한다. 이를 근거로 새로운 검도윤리의 이론적 토대와 실천적 방법을 통합하여 제시하고자 한다. 여기에서 저자는 검도윤리의 이론적 지향점을 사리일치(事理一致)로, 검도윤리의 주체를 몸 자신으로, 검도윤리의 궁극적 목적을 무심(無心)으로 설명하고자 한다.

14장에서는 검도윤리의 실천적 방법의 하나로 검도의 윤리적 노하우(ethical know-how)를 제시한다. 검도의 윤리적 노하우는 검도기술과 검도윤리가 서로 분리되지 않은 상황에서 검도수행자 자신의 검도수행 경험이 일상생활에서도 즉각적이고 자연스러운 행위로 드러나는 것에 있음을 보여줄 것이다.

PART

01

검도철학의 출발과 이해

PART 01 검도철학의 출발과 이해

인간 스스로가 자신의 길을 만들어 넓히는 것이지, 길이 인간을 넓히지 않는다(『논어(論語)』, 「위령공(衛靈公)」, 人能弘道, 非道弘人).

검도(劍道)의 길(道)은 우리 앞에 놓여 있다. 그 길(道)은 검도수행자 자신이 검도수행의 과정에서 스스로 배워 만들어가는 길이지 다른 어떠한 것도 아니다(저자생각).*

검도수행자는 검도에 대해 자신만의 일정한 관점, 즉 검도철학을 갖는다. 그러나 누군가 '당신의 검도철학이란 무엇인가?'라는 질문에 즉각적으로 답하기란 쉽지 않다. 그 질문에 답을 주저하는 이유는 검도철학의 철학적 무게뿐만 아니라, 본인의 검도수행과 그에 따른 철학적 공부가 수반되어야 한다고 생각하기 때문이다. 그러나 검도철학은 어려운 것이 아니다. 검도철학은 검도하는 자신에게 질문을 던지는 것에서 시작해야 한

---

* 이 말은 인지생물학자인 발레라(Varela)의 경구에서 빌렸다. 즉 "수행자여, 길은 너 앞에 놓여 있다. 길이라는 것은 걸어가면서 만들어지는 것이지 다른 어떠한 것은 아니다(Wanderer, the road is your footsteps, Nothing else; you lay down a path in working"(Varela, 1987: 63). 그러나 이 문장도 원래 스페인 시인인 안토니오 마차도(Antonio Machado)의 시, 즉 "Wanderer, your footsteps are the road, and nothing more; wanderer, there is no road, the road is made by walking"에 근거한다. 발레라는 그의 행위창출(enaction)의 개념을 설명하기 위해 마차도의 시를 빌려 새롭게 만들었다. 행위창출의 개념은 검도의 길이 저 멀리 추상적인 것보다는 자신의 검도움직임이나 몸의 경험이 우선되어야 함을 이론적으로 잘 보여주고 있다. 행위창출의 개념과 검도윤리와 관련해서는 14장을 참조.

다. 이를 위해 저자는 제1부에서 검도철학은 어디에서 출발해야 하며, 그것을 어떻게 이해해야 하는지에 대해 작은 길을 내고자 한다. 그 길에 다른 수행자가 새로운 길을 만들어 가길 기대한다.

1장은 검도철학이 어디에서 출발해야 하는지와 관련된 다양한 문제점을 검토한다. 여기에서 저자는 검도철학은 자신의 검도움직임과 그에 따른 경험에서 시작해야 함을 주장한다. 2장은 새로운 검도철학이 지향해야 하는 이론적 지향점이 무엇인지를 제시한다. 이를 위해 저자는 검도하는 몸, 검도움직임, 검도의 경험과 반성, 태도변경 등으로 설명하고자 한다.

Chapter

01

검도철학의 출발

1. 검(劍)과 검도철학

인류의 생존에서 무기는 자신의 생명 보호에 중요한 수단으로 기능했다. 그 중에서 검(劍)은 휴대에 따른 이동과 착용이 용이한 도구이며, 자기방어와 가족 및 사회 보호의 기능을 한다. 이외에도 고대 사회 관계에서 검은 자신의 신분을 나타내는 상징으로 인식된다. 특히 칼 제작과 사용방법은 개인적 수렵활동의 도구를 넘어, 부족 사이에 일어난 전쟁의 우열을 결정하는 중요한 요인으로 인식되었다.[1] 그러나 근대에 들어와서 칼은 더 이상 살생이나 전쟁의 도구로서 인정받지 못하게 되

---

1 우리는 고대 시대에 청동기로 만든 칼과 철기로 만든 칼의 성능 차이가 전쟁을 결정하는 중요한 요소임을 잘 알고 있다. 칼의 종류와 강도에 따른 운용 방법인 비서(祕書)와 병서(兵書)는 개인 간의 대결과 부족과 국가 간의 전쟁에서 생과 사를 결정하는 데 중요한 역할을 한다.

었다. 이에 따라 검은 자신의 생각과 행동의 연장(延長)으로, 더 나아가 인격형성의 도구로 생각하게 되었다.

이와 같이 시대적 상황에 따른 검(劍)의 다양한 의미와 상징의 변화는 무(武)의 어원에서도 엿볼 수 있다. 무(武)는 창의 모습을 보여주는 한자인 과(戈)와 '발로 걸어가는' 모습을 그린 상형문자인 지(止)로 구성된다. 즉 원래 무(武)는 '창으로 무장하여 짓밟고 진군하다'라는 살생의 의미를 갖는다. 이와 반대로 전쟁(戈)을 '멈춘다'는 지(止)[2]의 해석도 가능하다. 이러한 전쟁을 통한 살생과 살생 중단이라는 모순적인 의미의 무(武) 개념을 어떻게 이해해야 하는가? 여기에서 우리는 무(武)의 개념이 고정된 것이 아니라, 시대적 요구와 환경적 상황에 따라 의미가 변화됨을 알 수 있다.[3] 이러한 이중적 의미는 검이 갖는 살생의 중지 방법에도 적용이 가능하다. 예컨대 외형적으로 상대보다 뛰어난 살생능력이 더 많은 희생을 막을 수 있다는 것이다. 물론 여기에는 희생이 따른다는 점에서 진정한 살생의 중단으로 해석되기는 힘들다. 반면에 무(武) 단어에 보인 멈춘다(止)의 의미는 자신의 내면적 욕망과 감정을 죽이는 태도 변화에서 살생의 극복이 가능하다는 관점도 가능하다. 이러한 모순적인 내용이 가능한 이유는 동양철학적 관점에서 설명하는 인간본성과 관련된 살생의 근저에는 살생의 극복 의미까지도 포함되어 있기 때문이다.[4]

---

2 지(止)는 초목의 싹이 돋아나는 뿌리 부분의 모양을 설명하는 상형문자이다. 이 글자는 갑골문에 보인다. 갑골문 止는 엄지발가락이 길게 뻗어 있는 발의 이미지인 ⩗ 로 그려졌다. 이러한 발의 이미지는 발을 움직여 초목의 싹을 없애 나아가는 '짓밟는다'와 그 자리에 발걸음을 멈춘다는 '그치다' 두 가지 의미로 전개되었다.
3 시대에 따라 무(武)의 개념이 살생이 아닌 평화를 대비하기 위한 방편으로 보여주는 것으로『무예도보통지(武藝圖譜通志)』속표지에 조선시대 왕인 정조(1752 - 1800)의 도장 글씨, 즉 싸움을 그치는 것이 참된 무이다(止戈爲武)의 글에서도 보인다.

인간의 내면적인 태도변화의 요구는 무(武)가 지켜야 할 7가지 덕(德), 즉 무유칠덕(武有七德)5의 설명에서도 보인다. 여기에서 무(武)란 살생이 아니라, 화해와 평화의 의미로 이해된다. 이러한 무(武)의 개념을 검에 적용해 본다면, 검(劍)은 살인검(殺人劍)이기보다는 전쟁을 멈추기 위한 활인검(活人劍)으로 설명이 가능하다.6 활인검의 진정한 의미

---

4 동양에서 반대의 존재에 대한 인정은 대대(待對)로 설명한다. 대대(待對)란 상대가 없으면, 자신이 존재하지 않고, 그것은 그것이 아닌 것이 있음으로 해서 그것이 된다는 인식론적 태도이다. 대대(待對)의 존재 인정은 동양적인 인식 태도에서 중요한 특징이다. 예를 들어 동양의 음양 개념에서 음은 양을 전제로 성립한다. 양은 음이라는 반대의 상대가 없으면 그 자체로 존재할 수 없기 때문이다. 자연의 입장에서 본다면, 양달이 있으면 상대적인 응달은 반드시 존재한다. 즉 동양적인 인식론의 특징은 모순과 반대의 상황에서도 상대의 존재를 인정하고 기다리는 대대(待對)의 입장을 갖는다. 대대의 의미를 검도에 적용해 보자. 검도는 원래 상대를 죽이는 것에서 시작하였지만, 반대로 살릴 수 있음을 그 자체로 가지고 있어야 한다. 이는 다른 말로 '살인검은 활인검을 전제로 한다'는 것으로 연결이 가능하다.

5 이는 『춘추좌전(春秋左傳)』의 「선공(宣公) 12년」에 夫武, 禁暴, 戢兵, 保大, 定功, 安民, 和衆, 豊財(대저 무(武)라는 것은 포악을 금지하고, 전쟁을 금지하고, 천하를 보유하고, 공정함을 세우고, 백성을 안정시키고, 대중을 화목하게 하고, 재물을 풍족하게 하는 것이다)로 설명한다. 이 내용에서 보여주듯이 전쟁이 끝난 후 덕행으로 나라를 다스릴 필요가 있음을 강조하기 위해 무(武)를 새롭게 해석하였다.

6 살인검과 활인검은 원래 『벽암록(碧巖錄)』 제12칙 '동산의 삼베 세근(洞山麻三斤)'과 제15칙 '운문이 말하길 아무도 설법도 하지 않으면 되지(雲門倒一說)'의 서문에 나오는 말이다. 이 말은 원오극근(圜悟克勤. 1063-1135) 스님이 자신의 견해를 표시하는 가르침을 주거나 받는 의미인 수시(垂示)에 나온다. 선승에게는 사람을 죽이는 살인도(殺人刀)와 살릴 수 있는 활인검(活人劍)을 갖추고 있어야 한다(안동림 역주, 1999: 112, 129). 자신의 태도와 언어에 따라 사람을 살릴 수도 죽일 수도 있다는 것이다. 그러나 원래 이 말은 원래 죽이고 살리는 이분법적 관계를 보여주지 않는다. 제12칙에는 두 가지 칼을 가진 사람은 "사람을 죽여도 상처 하나 내지 않아야 하고, 살려도 죽은 것과 마찬가지가 되게 한다"(안동림 역주, 1999: 113). 이 문장은 오늘날 논리적인 관점에서 보면 이해되지 않는 말이지만, 진리는 말로 표현할 수 없음을 보여주는 좋은 예시이다. 이 두 용어는 야규 무네노리(柳生宗矩)의 『병법가전서(兵法家傳書)』의 상하권의 이름으로 각각 살인검, 활인검으로 나누어 적고 있다. 이 책은 세상을 바로잡기 위해서 소극

는 상대를 살리는 것을 넘어 자신의 내적인 감정 통제를 통해 타인과 공존의 방향을 모색하고, 인격완성의 수단으로 해석해야 한다. 오늘날 시대적 상황은 살인검의 의미를 더 이상 추구하지 않기 때문이다.

과거에 검을 가진 사람들은 생존을 위해 상대보다 뛰어난 검의 기술 습득에 주력하였다. 그러나 검술의 완성은 몸 단련과 검 기술의 단련만으로 완성되지 않는다. 검도기술의 완성에는 마음을 어떻게 다스리는지가 중요한 역할을 하기 때문이다. 동양적 관점에서는 몸과 마음을 구분하지 않기 때문에 몸 단련과 마음씀 둘 다 중요하다. 따라서 과거에 검을 가진 사람들은 자신의 생존을 위해 자신의 마음과 몸을 어떻게 다스리고 운용할 것인지에 많은 관심을 갖게 되었다. 이러한 사실은 검술의 수행과 관련된 과거 저서가 단순한 검법뿐만 아니라, 마음수행과 관련된 내용을 포함하고 있다는 점에서 찾아볼 수 있다. 그것을 가장 잘 보여주는 단어가 검선일여(劍禪一如)이다. 과거 검도수행자는 더 나은 검의 기술과 수행방법을 얻기 위해 유·불·선의 동양적인 사상에서 보여준 마음 운용과 관련된 내용을 파악하여, 이를 자신의 검의 원리에 적용하여 자신만의 검도철학을 만들었다.[7]

적인 살인도를 이용하여 세상을 바르게 한다면, 이를 적극적인 활인검으로 설명한다. 야쿠 모네노리의 책에서 보인 활인검의 해석과 내용에 대해서는 이진수(1999)의 4장을 참조.

7 다양한 동양사상과 관련된 검도철학은 다음과 같다. 불교의 사상을 기반으로 하는 다쿠앙 소호의 『부동지신묘록(不動智神妙錄)』과 도교의 사상을 기반으로 하는 『묘지묘술(猫之妙術)』이 있고, 한 개인의 검도철학은 미야모토 무사시(宮本武蔵)의 『오륜서(五輪書)』등이 있다. 이와 관련된 내용은 이진수(1999)를 참조. 한국에서는 신라시대 검군의 부동심(不動心)이 있다(이진수, 2004: 83−96). 그리고 안자산(1974: 9)에 따르면 무사는 뛰어난 전투자의 자격을 양성하기 위해 심신의 수양이 필요하다고 하였다. 이를 위해 인내력, 근면, 습관, 예의 존중 등 다양한 심법(心法)의 형성이 필요함을 주장하였다. 이와 같이 동양사상의 관점에 근거한 검도철학의 논의는 연구자의 검도경험과 연구방향에 따라 다양하게 확장

오늘날 호완, 갑상, 호면, 갑을 착용하여 승패를 가르는 검도경기 양식은 더 이상 살생이 허용되지 않는 상황에서 나온 문화적 산물이다. 그러나 검도경기를 통해 생사가 좌우되지는 않는다고 하더라도, 우리는 검도 그 자체의 속성인 사람을 죽이고 살리는 칼의 본질을 외면할 수 없다. 이는 오늘날 검도수행에서 검도수행자가 파악해야 할 중요한 검도본질의 하나이며, 자신의 검도철학 형성에 중요한 요소의 하나이다. 오늘날 생사가 좌우되지 않는 검도경기에서는 여러 번의 많은 공격이 가능하다. 그러나 한 칼에 적을 베어야 한다는 칼의 본질을 죽도에 반영해야 하는 이유가 여기에 있다. 비록 죽도로 하는 검도경기라고 할지라도 죽도를 진검으로 생각하고, 검도기술의 발휘에 검도수행자 자신의 삶과 죽음의 문제를 투영하여 수행한다면, 그곳에 자신만의 검도철학 형성의 기회를 갖게 된다.

오늘날 검도수행은 인격형성 배움의 기회를 제공한다. 오랜 검도수행의 과정에서 나타난 자기반성의 기회와 경험은 일상적인 삶에서의 인격형성에 도움이 되기 때문이다. 그러나 외형적으로 보면 생존을 위한 검의 기술 습득과 인격완성은 서로 직접적으로 연결되기 어렵다. 검의 기술이 뛰어나다고 해서 바로 인격이 담보되는 것은 아니기 때문이다. 오늘날 검도경기에서 많은 부분은 검도기술로 승부를 낼뿐 인격완성의 정도를 겨루지 않는다. 그럼에도 우리가 좀 더 깊이 생각해 보면, 검도의 기술은 원래 인격성을 담보로 한다. 완벽한 검의 기술 발휘에는 마음의 운영과 연결되어 있기 때문에 마음의 역할은 인격형성과 분리되지 않는다. 즉 완벽한 검도기술 발휘에는 자신의 삶에 대한 자세와 의도가 일정 부분 투영된다.

될 수 있음을 보여준다.

검도수행자의 인격은 마음의 욕망을 다스리는 곳에서 자연스럽게 형성된다. 우리는 검도수행자의 인격이 뒷받침되지 않는 검도기술을 진정한 완성된 검도기술이라고 부르지 않는다. 따라서 오늘날 검도수행자는 검도기술이 갖는 살생의 본질을 외면해서도 안 되지만, 검도기술의 발휘에서 감정과 욕망의 통제 경험을 통한 인격완성에 관심을 가져야 한다. 결국 오늘날 검도수행자는 자신의 검도기술에 내재된 살생의 본질과 활인검을 통한 인격완성의 경험을 결합하여, 자신만의 검도철학을 만들어가야 한다.

그렇다면 오늘날 자신의 검도철학은 어떻게 만들어가야 하는가? 기존 검도철학의 내용은 미야모토 무사시(宮本武蔵)와 같이 개개인이 경험했던 검도기술과 관련된 사상적 내용 분석과 과거 검도와 관련된 저서의 내용 해석에 우선 초점을 맞추었다. 이에 따라 검도철학의 내용은 연구자의 검도수행 정도나 관심에 따라 다르게 설명한다.[8] 그러나 저자가 생각하는 검도철학은 과거 검도철학의 내용을 파악 이전에 지금 검도수행자 자신의 검도움직임과 그 몸의 움직임에서 나오는 경험의 의미가 무엇인지에 대한 이해에서 출발해야 함을 강조하고자 한다. 왜냐하면 자신의 검도움직임을 통한 경험은 검도기술의 영역뿐만 아니라, 그 영역을 넘어 오늘날 우리의 일상적 생활의 태도나 생각에 암묵적으로 영향을 미치기 때문이다. 따라서 검도움직임과 그에 따른 경험

---

8 이 글은 검도의 한국적 특성과 일본적 사상적 내용을 기반으로 한 특정한 검도철학을 형성하고자 하는 것은 아니다. 물론 각자가 추구하는 검도의 철학적 내용이 중요하지 않다는 것이 아니다. 예를 들어 전 일본 검도연맹은 검도이념을 "검을 통한 인격의 완성"(Donohue, 1999)으로 설명한다. 그리고 이종림(2006)은 "극기복례의 한 길"로 설명한다. 허광수(2021: 35)는 "검도는 인을 배양하는 몸 공부(修身)"로 설명한다. 이러한 관점들은 검도수행자 자신들의 검도수행의 과정과 검도의 지향점에 따라 그 내용과 설명이 일정 부분 달라질 수 있음을 보여준다.

의 해명은 검도수행자 자신의 검도철학을 만들어가는 데 우선적으로 고려해야 할 문제이다.

기존 검도철학에서 설명하고 있는 심신일여, 인격완성, 부동심, 깨달음의 내용들도 과거 검도수행자 자신의 움직임과 그에 따른 경험의 과정에서 형성된 철학적 내용이다. 쉽게 이야기해서 검도수행자 자신의 검도수행 과정과 경험에서 얻게 된 결과로 그렇게 하는 것이 자신의 검도기술 완성이나 검도수행에 도움이 된다고 생각한 내용의 결과물이다. 그렇게 해명한 내용의 결과물은 인격완성, 부동심, 깨달음이라는 추상적인 단어로 설명되고 있다. 오늘날에도 이 단어들이 설득력을 갖는 이유는 당시 검도움직임과 관련된 경험이 오늘날의 검도수행 과정에서도 여전히 실천적 타당성을 갖기 때문이다. 따라서 저자는 과거 검도사상이나 내용에 대한 해석과 이해가 필요 없다는 것을 말하는 것이 아니다. 자신의 검도철학을 형성하기 위해 이해의 우선 순서를 바꾸자는 것이다. 예컨대 검도에서의 인격완성을 설명한다고 하자. 검도수행자는 인격완성의 의미가 무엇인지에 대한 내용 파악 이전에 자기 자신의 검도수행의 움직임과 그 움직임에서 얻게 된 경험의 내용과 과정에 대한 이해가 전제되어야 한다. 이러한 상황을 전제로 해야 검도수행자 자신이 검도수행을 통해 인격이 형성되는 과정을 파악할 수 있으며, 이를 근거로 다른 사람에게 상세한 설명이 가능하다. 그렇지 않으면 인격완성은 저 멀리 하늘에 떠 있는 별과 같이 될 가능성이 크고, 결코 우리가 잡을 수 없는 경우가 발생한다.

본 장에서는 먼저 과거 검도철학의 내용을 역사적 관점에서 간략하게 설명하고자 한다. 그리고 학문적 관점에서 검도와 철학의 연결점이 무엇이고, 왜 검도에 철학이 필요한지를 검토하고자 한다. 마지막으로 검도철학의 출발점이라고 생각하는 검도움직임과 그에 따른 경험의 의미를 간략하게 설명하고자 한다.

2. 검도단어의 철학적 기원

한자인 검도(劍道) 단어는 『한서예문지(漢書藝文志)』[9] 제5편 「병서략(兵書略)」 병기교(兵技巧)의 검도(劍道) 삼십팔편(三十八篇)에 보인다. 그 내용은 다음과 같다. "사기자서(史記自序)에 조나라에 있는 사마씨란 자의 검론이 전해서 알려졌다. 또한 손오전(孫吳傳)에 전하기를 진실로 인(仁)과 용(勇)을 겸하지 않으면 병법을 전하거나 검을 논할 수 없다. 망실되어 전하지 않는다."[10] 여기에서 우리는 검도내용을 구체적으로 파악할 수는 없으나, 검도에는 검술이 포함된 병법만이 전부가 아니며, 인(仁)과 용기(勇氣)가 필요하다는 것을 알 수 있다. 즉 살생의 도구인 검도라는 단어에 인과 용기라는 철학적인 의미가 포함되어 있음을 알 수 있다.

또 다른 검도철학과 관련된 내용은 『오월춘추(吳越春秋)』의 「구천음모외전(勾踐陰謀外傳)」에 보인다.

월왕 구천이 오나라와의 전쟁에서 승리하기 위해 다양한 인재를 만나는 과정에서 격검을 잘 할 수 있는 방법을 묻는다. 검의 길은 어떻게 이룬 것인가? 소녀는 이야기 한다. 저는 사람 없는 깊은 산 중에 태어나 소녀가 배우지 못한 도는 없습니다. 제후들과도 교류한 적이 없습니다. 다른 사람의 영향력을 받지 않고 자신만의 노력으로 달성하였습니다. 남몰래 격검을 단련하고 쉬지 않고 입으

---

9 『한서예문지(漢書藝文志)』는 후한의 반고(班固, 32-92)가 지은 <한서(漢書)>의 총100권 가운데 30권에 속한다. 『한서예문지(漢書藝文志)』는 일종의 도서목록이다.

10 오만종, 양회석, 김태완, 장춘석(2005: 286).

로 되뇌었습니다. 격검지술의 도는 무엇인가? 이 길은 매우 미묘하지만 쉽고, 은밀하면서 기묘합니다. 검도의 기술(길)에는 커다란 문과 작은 문에 각각 음양이 포함되어 있습니다. 큰길을 열고 작은 문을 닫으면 음의 기운이 쇠하고 양의 기운이 흥하게 됩니다. 무릇 전쟁의 길은 내면적으로 정신이 충실해야 하고 외형적으로 안정적이며, 위엄을 보여주어야 합니다. 겉으로는 볼 때는 온순한 미녀이지만, 싸움이 벌어졌을 때는 두려운 호랑이를 닮아야 합니다. 몸의 기운의 상황을 몸에 안배한 후 마음과 함께 보조를 맞춰 앞으로 나아가야 합니다. 이에 마치 해와 같이 높고, 토끼와 같이 경쾌해야 하며 민첩해야 하고, 호흡이 자연스럽게 되어야 하고, 자연의 법칙에 벗어나지 말아야 하고, 종횡으로 오가며 정공을 가하거나 역공도 모두에게 들키지 않아야 합니다. 이와 같은 도의 방법은 한 사람이 능히 이백 명을 대적할 수 있으며, 이백 명이 만 명을 대적할 수 있습니다. 왕이 시험한다면 바로 그것을 볼 수 있을 것입니다. 월왕은 그녀의 말에 기뻐하면서, 월려라는 칭호를 내렸다. 이에 오교(여러 군대의 총칭)의 대장과 뛰어난 사람에게 검술을 배워 그들의 병사들에게 가르치게 하였다. 사람들은 이것을 두고 월여지검(月女之劍)이라 칭하였다.[11]

---

11 『吳越春秋 · 勾踐陰謀外傳』 見越王, 越王問曰: "夫劍之道則如之何?" 女曰: "妾生深林之中, 長於無人之野, 無道不習, 不達諸侯. 竊好擊之道, 誦之不休. 妾非受於人也, 而忽自有之." 越王曰 : "其道如何?" 女曰: "其道甚微而易, 其意甚幽而深. 道有門戶, 亦有陰陽. 開門閉戶, 陰衰陽興. 凡手戰之道, 內實精神, 外示安儀, 見之似好婦, 奪之似懼虎, 布形候氣, 與神俱往, 杳之若日, 偏如騰兔, 追形逐影, 光若彿仿, 呼吸往來, 不及法禁, 縱橫逆順, 直復不聞. 斯道者, 壹人當百, 百人當萬. 王欲試之, 其驗即見." 越王大悅, 即加女號, 號曰 "越女." 乃命五校之隊長 高才習之, 以敎軍士. 當此之時皆稱越女之劍.

여기에서 월왕은 검의 기술을 잘 발휘하기 위한, 즉 격검지술(擊劍之術)의 의미를 묻지만, 여자는 검도기술의 의미보다는 검도가 갖는 철학적 의미를 설명한다. 앞 내용에서 전쟁에서 이기기 위한 방법으로 여자는 내면적으로 음양의 조화된 힘이 자신에게 충만해야 하고, 외형적으로 안정감 속에서 자신의 위엄을 드러내어야 한다고 말한다. 그리고 칼을 사용하는 데 호흡이 자연스럽게 되어야 하고, 자신의 움직임이 자연의 법칙을 벗어나지 말아야 함을 주장한다. 이는 오늘날 검도기술이 추구해야 할 내용과 비교해서도 별 차이가 없다.

격검의 도(道)란 무엇인가를 반복하여 질문하였다는 사실은 오늘날에도 검도란 무엇인지를 자신에게 끊임없이 질문하고 답을 찾는 것과 다르지 않다. 이와 같이 검도의 철학적 질문은 검이라는 단어가 사용되는 시점에서부터 공존해 왔다. 따라서 검도철학은 월녀로 대표되는 자신만의 검의 수행에서 자연스럽게 드러나는 것으로 설명해 왔듯이, 저 멀리 존재하는 추상적인 단어이기보다는 자신에게 질문하고 답을 찾는 과정에서 만들어야 한다.

3. 검도와 철학의 연결점

외형적으로 보면 자신의 생존에서 시작된 검도와 질문과 반성적 사고를 바탕으로 하는 철학 간에는 상호 연결점이 부족하다. 그럼에도 우리는 일상적인 언어로서 검도철학을 언급하는 상황에서 검도철학에 대한 이해의 출발은 검도철학 단어 그 자체의 질문과 검도와 철학 간의 연결점의 파악에서 시작해야 한다.

1) 검도철학의 필요성

검도수행자는 검도철학을 논하기 이전에 검도철학 단어 그 자체에 질문을 던지고 답을 해야 한다. 그 질문이란 검도단어에 이미 철학적인 의미를 포함한 도(道)가 있는데 거기에 철학의 단어를 첨가하는 것이 타당한 것인가? 아니면 검도에서 말하는 도(道)와 철학의 지향점이 다름을 언급하기 위해 철학의 단어를 덧붙인 것인가? 이다.

첫 번째 질문의 답은 검도(劍道) 단어 그 자체에 형이상학적 의미로 검도수행자가 따라야 할 근본원리인 도(道)가 있다면, 도(道)에는 철학적인 의미가 포함된 것으로 판단해야 한다. 물론 외형적으로 검(劍)이 지향하는 자신의 생존 우선과 철학적 질문은 다르다고 말할 수 있지만, 생존의 길에도 근본적으로 철학적인 문제가 개입된다. 그 이유는 단순히 자신, 가족, 국가의 보호 이전에 그 근저에는 죽고 사는 생명의 문제와 관련된 인생의 근본적인 질문이 가능하기 때문이다. 따라서 첫 번째 질문에서 검도철학 단어의 타당성은 확보될 수 없다. 검도의 도(道)에 철학적 의미가 포함되어 있는데 거기에 철학 단어를 붙이는 것은 동의 반복적 의미에 지나지 않기 때문이다.

그렇다면 검도철학 단어의 타당성은 어떻게 확보할 수 있을까? 이는 두 번째 질문과 답으로 연결된다. 검도철학 단어의 타당성을 확보하기 위해서는 검도에서 도(道)의 본질적인 의미를 아무렇게나 해석해서는 안 된다. 검도철학이 하나의 개별 학문이 되기 위해서는 철학적인 논거 제시와 실천적 과정의 타당성까지도 확보해야 한다. 예컨대 오늘날 검도수행자에게 검도란 무엇인지 논리적으로 설명할 수 있어야 한다. 이는 검도본질과 관련된 질문이다. 그리고 검도수행자는 검도를 어떻게 접근해서 이해해야 하는지도 해명해야 한다. 이는 인식론적 관점의 해명을 요구한다. 더 나아가 많은 사람이 검도를 수행하는 이유가 무엇인지, 검도의 아름다움과 가치가 무엇인지, 이러한 모든 질문과 해답이 상대에게 설득력을 갖기 위해서는 실천적 과정의 타당성이 포함되어야 한다. 검도철학의 내용이 철학적 질문과 실천적인 훈련방법을 뒷받침하여 설명할 수 있다면, 검도수행자는 훨씬 더 쉽게 검도철학을 이해하고, 이는 곧 자신의 검도수행에 도움이 된다. 따라서 검도에 철학이 필요한 이유는 검도수행과 관련된 검도수행자 자신의 관점을 드러내는 상황에서 다른 사람으로부터 타당성을 얻어야 하기 때문이다. 즉 검도철학은 검도수행자의 명확한 철학적 관점의 제시와 해석의 타당성을 확보해야 한다. 이를 통해 확립된 검도철학은 자신의 검도수행에 도움이 될 뿐만 아니라, 다른 사람들에게 검도수행의 이익을 설득하는 데에도 도움이 된다.

그러나 이러한 검도철학과 관련된 철학적인 내용의 논의 이전에 검도수행자가 생각해야 할 문제가 있다. 검도철학에서 철학적 논의가 검도에 질문을 던지는 과정이라면, 검도수행자는 지금 자신이 배우고 있는 검도에 대한 자신의 생각 그 자체에 대한 근본적인 질문을 던져야 한다. 검도철학의 존재론, 인식론, 가치론의 의미를 파악하는 것도 중요하지만, 검도수행자 자신이 검도에 대해 가지고 있는 생각이나 태도 그 자체에 대해 먼저 질문을 던지는 것이 필요하다. 검도수행자는 자기 나름대로 검도를 향해 자신만의 관점을 갖기 때문이다. 검도수행자들의 각각의 입장에 따라 검도를 직업으로, 건강과 즐거움의 추구로, 인격형성의 수단 등으로 다양하게 바라본다. 검도를 전혀 모르는 사람이나 관심이 없는 사람이라고 할지라도 검도에 대한 자신만의 생각과 견해를 갖는다.[12] 검도가 어떤 의미를 갖는지 질문을 하면 자기 나름대로 답할 수 있는 이유는 검도에 대해 자신의 관점에서 무언가를 생각하고 있기 때문이다.

많은 검도수행자는 검도와 관련하여 자신이 어떠한 관점을 갖는지 스스로에게 질문을 던지는 것에 주저한다. 이는 검도에 대한 자신의 견해를 드러내는 것을 머뭇거리게 되고, 더 나아가 다른 검도수행자에게 검도에 대한 당신의 관점은 무엇인가? 라는 질문을 하지 않는 것으로 연결된다. 검도철학과 관련된 질문에서 가장 중요한 것은 검도를 향한 자신의 태도와 견해를 드러내는 일이다. 왜냐하면 검도에 대한 자신의 태도와 견해는 검도기술뿐만 아니라, 자신의 일상적인 삶에 영향력을 주는 중요한 요소이기 때문이다. 따라서 검도철학의 시작은 검도와 관련해 자신에게 질문을 던지는 것에서 시작해야 한다. 검도수행의 목적은 각자 다르겠지만, 검도수행자는 검도수행의 목적과 이유를 자신에게 끊임없이 질문하고 답을 찾아야 한다. 그리고 그 내용을 다른 사람에게 논리적으로 설명할 수 있어야 한다. 그것이 검도기술과 관련된 내용이거나 철학적 질문이던지 간에 상관은 없다. 이러한 질문과 해답의 과정은 검도수행의 정도와 관계없이 검도수행자라면 누구나 가져야 할 태도이다. 물론 검도철학의 지평과 깊이는 자신이 갖고 있는 검도세계에 대한 이해 정도의 넓이와 폭에 따라 달라진다.

---

12 외형적으로 드러나지 않지만, 우리의 의식적 특성은 항상 무언가에 관해서 생각하는 존재이다. 우리의 의식은 주어진 대상에 대해 있는 그대로 파악하기보다는 그것에 더 많은 의미를 부여하고 판단한다. 이러한 의식의 특성을 설명하는 것이 현상학적 관점이다. 더 많이 생각하는 의식의 역할은 현상학의 가장 중요한 개념인 지향성(指向性, internationality)의 문제와 연결된다. 검도에 대해 우리가 갖는 의식의 지향성과 관련된 내용은 6장 2절 참조.

2) 검도와 철학의 연결근거

검도철학에 대한 이해의 깊이와 폭은 검도와 철학의 상호 연결점을 명확하게 드러낼 때 쉽게 우리에게 다가와 인식된다. 그 연결 근거를 검도와 철학의 사전적 의미에서 살펴보자. 사전적 정의에서 철학이란 "인간과 세계에 대한 근본 원리와 삶의 본질 따위를 연구하는 학문. 흔히 인식, 존재, 가치의 세 기준에 따라 하위 분야를 나눌 수 있다." 라고 이야기 한다. 그리고 "자신의 경험에서 얻은 인생관, 세계관, 신조 따위를 이르는 말"13이다. 전자는 하나의 학문적 영역이라면, 후자는 개인의 영역이다. 이러한 철학적 정의는 검도철학에도 적용이 가능하다. 전자의 학문적 영역으로서의 검도철학은 생(生)과 사(死)를 결정하는 칼의 근본원리와 검도의 경험을 통해 획득한 삶의 본질을 인식, 존재, 가치의 철학적 관점으로 설명한다. 후자는 검도수행자의 검도경험을 통해 얻게 된 검도수행자의 삶과 세계관을 논리적으로 제시하는 것이다. 따라서 검도철학은 검도에 철학적 질문을 던지고 답을 찾는 학문적 영역이며, 자신의 검도세계관을 어떻게 형성해야 하는지와 관련된 개인적 영역이 혼재되어 있다.

비록 검도철학에서 외형적으로 검도와 철학이 서로 지향하는 목적과 방법론이 구분된다고 할지라도, 검도수행자는 검도수행 과정에서 얻게 된 궁극적인 도(道)의 의미와 철학적 사유인 반성(反省)에서 서로 같은 지향점을 찾아야 한다. 저자가 생각하기에 두 가지 지향점의 공통적인 단어는 실천이라고 생각한다. 검도수행에서 도(道)는 자신의 반성에 따른 실천이 뒷받침되지 않으면 완성된 것이 아니기 때문이다. 철학

---

13 국립국어원 표준국어대사전(http://stdweb2.korean.go.kr/search/List_dic.jsp).

도 마찬가지다. 철학은 사유의 과정에서 출발하지만, 실천적 방법이 뒷받침되어야 비로소 완성된 것이라고 말할 수 있다. 따라서 검도와 철학 간의 상호 연결점의 이론적 근거는 검도수행자가 추구하는 도(道)의 방향성과 철학에서 주장한 반성이 서로 만나서 구체적인 실천적 방법을 제시함에 있다. 예컨대 검도철학은 검도수행 과정에서 배웠던 존재, 인식, 가치의 의미가 도장(道場)의 공간과 영역을 넘어 일상생활에서 실천적 방법으로 적용되는 내용을 포함해야 한다.

4. 검도철학의 이론적 접근과 이해

위에서 검도철학은 검도수행의 과정에서 자신의 반성 과정에 실천적인 방향의 논리가 결합되어야 한다고 하였다. 그러나 이러한 내용을 설명하기 이전에 우리는 기존 학문체계의 방법으로도 검도철학을 일정 정도 이해할 수 있다. 이는 일반적인 철학의 이론적 방법인 존재론적, 인식론적, 가치론적 관점으로 설명이 가능하다. 이러한 접근법의 이해는 검도수행자 자신의 검도철학을 만들어 가는 데 도움이 된다.

1) 검도철학의 존재론적 관점

검도의 존재론적 질문은 검도란 무엇인가? 나에게 검도란 무엇인가? 검도본질은 무엇인가? 왜 우리는 검도를 배우는가? 등이 있다. 어느 하나 쉽지 않은 질문이다. 이 모든 것을 해명하는 것은 본 연구와 다른 차원에서 해명해야 할 문제이다. 본 연구에서는 검도에서 도(道)란 무엇인가? 로 한정하고자 한다. 물론 검도에서 철학적 의미를 갖는 도(道)

자체를 해명하기도 쉽지 않다. 사실 자신의 생명을 보호하기 위한 살생의 정당성을 갖는 검(劍)과 검도기술의 완성, 인격완성, 깨달음의 의미를 포함하고 있는 도(道)의 지향점은 각기 다르다. 그리고 각자의 사유의 관점에서 도(道) 자체의 이해와 해석도 다르게 설명한다.

검도에서 도(道)를 해명하는 데 우리가 간과해서는 안 되는 것은 도(道)의 단어가 먼저 존재하지 않았다는 사실이다.[14] 따라서 검도철학과 관련된 존재론적인 도(道)의 의미를 논하기 이전에, 먼저 동양적인 도(道)의 지향점을 간략하게 이해하고 있어야 한다. 사실 동양사상의 유교, 불교, 도교 각자가 지향하는 사상적 배경에 따라 도(道)의 의미는 다르게 설명하고 있다.[15] 예컨대 유교의 도(道)는 수도(修道)를 통해 성인(聖人)[16]이 되는 것이다. 성인이 되기 위해 우리는 미발지중(未發之

---

14 이와 관련해서 하나의 추상적인 도(道)의 개념 형성은 인간의 경험에 근거한 은유적(metaphorical)으로 형성되었다. 인간이 특정한 방향으로 지나가야 할 길이라는 일상적인 행위가 다른 사람을 이끄는 추상적인 의미로의 확장 과정을 걸쳐 오늘날 도(道)의 개념이 형성되었다. 인간의 경험에 근거한 도(道)의 은유적 개념 형성과 관련된 내용은 이항준(2015)을 참조.

15 도(道)는 하나의 길이지만, 그것만으로 충분한 것이 되지 않는다. 누군가에는 하나의 법칙으로, 본체(本體)나 하나(一)로, 이(理)이자 무(無)로, 태극(太極)이자 심(心)으로, 기(氣)이자 인간의 길로 다양하게 설명된다(권 호 역, 1995: 15-19). 이러한 도(道)는 태권도, 검도, 유도에 덧붙여 각자가 지향하는 방향에 따라, 즉 도(道)를 다양하게 설명하고 있다.

16 수도(修道)의 의미는 『중용(中庸)』의 「天命之謂性 率性之謂道 修道之謂敎」에서 보인다. 이 글은 검도본질의 설명에 자주 인용된다. 오가와 추타로(小川忠太郎, 2011)가 모치다 모리지(持田盛二) 범사와의 연습한 기록, 즉 『백회계고(百回稽古)』에 보인다. 그는 검도에서 상대를 바로 보는 자세를 『중용(中庸)』에 보인 "하늘의 명령(天命)을 일컬어 성(性)이라 하고, 성(性)을 따르는 것을 일컬어 도(道)라고 한다(天命之謂性, 率性之謂道)"를 검도가 추구해야 할 도(道)의 과정으로 설명한다. 그는 하늘의 명령, 하늘의 본성, 그리고 그 본성을 따르는 길을 대도(大道)를 정의하고 있다. 즉 대도를 천명(天命)·성(性)·도(道)의 세 가지로 나누고, 이는 불교의 『대승기신론(大乘起信論)』에서 보인 체(體: 본체)·상(相: 형체)·용(用: 작동)으로 설명한다. 예컨대 시냇물이 흐르는 것을 생각해보자. 체(體)는 천지의 변화 속에서 멈추지 않고 흐르는 것을 말한다. 상(相)은 시냇물이

中)[17]의 상태를 유지해야 한다. 이를 검도에 적용해 본다면, 어떠한 감
정에도 흔들리지 않는 부동심(不動心) 또는 평상심(平常心)[18]을 유지하

흐른다는 상징의 표현이며, 용(用)은 인간의 삶도 시냇물의 흐름과 같이 한 순간
도 끊임없이 도(道)와 합일되는 삶을 살아야 한다는 것이다. 오가와 추타로(小川
忠太郎)는 검도수행자가 궁극적으로 도달해야 할 도(道)의 의미를 검도에 적용
시키면 심법(心法), 신법(身法), 도법(刀法)으로 설명한다. 심법(心法)은 생명력
의 유지의 측면에서 검도수행자에게 가장 중요하다고 하면서, 이를 뒷받침하기
위해 맹자(孟子)가 주장한 호연지기(浩然之氣)의 자세를 견지할 것을 주장한다.
그는 이러한 호연지기 태도의 심법으로 검(劍)에 적용해서 자연스러운 신법을
유지하고, 자신의 마음을 어디에도 머물지 않는 마음을 내는 깨달음인 도(道)를
얻어야 하고, 여기에서 인간형성의 도(道)가 된다고 주장한다. 그러나 이러한 오
가와의 주장을 사실 일반 검도수행자가 이것을 이해하고 실천하기란 쉽지 않다.
그 자신의 검도경험에서 완성한 그의 검도철학의 핵심이기 때문에 다른 검도수
행자의 실천적 과정이 뒷받침될 때 어느 정도 일반 검도수행자에게 적용 가능하
다고 생각한다. 저자의 비판적인 관점에서 본다면, 오가와 추타로(小川忠太郎)가
동양철학을 인용하여 자신이 제시한 검도철학의 내용은 일본검도의 장점과 한계
를 보여준다. 그는 검도기술에 한 차원 높은 도(道)의 의미를 붙이기 위해 유교
나 불교 사상을 인용하였지만, 그렇게 함으로써 검도에서 도(道)의 의미가 오늘
날 검도수행자가 도달하기 어려운 추상적인 가치로 인식하게 만들었다는 점이
다.

17 이는 『중용(中庸)』 1장 「喜怒哀樂之未發, 謂之中; 發而皆中節, 謂之和; 中之者,
天下之大本也, 和之者, 天下之達道也 致中和 天地位焉 萬物育焉」에서 보인다. 중
(中)은 희노애락의 감정이 일어나지 않은 상태를 말한다. 만약 감정이 일어나더
라도 절도, 즉 상황에 맞는 것을 화(和)로 설명한다. 중(中)은 천하의 큰 원리이
고, 화(和)는 천하에 도달하는 길이다. 중화(中和)를 성취하게 되면 천지가 제자
리를 찾고 만물이 육성한다. 이는 검도에 다양한 의미로 적용이 가능하다. 검도
에서 중(中)은 상대의 중심을 가로질러 공격해야 한다는 주장으로 가능하며, 중
단의 의미에도 적용이 가능하다. 또한 상대의 움직임에 자신의 감정이 움직이지
않는 상태, 즉 부동심이나 평상심을 의미하기도 한다. 이와 같이 검도에서 최적
의 상태를 가정한 중(中)의 의미가 경기에서 적절하게 운용되어 조화가 이룬 상
태, 즉 화(和)의 상태가 된다. 저자의 관점에서 본다면, 검도에서 중심은 가장 중
요한 원리이지만, 두 사람이 칼을 마주하면 그 중 한 사람만이 올바른 중심이 가
능하다. 따라서 검도는 상대를 관통할 수 있는 중심을 찾기 위해 움직인다. 검도
의 수행은 그것을 찾기 위한 과정과 다르지 않다. 그리고 주어진 검도의 상황에
서 적절한 최적의 상태를 강조하는 화(和)는 검도가 상대방과의 승리만을 갈구
하는 것이 아니라, 서로를 배려하고 양보하는 태도를 말한다.

18 평상심(平常心)과 부동심(不動心)은 엄밀한 의미에서 본다면 서로 구분된다. 국
어국립원 표준국어대사전에 따르면, 평상심은 "일반적인 마음으로" 부동심은 "마

는 것이다. 불교에서의 궁극적 도(道)는 우리 자신의 무아(無我)[19]를 확인하는 것이다. 무아(無我)를 검도에 적용한다면, 검도본질의 하나인 경구의혹(驚懼疑惑)의 실체가 존재하지 않는다는 사실을 검도수행자 스스로 경험에서 확인하는 것이다. 노장사상에서 도(道)는 무위(無爲)[20]와 도행지이성(道行之而成)[21]을 언급한다. 무위란 자신의 모든 의도된 생각과 계획을 버리고 자연의 법칙에 맞게 자연스럽게 행동한다는 뜻이다. 즉 자신의 움직임을 의도적으로 하지 않겠다는 것이며, 그 행동이 자발적으로 자연의 흐름과 일치하는 것이다. 이를 검도수행에 적용하면, 우리 자신의 행동이 몸에 힘이 들어가지 않는 상황에서 자발적이고 자연스러운 움직임과 연결되는 것과 같다. 『장자(莊子)』에 도행지이성(道行之而成), 즉 '도는 걸어가는 과정 속에서 이루어지는 것이다'에서 도(道)의 의미는 우리가 추구하는 궁극적인 목적이기보다는 오랜 시간을 걸쳐 실천적 행위가 뒤따를 때 이루어지는 것으로 이해해야 한다. 즉 노장사상과 관련된 검도수행의 도(道)는 자연스러운 움직임을 평생검도의 과정에서 실천하는 과정과 다르지 않다.

이와 같이 동양의 형이상학적인 도(道)의 추구는 사상적 배경에 따라 각기 다른 방향으로 존재한다. 그럼에도 그 속에는 자신이 고유하게 가지고 있는 내재적인 생명력을 자연스럽게 발휘한다는 점에서 모

음이 외부의 충동에도 흔들리거나 움직이지 아니함"으로 설명한다. 태도적인 측면에서 본다면 전자는 의도적인 생각이 개입되지 않는 도교적인 측면으로, 후자는 본래의 마음을 강조하는 유교적인 면을 강조한다. 따라서 저자는 검도의 움직임과 관련해서는 마음의 실천적 작동이라는 관점에서 부동심보다는 평상심을 사용하고자 한다.

19 검(劍)과 불교용어에서 보인 무아(無我)와 관련된 단어들은, 즉 무심(No-Mind), 무아(No-Self), 부동심(Unfettered Mind) 등이 있다. 이와 관련된 내용은 Jeffery(2012)를 참조.

20 무위(無爲)는 『노자(老子)』 2장 「是以聖人 處無爲之事, 行不言之敎」에서 보인다.

21 이 내용은 『장자(莊子)』의 「제물론(齊物論)」에 보인다.

두 일치한다. 예컨대 유교, 불교, 도교의 지향점에 따라 각각 성인, 무아, 무위를 주장하지만, 그것이 지향하는 공통적인 의미는 자연스러운 움직임으로 얻게 된 한마디로 깨달음의 단어로 수렴된다. 왜냐하면 성인, 무아, 무위의 실체가 무엇인지와 관계없이 그것을 획득하기 위해 자신의 깨달음이라는 실천적 행위가 뒷받침되어야 하기 때문이다. 이는 검도에서 도(道)의 추구에도 적용이 가능하다. 검도수행자의 관점에 따라 각자 검도에서 성인(聖人), 무아(無我), 무위(無爲)를 추구하는 것으로 주장할 수는 있지만, 평생검도에서 자신만의 자연스러운 움직임을 통해 깨달음을 얻는다는 점에서는 서로 다르지 않다. 그러나 검도에서 배운 자연스러움이 현실의 삶에서 뒷받침되지 않는 성인(聖人), 무아(無我), 무위(無爲)의 깨달음은 의미가 없다.

검도에서 도(道)의 존재론적 의미는 실천적 행위가 뒷받침되어야 한다. 실천적 의미의 강조는 『노자(老子)』 1장 '도가도 비상도(道可道 非常道)'에서도 보인다. 이 문장에서 첫째 단어의 도(道)는 궁극적 우리가 추구하고자 하는 의미의 도(道)이며, 두 번째 도(道)의 단어는 '말하다'와 '설명하다'로 해석된다. 마지막 단어인 도(道)는 실천적 의미를 포함한다. '도를 도라고 말하는 것은 도가 아니다'의 명제는 언어적으로 본다면, 논리적으로 모순이 된다. 도(道)라는 것은 말할 수 없다는 것을 노자(老子) 스스로 다시금 말하는 모순된 주장을 하고 있기 때문이다. 이렇게 말한 노자(老子)의 의도는 '도는 말로 하는 것이 아니라, 실천하는 것에서 얻을 수 있다'로 해석을 해야 한다. 즉 노자에게 도(道)의 획득이란 실천적 행위가 뒤따라야 가능하다는 것을 역설적으로 설명한 것에 지나지 않는다. 유가에서의 성인도 마찬가지다. 우리는 일상생활과 특정한 수행의 과정에서 흔들리지 않는 평상심을 실천한 사람을 성인(聖人)이라 불린다. 예컨대 검도경기에서만 평상심을 실천하고 일상생활에서 그것을 실천하지 못한 사람을 우리는 성인이라고 인정하지 않는다.

결국 저자가 생각하는 검도가 갖는 도(道)의 존재론적인 의미는 검도수행자가 실천적인 방법을 통해 검도깨달음[22]을 획득하는 것이다. 좁게 본다면 검도깨달음은 검도기술을 배우는 과정에서 얻을 수 있고, 넓게 본다면 검도기술을 배웠던 내용이 검도의 영역을 벗어나 우리 일상생활의 삶에 어떠한 영향을 미치는지 검도수행자가 스스로 경험으로 확인하는 과정에서 얻을 수 있다. 따라서 검도깨달음은 검도경기를 위한 기술에 한정되어서는 안 된다. 검도기술에 대한 깨달음이라도 그 깨달음을 통해 검도수행자로 하여금 자신의 삶의 태도를 새롭게 설정하여, 세상을 이해하는 데 도움이 되어야 한다. 그렇지 않으면, 진정한 깨달음이라고 말할 수 없다. 왜냐하면 검도깨달음은 검도기술과 관련된 개인적인 태도나 생각의 영역에서 출발하지만, 평상심의 실천적인 과정에서 검도수행자는 검도기술을 넘어 일상생활까지 확대된 보편적인 인식의 틀을 형성할 수 있기 때문이다.

---

22 비록 검도깨달음이 검을 통해 도(道)에 대한 새로운 관점을 획득하는 것이지만, 검도에서 깨달음의 의미를 파악하기 위해서는 깨달음이 무엇인지를 알고 있어야 한다는 것이 논리적이다. 그렇지 않으면 영원히 깨달음을 설명할 수 없다. 깨달음이 무엇인지 모르는데 깨달음을 말한다는 것은 모순이기 때문이다. 이와 관련하여 2부에서 구체적으로 논의할 것이다. 다만 검도깨달음과 관련하여 인간은 원래 깨달음을 구비하고 있다는 본각(本覺)과 점차적으로 깨달아가는 과정이 필요하다는 시각(始覺)의 개념의 접근법에 따라 각각의 검도깨달음의 전개는 달라진다. 본각(本覺)과 시각(始覺)의 내용과 관련해서는 원효의 『대승기신론소』(은정희 역주, 1991)를 참조.

2) 검도철학의 인식론적 관점

검도철학의 존재론적 의미가 검도에서의 도(道), 즉 깨달음의 획득에 있다면, 검도철학의 인식론적 관점은 검도깨달음을 어떻게 바라보고 획득할 수 있느냐의 내용으로 구성된다. 검도철학의 인식론적 관점은 세 가지를 고려해야 한다. 첫째, 검도깨달음과 관련된 인식론적 관점은 경험의 문제를 해명해야 한다. 검도기술을 배움으로써 우리가 갖는 인식체계의 변화는 다름 아닌 우리의 경험에서 나오기 때문이다. 물론 검도수행자에게 나타난 검도깨달음의 경험을 언어로 표현하기란 쉽지 않다. 그럼에도 검도깨달음의 경험이 근원적으로 몸과 마음의 작동에서 나온다는 사실을 부인할 수는 없다. 따라서 검도수행자는 검도깨달음에서 얻게 된 경험의 내용을 단지 정신작용의 결과로 파악해서는 안 된다. 검도는 자신의 몸으로 배우기 때문에 몸 움직임과 그에 따른 경험의 이해 없는 깨달음의 표현은 한계를 가질 수밖에 없다. 물론 검도기술에서 배운 깨달음이 정신적인 측면을 강조하거나, 몸에 축적된 행동 자세를 주장할 수도 있다. 이에 따라 검도수행자 자신의 경험을 통한 검도깨달음의 인식론적 관점은 둘로 나눌 수 있다.

저자는 검도수행자의 검도깨달음을 인위적으로 정신적 신체적 의미의 강조점에 따라 깨침과 닦음 두 가지로 설명하고자 한다.[23] 물론

---

23 저자는 검도깨달음을 하나의 작업가설(working hypothesis)로 깨침과 닦음으로 구분하였다(이상호, 2011: 67-74). 서로 엄밀하게 구분할 수 없는 깨침과 닦음으로 설명한 이유는 검도깨달음의 구체적 실천방법을 제시할 수 있기 때문이다. 깨침과 닦음으로 구분하여 설명한 이론적 근거는 각각의 속성에 따라 두 개의 양태로 나누어 설명하는 관점으로 스피노자(Spinoza)의 『에티카』(강영계 역, 2007)에서 차용하였다. 스피노자는 몸과 마음은 서로 구별되지 않은 하나의 개별체이지만, 몸과 마음이 각각 사고와 연장이라는 속성으로 본다면, 서로는 구분

원칙적으로 동양적 신체관은 몸과 마음을 나누지 않는다. 심신을 둘로 나눌 수 없듯이 깨침과 닦음도 서로 다른 길이 아니다. 또한 두 길의 우선순위가 존재하는 것도 아니다. 깨침과 닦음은 깨달음을 얻기 위해 구체적으로 어떻게 도달해야 하는가의 방법을 설명하기 위해 인위적으로 나눈 것에 불과하다. 두 길은 우선순위에 의해 규정되는 것도 아니며, 깨달음이라는 큰 길 속에 같이 걸어가야 할 작은 두 가지 길이다. 즉 '깨침이 닦음이 되어야 하고 닦음이 깨침이 되어야 한다'는 말이다. 이 문장은 논리적인 측면에서 본다면 모순이 된다. 그러나 이것은 검도 수행자의 정중동(靜中動)하고 동중중(動中靜)해야 한다는 자세의 주장과 다르지 않다.[24] 흔들리지 않는 마음속에서도 몸은 부단히 움직여야 하고, 몸의 움직임 속에서도 흔들리지 않는 감정을 유지할 수 있어야 한다. 몸의 움직임은 마음의 작동과 연결되어 있기 때문에 마음과 몸은 서로 떨어져 다른 방향으로 작동할 수 없다. 사실 몸이 움직이는데 마음이 흔들리지 않는다는 것은 모순이다. 그럼에도 불구하고 검도는 정중동하고 동중정해야 한다.

둘째, 검도철학의 인식론적 관점에서 볼 때 검도기술의 완성과 자신의 인격이나 윤리적 태도가 서로 이격되지 않음을 해명해야 한다. 인격이 뒷받침되지 않는 기술 완성은 미완성의 기술이다. 완벽한 검도기

이 가능하다. 이와 관련된 구체적인 내용은 이상호(2008)를 참조.

24 검도에서 정중동하고 동중정의 의미는 현대일치(懸待一致)가 지향하는 내용과 다르지 않다. 상대에게 달려드는 중에 기다림이 있고(懸中待), 기다리는 중에 달려듦이 있어야 한다(待中懸). 검도에서는 공세는 있지만, 방어는 없다는 말이 있다. 검도는 방어가 아닌 공격을 위한 반격의 자세로 취해야 하기 때문이다. 이는 공격과 방어가 다르지 않음을 보여준다. 상대 공격을 위한 움직임도 상대의 공격을 받는 기다림이 있어야 하고, 상대에게 반격하기 위해서는 달려듦이 전제되어 있어야 한다.

술의 완성에는 자신의 태도나 자세가 포함된 마음의 습관이 중요한 역할을 담당한다. 마음의 습관은 인격과 밀접하게 연결되기 때문에 인격이 수반되지 않는 검도기술의 완성은 의미가 없다. 새가 완전하게 날기 위해서는 양쪽 날개가 필요하듯이, 검도기술의 깨달음은 기술완성과 인격이 서로 뒷받침되어야 한다. 검도깨달음이라는 마차는 기술완성과 인격완성이라는 두 개의 수레바퀴가 있어야 잘 굴러간다. 인식론적 측면에서 본다면, 검도에서 궁극적으로 추구해야 할 대상인 깨달음이 광의의 도(Way)의 의미라면, 검도깨달음에 도달하기 위한 협의의 길 (way)은 깨침과 닦음의 길이 있다.[25] 깨침과 닦음의 두 가지 길은 서로 포개 넣을 수 있는 원리(nesting principle)가 적용된다.[26] 이와 관련된 내용은 다음 3, 4장에서 나누어 살펴볼 것이다.

셋째, 인식론적 관점에서 검도수행자는 검도깨달음을 하나의 변하지 않는 진리, 존재, 실체로 인식하거나 외형적으로 달성해야 할 목적으로 인식하지 않아야 한다. 검도수행 과정에서 자신의 깨달음이 어디에 있는지, 깨달음을 위해 자신이 무엇을 할 수 있는지에 끊임없이 자신에게 질문을 던지고 답을 찾으려는 인식론적 태도가 선행되어야 한다. 왜냐하면 검도철학의 인식론적 의미는 검도수행자의 끊임없는 검도수행과 반성의 과정에서 경험으로 주어지기 때문이다.

---

25 이상호(2011: 70).

26 이 용어는 뇌 인지과학자인 Damasio(임지원 역, 2007: 49)가 설명한 것에서 차용하였다. nesting은 인간이 대상에 대한 반응은 반사작용, 대사조절 등 생리적 조정 단계에서 고통과 쾌락, 동기 그리고 의식이 느끼는 감정, 느낌의 과정으로 일어난다. 이러한 과정은 낮은 단계의 작동이 복잡한 반응에 편입되면서 나타난다. 이는 인간의 몸과 마음이 구분되는 것이 아니라, 계층적으로 서로 영향을 주며 복잡하게 연결되어 있음을 보여준다. 개인적으로 검도깨달음은 검도수행의 과정에서 정적인 움직임과 동적인 움직임 사이에 경계가 없다는 사실을 경험적으로 확인하는 것이라 생각한다.

3) 검도철학의 가치론적 관점

검도철학의 가치론적 관점은 검도수행의 과정에서 검도수행자 자신의 검도수행의 가치가 무엇인지를 끊임없이 묻고 답하는 과정에서 만들어진다. 물론 검도수행의 가치를 파악하기 위해서는 어느 정도 물리적 시간이 필요하다. 이는 평생검도라는 언어적 함의에서 잘 보여준다. 그러나 오랜 시간 검도를 했다는 사실이 검도수행의 가치를 바로 파악할 수 있는 것으로 연결되지는 않는다. 검도수행의 가치를 얻기 위해 충분한 물리적 시간이 필요하지만, 이는 충분조건은 아니다. 저자가 생각하는 검도수행에서의 가치 획득은 평생검도의 시간에서 배웠던 평상심과 반성의 경험이 일상생활까지 확대되는 것에 있다.

검도철학의 가치론적 의미는 세 가지로 설명이 가능하다.

첫째는 평생검도(平生劍道)의 경험이다. 평생검도를 통해 우리는 스승, 동료, 후배와의 관계뿐만 아니라, 도장의 분위기, 검도의 교육방법 등에서 다양한 가치관을 배운다. 검도에서 배웠던 상대 존중과 예(禮)의 자세는 일상의 윤리적 행위에도 도움이 될 수 있음을 검도수행자 스스로 경험해야 한다. 그리고 평생검도의 과정에서 검도의 아름다움(美)의 경험이 무엇인지 파악하는 것도 검도가치의 일부분이다.

둘째는 평상심(平常心)의 경험이다. 개인적인 관점이지만, 검도에서 평상심의 경험은 일상생활에서 흔들리지 않고 대상의 본질 파악에 도움이 된다. 이에 따라 검도수행자의 평상심의 경험은 사회생활에 확대해서 적용해야 한다. 예컨대 검도경기에서 감정이 분출되어 자신의 자연스러운 움직임에 부정적으로 작동하여, 경기 패배로 이어졌던 경험을 검도의 영역에 한정할 필요가 없다. 검도에서 평상심을 통한 감정 통제의 경험이 일상생활에서 자신의 윤리적 움직임을 결정하는 데 도움이 되어야 한다. 검도에서 얻는 평상심의 경험이 일상의 윤리적 행위로 전환과 적용이 가능한 것도 검도가 갖는 가치이다.

셋째는 반성의 경험이다. 검도반성의 경험은 다양한 방법으로 얻게 된다. 먼저 묵상(默想)이라는 형태의 반성이다. 이는 일상적인 검도 움직임 그리고 외형적인 검도기술과 관련된다. 예컨대 검도수행에서 우리는 자신의 움직임에 대한 반성과 선생님, 동료, 사범님들의 검도움직임이나 검도기술에 관련된 지적사항을 묵상의 과정에서 반성한다. 다른 하나는 검도움직임 그 자체에 대한 자기 스스로의 반성이다. 이는 검도에 대한 자신의 근본적인 생각에 대한 반성이다. 이러한 반성은 단순히 자신의 검도기술이나 움직임에 대해 선생님, 사범님, 선배들의 지적과 조언에 따라 맞고 틀리다의 문제를 넘어선다. 물론 이러한 반성 내용이 의미가 없다는 것이 아니다. 저자가 생각하기에 검도와 관련하여 자신의 행동이나 움직임에 대한 반성은 진정한 반성적 태도가 아니다. 왜냐하면 이러한 반성은 자신의 관점을 근본적으로 배제하지 않은 반성적 태도로 나타날 가능성이 높기 때문이다. 진정한 반성은 반성을 하는 자기 자신의 관점에 대한 근원적인 반성이 선행되어야 한다. 예를 들어 우리는 대상을 잘 파악하기 위해 먼저 자신이 쓰고 있는 안경이 깨끗한 상태를 유지하고 있는지 확인할 필요가 있다. 자신이 끼고 있는 안경이 깨끗하지 않으면 안경 너머 보이는 세계도 깨끗하게 보이지 않기 때문이다. 자신이 대상을 바로 보고자 아무리 노력한다고 하더라도 우리 자신의 안경에 티끌이 끼어 있으면, 그 티끌만큼 우리는 상대를 정확하게 파악하지 못한다. 따라서 검도수행자는 자신만의 검도를 보는 안경 그 자체에 대한 반성이 필요하다. 검도에서 진정한 반성적 태도는 검도를 보는 자기 자신의 인식 틀이 틀릴 수 있음을 인정하는 것에서 출발해야 한다.

5. 검도철학과 몸의 움직임

자신의 검도철학 형성을 위해서 검도수행자는 먼저 검도본질, 인식, 가치가 자신에게 어떤 의미(meaning)[27]로 경험되는지 이해해야 한다. 검도수행자 자신에게 나타난 검도의 경험[28]은 자신의 검도움직임에 따라 형성된 의미 파악의 과정에서 만들어지기 때문이다. 이는 기존 검도철학의 접근법에 대한 반성이며, 저자가 제시하고자 하는 새로운 검도철학 내용의 출발점이다.

1) 기존 검도철학에 대한 반성

검도수행자는 앞에서 지적한 검도철학의 존재론적, 인식론적, 가치론적 접근에 따른 이해도 중요하다. 그러나 이러한 이론적 접근에 선행해서 해결해야 할 문제가 있다. 우리는 기존 검도와 관련된 철학적 내용들, 즉 깨달음, 인격완성, 부동심, 경구의혹, 수파리 등의 내용이

---

27 여기에서 의미는 단순히 언어적인 관점의 의미가 아니다. 인지 언어학자인 존슨 (Johnson)에 따르면 의미(meaning)라는 것은 자신의 몸의 움직임을 근거로 한 다양한 경험의 내용이 확장되는 것을 말한다. 몸의 움직임을 통한 경험의 확장은 몸의 움직임 속에서 배워왔던 경험의 내용이 자신의 사고나 판단을 하는데 영향을 미친다는 것이다. 이는 단순히 이성적 사고가 우리 몸의 움직임을 결정하지 않는다는 관점이다. 몸의 움직임과 관련해서는 『몸의 이해』(김동환, 최영호 역, 2012)를 참조.

28 경험(experience)은 우연한 만남에서 주는 상황이나 위기를 극복하고 무언가를 배우는 데서 생겨난다(신재성 역, 2020: 21). 따라서 경험의 의미는 집단적이기 보다는 개인적이기 때문에 전달 불가능한 내용으로 생각해 경험을 과학적으로 분석하기 힘들다고 주장한다. 경험과 유사한 말로 체험이 있다. 체험은 직접적이고 전반성적인 개인적인 영역이라면, 경험은 외부의 감각 인상들에 따른 자신의 인식적 판단이 개입된다.

과거 검도수행자의 움직임과 경험에서 출발했다는 사실을 잊지 말아야 한다. 과거의 검도수행자는 특정한 철학적 내용을 먼저 이해한 후 자신의 검도수행에 적용한 것이 아니다. 오히려 반대로 과거 검도수행자는 자신의 검도움직임과 경험을 근거로 자신만의 검도철학적 내용을 제시하였다. 다만 자신의 검도움직임에 대한 논리적 타당성의 근거를 제시하기 위해 동양적 사상을 도입하여 적용하여 설명하였다는 점이다. 따라서 오늘날 검도철학의 내용 전개도 그러한 방향에 따라야 한다. 이는 기존 검도철학에서 언급한 다양한 철학적 내용을 먼저 이해하고 자신에게 적용시켜야 한다는 관점이 아니다. 반대로 검도수행자의 검도움직임과 그에 따른 검도수행자가 경험하는 내용이 어떠한지를 파악한 후 기존 검도철학의 내용과 어떻게 연결될 수 있는지를 해명해야 한다. 이를 위해서 검도수행자는 검도하는 자신에게 먼저 질문을 던지며 시작해야 한다. 자신의 검도움직임에서 나타난 경험의 의미를 기반으로 기존 검도철학의 내용을 자신에게 적용해서 그 의미의 타당성을 스스로 확인해야 한다. 그래야만 과거 검도철학의 의미를 자신의 것으로 만들 수 있다. 그 속에서 검도수행자는 자신이 갖고 있는 검도에 대한 의도나 목적이 무엇인지 명확하게 드러내고 설명해야 한다. 이러한 과정속에서 검도수행자는 자신만의 검도철학을 형성할 수 있다.

검도수행과 관련하여 과거와 현재의 의미와 가치는 많이 다르다. 과거에는 생과 사를 결정했기 때문에 많은 시간을 검도수행에 할애하는 것이 가능했지만, 현재는 죽도로 대변하는 검도로 생사를 결정짓지 않기 때문에 오늘날의 검도수행의 의미와 가치는 과거와 같을 수는 없다. 또한 검도를 건강과 즐거움의 수단으로 접근하는 사람들이 검도의 철학적 가치에 대해 갖는 관심은 상대적으로 적을 수밖에 없다. 그럼에도 검도움직임에서 무언가를 배울 수 있다는 점은 과거와 다르지 않다. 검도를 대하는 관점과 이해의 폭은 과거와 현재가 다를지라도, 자신의 검도움직임을 통해 검도의 존재론적, 인식론적, 가치론적 의미를 경험한다는 사실은 변함이 없다. 검도움직임의 경험에서 본다면, 검도수행이 진행됨에 따라 우리가 검도에 던지는 철학적 질문은 자연스럽게 나올 수밖에 없다. 따라서 오늘날 검도철학 이해의 출발은 먼저 검도수행자 자신의 검도움직임이 무엇이며, 그 움직임에서 나타난 경험에서 우리는 무엇을 배울 수 있는지 논리적으로 알고 있는 것으로부터 시작해야 한다.

물론 검도수행자 자신의 검도움직임에서 나타난 경험을 어떻게 설명하느냐는 쉽지 않은 일이다. 그러나 검도수행자의 검도움직임에서 나오는 경험의 내용을 즉각적으로, 의식적으로 파악할 수 없다고 할지라도 그 움직임 속에서 검도수행자는 다양한 시간의 흐름, 공간, 사물에 대한 힘 등을 경험한다는 사실은 부인할 수 없다. 이러한 경험 내용의 파악은 검도수행자 자신의 검도수행에 도움이 된다.

검도움직임과 관련된 경험의 해명은 검도수행자 자신의 검도철학을 형성하는 데 다음과 같은 이익을 가져다준다.

첫째, 검도움직임의 이해는 검도철학 이해의 폭과 깊이를 결정하는 데 중요한 이론적 토대를 제공한다. 검도수행자는 지속적인 검도움직임을 통해 검도에 대한 자신만의 의식패턴을 형성한다. 이를 기반으로 검도수행자는 기존 검도철학에서 언급된 내용을 비교, 적용해서 새로운 자신만의 검도철학을 만들어 간다. 자신의 검도움직임과 거기에 따른 자신의 경험적 해석이 뒷받침되어야, 기존 검도철학에서 언급된 인격완성, 수파리, 경구의혹, 부동심 등의 내용들을 쉽게 이해할 수 있

다. 자신의 검도움직임과 경험에 대한 이해의 폭이 넓을수록 기존 검도
철학의 이해 또한 깊어질 수밖에 없다. 반면에 자신의 검도움직임에 따
른 경험에 대한 이해가 부족하면 검도철학을 추상적인 내용으로 인식
할 가능성이 높아진다.

둘째, 검도움직임을 통해 습득한 다양한 경험과 이해는 현재의 검
도수행자로 하여금 새로운 행동가능성의 패턴을 만들어 낸다. 과거 검
도수행자 움직임의 결과가 인격완성, 경구의혹, 수파리의 개념을 만들
어 내었듯이, 오늘날 자신의 검도움직임을 통해 그들과 비슷한 개념을
만들거나, 아니면 자신만의 다른 개념을 만들어야 한다. 과거 생사를
결정하는 움직임과 오늘날 경기종목으로서의 검도환경에서 느끼는 검
도에 대한 생각은 다를 수밖에 없다. 결과적으로 검도수행자는 현재 검
도수행에서 느끼는 자신의 경험에 먼저 초점을 맞추어 설명해야 한다.
예컨대 죽도와 진검칼에 대한 경험, 상대 힘의 파악, 경기에서 이기고
있을 때와 지고 있을 때 느끼는 경험, 일족일도의 상대적인 시간 흐름
의 경험, 공격할 때 몸이 들어가고 있음의 경험, 그리고 검도공간의 경
험 등을 언어로 설명할 수 있어야 한다. 더 나아가 반성에 따른 경험의
해명도 필요하다. 자신의 검도움직임의 경험과 관련된 이해 정도는 검
도수행자에게 검도기술의 증진에 도움이 될 뿐만 아니라, 일상에서 살
아가는 인생관의 형성에 도움이 된다.

셋째, 검도경험의 주관적인 느낌은 스스로 새로운 가치관을 만들
어 낸다. 예컨대 검도를 처음 배울 때 검도수행자는 검도움직임을 통해
운동의 즐거움을 느낀다. 그러나 수행이 지속됨에 따라 검도의 단순한
즐거움을 넘어 검도에 새로운 가치를 부여하게 된다. 이 단계의 검도수
행자는 검도움직임에서 자기 자신을 발견하고자 노력한다. 이 과정에

서 검도수행자는 검도란 무엇이고, 검도기술의 완성이 무엇인지, 검도
에서 무엇을 얻고 무엇을 할 수 있는지 등 자기 나름대로 검도의 가치
관을 형성하고자 한다.

2) 검도움직임에 따른 경험 내용

그렇다면 자신의 검도움직임은 어떻게 설명할 수 있을까? 검도움
직임의 경험은 주관적인 느낌[29]이기 때문에 객관적인 타당성을 확보하
기란 쉽지 않다. 검도경험의 영역과 느낌의 정도는 검도수행자 각자의
검도수행 정도와 검도기술의 강조점에 따라 다르게 설명한다. 이는 많
은 검도의 유파가 존재하는 이유가 된다. 검도수행자 자신의 검도움직
임의 해명은 자신뿐만 아니라, 상대 움직임의 파악에도 도움이 된다.
왜냐하면 상대 움직임에 대한 판단 또한 자신의 움직임을 기준으로 판
단하기 때문이다. 그러나 엄밀하게 말해서 상대방의 검도움직임을 파
악하고, 그 내용을 논리적으로 설명하기란 쉽지 않다. 지속적 훈련으로
상대방의 움직임을 자신의 경험에 근거하여 판단할 수는 있지만, 상대
가 어떠한 생각과 판단에 근거해서 움직이는지 설명하는 것은 다른 차
원의 문제이기 때문이다.

본 장에서는 검도수행자 자신의 검도움직임에 한해서 설명하고자
한다. 검도수행자는 검도용구를 착용하고, 검도장 또는 검도경기장이라
는 특정 공간에서 검도를 배우고 움직인다. 호구를 착용하면 보호 장구

---

29 이러한 개인적인 느낌을 감각질(qualia)로서 설명한다. 감각질이란 인간의 의식
적 경험을 구성하는 기본단위를 의미한다(김미선 역, 2006: 2). 예를 들어 고통이
나 아픔을 자신의 고통이나 아픔으로 느끼는 것을 말다. 감각질은 자신의 개인적
느낌을 설명하는 주관적인 설명이다.

로써 자신이 보호받는다는 생각이 들 수도 있고, 이제 당당하게 다른 사람과 대련이 가능하다는 생각도 든다. 죽도나 진검을 사용할 때에도 마찬가지다. 검도는 주어진 시간의 흐름과 공간 속에서 움직인다. 그 움직임 속에서 검도수행자는 다양한 생각과 감정의 분출을 자기 스스로 경험한다. 자신의 검도움직임에서 정확하게는 모르지만, 검도수행자 자신에게서 무언가 분출되어 나타나고 있는 힘의 느낌을 느낄 수 있다. 그 힘의 느낌은 검도수행의 시간과 공간에서 자신의 검도움직임에 따라 자연스럽게 자신에게 어떠한 형태로 드러나게 마련이다.

검도수행자는 자신의 검도움직임에서 나타난, 즉 긴장(tension), 투영(projection), 선형성(linearity), 진폭(amplitude),[30] 감각(sense)에서 다양한 힘의 표출을 경험한다. 물론 자신의 검도움직임에서 나타난 힘의 표출과 관련된 설명은 개인적 경험에 기인하기 때문에 경험의 내용에 따른 설명은 일부 다를 수는 있다. 그럼에도 불구하고 검도움직임과 관련하여 힘 표출의 경험은 검도수행자 자신의 검도수행과 검도본질을 이해하는 데 유용하다.

검도움직임과 관련된 긴장과 투영은 시간의 흐름에서 경험한다. 선형성과 진폭은 공간의 영역에서 경험한다. 감각은 대상에 대한 개인적인 힘의 경험을 말한다. 감각에서 개인적인 경험은 동양적인 의미로

---

[30] 이 네 가지는 Sheets-Johnson(2011)의 몸 동작의 반복에 따른 현상학적 실험에 따른 자기 자신의 질성적 차원에서 설명한 내용에서 인용하였다. 원래 이 용어들은 무용가인 그녀가 무용에서 현상학적 경험으로 느낀 힘의 표출을 긴장적, 직선적, 영역적, 투사적 특성(김말복 역, 1994: 74)으로 설명한 것을 저자가 검도움직임에 적용, 수정, 확대한 것이다. 물론 이러한 관점들이 검도움직임이 갖는 경험을 명확하게 전부 설명할 수 있다는 것은 아니다. 그러나 자신의 검도움직임을 시간과 공간에서 힘의 표출로 구분해서 이해할 수 있다는 점에서 의미는 있다. 이와 관련된 이론적 타당성의 획득은 다른 검도수행자들이 자신의 검도수행에 적용하여 새롭게 도출할 필요가 있다.

기(氣)를 느끼는 것과 유사하다. 그리고 엄밀하게 말하면 검도움직임에서 나온 긴장, 투영, 선형성, 진폭, 감각의 경험 내용은 서로 분리되기보다는 복합적인 관계에서 나오고 경험된다. 따라서 검도움직임에 나타난 힘 표출에 대한 저자의 설명은 각각의 논리적 기술을 위한 인위적 분리에 지나지 않는다.

검도움직임에서 나타난 경험 내용은 다음과 같이 설명이 가능하다.

첫째, 검도수행자는 긴장 상황에서 나오는 힘의 표출을 경험해야 한다. 긴장은 시간의 흐름 속에서 자신의 몸에서 느끼는 힘의 정도와 관련된다. 검도동작을 수행하기 위해서는 근육의 수축과 이완 작용의 힘이 필요하다. 여기에 움직임의 힘이 작동하기 위해서는 근육 이외에도 자신의 생각이나 의지가 개입된다. 이러한 상황에서 긴장은 필수적으로 작동하기 마련이다. 하지만 지나친 긴장은 자신도 모르게 몸의 어깨에 힘을 넣어 근육을 경직하게 만들어 자신의 자연스러운 움직임을 방해한다. 물론 긴장에 따른 힘의 정도는 환경적 요건과 마음의 상태에 따라 다르게 나타난다. 예컨대 나보다 검도실력이 낮은 동료와 뛰어난 선생님과의 대련을 비교해 떠올려 보면, 검도수행자는 긴장의 정도와 그 차이를 충분히 느낄 수 있다. 우리는 실력이 낮은 동료와 경기를 할 때 상대적으로 자신의 몸에 힘이 적게 들어감을 느낀다.

저자가 처음 죽도나 칼을 잡을 때에 손이나 어깨에 힘이 많이 들어갔었다. 이는 나의 의지와 관계가 없다. 처음 검도를 배울 때 가장 많이 듣는 말이 어깨에 힘을 빼라는 것이다. 저자가 처음 경기에 참가하여 승부의 결과와 관계없이 경기가 끝난 후 얼마나 어깨가 아팠는지 지금도 기억이 생생하다. 비록 짧은 시간의 경기였지만, 지금 생각해보니 나의 의식과 상관없이 어깨에 힘이 들어갔었다. 초보자가 숙련자에 비해 상대적으로 몸에 힘이 많이 들어가는 것은 당연하다. 왜냐하면 그것은 의지와 관계없이 생존 본능에서 나오기 때문이다. 시간이 흘러 지금은 당시보다 어깨에 힘이 많이 들어가지 않지만, 여전히 어려운 상대나 선생님을 만나면, 몸에 힘을 빼야 한다는 본인의 생각과 상관없이 힘이 들어가는 것을 느낀다. 따라서 검도수행자는 검도수행에서 자신이 몸에 힘이 들어가지 않는 상태를 경험해야 한다. 이러한 상태에서 나온 칼의 움직임이 훨씬 더 빠르고 칼의 강도가 높다는 사실을 검도수행자 스스로가 경험해야 한다. 요약하면 과도한 긴장이 완벽한 힘의 표출에 방해된다는 사실을 경험적으로 확인해야 한다. 이러한 과정에서 검도의 기술이나 실력도 늘게 된다.

검도는 몸에 힘을 뺀 상태에서 자연스러운 검도움직임을 지향해야 한다. 검도수행의 완성은 시간의 흐름 속에서 힘을 빼고 상대와 관계없이 긴장하지 않는 상태를 말한다. 이는 죽도를 잡을 때에도 적용된다. 예컨대 초보운전자는 핸들을 두 손으로 꽉 잡는다. 반면에 숙달된 운전자는 초보운전자와 다르게 핸들에 힘주어 꽉 잡지 않고 운전을 한다. 그렇다고 잡지 않는 상태도 아니다. 나중에는 손바닥으로 운전하는 느낌으로 한다. 검도에서 어깨와 손목에 힘을 빼고 긴장하지 않는 상태를 유지하는 것이 얼마나 힘든 일인지 검도수행자들은 잘 알고 있다. 이에 따라 검도수행의 과정에서 선생님이나 선배님에게 자주 듣는 말이 힘을 빼라는 지적이다. 저자도 초보수행자에게 자주하는 말이다. 검도에서 무심(無心)이나 부동심(不動心)을 강조하는 이유도 긴장 극복에 관련된 힘의 사용과 연관되기 때문이다.

둘째, 검도수행자는 상대에 대한 자신의 내적인 힘의 표출 방식인 투영을 경험해야 한다. 투영은 검도움직임에 나타난 자신의 힘의 표출

방식과 관련된다. 검도움직임에서 검도수행자는 자신의 내적인 힘을 상대에게 표출하고자 한다. 자신의 생존을 위한 방법으로 상대에게 자신의 힘을 표출하는 것은 당연하다. 예컨대 검도경기에서 검도선수들은 상대가 갖고 있는 힘의 정도에 따라 전진을 하거나 후퇴를 한다. 전진과 후퇴의 검도움직임은 상대를 향한 자신이 갖고 있는 힘의 표출에 따른 움직임의 결과이다. 일반적으로 검도수행자는 상대가 강하면 자신이 후퇴하고, 반대로 약하면 전진한다. 이외에도 검도경기에서 상대가 보여주는 힘의 표출은 다양하게 나타난다. 검도수행자는 경기를 시작하기 이전에 상대의 칼을 마주하게 되면, 상대가 갖고 있는 힘의 표출을 자기 나름대로 경험한다. 예컨대 상대의 기세가 강하다든지 약하든지를 느끼게 된다. 동양적 의미로 상대의 힘인, 기(氣)를 느낀다. 상대와 몸 받음(몸싸움)을 할 때, 상대의 몸 받음을 피할 때, 검도수행자는 각각의 힘의 표출을 다르게 느낀다. 그리고 검도공격에서 각각의 손목, 허리, 머리, 찌름 공격에서 보여주는 힘의 표출 정도도 선수의 능력이나 상황에 따라 다를 수밖에 없다. 따라서 검도수행자는 검도의 상황에 따라 나타난 자신의 힘의 표출뿐만 아니라, 상대에게서 표출되는 힘의 정도 둘 다 스스로 경험해야 한다.

검도에서 완벽한 투영과 관련된 힘의 표출 방식은 기·검·체 일치로 설명이 가능하다. 기·검·체 일치는 상대를 타격하는 칼끝의 힘이 자신의 마음, 검의 자세, 몸의 힘이 일치된 상태에서 나온 결과물이다. 이는 실전에서 적용 가능한 검의 이법으로서 한 번에 적을 벨 수 있는 힘을 보여준다. 기·검·체 일치는 검도경기에서 완벽한 한 판의 힘이며, 검도기술의 완성이라 불린다. 따라서 죽도 검도에서 기·검·체 일치의 힘의 표출은 검도수행에서 중요하다. 한 번에 적을 벨 수 있는 검의 이법을 죽도에 적용한 기·검·체 일치에 따른 자신의 힘의 표출 경험은 검도수행자에게 검도수행에 새로운 관점을 부여한다.

셋째, 검도수행자는 자신의 거리 변화에서 비롯되는 힘의 선형성을 경험해야 한다. 선형성은 검도수행자 자신의 움직임에 따른 거리 변화의 비례에 따라 나오는 힘과 관련된다. 검도움직임이란 생존을 위한 적절한 이동의 경로를 만들어 내는 움직임을 말한다. 거리 변화는 상대에 대한 자신의 힘의 변화에 따른 자신의 움직임을 보여준다. 검도경기에서 승패를 좌우하는 중요한 요소의 하나가 적정한 거리의 확보이다. 검도수행자에게 적정 거리란 생존과 승리를 위해 상대 칼의 공격범위에서 떨어져 있어야 하고, 반대로 상대공격도 가능한 최적의 거리를 말한다. 이를 검도에서는 일족일도(一足一刀)의 거리로 설명한다. 검도거리는 상대를 베기 위해서 상대에 가까이 접근해야 하고, 적의 공격에서 벗어나기 위해 멀리 있어야 한다. 하지만 이러한 거리는 논리적으로는 존재하지 않는다. 적을 벨 정도로 상대와 가까운 거리는 상대에게도 공격이 가능한 거리이기 때문이다. 따라서 검도에서 적정거리는 상대가 주는 일정한 힘에 반응한 결과로 고정된 거리가 아닌 상대적 거리로 파악해야 한다.[31] 여기에서 자신만의 절대적 거리의 파악은 오랜 검도수행 과정의 결과물로 주어진다.

검도경기에서는 뛰어난 선수가 앞으로 나아가고 상대적으로 약자는 물러나는 경향을 보인다. 이는 상호 간의 공간 움직임에서 나타난 힘의 반영의 결과이다. 이와 같이 검도움직임에서 선형성은 검도공간에서 자신의 힘의 반영과 거기에서 나오는 거리 변화에서 나오는 힘을 보여준다. 검도거리와 관련하여 가장 중요한 공격 순간의 하나는 상대가

---

31 검도에서 자신만의 절대적 거리를 찾는 힘은 검도의 기세(氣勢)와 관련이 있다.

나오거나 물러가는 그 순간에 공격을 하는 것이다. 그 짧은 순간을 파악하기란 쉽지 않다. 그럼에도 불구하고 상대와의 거리 변화에서 나오는 힘의 파악은 검도의 승패를 결정하는 데 대단히 중요하다.

넷째, 검도수행자는 검도공간에서 상대를 다룰 수 있는 힘의 정도, 즉 진폭을 경험해야 한다. 진폭은 검도에서 자신의 몸의 움직임에 따라 자신을 둘러싼 공간을 다루는 힘과 관련된다. 또한 검도경기장에서 자신이 상대를 다룰 수 있는 힘과도 연결된다. 우리 몸 자체는 물리적으로 공간의 일정한 부분을 차지한다. 검도수행자 자신의 몸 움직임은 스스로의 생존과 상대를 타격하기 위한 활동의 공간을 확보하기 위해 끊임없이 움직인다. 검도경기에서 상대 칼과 마음을 죽여야 한다는 것도 자신만의 유리한 공격 공간을 점유하고자 하기 때문이다. 예컨대 상대가 머리를 공격할 때 먼저 공격하거나 받아 허리로 반격하기 위한 수행자의 공간 이동을 경험해야 한다. 상대의 손목, 허리, 찌름의 공격에도 우리 자신의 공간 이동은 다르게 작동한다. 물론 이러한 검도경기에서 공간의 확장은 검도수행자 자신이 어떻게 움직여야 하는지와 검도수행자 자신이 갖고 있는 기술의 다양성에 따라 달라진다. 이 모든 공간을 다루는 힘을 검도수행자는 경험해야 한다.

진폭의 경험에서 가장 중요한 요소는 몸의 자세이다. 검도움직임에 따른 기·검·체 일치의 공격이 성공하기 위해서는 자신의 허리와 몸을 바로 세우고 손의 움직임보다 발의 움직임을 먼저 해야 한다. 그 속에서 진폭의 힘의 정도를 경험해야 한다. 물론 이러한 공간 경험의 확대는 자신의 몸의 능력에 따라 좌우된다. 예컨대 뛰어난 선수는 공간 움직임에서 자신이 어디에 있는지 암묵적으로 파악이 가능하다. 검도수행자는 자신의 자세와 움직임을 통해 공간 확대에 따른 잠재된 힘을 스스로 경험해야 한다. 자신의 올바른 마음가짐과 자세에서 나오는 공간의 확대 경험도 필요하다. 검도수행자가 잊지 말아야 할 것은 공간의 영역 확대를 검도경기에 한정하지 말아야 한다는 점이다. 오늘날 검도수행의 목적이 검도기술에만 한정되지 않는다면, 검도의 공간경험은 일상생활의 영역까지 확대될 수 있음을 경험해야 한다.

다섯째, 검도수행자는 검도움직임 속에서 자신에게 일어나는 감각을 경험해야 한다. 감각의 경험은 검도수행자가 검도에서 가장 많이 경험하는 부분이다. 감각은 시간과 공간과 관련된 문제이기보다는 검도행위와 관련된 다양한 개인적 느낌이다. 검도수행자가 죽도를 선택할 때를 생각해보자. 검도수행자는 자신에게 맞는 죽도를 선택하기 위해 여러 가지 죽도를 손으로 이리저리 잡아 본다. 죽도의 선택은 죽도가 주는 힘이 자신의 느낌이 일치할 때에 선택한다. 그 이외에도 검도에서 감각의 경험은 다양하다. 예컨대 조선세법과 검도의 본(本)에서 진검과 목검이 주는 힘의 정도도 다르다. 경기에서 상대와 죽도를 맞대면 상대의 힘도 느낀다. 이와 같이 검도에서 일어나는 감각의 해명은 대단히 중요한 문제이다. 따라서 검도수행자 자신의 관점에서 감각이 어떻게 작동하고 드러나는지를 경험적으로 느끼고 설명할 필요가 있다. 물론 누구나 검도에서 자신만의 감각을 느끼고 판단하는 상황에서 감각을 객관화시키는 데는 어려움이 존재한다. 그렇지만 자신의 감각을 객관적으로 파악하려는 노력이 필요하다. 자신의 감각을 이해한다는 것은 새로운 검도경험의 기회와 확대를 가져다준다.

이와 같이 검도수행자는 자신의 검도움직임 속에서 긴장, 투영, 선형성, 진폭, 감각에서 표출된 힘을 경험한다. 그럼에도 긴장, 투영, 선형성, 진폭, 감각의 표출된 경험의 내용도 공통적인 한계를 갖는다.

힘의 표출에 대한 경험은 검도수행자의 주관적인 경험과 관련하여 표층적으로 드러난 내용에 초점을 맞추기 때문이다. 하지만 검도움직임은 많은 부분이 무의식의 상황에서도 이루어지기 때문에 실제로 검도수행과 경기에서 발생한 드러나지 않는 심도 깊은 경험의 내용도 설명해야 한다. 무의식에서 일어나는 그 순간의 검도움직임을 검도수행자 자신의 의식을 통해서 파악하고 논리적으로 설명하기란 거의 불가능할지라도 말이다.

검도의 무의식 행위와 관련하여 검도경기 도중 상대를 의식하지 않고 과감하게 공격할 때 한 판의 가능성이 높다. 검도수행자가 상대방의 움직임을 예측하고 그에 따라 상대방을 공격해야겠다고 생각하는 순간이 상대 공격이 가장 쉽게 성공하는 위험스러운 순간이기 때문이다. 검도는 생각하고 행동으로 옮기는 것이 아니라, 몸에 배인 (embodied) 태도나 자세에서 무의식적으로 이루어져야 한다. 상대를 의식하지 않은 상황에서 자연스럽게 자신의 마음에 따라 몸이 움직이는 상태, 즉 심신일여(心身一如)의 상태는 무의식적 움직임에서 일어난다. 따라서 심신일여의 작동과정에 대한 해명은 움직임의 상황이 일어나기 이전에 작동하는 무의식적인 경험의 내용이다. 검도의 무의식적 행위와 관련된 구체적인 내용은 6장에서 살펴볼 것이다.

6. 검도철학의 새로운 이론적 출발

검도움직임과 관련된 자신의 경험 문제를 설명하기란 쉽지 않은 작업이다. 그렇기 때문에 많은 연구자들은 자신의 움직임에 따른 경험의 문제를 외면하였다. 그 결과 검도철학의 내용은 더 멀리 더 추상적인 내용으로 채워지게 되었고, 이는 검도철학의 논의 부족으로 나타났다. 기존 검도철학들의 내용은 평상심, 경구의혹, 수파리 등의 개념에서 인격완성이나 깨달음이 무엇인지 설명하는 데 초점을 맞추어 왔다. 문제는 이러한 접근이 검도철학을 궁극적 목적으로서 달성해야 하는 추상적인 내용으로 흐를 가능성이 높다는 점이다. 기존 검도철학의 내용이 검도철학을 논리적으로 설명하는 유용한 이론적 판단 근거로 작동하겠지만, 자신에게 어떻게 적용되고 응용되어야 하는지 세부적인 내용을 보여주지 못하고, 개인적으로 해결해야 할 숙제로 남겨두었다. 이는 검도철학과 관련된 책의 부재로 연결되었다고 생각한다.

저자가 생각하는 검도철학의 시작은 이 악순환의 고리를 끊어내는 것에서 시작해야 한다. 악순환 고리의 차단은 검도철학에 대한 이해의 순서가 바뀌었다는 인식에서 출발해야 한다. 검도수행자가 자신의 움직임이나 경험의 내용을 파악하지 못한 상황에서 과거 검도철학의 내용을 이해한다고 하더라도 어떻게 자신에게 적용해야 할지 다시 질문을 던져야 하는 어려운 상황이 발생하기 때문이다. 따라서 검도수행자는 검도철학 이해의 순서를 바꾸어야 한다. 검도수행자 자신의 움직임에 따른 경험의 이해가 전제되어야 과거 검도철학의 내용이 쉽게 이해가 가능하고, 자신에게 쉽게 적용할 수 있다. 검도수행자가 알고 있는 과거 검도철학의 내용도 자신의 경험과 관련된 질문에서 시작되었다는 사실을 외면해서는 안 된다. 검도수행자는 기존 검도철학의 내용들, 즉 수파리, 경구의혹, 부동심 등이 과거 검도수행자들 자신의 검도움직임을 통한 수행의 결과물임을 망각해서는 안 된다. 따라서 오늘날 검도철학의 출발은 검도수행자의 검도움직임과 관련된 경험의 해명에서 출발해야 한다. 이는 기존 검도철학과 다른 이론적 접근이다.

검도수행자는 외형적으로 드러나건 드러나지 않던 간에 자신만의 검도철학을 가진다. 비록 그 철학적 내용과 깊이가 각각의 수행정도에 따라 다를 수는 있지만, 검도수행자 자신의 검도움직임에 따른 경험에서 나온다는 사실은 변함이 없다. 따라서 검도수행자는 자신의 검도움직임의 명확한 이해와 그에 따른 경험을 느껴야 하고, 이를 타인에게 설명할 수 있어야 한다. 검도수행자는 자신의 검도움직임에서 긴장, 투영, 선형성, 진폭, 감각의 힘 표출을 자기 스스로 경험해야 하고, 자신이나 상대에게 어떻게 그것이 적용되고 도움이 되는지 경험적으로 확인해야 한다. 그리고 그 경험의 내용을 동료, 사범님, 선생님과 공유하고 조언을 얻는 노력도 해야 한다. 더 나아가 검도움직임의 경험에서 나온 표출된 힘은 단지 검도기술의 완성에만 한정해서는 안 된다. 검도에서 경험한 내용이 검도문화를 만들 수 있는 이론적 토대가 될 수 있음을 스스로 확인하고 경험해야 한다. 검도기술의 발전은 자신의 검도움직임에 따른 경험 이해의 정도에 좌우되며, 그 경험의 토대가 새로운 검도문화를 만들 수 있게 만든다. 검도문화는 우리 자신의 검도기술과 검도경험에서 축적된 산물이지 전제조건은 아니기 때문이다.

이제 우리는 새로운 검도철학을 위해 몇 가지를 더 검토해야 한다. 첫째, 검도에서 무의식적 움직임의 해명이 필요하다. 검도에서 시간의 흐름과 공간에서 나타난 힘의 표출은 무의식적 움직임과 밀접한 관계를 갖기 때문이다. 둘째, 경험이 일어나는 장소가 자신의 몸이라면, 검도움직임과 경험 간의 완전한 해명을 위해서라도 몸의 작동과정에 대한 생리적, 심리적, 인지적, 감정적, 사회적 조건에 대한 근원적인 이해도 필요하다. 셋째, 검도철학에서 언급하는 심신일여와 인격완성이 몸과 마음의 움직임이 뒷받침되어야 한다는 점에서 몸과 마음의 작동

원리에 대한 연구도 필수적이다. 이 모든 이론적 근거는 서로 구분되지 않는 뫼비우스의 띠와 같이 몸과 마음이라는 이분법적으로 구분되지 않는 검도하는 몸에 대한 이론적 해명을 요구한다. 넷째, 검도움직임과 관련된 경험, 몸의 작동과정, 무의식의 작용 등과 관련된 논리적 타당성을 획득하기 위해서는 심리학, 생리학, 인지과학 등 과학적 설명이 뒷받침되어야 한다. 검도의 철학적 관점에 대해 과학적 근거의 타당성이 뒷받침될 때 검도철학은 훨씬 더 이론적 설득력을 갖는다.

검도철학의 이론적 근거

1. 검도철학의 시작

당신의 검도철학은 무엇인가? 라는 질문을 받는다면, 검도수행자는 즉각적으로 답하기란 쉽지 않다. 검도수행자는 검도와 관련된 자기 나름대로의 철학적 관점을 갖고 있음에도 불구하고 답하길 주저한다. 즉각적인 답을 하기 어려워하는 이유는 몇 가지로 설명이 가능하다. 먼저 가장 중요한 이유의 하나로 자신의 검도철학을 말하기 위해서는 일정한 검도수행의 절대적 시간이 필요하다고 생각하기 때문이다. 짧은 검도수행으로 다른 사람들에게 자신만의 검도철학을 언급하기에는 스스로 부족하다고 판단한다. 이는 자신이 검도철학을 말할 수 있는 위치에 있지 않음을 겸손하게 표현하는 것일 수도 있다. 또 다른 이유는 검도철학을 검도수행자가 달성해야 할 하나의 추상적인 개념으로 생각하기 때문이다. 즉 검도수행자는 검도철학을 떠올릴 때 기존 검도철학적 내용, 즉 깨달음, 검선일여, 부동심, 경구의혹, 인격완성, 수파리 등의 단어와 그 내용을 먼저 떠올린다. 이에 따라 검도수행자는 기존에 언급된 검도철학의 내용을 완벽하게 이해하지 못한 상태에서 자신의 검도철학을 언급하기에는 무리라고 생각한다. 덧붙여 그 내용들을 다 이해한다고 해서 자신의 검도철학이 옳다는 보장이 없기 때문에 다른 사람에게 자신의 검도철학을 명확하게 드러내는 것을 주저한다. 어떤 이유이든지 간에 오늘날 검도철학의 부재는 역으로 검도철학의 논의를 더 어려운 길로 내몰고 있다. 이는 검도철학의 부재라는 악순환으로 연결된다.

그럼에도 불구하고 검도수행자는 검도철학이 무엇인가? 라는 질문을 포기해서는 안 된다. 왜냐하면 검도철학은 검도수행자 자신의 검도수행 정도와 방향을 결정하는 중요한 나침반이기 때문이다. 나침반 없는 항해는 올바른 목적지에 도달하기 힘들게 한다. 지향점 없는 검도수행은 극단적으로 말하면, 아무런 생각 없이 죽도를 휘두르는 것과 같다. 따라서 검도수행자는 검도철학의 내용이 완벽하지 않더라도 자신만의 검도철학을 가져야 한다. 저자가 생각하기에 검도철학 부재의 가장 큰 원인은 기존 검도철학의 내용에 대한 이해의 부족보다는 검도철학을 만들어가는 데 자신이 가져야 할 이론적 근거 부족에 기인한다고 생각한다. 저자는 검도철학의 이론적 근거의 부족을 극복하기 위한 출발점으로 1장에서 검도움직임과 관련된 자신의 경험 내용을 긴장, 투영, 선형성, 진폭, 감각의 내용으로 설명하였다. 그러나 자신의 경험적 내용과는 별도로 그 경험의 내용도 자신의 몸과 몸의 움직임에서 나온다. 따라서 또 다른 자신만의 검도철학의 이론적 근거의 출발은 몸과 그 몸의 움직임을 가능케 하는 몸의 작동과정에 대한 이해가 우선되어야 한다.

본 장에서 저자는 자신만의 검도철학의 이론적 토대 형성을 세 가지로 설명하고자 한다. 즉 '검도하는 몸', '검도하는 몸의 움직임', 그 움직임에서 일어나는 '검도의 경험과 반성'에 초점을 맞추어 진행하고자 한다. 이러한 설명은 앞 장에서 언급한 철학적 접근인 존재론, 인식론, 가치론과도 유사점을 가진다. 먼저 검도하는 몸의 이해는 검도의 존재론적 의미를 설명해 준다. 즉 검도란 몸으로 배우고 몸으로 깨우친다는 의미를 해명하는 작업이다. 그리고 검도하는 몸의 움직임을 어떻게 보느냐는 인식론적 관점과 연결된다. 인간이 움직인다는 행위는 자기생존을 위한 노력이지만, 사회의 관계를 이루기 위해서는 인격형성의 조건도 필요하다. 저자는 검도에서 적절한 행위를 가능케 하는 검도움직임을 내·외적 움직임과 무의식적 움직임으로 파악하고자 한다. 마지막으로 검도움직임에서 우리가 느끼는 경험과 그 속에서의 반성은 검도의 가치론적 의미를 보여준다. 검도의 가치 추구는 검도수행의 과정에서 자신의 경험과 반성이 개입됨으로써 형성되기 때문이다.

이와 같이 검도하는 몸, 검도하는 몸의 움직임, 그에 따른 검도의 경험과 반성의 문제는 기존 검도철학이 보여주는, 즉 심신일여, 인격완성, 깨달음을 이해할 수 있는 각각의 이론적 토대와 연결된다. 예컨대 심신일여를 느낀다는 것 자체가 자신의 몸 움직임에서 발생하는 존재론적 의미를 갖는 것이며, 인격완성은 검도움직임에서 작동하는 무의식의 행동과 축적된 습관의 완성이 타인에게 드러나야 한다는 인식론적 관점을 보여준다. 그리고 깨달음은 검도하는 몸과 움직임을 통해 자신의 경험된 내용과 반성의 과정으로 얻게 되는 가치론적 의미를 갖는다. 물론 엄밀한 의미에서 심신일여, 인격완성, 깨달음의 의미는 서로 분리될 수 없다. 심신일여 그 자체가 깨달음이라고 말할 수 있으며, 심신일여 없는 인격완성도 기대할 수 없기 때문이다.

2. 검도하는 몸

검도하는 몸에 대한 이해는 검도의 존재론적 의미를 설명한다. 검도하는 몸의 이해는 심신일여(心身一如)[1]의 작동과정을 파악하기 위한 출발점이다. 검도에서 심신일여는 자연스러운 검도움직임을 위해 몸과 마음이 하나가 되어야 함을 주장한다. 그러나 심신일여는 '몸과 마음이 하나가 되어야 한다'는 글자 그대로의 의미로 해석해서는 안 된다. 왜냐하면 동양에서는 몸과 마음을 구분하지 않았기 때문이다. 따라서 검도에서 심신일여의 과정을 이해하기 위해서는 검도하는 몸이 무엇인지, 그 몸에서 심신일여의 과정이 어떻게 진행되는지를 설명할 수 있어야 한다. 검도는 이성의 머리로 하는 것이 아니라, 몸으로 배우는 무도이기 때문이다. 여기에서 몸으로 한다는 것은 검도기술, 검도 본(本), 본국검법, 조선세법 등 검도수행과 관련된 배움이 머리가 아니라, 몸으로 배워 익혀야 한다는 의미이다. 따라서 검도수행자에게 검도기술이 되었건, 검도깨달음이 되었건 그 출발은 몸의 움직임이며, 그 속에서 느끼는 경험을 벗어날 수 없다. 물론 지속적인 검도수행의 과정에서 이성적 판단과 이해도 필요하다. 다만 그것은 몸으로 배우는 속도를 빠르게 하는 촉매제로서의 역할을 한다.

심신일여가 검도기술의 완성에 도움이 된다면, 검도수행자는 검도하는 몸의 움직임이 어떻게 작동하는지를 파악하는 것은 당연하다. 그 속에서 검도수행자는 검도의 심신일여의 실천적인 방법을 찾을 수 있

---

1 검도에서 심신일여는 마음이 생각하는 대로 몸이 움직이는 경지를 말한다. 심신일여는 몸과 마음을 구분해서 이해하는 것은 완벽한 검도움직임에 방해가 되기 때문에 역으로 몸과 마음이 원래 구분되지 않는 하나임을 주장하기 위해 만들어진 용어이다.

기 때문이다. 그렇지 않으면 심신일여는 그렇게 되어야 한다는 추상적이고 당위론적 의미만 남게 된다. 그렇다면 검도수행자가 검도를 몸으로 배워야 한다고 할 때 그 몸은 무엇인가? 그때의 몸은 흔히 우리가 말하는 살과 뼈로 구성된 객관적인 몸이 아니다. 검도는 몸으로 배워야 한다고 말할 때 그 몸은 마음과 이원론적으로 구분되는 몸이 아니라, 분리되지 않는 '하나'라는 일원론적인 몸이다. 그러나 그 일원론도 서로 다른 몸과 마음이 하나가 되어야 한다는, 즉 이원론을 전제로 하는 일원론으로 파악해서도 안 된다. 마음과 몸의 이분법적 해석은 오래된 서구의 인식론적 관전에 기인한다. 특히 데카르트(Descartes)는 몸과 마음을 연장된 실체와 사유하는 실체로 서로 구분하였다. 데카르트의 이분법적인 접근에서 본다면, 실체가 '그것이 그것일 수 있게 하는 것'이라면, 그는 몸을 우리에게 보이는 하나의 실체로 인정한다. 여기에 보이지 않는 마음도 하나의 실체로 인정한다. 그러나 데카르트 이원론의 주장은 객관적으로 보이는 몸의 실체와 보이지 않는 마음을 대등하게 놓고 서로 인정하고 있다는 점에서 분명한 한계점을 갖는다. 객관적이고 우리에게 보이는 몸의 실체와 보이지 않는 실체인 마음을 같은 잣대로 동등하게 놓고 비교한다는 것은 문제가 있다. 이러한 잘못된 비교를 철학자인 라일(Ryle)은 데카르트의 범주오류(Cartesian Category Mistake)[2]로 설명한다. 몸과 마음의 이분법적 관점의 극복은 근대에 들어와서 니체(Nietzsche),[3] 메를로-퐁티(Merleau-Ponty), 존 듀이(John Dewey) 등

---

2 범주오류(category mistake)란 마음과 몸은 서로 동등하지 않은 다른 의미의 영역으로 사실 동등한 비교의 대상이 아니라는 것이다. 예컨대 몸은 보이는 하나의 형태를 갖는 실체이지만, 마음은 보이지 않기 때문에 실체가 아니다. 마음은 몸의 일부분이기 때문에 각각을 동등한 하나의 실체로 놓고 분석하는 것 자체가 범주오류로 설명한다. 범주오류의 구체적인 내용과 관련해서는 『마음의 개념』을 참조(이한우 역, 1994: 23-28).

의 철학적 관점에서 찾을 수 있다.

오늘날 인지과학(Cognitive Science)[4]의 발달은 이분법적 몸의 관점에 새로운 인식전환의 이론적 근거를 제공한다. 특히 몸에 배인 인지(embodied cognition)는 몸과 마음이 서로 나누어질 수 없는 밀접한 관계가 있음을 이론적 근거로 제시한다.[5] 검도철학이 단지 사변적인 주장을 넘어 실천적 방법을 제시하기 위해서라도 검도수행자는 몸 자신의 움직임과 관련된 설명을 하는 데 오늘날의 과학적인 성과와 근거를 외면해서는 안 된다. 왜냐하면 오늘날 과학적인 결과물은 검도철학의 추상적 내용에 객관적이고 과학적 논거를 제공하기 때문이다.[6]

---

3 니체(Nietzsche)의 몸과 관련된 역할과 내용은 김정현(2000)을 참조. 니체에 따르면 우리는 마음보다 몸을 더 잘 알 수 있고, 몸은 마음보다 강력함을 주장한다. 그리고 몸을 튼튼하게 하는 것이 마음을 강력하게 만드는 것이며, 더 나아가 마음은 몸의 도구로 인식하여 몸 우선의 관점을 주장한다(이혜진 역, 2010: 135).

4 인지과학은 마음을 과학적으로 설명하는 학문이다. 그러나 인지과학도 컴퓨터의 역할과 마찬가지로 마음은 대상을 인식하고 판단하는 표상의 역할을 강조하는 인지주의(cognitivism)와 마음의 작용에 몸의 조건과 상황에 영향을 받는 몸에 배인 마음(embodied mind), 거기에 덧붙여 주어진 문화, 환경과의 조건에 의해 영향을 주고받는 몸에 배인 인지(embodied cognition)와 같이 설명이 가능하다. 인지과학과 관련된 앞에서 언급한 각각의 개념해석과 관련된 논의는 이상호(2016a: 204 – 206)를 참조.

5 일반적으로 우리가 행동을 하는 데 결정적인 요소로 뇌의 역할을 언급한다. 그러나 자신이 갖고 있는 몸의 조건과 경험도 자신의 행동 결정에 영향력을 미친다는 사실을 외면해서는 안 된다. 몸은 뇌의 작용에 따른 종속 장치가 아니라, 자신의 몸 감각이나 움직임이 마음의 인지기능에 영향을 준다. 예컨대 우리는 뜨거운 커피를 들고, 안락한 의자에서 상대를 대하는 경우와 딱딱한 의자에서 상대를 대하는 기분이나 태도는 다를 수밖에 없다. 몸에 배인 인지와 관련된 내용은 이상호(2016b, 2017c)를 참조.

6 오늘날 몸과 몸의 움직임에 대한 과학적 해명은 완전하지 않더라도 생리학, 신경과학, 인지과학 등의 연구 성과로 인해 많은 부분 논리적 타당성을 갖는다. 철학적 해명에 과학적인 근거를 뒷받침해야 한다는 입장은 철학적 자연주의(philosophical naturalism)의 관점이다. 여기에서 철학적 자연주의는 인간은 동물과 같은 종족이며, 자연의 산물이라는 관점을 견지한다. 우리가 무언가를 할 수 있는 원동력

동양에서는 마음 작용에 몸의 조건을 외면하지 않는다. 한국어에서 몸과 마음은 원래 나뉘지 않음은 그 단어의 기원에 보인다. 예컨대 우리가 쓰고 있는 몸은 고어인 몸에서 나왔다. 언어 형성의 과정에서 본다면, 몸은 맘(마음)과 관련된다. 즉 몸은 원래 몸과 마음을 의미하며, 서로 구분할 수 없음을 보여준다. 몸이라고 표현되는 한자의 身(신)도 마찬가지다. 身(신)은 정신과 구분되는 육체만으로 해석되지 않는다. 신(身)은 몸과 마음을 모두 포함하는 것으로 이해해야 한다. 몸이라는 하나의 실체가 그 속에서 각각의 속성에 따라 몸과 마음이라는 두 개의 양태로 나누어져 있는 것으로 파악해야 한다.7 따라서 우리는 마음과 몸이 서로 구분되는 것이 아니라, 서로 복잡하게 연결된 열린 관계로 파악해야 한다. 횡적인 관점에서 본다면, 마음과 몸은 이분법적으로 구분이 가능할지 모르겠지만, 종적인 관점에서 몸과 마음은 나누어질 수 없다. 종적인 관점에서 몸과 마음은 위 아래로 상호작용하는 것으로 파악해야 한다. 검도하는 몸은 본능에 근거한 감정의 하층과 이성에 근거한 상층의 사고 작용이 주어진 환경이나 문화에 따라 상호영향력을 미친다. 이와 같이 몸과 마음이 하나가 되어야 한다는 심신일여의 존재론적 해명은 이분법적인 관점이 아니라, 몸과 마음이 분리되지 않는 상황에서 몸의 역할을 이해해야 한다. 요약하면 검도하는 몸은 이분법적으로 구분되지 않는 마음과 연결된 하나의 몸으로 인식해야 한다.

을 추상적인 이성의 힘에 의지하지 않는다(Määttäen, 2015: 1). 자연주의는 초자연적인 당위로 철학적 답을 찾는 것이 아니라, 과학적인 증거와 토대로 철학적 질문에 답하는 것을 말한다. 그렇다 해서 본 연구자는 환원주의의 입장을 견지하는 것은 아니다. 왜냐하면 몸과 마음이라는 이분법의 한계를 과학적 근거로 설명하는 것이지, 과학적 근거가 모든 몸과 몸의 움직임을 설명할 수 있는 것은 아니기 때문이다.

7 이상호, 이동건(2009a: 94).

이와 같은 종적인 관점에서 몸과 마음이 연결된 일원론적인 몸 이해를 바탕으로 검도하는 몸은 다음과 같은 역할을 담당한다.

첫째, 검도하는 몸은 대상을 받아들이는 하나의 그릇이며, 생존 존재의 근거이고, 방위의 영점이다. 검도하는 몸이 하나의 그릇이라는 것은 몸이 검도에 대한 생각, 상대의 검도기술의 분석, 주어진 검도환경, 검도문화 등을 담아 받아들일 수 있는 존재 근거라는 의미로 이어진다. 몸이라는 그릇 안에는 검도에 대한 자신의 생각, 감정, 태도, 느낌 등이 녹아 있다. 그리고 이를 토대로 하나의 움직임을 가능케 하는 몸이 만들어진다. 그러나 일반적으로 우리는 자신의 몸이 모든 것을 받아들인다는 사실을 망각하고 생활한다. 자신의 몸이 아프거나 부상 등으로 외부 상대의 자극이나 반응에 적절히 대응하지 못하고, 받아들이지 못할 때 그때서야 우리 자신의 몸이 얼마나 중요한지 머리로 인지하게 된다. 따라서 검도하는 몸이 하나의 그릇이라는 것은 검도 배움의 시작은 머리가 아닌 몸임을 보여준다.

검도하는 몸이 생존을 위한 존재 근거라는 것은, 인간의 몸이 근본적으로 생존을 향해 움직이는 존재라는 사실을 내포한다. 검도에는 삶과 죽음의 문제가 항상 따른다. 검도경기에서 상대와의 대결에서 이기기 위해서는 적보다 빠른 판단과 움직임을 요구한다. 상대 움직임을 판단하는 주체는 나의 시각이지만, 그 시각도 내 몸의 일부분으로 작동한다는 점이다. 따라서 몸의 생존을 위해서는 몸 전체의 생각과 움직임이 수반되어야 한다. 검도하는 몸의 생존 근거는 검도수행에도 적용된다. 검도에서 자신의 한쪽 손목을 내어주고 상대의 몸을 가른다면, 이는 생존으로 연결된다. 검도경기에서 상대 공격을 피하기 위해 머리가 아닌 자신의 몸 전체를 움직여 피해야 하는 이유가 여기에 있다.

검도하는 몸이 방향의 기준점이 된다는 사실은 검도하는 몸의 자세와 연결된다. 적절한 타격의 강도와 바른 칼은 올바른 몸의 자세에서 나온다. 몸의 자세가 흐트러지면 바른 칼에서 강한 힘이 나오기 힘들다. 몸의 자세와 관련하여 바람직한 검도움직임은 몸 전체가 상대의 공격권으로 먼저 움직여 상대의 움직임을 죽이고 나서 공격하는 것이다. 이때 상대 칼을 죽이기 위해서라도 몸의 자세는 뒷받침되어야 한다. 공격의 영점은 상대를 의식한 움직임에 맞추기보다는 지금 자신이 서 있는 몸의 자세가 방위의 영점이 되어야 한다. 검도경기에서 공격 성공은 죽도를 들고 있는 손이 공격의 출발점이 아니라, 몸 전체의 움직임에 따른 결과임을 경험해야 한다.

검도수행의 과정에서 검도움직임은 그 중요성의 순서에 따라 일안(一眼), 이족(二足), 삼담(三膽), 사력(四力)으로 나누어 설명한다. 물론 각자 자신에게 주어진 몸의 조건과 방향성에 따라 그 강조점은 다를 수 있다. 이에 따라 주어진 몸 자체의 움직임에서 어떤 것들이 강조되는지 검도수행자는 스스로 경험할 필요가 있다. 상대의 움직임을 파악하기 위해 발보다 눈이 더 중요할 수도 있지만, 눈과 발도 같은 몸의 일부분이다. 검도하는 몸 전체의 움직임이라는 측면에서 본다면, 눈과 발은 나누어질 수 없다. 자신감과 힘도 마찬가지로 나누어지는 것은 아니다. 따라서 검도하는 방향의 중심에서 몸의 움직임은 눈, 발, 담력, 힘이 하나로 작동되어야 한다. 이는 검도에서 말하는 기·검·체 일치와 연결된다.

둘째, 검도하는 몸은 이중적인 몸의 역할과 이에 따른 경험의 내용을 만들어 낸다. 이러한 내용을 파악하기 위해서는 몸에 배인 상태 (embodiment)[8]를 이해해야 한다. 몸에 배인 상태란 수동적으로 인지과

---

8 embodiment는 일반적으로 체화(體化)로 번역된다. 체화는 "생각, 사상, 이론 따

정이 벌어지는 장소 또는 맥락으로서 몸의 이해와 능동적으로 경험을 만들어가는 몸의 역할을 말한다.9 몸에 배인(embodied) 의미란 몸과 마음이라는 이분법을 배제하고, 마음의 인지과정이 자신이 갖고 있는 몸의 조건, 주어진 환경, 문화에 영향을 받고 있음을 의미한다. 검도움직임이 가능하기 위한 물리적 작동구조는 이성적 판단에서만 작동되기보다는 자신의 몸 조건과 몸에 축적된 경험을 근거로 하여 상대의 움직임을 판단하고 움직임이 작동하도록 짜여져 있다. 그 속에서 몸은 단순히 적의 움직임에 대한 수동적인 반응을 넘어 자신이 무언가를 어떻게 할 수 있는 의지, 태도의 능동적인 역할까지도 포함한다. 이러한 몸의 이중적인 역할은 엄밀하게 자극에 대한 단순한 반응으로 설명되지 않는다. 그 반응에는 자신이 할 수 있는 행동가능성까지 결합되어 움직이게 된다. 이와 같이 몸에 배인 조건에서 대상 파악의 인지능력은 자신

위가 몸에 배어서 자기 것이 됨"(국립국어원 표준국어대사전)으로 설명한다. 그러나 embodied를 신체화된, 체화된 의미로 설명하는 것은 체화의 명사에 -된, 즉 수동적인 의미를 붙인 것이다. 이는 embodiment와 embodied가 갖고 있는 의미를 명확하게 드러내지 못하고 있다. 따라서 본 연구에서 저자는 embodied는 '몸에 배인'으로 설명하고, embodiment를 '몸에 배인 상태'로 해석하고자 한다(이상호, 2017b). '몸에 배인'이란 몸에 나타난 의미를 감각운동능력에 근거한 경험으로 설명하고, 그 감각운동의 능력도 주어진 생물학적, 사회 문화적 맥락에 작동한다. '몸에 배인 상태'란 이원론적으로 마음과 몸을 구분하는 것이 아니라, 몸 그 자체가 수동적인 경험의 대상과 능동적인 경험의 주체가 상호 순환하는 구조임을 보여준다. '몸에 배인 상태'란 좁게는 자신의 경험이나 생각이 몸에 뿌리 박혀 있다는 의미로, 넓게는 자신의 생각이 주어진 환경과의 관계에서 드러나는 것으로 이해해야 한다.

9 "it(embodiment) encompasses both the body as a lived, experiential structure and the body as the context or milieu of cognitive mechanisms"(Varela, Thompson, and Rosch, 1999: xvi). 저자는 이 문장을 다음과 같이 번역한다. 몸에 배인 상태는 몸의 이중적인 의미를 포함한다. 하나는 과거, 현재, 미래를 살아가는 과정 속에서 축적된 경험의 구조를 가진 몸이다. 둘째, 인지적 메커니즘이 작동하는 배경 또는 맥락의 몸이다.

이 갖고 있는 운동감각능력의 경험에 기인하지만, 그 인지능력도 주어진 생물학적, 환경적, 문화적 맥락에서 벗어날 수 없다.[10] 물론 인간 움직임에서 수동과 능동의 영역을 엄밀하게 구분짓기란 쉽지 않다. 그럼에도 우리는 자신의 움직임에 대해 수동적, 능동적 역할이 무엇인지 끊임없이 질문하면 어느 정도 답을 찾을 수 있다.

몸에 배인 상태를 검도기본기로 설명해보자. 검도는 기본기에서 시작하며, 초보자나 고단자들 모두 검도의 기본 동작이 자신의 몸에 배이도록 노력한다. 몸에 배인 기본기는 기본 동작이나 자세로 끝나기보다는 창조적 기술을 만들어 내는 토대로 작동한다. 따라서 완벽한 기본 동작의 이해는 검도의 시작과 끝이다. 그러나 검도의 기본기를 처음 배울 때 누구에게 배웠는지, 어떤 도장의 분위기에서 배웠는가에 따라 검도기본기의 정도와 응용능력은 다를 수밖에 없다. 검도의 기본 동작을 다음과 같이 하는 것이라고 가정해보자. 검도기본기는 자신의 어깨에 힘을 빼고 허리를 바로 세우며 왼쪽 다리의 오금을 굽히지 않는다. 시선은 어느 한쪽에 집중하기보다 상대와 전체를 볼 수 있어야 한다. 이때 한번 몸에 배인 자세를 수정하기란 쉬운 일이 아니기 때문에 자신이 배운 검도경험의 내용과 선생님, 동료, 선후배, 도장 분위기 등의 환경과 맥락을 벗어날 수 없음을 보여준다. 따라서 오랫동안 검도기본기에 충실한 검도선생과 사범들의 가르침은 대단히 중요하다. 물론 검도의 몸에 배인 정도는 검도수행자 자신의 몸 조건, 의지, 노력도 고려되어야 한다. 기본기를 배우려는 태도와 노력에 선천적인 몸의 능력과 의지가 더해지면 검도수행자의 높은 검도기본기가 완성된다.

몸에 배인 상태(embodiment)는 마음이 자신의 몸을 통제하는 유일

---

10 석봉래 역(2013: 279).

한 수단이 아님을 보여준다. 이는 마음이 몸을 통제할 수 있다는 일방적인 관점을 배격한다. 자신의 몸 상태가 감정 표현, 의사결정, 판단, 행동 결정에 영향을 줄 수 있음을 보여준다.11 실제로 우리가 일상적으로 말하는 이성적 판단이라고 할지라도 그 판단은 자신의 몸 상태와 주위 환경의 영향을 완전히 배제할 수 없다. 이와 관련하여 인지언어학자인 존슨(Johnson)이 이야기한 "몸은 마음속에 있고, 마음은 몸 속에 있으며, 몸-마음은 세계의 일부이다"12라는 견해와 일치한다. 결국 몸에 배인 마음의 작동은 주어진 몸의 생리적 상황과 주어진 환경 그 자체에 영향을 받는다. 간략하게 설명하면 마음은 몸과 환경과의 경험을 기초로 작동한다는 것이다. 몸에 배인 상태를 검도에 적용하면 검도경기를 준비하는 완벽한 마음가짐이란 몸의 생리적 조건과 심리적 상태 그리고 주어진 환경에 잘 적응된 상태라고 할 수 있다.

셋째, 검도하는 몸은 살아 있는 몸(living body)13이다. 살아 있는 몸이란 운동감각을 통해 자기 자신이 스스로 무언가를 할 수 있는 주체이다. 살아 있는 몸이기 때문에 검도기술 완성의 수단을 넘어, 사회

---

11 여기에서 몸이 마음에 영향을 미친다는 의미는 몸과 마음의 문제를 수평적인 관점에서 나누어 설명하기보다는 몸과 마음이 수직적인 관계에서 서로 영향을 주고받을 수 있는 관계로 파악해야 한다.

12 노양진 역(2000: 13)

13 살아 있는 몸(living body)과 살아지는 몸(Leid, lived body)의 구분이 필요하다. 살아지는 몸은 현상학적인 몸의 관점에서 수동적이며, 능동적인 양쪽의 역할을 한다는 의미이다. 물론 그 몸은 주어진 세계와 환경과의 관계에서 영향을 받는다. 살아지는 몸은 생생한 몸, 살아있는 몸, 체험된 몸으로 설명한다. 반면에 살아 있는 몸은 하나의 유기체로서 그 자체가 하나의 행위창출(enaction)의 과정을 통해 주도적인 역할을 한다는 점에서 다르다. 행위창출은 자신의 운동감각에서 자율적인 능동적인 움직임을 가능하게 한다. 또한 환경과의 움직임에서 운동감각의 패턴이 결정되고 행동으로 나타난다. 즉 자신의 움직임은 자신의 생각과 상대와의 의도 사이에 조율되는 과정 속에서 결정된다. 행위창출의 의미는 이상호(2017c)를 참조.

의 새로운 가치관을 만들어 내는 원동력으로 작동한다. 검도의 역사가 자신의 생명 유지에서 시작하여 가족, 사회, 국가를 보호하는 수단으로 전개되었지만, 오늘날 인격완성을 위한 하나의 방편으로 인식되는 이유가 검도하는 몸이 무언가를 만들어 내는 살아 있는 몸이기 때문이다. 살아 있는 몸의 움직임은 유기적 생존에서 출발해서 주어진 사회, 문화, 환경과 상호영향 속에서 몸 스스로가 무언가 할 수 있는 능력을 갖게 되고, 그 움직임을 통해 스스로 새로운 가치를 만들어 가려고 노력한다. 이러한 살아 있는 몸의 이해는 살아 있는 몸으로 생과 사를 결정하는 검도기술이 개인의 인격완성이라는 추상적 용어형성을 가능하게 만든다. 그리고 주어진 사회와 문화적 환경에서 영향을 받는다는 사실은 검도철학과 관련된 다양성과 각국의 검도문화가 다르게 전개될 수 있음을 보여준다.

넷째, 검도하는 몸은 몸 자신(proper body)이다.[14] 검도는 몸으로 배운다고 할 때 그 몸의 주체는 이분법적인 몸이 아니라, 엄밀하게 말해서 몸 자신이다. 몸 자신이란 몸과 마음의 이분법을 넘어 그 자체로 하나의 유기체로서 능동적 움직임의 주체와 상대의 자극을 받아들이는 대상이라는 이중적인 역할을 하는 몸이다.[15] 몸 자신의 움직임은 몸 틀(body schema)과 몸의 지향성(intentionality)을 근거로 작동한다.[16] 이러한 몸 자신의 이중적인 구분은 각자 수동과 능동의 역할을 명확하게

---

14 몸 자신(proper body)이 갖는 다양한 용어의 해석과 몸 틀과 몸의 지향성과 관련된 개념적 내용은 이상호(2015a, 2015b)를 참조. 그리고 몸 자신과 검도의 지향성과 관련된 문제는 4장 3절을 참조.

15 이상호(2015a: 74).

16 메를로 퐁티는 『지각의 현상학』에서 몸 자신의 역할을 몸 틀(body schema)과 지향궁(intentional arc)의 개념으로 설명하였다(류의근 역, 2002).

드러내기 위한 인위적인 방편이지, 실제로는 서로 밀접하게 연결되어 구분 짓기가 쉽지 않다.

몸 자신으로 검도를 배운다고 할 때 몸 틀과 몸의 지향성이 어떻게 나타나는지를 설명해보자. 검도기술과 관련하여 가장 중요한 자세가 검도기본기이다. 완벽한 검도기본기의 자세는 몸 틀로서 검도수행자 자신에게 구비되어 있어야 한다. 몸 틀이란 의식 아래 작동하는 몸의 조건, 즉 즉각적인 행동을 위한 감각과 운동 간의 통일성이 즉각적인 행동으로 이어지도록 준비된 상태를 의미한다. 상대 움직임에 적절하게 대응하기 위해서는 나 자신의 몸의 구성 요소들이 이미 잘 통합되고 준비되어 있어야 한다. 몸 자신에서 감각과 운동 간의 관계가 조율되지 않는다면, 즉각적인 행동가능성은 낮아질 수밖에 없다. 따라서 검도기본기를 배울 때 시간이 걸리더라도 자신의 몸에 익숙해져야 한다. 검도수행에서 검도기본기를 중시하는 이유가 여기에 있다.

그러나 몸 틀의 완벽한 구현만으로는 검도기술의 완성으로 이어지지 않는다. 감각과 운동 간의 통일성을 넘어, 우리 의식작용에 대한 이해도 필요하다. 이는 몸의 지향성과 관련된다. 우리의 몸은 대상을 향해 자신이 어떻게 행동할 것인지와 관련된 생각, 의지, 가치관이 투영된 운동의 지향성을 갖는다. 운동의 지향성에는 자신의 감각과 지각을 근거로 자신이 어떻게 행동해야 하는지와 관련된 의식이 개입된다. 여기에 자신의 모든 운동성을 통일시켜 자신이 의도한 움직임을 가능케 한다. 우리의 몸 움직임에서 자신의 생각과 의도가 포함되지 않은 몸의 움직임은 없다. 이는 무의식적 행위에도 적용이 된다. 무의식이라고 아무런 생각 없이 움직이는 것이 아니다. 따라서 무의식의 움직임이라고 하더라도 자신의 움직임은 몸의 지향성을 근거로 작동한다.

몸의 지향성을 검도경기로 설명해보자. 검도경기에서 상대를 만나면, 자신이 갖고 있는 검도움직임에 대한 생각, 태도, 훈련의 정도에 따라 자신의 공격과 방어의 내용이 결정된다. 자신의 능력 정도에 근거하여 상대의 의도를 파악하고, 어떻게 행동해야 할 것인지 결정한 후 움직임으로 나타난다. 상대가 나보다 뛰어나거나 그렇지 못하다는 자신의 판단에 따라, 내가 취하는 운동의 지향성은 달라진다. 이는 검도경기에서 두 선수의 움직임을 비교해 볼 때 찾아볼 수 있다. 상대적으로 지향성의 힘이 큰 선수는 상대를 쉽게 다룬다. 즉 검도하는 몸 자신은 몸 틀과 몸의 지향성을 근거로 상대를 평가하고, 판단하는 능력을 갖는다. 이는 몸 자신이 실천적 능력을 갖고 있음을 보여준다. 이러한 몸 자신의 실천적 능력은 단순히 운동의 주체를 넘어 인격적 태도의 중요한 역할을 담당한다.[17] 따라서 검도수행자는 몸 자신의 해석과 움직임의 과정에서 스스로 어떻게 경험하고 해석하느냐에 따라 검도수행과 자신의 검도철학의 내용과 방향은 달라진다.

3. 검도하는 몸의 움직임

검도하는 몸의 움직임에 대한 이해는 검도의 인식론적 의미를 설명한다. 검도의 인격완성은 검도하는 몸의 움직임을 통해 완성되기 때문에 그것이 어떻게 우리의 몸 움직임에서 작동되는지 알고 있어야 한다. 검도기술은 자신의 생존본능에서 시작되었다. 살아남기 위해서는 적보다 빨리 움직여야 한다. 상대보다 느린 움직임은 죽음과 직결된다.

---

17 이상호(2015a: 80).

더욱이 지능적인 움직임은 훨씬 더 생존에 도움이 된다. 지능적이란 단어는 단지 이성적인 판단만을 의미하지 않는다. 지능적 움직임이란 우리의 몸이 어떻게 움직여야 하는지를 아는 것이다.[18] 그러나 움직임을 안다는 것과 실제로 움직임을 그대로 실행하는 것은 다르다. 검도기술을 이론적으로 배우고 안다고 해서 검도경기에서 검도를 잘하는 것과 바로 연결되지 않는 이유가 여기에 있다.

일반적으로 우리가 '안다'에서 얻게 된 지식과 그것을 어떻게 하는지를 아는 것에는 차이가 있다. 전자가 무엇인지를 안다는 의미에서 노왓(know-what)이라고 한다면, 후자는 대상을 어떻게 다룰 줄 안다는 노하우(know-how)이다.[19] 노하우는 자신의 움직임을 통해 주어진 환경을 충분히 고려하여 상대를 다룰 수 있음을 말한다. 검도기술에서 중요한 거리의 의미를 노하우의 움직임으로 설명해보자. 검도경기에서 거리의 확보는 승패 결정에 가장 중요하다. 검도거리는 주어진 환경을 고려하여 적의 위험거리에서 벗어나야 하며, 적을 살생할 수 있는 거리로 즉각적인 움직임이 이루어져야 한다. 문제는 이러한 절대적인 거리는 실제로 존재하지 않는다는 사실이다. 이러한 거리는 상대와의 절대적 거리이기보다는 상대적인 거리이다. 적에게 먼 거리는 자신이 공격하는 거리와 멀리 떨어져 있어 공격이 불가능한 거리이고, 나 자신의 공격이 가능한 거리는 반대로 상대도 공격하기 쉬운 거리이기 때문이다. 따라서 검도에서 상대적 거리의 노하우란 상대가 공격을 하기 위해 움직임이 일어나는 순간이거나, 자신의 공격 움직임을 상대가 인지 못

---

18 지식은 대상에 대해 이성적 판단으로 아는 것이며, 반면에 지능은 생물학적 근거와 이성적 판단의 결합으로 나타난다. 지능의 기원과 특징에 관해서는 이태열(2017)을 참조.
19 이상호(2016a); 이상호, 황옥철(2017).

하는 짧은 순간에 공격이 이루어지는 순간이다. 공격 성공을 위한 상대적 거리는 짧은 순간에 드러나기 때문에 그 순간을 파악하기 위해서는 자신의 몸 움직임에 익숙해져야 하고, 경험으로 축적되어야 한다. 예컨대 자전거를 잘 타기 위해서는 우리는 어떻게 타야하는지 이성적인 판단 이전에 우리의 몸이 어떻게 타야 하는지 암묵적으로 익혀야 하는 것과 같다. 지속적인 수행으로 자신의 거리를 찾는 노력이 필요하고, 이때 거리의 경험은 노-하우로 축적된다. 이와 같이 검도수행자는 노-하우로 검도움직임을 새롭게 파악하고 이해해야 한다. 검도움직임과 관련된 주관적인 경험의 내용은 1장에서 언급하였다. 본 장에서는 객관적인 검도움직임에 초점을 맞추어 설명하고자 한다.

첫째, 검도하는 몸의 움직임은 크게 내적 움직임과 외적 움직임으로 구분된다. 먼저 내적 움직임이다. 검도에서의 내적 움직임은 자신의 움직임을 가능케 하는 몸 자체에서 일어나는 의식작용 과정의 결과이다. 지능적 움직임이 가능하기 위해서는 적의 힘이 얼마나 되는지를 인지할 수 있는 자신의 능력을 갖추고 있어야 한다. 검도움직임은 자신의 몸이 가지고 있는 능력을 기준으로 적의 힘을 파악하며, 자신의 움직임을 결정한다. 이러한 내적 움직임은 자신의 생리적인 조건의 움직임과 연결된다. 이는 대상을 파악할 수 있는 자신의 운동감각 능력으로 설명이 가능하다.[20] 검도에서 운동감각의 능력은 6장에서 상세하게 설명하고자 한다.

다만 본 장에서는 운동감각의 능력을 생리적인 마음의 표출인 감

---

[20] 운동감각이 어떻게 형성되는지를 설명하는 것은 다른 차원의 문제이기 때문에 본 장에서는 제외하고자 한다. 다만 구체적인 운동감각과 몸의 움직임에 관해서는 Gallagher(2005)를 참조.

정과 연결된 것으로 설명하고자 한다. 감정(emotion)[21]은 감각운동능력의 표출 이전 단계로 인간의 행위를 일으키는 전주곡이다. 감정은 행동을 유발하고, 행동을 위한 내재적인 맥락을 만들어 낸다.[22] 특히 내적 움직임과 관련된 감정은 검도움직임에 영향을 미친다. 검도에서 감정의 통제가 중요한 이유는 감정이 자신의 자연스러운 몸 움직임에 방해가 되기 때문이다. 자신의 감정과 욕심을 다스리지 못한다면, 자신의 자연스러운 움직임에 방해가 되어 경기에서 승리를 획득하기 힘들다. 이를 통제하는 방법으로 검도에서는 무심(無心)이나 평상심(平常心)을 강조한다. 따라서 검도의 내적 움직임과 관련된 감정과 욕망을 어떻게 다루는지는 검도에서 해결해야 할 가장 중요한 문제 중의 하나가 된다.

검도움직임에는 외적 움직임도 존재한다. 검도의 외적 움직임은 상대와의 거리에서 나타난다. 진검 싸움에서 거리는 생과 사를 결정한다. 적을 한 칼에 베기 위해서는 적에 가까이 다가서 있어야 하고 반대로 자신의 생명을 보호하기 위해서는 적의 공격권에서 멀어야 한다. 그러나 이러한 거리는 논리적으로 존재하지 않는다고 앞에서 지적하였다. 적을 벨 수 있는 가까운 거리는 자신의 생명도 담보할 수 없는 거리이기 때문에 이러한 거리는 상대적 거리라고 말하는 것이 옳다. 검도에서 상대적 거리는 절대적 거리가 아니기 때문에 우리는 자신만의 승

---

21 심리학에서 감정(emotion)의 형성은 네 가지로 설명한다. 예를 들어 곰을 보고 두려운 감정이 생길 때 그 과정은 다음과 같이 설명한다. 첫째, 곰을 보고 심장이 뛰니 두려움의 감정이 만들어진다(제임스-랑게이론). 둘째, 곰을 보니 두려움의 각성이 일어나고 심장이 뛰어 두려운 감정이 일어난다(캐논-버드이론 이론). 셋째, 곰을 볼 때 두려움의 인지와 심장이 동시에 작동해서 두려운 감정이 나온다(샤흐트-싱어이론). 넷째, 곰을 보고 각성하고 그것이 무엇인지를 인지적으로 평가(appraisal)한 후 두려움이나 심장이 뛴다(라자루스의 인지평가이론). 어느 것이 타당한 감정의 원인인지는 아직 논란의 여지가 있다.

22 김미선 역(2007: 227).

리를 얻기 위해 상대적 거리에서 절대적 거리를 확보하기 위해 끊임없이 수행한다. 이를 통해 우리는 검도에서 외적 움직임과 관련된 거리가 얼마나 중요한지를 알 수 있다.

검도에서 거리 싸움 도중 상대보다 약함을 숨기거나 또는 훨씬 강하다는 표현으로 우리는 기합(氣合)을 종종 사용한다. 기합은 상대적 거리를 자신에게 유리한 절대적 거리로 전환하고자 하는 표현의 한 형태이다. 상대와의 거리에서 자신만의 절대적 거리를 형성하기 위해 그들 상호 간에는 끊임없는 끌어당김과 밀쳐냄의 관계가 작동한다.23 검도경기에서 거리 싸움은 이러한 점을 잘 보여준다. 검도거리에서 상대 움직임은 객관적으로 보이는 대상을 넘어서 우리가 무언가를 할 수 있는 대상, 즉 자신이 상대를 다룰 수 있는 수단으로 보인다.24 검도수행자가 상대를 마주할 때 상대 움직임은 우리가 상대를 어떻게 다루어야 하는지 일정 정도의 정보를 제공해 준다. 예를 들어 우리는 상대와 칼을 겨룰 때 상대가 고수냐 하수냐에 따라 달라지는 힘의 차이를 느낄

---

23 검도에서 상호 간의 끌어당김과 밀쳐냄은 동양적인 의미인 기(氣)의 정도로 설명이 가능하다. 검도경기에서 칼을 맞출 때 우리는 어느 정도 상대의 힘의 크기를 파악하고 그 힘의 정도에 따라 상호간의 움직임이 결정된다. 상호간 힘의 정도에 따라 밀어냄과 당김의 관계는 나와 상대에서 보인 기(氣)의 힘 정도가 개입하여 드러난 결과이다(Lee, 2016).

24 이와 관련해서는 생태학적 심리학(ecological psychology)자인 깁슨(Gibson)이 주장한 행동가능성(affordance)으로 설명이 가능하다. 행동가능성은 주관과 대상 간이 이분법적으로 나누어지는 것이 아니라, 대상을 바라보는 주관과 대상의 조정 속에서 자신의 지각과 행동이 일어난다. 주어진 환경이나 대상은 행위자로 하여금 어떤 행동을 하게 하는 정보를 준다. 예를 들어 의자는 앉을 수 있는 정보를, 칼은 상대를 벨 수 있는 특정한 정보를 준다. 물론 그것을 다루는 능력은 자신이 갖고 있는 몸에 배인 상태의 능력에 따라 달라진다. 행동가능성의 문제는 주어진 환경의 요소를 강조하는 입장과 행동의 주체를 강조하는 입장에 따라 다르게 적용된다. 전자는 깁슨(Gibson, 1950)의 입장이고 후자는 세메로(Chemero, 2009)의 입장이다.

수 있으며, 그것에 따라 자신의 힘 운용에 변화를 준다. 검도수행자는 자기보다 실력이 떨어지는 검도수행자와 경기를 할 때 상대적으로 자신의 힘이 많이 들어가지 않음을 느낀다. 반면에 스승이나 자신보다 뛰어난 수행자를 만날 때 우리는 정반대로 힘이 많이 들어가는 상황을 경험한다.

둘째, 검도하는 몸의 움직임의 이해에는 무의식적인 움직임의 작동 과정에 대한 이해도 필요하다. 검도는 자신을 버리고 공격할 때 한판의 가능성이 높다고 이야기한다. 의식한다는 것이 행동에 방해가 되며, 생각하는 만큼 부자연스러운 행동으로 이어지기 때문이다. 이는 뇌의 활성화 정도의 연구에서도 잘 보여준다. 이 연구에서는 의식하지 않는다는 사실과 관련하여 뛰어난 선수는 초보자보다 상대적으로 뇌의 활성화 수준이 낮음을 보여준다.[25] 즉 뇌의 혈류량이 높다는 사실은 많은 생각이 작동하고 있음을 의미하며, 이는 근육의 자연스러운 움직임에 방해가 된다. 이러한 실험결과를 검도에 적용하면, 공격 완성에 많은 생각이 방해가 된다는 사실을 알 수 있다.[26]

---

25 김미선 역(2009: 159).
26 검도경기에서 승리를 위해 상대를 의식하지 않고 공격하는 것이 최고의 움직임이라고 한다. 틀린 이야기는 아니다. 다만 저자는 그러한 주장에 더해 자신의 윤리적 행동에 대해서도 생각할 필요가 있다고 생각한다. 만약 '생각하지 않고 공격'을 잘못 이해하게 되면, 승리만을 위해 인간의 행동이 동물적 움직임이 되어야 함을 강조하게 된다. 이성적 판단이 아니라, 감각이나 반사작용에 의지한 움직임이 윤리적 타당성을 확보할 수 있느냐는 다른 차원의 문제이기 때문이다. 인간은 즉각적인 반응을 하는 동물이 아니다. 인간은 상대의 고통을 같이 아파하고 윤리적 행동을 지향하는 이성적 동물이다. 신경과학자인 폴 도널드 맥린(Paul Donald Maclean)은 뇌 발달을 3단계, 즉 파충류의 뇌, 동물의 뇌, 인간의 뇌로 설명한다. 파충류의 뇌는 호흡, 심장박동, 체온조절 등 자신의 생존에 필요한 운동조직을 총괄하는 뇌간(brainstem)을 중심으로 작동한다. 만약 상대방의 자극에 즉각적으로 움직이고 감정적인 변화 없이 냉정하게 움직임을 결정한다면, 검도경기에서 승리는 저절로 가능하게 된다. 이는 검도경기에서의 승리가 마치 파충

물론 무의식적 움직임이라고 표현을 하였지만, 그 속에서 전혀 의식 작동이 없다는 것은 아니다. 검도의 무의식 행위 중에도 그것을 가능케 하는 의식구조가 이미 구비되어 작동하고 있다. 검도에서 무의식의 작동과정은 연상(association)과 촉발(affection)의 수동적 종합의 과정에서 자신이 의식하지 못한 순간에 자동적으로 형성된다. 연상의 무의식적 판단과정은 어떤 대상에 대해 지금 무언가를 판단하는 순간에, 우리의 의식이 무의식적으로 과거의 판단기준을 근거로 해서 미래를 예측하고, 그들 간의 상호작용을 통해 즉각적인 판단이 이루어진다. 그러나 이러한 연상작용의 판단을 가지고 의식한다고 할지라도, 의식이 일어나는 상황에 새로운 자극에 부딪치게 되면, 우리의 의식은 다른 판단과 움직임을 만들어 내는 이른바 촉발의 과정이 발생한다. 이와 관련된 검도의 무의식 과정은 6장에서 구체적으로 살펴볼 것이다.

셋째, 검도하는 몸의 움직임은 동양적인 기(氣)와 밀접하게 연결된다.[27] 일반적으로 기(氣)는 우리의 생명이 갖는 에너지(energy)로 설명한다. 그리고 그것에 덧붙여 기(氣)는 대상이 보여주는 정보(information)의 크기라는 의미도 갖는다. 에너지와 정보의 기(氣)는 자신의 내적 몸에서 작동하는 내적인 기(氣)와 타자와의 관계에서 나오는 외적인 기(氣)로 설명이 가능하다. 내적인 기(氣)는 자신의 몸과 마음의 순환관계에서 일어나며, 외적인 기(氣)는 나와 타자와의 관계에서 일어난다. 내적인 기(氣)는 몸과 마음의 매개물로써 우리의 몸과 마음에서 전자가

류 뇌 반응의 결과처럼 해석된다. 단순하게 설명해 본다면, 검도경기에서 승리를 위해 파충류의 뇌가 되어야겠지만, 이미 인간은 감정적인 영역을 담당하는 변연계를 가진 포유류이며, 이성적 판단을 하는 대뇌피질이 이미 형성되어 작동하고 있다. 따라서 검도경기에서 승리의 강요는 잘못하면 우리의 행동을 파충류의 뇌의 움직임에 따르는 것으로 돌아가자라는 주장으로 일치될 가능성이 높다.

27 무도에서 기(氣)와 관련해서는 이상호(2015a)와 Lee(2016)를 참조.

강조될 때는 혈기(血氣)로, 반대로 후자가 강조되어 개입될 때는 심기(心氣)의 형태로 나타난다.[28] 이때 문제는 혈기나 심기 둘 다 검도에서 평상심의 유지에 방해가 된다는 점이다. 따라서 자신의 내적 움직임에서 일어나는 기(氣)와 관련된 욕망, 욕구, 감정을 어떻게 통제할 것인가는 검도수행자에게 중요한 문제다. 외적인 기(氣)의 움직임은 자신과 상대간의 거리에서 나온다. 검도에서 상대와 대적할 때 우리는 상대의 일정한 힘이라고 할 수 있는, 즉 기(氣)를 느낀다. 만약 상대의 기세에 눌려 밀릴 때 역으로 이를 극복하기 위한 수단으로 자신에게 기(氣)를 불어 넣어 기합으로서 표출한다.

무의식과 관련된 기(氣)의 의미는 헤리겔(Herrigel)의 『활쏘기의 선』에서 잘 보여준다. 이 책에서는 활쏘기의 대가가 되기 위해서는 활쏘기의 기술적인 습득만으로 충분하지 않고, 무의식에서 나오는 기술 없는 기술(an artless art)이 필요하다.[29] 여기에서 완전한 기술은 우리가 의식하지 않는 상황에서 완성되어야 한다는 의미이지, 그 속에 작동하고 있는 의식구조가 없다는 것은 아니다. 기술 없는 기술이 되기 위해서는 그것을 지향하는 내면의 의식구조와 호흡이라는 생리적 관계의 이해가 선행되어야 한다. 이 책에서는 호흡조절을 매우 중요한 것으로 설명한다. 검도도 마찬가지다. 검도수행자는 검도에서 호흡을 조절하고, 힘을 빼야 자연스러운 공격이 가능하다. 힘을 뺀 그곳에 정신력이라고 불리는 힘이 활을 쏘는 손발에 흘러 들어간다.[30] 힘을 뺀 곳에 들어가는 것이 다름 아닌 동양적인 의미인 에너지, 즉 힘으로 설명되는 기(氣)이다.[31] 사실

---

28 이 양(2006: 58).
29 정창호 역(2004: 18).
30 정창호 역(2004: 35).
31 박희준 역(1990: 96).

기(氣)가 무엇인지를 설명하는 것은 다른 차원에서의 해명이 필요하지만 저자는 기(氣)를 몸과 마음이 합일되어서 자연스럽게 나오는 힘이라고 생각한다.[32] 검도에서 몸에 힘을 빼고 호흡의 조절을 강조하는 이유가 거기에 있다. 자연스러운 호흡이 뒷받침되고, 자신의 몸에 힘을 빼고 타격을 할 때 죽도는 강력한 힘을 발휘한다. 개인적인 경험이지만 나의 선생님의 죽도 타격 때 온몸으로 그 힘을 느낀 적이 있다.

넷째, 검도하는 몸의 움직임은 오늘날 검도기술의 완성뿐만 아니라, 인격형성의 출발점이다. 인격형성의 완성은 검도에서 배웠던 자연스러운 움직임이나 행위의 경험이 도장의 영역을 넘어 일상생활에서 인격적 태도로 드러나는 것이다. 검도에서 즉각적인 자연스러운 움직임이 상대를 의식하지 않는 자발적인 행위라면, 일상생활에서도 그 행위가 자연스럽게 드러나야 한다. 그것이 완전한 검도의 인격완성이 갖는 의미이다. 우리가 도덕적 행위에 대해 옳고 틀리다는 판단을 내리는 것도 중요하지만, 궁극적인 올바른 윤리적 행위자는 즉각적으로 자발적인 행위를 실천해 왔던 사람이다. 우리가 성인이라고 하는 사람을 생각해보자. 그들은 윤리적 판단을 해왔던 사람이기보다는 윤리적 행위를 즉각적으로 몸소 실천해 왔던 사람이다.[33] 따라서 인격완성을 갖춘 검도수행자는 단지 올바른 행위가 무엇인지를 생각하는 것을 넘어 즉각적 윤리적 행위가 수반되는 사람을 말한다. 예를 들어 검도에서 배웠던 예시예종(禮始禮終)의 윤리적 의미를 아는 것도 중요하지만, 이러한 태도가 검도의 영역을 넘어 일상에서도 무심이나 부동심의 태도로 즉각적인 움직임의 행위로 드러나야 한다.[34] 진정한 검도수행자의 인격완

---

32 이상호(2009).
33 유권종, 박충식, 역(2009: 59).

성은 검도수행에서 배웠던 바른 태도와 자세가 일상생활에서도 자발적이고 즉각적인 행위로 실천함으로써 완성된다. 물론 검도움직임의 의미는 본 장에서 지적한 것 이외에도 다양한 설명이 가능하다. 검도수행자 자신이 검도움직임을 어떻게 접근하고 이해하느냐에 따라 그들의 검도철학의 내용은 더욱 더 풍부해질 수 있을 것이다.

4. 검도의 경험과 반성

검도의 경험과 반성은 검도의 가치론적 의미를 설명한다. 검도수행자가 검도를 통해 얻고자 하는 깨달음은 경험과 반성의 과정에서 얻게 된 결과물이다. 검도의 궁극적 목적이 깨달음이든 도(道)의 추구이든 그것은 자신의 검도경험과 반성에 기인한다. 검도경험과 이에 따른 반성은 검도가치에 대한 자신의 철학적 해명이다. 저자는 50년 넘게 검도수행을 하고 있으며, 13회 세계검도대회 남자부에서 우승했던 당시 국가대표 감독을 역임한 나의 선생님(검도 8단 범사 도재화 관장님)으로부터 들은 이야기가 있다. "이제 조금 검도가 무엇인지를 알겠다"는 말이었다. 선생님이 검도를 그렇게 말씀하신 이유는 오랜 검도경험과 자신의 반성에서 나온 것이라 생각한다. 따라서 저자가 선생님의 검도철학을 이해하기 위해서는 그의 경험과 반성이 어떻게 검도에 적용 완성되었는지에 대한 전반적인 이해가 전제되어야 한다. 그렇지 않으면 선생님이 추구한 검도철학을 이해하기는 어렵다. 물론 검도경험과 그

---

34 무도에서 예(禮)의 실천적 의미는 무엇이고, 즉각적으로 예(禮)의 실천을 어떻게 해야 하는지는 이상호, 황옥철(2017)을 참조.

에 따른 반성은 각자의 수준에 따라 다를 수밖에 없는 개인적 영역의 문제이기 때문에 타자가 정확하게 파악할 수 없다는 한계도 존재한다.

그렇다면 선생님의 경험과 반성에 대한 명확한 해석은 불가능한 것인가? 그렇지는 않다. 검도경험이 갖는 본질과 반성의 철학적 해명의 과정 속에서 우리는 이 질문의 유용한 답을 찾을 수 있다. 선생님의 경험은 검도와 관련된 단순한 검도기술의 내용뿐만 아니라, 검도수행의 과정을 통해 느낀 자신의 깨달음이 몸에 배인 상태에서 이를 기반으로 검도를 넘어 일상적인 삶의 가치로 형성되었다고 보아야 한다. 물론 그 과정에서 자신의 검도반성의 본질과 내용이 포함되어 있다는 것은 말할 필요도 없다. 따라서 검도경험과 반성에 대한 본질을 파악함으로써 어느 정도 선생님이 추구하였던, 즉 그가 가지고 있는 검도철학의 윤곽을 그려낼 수 있을 것이다.

검도경험과 반성의 논의에 앞서 경험35이 무엇인지에 대해 정확하게 이해해야 한다. 경험이 무엇인지를 명료하게 이해해야만 검도경험이 무엇인지 설명이 가능하기 때문이다. 일반적으로 경험은 객관적 대상에 반응하는 운동감각이나 자신에게 지각된 것이라고 설명한다. 일상에서 살아가면서 느끼는 모든 것이 경험이 된다. 그러나 우리는 경험을 단순한 자신의 감각적 지각에서 일어나는 것으로 축소해서는 안 된다. 철학자 존 듀이(John Dewey)에 따르면 경험은 유기체와 환경과의

---

35 경험을 설명하는 것은 본 저서의 영역을 벗어난다. 왜냐하면 경험을 판단하고 설명하기 위한 주체는 누구인지, 경험이 하나의 지속적인 실체를 갖는 것인지, 아니면 경험이 의식의 흐름 속에서 일회적이나 복합적으로 나타나는 것인지에 대한 다양한 논의가 해명되어야 하기 때문이다. 그럼에도 불구하고 일반적으로 검도실력의 증진에서 검도의 경험이 주는 의미는 크다. 예컨대 어깨에 힘을 들어간 공격과 그렇지 않는 경우의 경험은 자신의 검도실력 향상에 중요한 역할을 한다. 그 경험을 통해 검도수행자는 작은 깨달음을 얻을 수 있기 때문이다.

상호작용이 완전하게 수행될 때 일어난다고 한다. 경험은 유기체와 환경 간의 상호작용에 참여하여 상호소통해서 나오는 결과이자 표식이며 선물이기 때문이다. 그는 경험을 자신의 행동이나 판단에 영향을 주는 특정한 하나의 경험(an experience)을 강조한다. 하나의 경험은 단순히 주어진 대상의 의미파악을 넘어, 자신의 행위가 포함되어 어떻게 할 것인지 새로운 것을 만들어 내는 근거로 작동한다.[36]

경험은 우리가 지각, 인지, 몸의 움직임을 통한 느낌, 상상, 해석의 과정 속에서 축적된다. 인간의 삶에서 제공되는 위험과 도전에 직면했을 때 인간은 그것을 극복하고자 한다. 그 속에서 축적된 경험은 모든 주어진 상황을 극복하기 위한 가장 중요한 요소이다. 즉 경험은 운동감각이나 지각을 넘어 "우리를 인간—우리의 세계에 대한 우리의 이해를 구성하는 복합적인 상호작용 안에서 결합되는 (상황 속에서 자신의) 신체적·사회적·언어적 존재—으로 만들어주는 모든 것을 포함한다."[37] 이러한 경험의 의미 확대는 비록 검도경험이 검도기술을 배우는 운동감각에 근거를 두지만, 그 경험의 내용이 검도기술의 영역을 넘어 일상생활의 삶과 살아가는 존재의 의미까지도 영향을 주며 확대할 수 있음을 보여준다.

우리는 검도수행 과정에서의 경험을 해명하는 데 세 가지 요소, 즉 몸의 조건, 추상화된 의미 확장, 반성의 행위들을 고려해야 한다.

첫째, 검도경험의 설명을 하기 위해서는 자신의 몸 조건을 이해하는 것이 우선되어야 한다. 경험의 내용이란 자신의 몸으로 대상의 움직임이나 자극을 받아들이고 그 속에서 작동한 결과물이다. 검도하

---

36 이재언 역(2003: 48).
37 노양진 역(2000: 32).

는 몸은 1장 3절에서 언급한 것과 같이 이분법으로 나누어지지 않는다. 그 때의 몸은 생존 움직임을 위한 생리적 조직의 물리적 층위와 이성적인 판단을 하는 추상적 층위가 상호 연결된 것으로 보아야 한다.[38] 이는 생존을 위한 본능적 하부구조와 지능을 근거로 합리적 판단을 하는 이성의 상부구조가 상호 연결되어 있음을 지적한 메를로-퐁티(Merleau-Ponty)의 주장과 유사하다.[39] 그에 따르면 인간은 본능지향과 이성지향이 복잡하게 연결된 존재다. 인간은 특정 상황에서 생존의 본능이 강하게 나타나고, 또 다른 상황에서는 합리적인 생각을 하는 이성적 존재라는 것이다. 물론 이러한 두 층은 엄밀하게 나눌 수 있는 것은 아니다. 상황에 따라 어느 때는 생존의 본능이 또 다른 상황에서는 합리적 생각이 개입된다.

단지 진화론적 관점에서 몸의 형성 과정의 우선 순위를 부여한다면, 생존의 물리적인 층위가 먼저 형성되고, 그 다음에 추상적인 층위가 형성되었다. 따라서 각각의 층위에서 일어나는 경험의 의미와 내용은 다를 수밖에 없다. 생존의 물리적 층위의 경험은 외부 자극에 따른 운동감각에서 출발한다. 운동감각에서 나타난 경험의 내용은 자신의 생각과 판단을 새롭게 해석하게 한다. 예를 들어 검도수행자가 공격하는 순간 상대의 찌름에 아픈 경험을 가진 경우를 생각해보자. 상대의 찌름에 모멸감이나 아픔을 느낄 때 이성적인 태도를 유지하기란 쉽지 않다. 찌름을 당한 경우에 자신의 화난 감정이 작동되어 상대에게 찌름으로 되돌려 주어야겠다는 생각으로 상대에게 찌름을 하게 된다. 이와

---

38 노양진(2013: 73).
39 Merleau-Ponty(2012: 53). 원래 이 문장은 메를로-퐁티가 지각(perception)의 개념으로 설명하고 있다.

같이 물리적 층위에서 발생한 생존 본능의 경험은 이성적 층위가 개입될 여지를 남겨주지 않는다. 그러나 운동감각에서 일어난 경험에는 본능만이 아니라, 자신의 합리적이고 이성적 판단이 개입될 여지도 존재한다. 즉 운동감각의 영역에 본능의 반응이 아니라, 환경이나 자신의 태도나 의지에 따른 합리적 판단이 개입될 여지가 있다는 것이다. 예를 들어 찌름을 당한 순간에 자신의 검도수준을 고려해 아직 맛 찌름을 할 단계는 아니라는 생각을 하는 경우도 존재한다. 또는 그와 같은 상황을 만들지 않기 위해 상대 찌름 공격에 방어하는 기술을 배워야 겠다고 생각할 수도 있다. 찌름 공격은 상대의 감정을 상하지 않게 하기 위해서 다른 검도기술보다 더 많은 검도수행의 시간이 필요하다. 이 때 검도수행자는 그것을 위해 선생님이나 사범들로부터 찌름의 기본기를 먼저 배워야겠다는 생각을 할 수 있을 것이다. 이처럼 자신이 상대의 찌름 공격에 감정적이거나, 이성적으로 생각하고 판단하느냐에 따라 운동감각 능력의 영향력은 달라질 수밖에 없다. 물론 일반적으로 찌름과 관련한 운동감각의 경험은 물리적 층위의 본능과 이성적 층위의 합리적 판단이 서로 엄밀하게 분리되지 않고 복잡하게 연결되어 드러나고, 상황에 따라 다르게 나타나기도 한다. 예컨대 선생님이나 동료의 찌름이라고 하더라도 그것을 받아들이는 경험의 내용은 검도수행자 자신의 위치나 경기 상황에 따라 다르다.

한편, 물리적 층위의 경험은 습관과 연결된다. 미국 심리학의 아버지로 불리는 윌리엄 제임스(William James)[40]에 따르면 몸에 배인 습

---

40 실용주의 철학자이며, 심리학자인 윌리암 제임스(William James, 1842–1910)는 미국 심리학의 아버지로 불린다. 심리학에서 기념비적인 저서인 『The Principles of Psychology』의 한국어 번역본으로 『심리학의 원리1』, 『심리학의 원리2』(정양은 역, 2005)가 있다.

관은 신경망 연결 강화 정도에 따른 움직임의 결과이며, 습관에 따른 행위는 몸이 요구하는 일정한 결과의 요구에 맞추어 몸의 움직임을 단순화하여 신체적 피로를 줄여준다고 한다.[41] 모든 상황에서 의식적인 신경작동의 개입은 그만큼의 에너지가 필요하고, 이는 몸의 움직임을 힘들게 하고, 결과적으로 생존의 경쟁에서 밀리게 된다. 따라서 습관은 생존에 유리하게 만든다. 그리고 다른 측면에서 습관은 윤리적 의미와 연결된다.[42] 즉 주어진 환경에서 물리적 경험과 이에 따른 습관은 단지 행위의 개인적인 영역을 넘어서, 우리 자신의 윤리라는 추상적 의미를 만들어 낸다. 이는 다시 말해 검도에서 배운 예(禮)의 축적된 습관이 사회적 윤리형성에 도움이 될 수 있음을 보여준다.

개인적인 이야기이지만, 나의 두 아들은 초등학교 때 새벽에 일어나 검도를 배웠다. 새벽 일찍 검도장에 들어 갈 때면 사범님들을 포함한 많은 사람들이 어린 청소년기에 잠을 멀리하고 새벽에 검도를 배우러 온 것에 대해 격려와 칭찬을 한다. 이러한 경험은 오늘날 성인으로 성장한 그들에게 윗사람에 대한 인식과 인간관계를 경험하고 축적시킬 수 있었다. 검도를 누구에게 처음 배웠는지, 어떤 검도환경 속에서 수행하였는지에 따라 자신의 검도경험의 전개와 그 내용이 다르다는 것을 검도수행자라면 다들 인정할 것이다. 따라서 검도장에서의 검도선생이나 사범의 역할을 단지 검도기술에만 한정해서는 안 된다고 생각한다. 도장 분위기, 수행하는 동료와 선후배와의 관계, 검도선생이 어떤 분인지에 따른 물리적 층위의 경험들과 검도수행의 습관들은 검도

---

41 정양은 역(2005: 203).
42 정양은 역(2005: 217) 이는 윤리(ethics) 어원인 ethos가 습관, 관습에서 유래되었다는 점에서도 보인다.

기술을 넘어 일상생활의 윤리적 태도에 영향을 줄 수 있기 때문이다.

중요한 사실은 물리적 경험에서 축적된 검도경험이 자신의 검도에 대한 일정한 이미지(image)를 형성시킨다는 점이다. 어릴 때부터 특정한 도장에서 검도를 배운 이들은 성장해서 다른 장소에서 검도수행을 할 때, 그곳에서 만난 다른 검도수행자는 그의 검도자세를 통해 그가 이전에 배웠던 도장의 이미지를 만들어 낸다. 어릴 때부터 검도경기에서 승부를 중요시하는 것으로 배운 기억과 승패를 떠나 즐기는 것으로 배운 기억은 성인이 되어서도 검도에 대한 자신의 가치관 형성에 영향력을 준다. 나의 아들들은 어릴 때 나의 선생님으로부터 검도의 승부를 떠나 즐기는 대상으로 배웠다. 그리고 이는 그들의 지속적인 검도수행의 길을 마련해 주는 기반이 되었다. 지금은 성인이 되어 검도를 승부가 아닌 즐기고 있다는 첫째 아들의 자세는 과거 검도의 경험에서 형성되었다고 생각한다. 그는 대학에서 전문 검도선수와 함께 검도를 하였다. 나의 선생님으로부터 배웠던 즐기는 검도는 승부에 많은 압박감을 갖는 전문 검도선수로부터 부러움을 샀다는 이야기를 나의 아들로부터 전해들었다. 이 또한 나의 아들이 과거 검도경험에서 얻게 된 깨달음의 일부분이라 생각한다.

검도기술과 관련해서 어떤 선생님에게 배웠는지에 따라 달라지는 칼의 사용법이나 도장분위기의 경험은 일상적인 태도에 영향을 준다. 이는 영상도식(image schema)[43]으로 설명이 가능하다. 영상도식이란 몸

---

43 영상도식은 몸과 마음을 결속하는 것으로 "1. 반복적이고 안정적인 감각운동 경험의 패턴이다. 2. 영상도식은 지각적 전체의 위상 구조를 보존한다는 점에서 '영상'같다. 3. 영상도식은 시간 내에, 그리고 시간을 통해 동적으로 작용한다. 4. 영상도식은 '신체적'임과 동시에 '정신적'이다. 5. 영상도식은 더 넓은 환경과의 상호작용에 기초한다. 6. 영상도식은 위상적 신경 지도에서 활성화된 패턴(또는 '형세')으로 실현된다. 7. 영상도식은 감각운동 경험을 개념화와 언어에 연결하는 구

의 활동을 통해 자신이 대상을 파악할 수 있는 소수의 인식패턴이 형성되며, 이것을 바탕으로 지각, 경험, 이해가 발생한다.[44] 이는 검도를 통해 배운 기술과 경험이 나름대로 축적되면서 검도를 지향하는 자신만의 일정한 관점이 형성되고, 그것을 기준으로 일상적인 삶의 판단을 하는 것이라고 볼 수 있다. 논리적 비약이 될 수도 있지만, 검도기술을 사용함에 있어 올바른 자세와 힘을 뺀 자연스러운 움직임의 강조에 따른 검도경험은 일상에서 올바른 사고와 행동을 가능케 하는 근거로 작동할 수 있다는 것이다. 검도수행의 과정에서 겪는 마음 비움의 경험이 일상생활에서도 확장되어 적용 가능한 이유는 그것이 자신의 인식 틀을 구성하는 영상도식이 있기 때문이다. 물론 그것을 검도수행자 각자가 경험하고 실천해야 하는 숙제는 남아 있다.

추상적 층위는 합리적 이성적 판단과 연관된다고 앞에서 언급하였다. 그러나 사실 이성적 판단도 몸의 조건이나 감정(emotion)에 따라 일정 부분 영향을 받는다. 뇌신경과학자인 다마지오(Damasio)의 연구[45]에 따르면 이성적 판단을 하는 전두엽의 손상은 합리적 판단에 부정적인 영향을 미칠 뿐만 아니라, 감정에 영향을 준다.[46] 다마지오는 그의

조이다. 8. 영상도식은 제약적 추론을 발생시키는 내적 구조를 가진다"(김동화, 최영호 역, 2012: 229–230).

44 노양진(2009: 60–61).

45 이 연구는 사고를 당한 피니어스 게이지(Phineas Gage, 1823–1860) 사후 뇌 분석의 결과이다. 그는 다이너마이트의 폭발로 철 막대기가 그의 왼쪽 뺨에서 오른쪽 머리 윗부분으로 뚫고 지나가는 사고를 당했다. 사고 후 그의 생명에는 지장이 없었다. 그는 언어능력, 기억력, 계산능력, 지적 능력을 포함한 이성적 판단은 정상적이지만, 감정 조절을 하지 못하였다. 다마지오의 연구팀은 사후 게이지의 뇌를 연구하였고, 그 연구의 결과는 이성과 감성이 밀접한 관계를 맺고 있음을 보여 주었다. 이와 관련된 구체적인 내용은 김 린 역(2017)을 참조.

46 김 린 역(2017).

뇌 실험에서 이성적 판단에 감정이 매우 밀접하게 연결되어 있음을 보여주었다. 물론 감정이 이성적 판단의 결정에 있어 절대적 요소라고 말하는 것은 아니다. 다만 우리가 무언가를 결정하고 행동할 때 내리는 이성적 판단에도 감정이 중요한 필요한 역할을 담당한다는 것이다. 우리가 감정을 통제하지 못할 때 이성적 능력도 완전하게 발휘하지 못한다. 이성적 층위에서 합리적 판단을 내리는 데 가장 중요한 것이 반성의 역할이다. 이성적 판단에 근거한 반성은 인간이 더 잘하려고 하는 타고난 노력의 산물이다. 검도도 마찬가지다. 검도에서는 반성의 행위로 묵상을 한다. 묵상은 검도경험에서 수행자가 검도를 더 잘하기 위해 또는 검도본질을 파악하기 위한 추상적인 층위에서 작동하는 이성적 판단의 행위이다.

둘째, 자신에게 축적된 검도기술의 경험은 단순한 검도의 영역을 넘어 추상화된 의미로 확장된다. 앞에서 일부 지적하였듯이, 검도기술의 영역에서 경험한 내용이 검도의 영역을 넘어 삶의 가치판단을 위한 의미로 전환되고 확장된다고 하였다. 예컨대 검도기술의 바른 자세와 평상심의 경험이 일상적인 삶을 살아가는 데 가치판단의 기준으로 전환되며, 검도상호 간의 예(禮)의 경험이 상대방 예(禮)의 태도를 평가하는 기준으로 확대될 수 있다. 예컨대 검도경기 도중 마음을 비우고 사심이 없는 태도를 통해 상대의 의도를 더 잘 파악하고 경기에서 승리로 이어지는 경험을 가졌다고 생각해보자. 이러한 검도의 영역에서 경험한 무심(無心)은 자신이 살아가는 데 필요한 삶의 가치판단으로 논리적 전환이 가능하다. 검도경기에서 이겨야겠다는 욕심이 자신의 자연스러운 움직임에 방해되고 곧 패배로 이어지는 경험은 일상적인 생활에서도 적용이 가능하다. 개인적인 이야기이지만, 개인전 결승에 있었던 일이다. 저자는 한 판을 얻고 이기고 있을 때 짧은 순간이지만, 이번에 우승할 수 있겠다는 생각과 욕심이 들었다. 그러나 그러한 생각이 상대에게 한 판을 빼앗기는 결과를 초래하였다. 우승할 수 있겠다는 생각은 내가 의도적으로 생각한 것은 아니었지만, 자연스럽게 나에게 문득 떠올랐다. 그러한 생각이 결과적으로 상대에게 한 판을 빼앗기는 결과를 초래하였다. 짧은 시간이었지만, 저자는 다시금 상대를 의식하지 않고 검도경기에 임해서 결국 우승을 하였다. 저자에게는 짧은 순간의 경험이었지만, 이 한 판의 경기에서 우승의 욕심을 배제한 마음의 태도가 얼마나 중요한지 경험하였다. 이러한 저자의 결승전 경험은 일상생활의 삶에서 지금도 중요한 역할을 하고 있다.

한편, 물리적 층위에서 경험한 행위가 윤리적 문제를 만들어 낸다고 앞에서 언급하였다. 상대의 찌름을 잘못 맞으면 목이 아프다는 경험에는 자신의 찌름이 상대에게 고통을 주지 않아야 한다는 윤리적 판단의 개입도 가능하다. 현재의 검도기술은 사람을 다치거나 생명을 해하는 것에 목적이 있지 않기 때문이다. 그러나 의도하지 않았지만, 무의식적 행위가 폭력적인 움직임으로 나타나는 경우도 발생한다. 그렇기 때문에 검도기술의 발휘에 나타난 경험이 윤리적 타당성을 갖기 위해서는 자신의 상상을 통한 반성의 과정이 수반되어야 한다. 자신의 행위가 상대에게 어떤 영향을 줄 수 있는지에 관한 상상의 과정은 자신의 윤리적 태도 형성에 도움이 된다. 물리적 경험 속에서 끊임없는 자기 반성적 행위와 상상을 통한 경험적 내용의 판단이 올바른 윤리적 태도를 갖게 해준다.

셋째, 검도경험은 자연스럽게 반성의 행위가 뒤따른다. 검도수행자가 검도경험에서 반성하는 이유는 자신의 검도경험을 정당화하거나 또는 새롭게 수정하기 위함이다. 이러한 반성의 역할은 더 잘하고 싶은 인간본성의 자연스러운 노력의 결과물이라고 하였다. 반성이 없다면, 더 나은 검도기술의 발전이나 검도가치의 발견을 기대할 수 없다. 그러나 여기에서 검도수행자가 생각해야 할 것은 검도경험의 반성을 단순히 이성적 판단으로 한정해서는 안 된다는 점이다. 진정한 반성은 이성적 반성으로 한정하기보다 경험의 한 형태로 인식해야 한다. 반성이 생각만의 반성으로 그치기보다는 반성을 통해 자신의 태도나 행위 그 자체가 변하는 경험을 하는 것이 진정한 반성의 역할이다. 이 때 우리의 검도경험이라는 것이 원래 몸에 배인 상태에서 나오는 것임을 잊지 말아야 한다. 왜냐하면 원래 몸에 배인 상태에서의 반성은 자신의 관점이 개입된 반성일 가능성이 크기 때문이다. 반성과 경험이 몸과 마음이라는 이분법적인 개념에서 나오지 않았기 때문에 이성적 반성을 하는 데 자신에게 주어진 몸에 배인 상태를 배제해서는 안 된다. 진정한 몸에 배인 상태의 반성은 이성적 반성과 몸의 움직임이 변하는 반성 과정이 함께 진행되어야 한다. 이러한 주장이 의도하는 바는 "반성은 단지 경험에 관한 것이 아니라, 그 자체가 경험의 한 형태"라는 것이다.[47] 진정한 반성은 자신의 행위 자체에 대한 이성적 반성을 넘어, 자신에게 경험되는 하나의 반성 과정으로서 인식해야 한다. 즉 반성은 몸 움직임과 분리된 객관적인 반성으로 생각해서는 안된다. 몸의 움직임 그 자체에 나타나는 것에 대한 반성이 아니라, 감정, 흥분, 분노의 내용으로서 자신의 경험으로 파악되고, 그 경험의 내용이 반성을 통해 실제로 자신에게 통제 가능한 하나의 경험이 될 때 진정한 반성의 경험이 된다. 예컨대 반성이 자신의 경험 과정에서 느껴져 감정, 흥분, 분노가 바뀌는

---

47 석봉래 역(2013: 67).

과정을 스스로 경험해야 한다. 따라서 검도에서 진정한 반성의 의미는 우리가 단순하게 생각하는 검도경험에서 나온 반성을 넘어 자기 자신이 변화하는 과정을 확인하는 것이다.

　일반적으로 검도에서 반성은 자신의 잘못된 태도에 스스로에게 질문하거나 선생님의 가르침을 받아들이고, 다음번에 더 잘하겠다는 다짐으로 설명한다. 이러한 반성 태도는 중요하다. 그러나 검도수행자는 반성 자체에 대한 근본적인 인식론적 태도변경 또한 필요하다. 예를 들어 검도수행자가 묵상을 통해 자신의 검도행위를 반성한다고 하자. 묵상을 통해 자신이 경험한 행위에 대해 생각하고, 앞으로 그렇게 하지 말아야겠다는 스스로에게 다짐을 한다. 이는 검도수행자가 일반적으로 생각하는 반성이다. 물론 이처럼 자신의 검도 행위를 반성하는 것도 필요하지만, 그것은 궁극적인 반성은 아니다. 궁극적이고 근본적인 반성에는 자신의 경험 자체의 본질적 작동과정에 대한 반성이 필요하다.[48] 다시 말하면 반성 그 자체에 대한 반성이 필요하다. 왜냐하면 앞에서 지적하였듯이 무언가를 반성한다는 행위에는 일정 부분 자신이 경험한 견해가 포함될 여지가 있기 때문이다. 따라서 자신의 견해를 포함한 반성은 완벽한 반성이 아니기 때문에 자신이 그렇게 생각하는 반성 그

---

48 경험의 본질을 파악하는 철학적 방법으로 현상학이 있다(Smith, 2016). 경험은 대상에 대한 우리의 지각이나 지각작용에 알게 되는 내용을 기반으로 판단한다. 그러나 우리의 인식 조건은 자신에게 주어진 환경과 자신의 관점에 따라 왜곡될 가능성이 높다. 따라서 경험 그 자체의 본질적인 의미를 완벽하게 파악하지 못하게 된다. 이를 극복하기 위해 우리는 자신의 선입견을 배제하고 경험 그 자체에 대한 답을 찾으려는 노력이 필요하다. 여기에 현상학적 이론이 필요하다. 현상학은 경험의 본질파악을 위해 현상학적 환원과 판단중지하기를 요구한다. 현상학적 환원은 동양적인 의미의 자신을 되돌아 보는 반조(返照), 반성(反省)의 과정과 다르지 않다. 검도경험의 본질을 파악하는 반성과 관련된 구체적인 내용은 이상호(2011: 82-94)를 참조.

자체에 근본적인 질문을 던지고, 그 답을 스스로의 경험에서 찾아 확인해야 한다.

근본적인 반성의 문제를 검도의 자세교정으로 설명해보자. 검도수행자는 검도자세를 교정하기 위해 거울을 본다. 거울에 보인 자세를 보면서, 자신의 자세가 바른지 틀린지에 대해 반성한다. 여기에서 우리는 자신이 경험해 왔던 자세를 반성의 기준으로 삼아 판단하게 된다. 이는 곧 자신의 판단이 개입됨으로써 그 자세가 올바른 자세인지 아닌지의 기준점이 명확하지 않게 된다. 이는 하나의 자세를 자신의 기준에서 올바른 자세라고 판단하는 오류에 기인한다. 그렇기 때문에 자신의 자세를 보는 선생님이나 선배들은 그것이 잘못되었다고 지적한다. 따라서 근본적인 반성은 자신의 움직임에 나타난 경험의 내용 그 자체에 대해 열린 반성의 관점으로 전환해야 한다. 즉 진정한 반성은 자신의 생각이나 태도가 항상 틀릴 수 있다는 것을 전제로 반성의 과정을 경험할 때만 가능하다. 이에 따라 검도수행자는 올바른 자세의 해답을 찾기 위해 동료, 선배, 선생님의 견해에 열린 마음을 갖는 것이 중요하다. 그것이 진정한 반성의 의미 파악에 한 발짝 다가가게 해 준다. 결국 진정한 반성은 자신이 판단하는 주체의 반성과 그 반성에 뒤따르는 경험의 변화 과정을 검도수행자 스스로 확인하는 것에서 실현되는 것이다.

검도에서 인식론적 반성의 가장 중요한 점은 대상을 있는 그대로 보는 것이다. 그러나 우리의 의식작용은 대상을 그대로 보지 못하고 그 대상에 자신만의 관점이나 의미를 부여하여 생각한다.[49] 예컨대 경기에

---

49 이는 의식의 지향성(intentionality)에서 나온다. 지향성의 관점에서 본다면, 의식은 자신에게 주어진 것보다 더 많이 생각하는 특징을 가지고 있다. 사실 검도에서 우리의 의식은 상대를 있는 그대로 보면 문제가 없는데 경구의혹이 일어난다. 경구의혹의 네 가지 병은 의식의 특성인 지향성을 근거로 나타난다. 검도에 대한

서 나와 겨루는 상대에 대해 판단할 때 어느 정도 자신의 생각과 판단이 개입된다. 문제는 상대를 어떻게 다루어야겠다는 의도를 상대 평가의 기준으로 삼아서는 안 된다. 상대를 평가하는 마음은 여기 나에게 있는데 상대에게 마음을 둔 판단을 한다면, 상대의 움직임에 끌려가게 마련이기 때문이다. 이는 자신의 행동이 느려짐으로 나타난다. 그러나 안타깝게도 우리는 그러한 상황을 즉각적으로 알아차리지 못한다. 여기에 덧붙여 자신에게 일어나는 그 마음도 진짜인지도 한번쯤 생각해보아야 한다. 이와 관련하여 『부동지신묘록(不動智神妙錄)』의 저자인 다쿠앙 소호(沢庵 宗彭)[50]는 상대 칼에 마음을 두지 말 것을 주장한다.[51] 상대에게 그 마음을 두는 순간이 자신이 가장 쉽게 공격을 받는 순간이라는 것이다. 이러한 상황은 검도수행자에게는 익숙한 내용이다. 이를 극복하기 위한 방법으로 그는 자신이 잃어버린 마음을 찾는 것, 즉 구방심(求放心)이 아니라, 그 속에서 일어나는 마음을 틀린 것이라고 판단하고, 어디에도 마음을 주지 않는 태도, 즉 심요방(心要放)이 필요하다고 주장한다.[52] 저자가 생각하는 검도수행에서 진정한 반성의 경험은 자신에게 나타난 감정, 욕구, 욕망도 원래 없는 것으로 파악하고, 대상에 자신의 마음을 부여하는 것부터 잘못되었다는 것을 인지하는 것이다. 이러한

의식의 지향성의 의미는 4장 3절에서 살펴보겠다.

50 다쿠앙 소호(沢庵 宗彭, 1573 – 1645)는 우리가 알고 있는 노란무, 즉 단무지를 만들고 전파한 사람으로 일본의 선불교 스님이다. 이 책은 일본의 무도 사상에 크게 영향을 주었다. 그의 저서에서는 마음을 어떻게 이해하고 이용하느냐에 따라 검술의 승패에 영향력을 미친다고 하였다. 그는 마음의 태도를 『금강경』에 나오는 '응당히 어디에 머무르지 말고 마음을 내어라(應無所主 而生其心)'고 주장한다. 이 책의 한국어 번역 내용은 이진수(1999)를 그리고 그 내용의 번역과 해석은 김현용(2016)의 책을 참조.

51 이진수(1999: 51).

52 이진수(1999: 60).

마음의 태도를 검도수행의 과정에서 실천함으로써 얻게 된 색다른 경험이 깨달음이다. 이와 같이 반성의 과정을 검도수행자가 실천함으로써 얻게 된 경험은 각자의 검도깨달음으로 연결된다고 생각한다.

5. 검도철학에 대한 자신의 태도변경

검도수행자에게 검도철학이란 무엇인가? 검도철학은 검도수행의 방향성과 일상생활의 삶까지도 많은 영향력을 미치기 때문에 이는 대단히 중요한 문제이다. 그럼에도 대다수의 검도수행자에게 당신의 검도철학은 무엇인가?의 질문을 받으면 명확한 답을 제시하기 어려워 한다. 그리고 당신의 검도철학은 무엇인가라는 질문을 던지기에도 주저한다. 왜 이러한 상황이 발생하는가? 이러한 현상이 발생하는 가장 큰 이유는 우리가 검도철학을 추상적인 철학적 내용으로 생각하기 때문이다. 예컨대 우리는 기존 검도철학의 내용들, 즉 깨달음, 부동심, 심신일여, 수파리 등은 어느 정도 검도수행의 물리적 시간이 경과되어야 파악될 수 있는 것으로 생각한다. 틀린 이야기는 아니다. 그러나 이러한 태도는 검도철학이 무엇인지에 대한 즉각적인 답을 하지 못하는 상황이 발생하고, 검도철학에서 멀어지게 하는 요인으로 작동한다.

검도철학을 설명함에 있어 검도수행의 시간은 충분조건은 되지만 필요조건은 아니다. 물리적 검도수행의 시간과 관계없이 누구나 자신만의 검도철학을 만들어갈 수 있다. 그렇다면 자신만의 검도철학은 어떻게 만들어 설명할 수 있을까? 이에 대해 저자는 기존 검도철학이 무엇인가에 대한 질문은 잠시 접어두고, 검도를 수행하는 자신의 몸과 그 움직임에 대해 먼저 철학적 질문을 던져야 한다고 생각한다. 즉 기존 검도철학의 내용 파악과 방향에 대한 관심을 잠시 멈추고, 자신의 몸과 몸의 움직임에 대한 이해가 우선되어야 한다. 이는 지금까지의 검도철학에 대한 검도수행자의 태도변경을 요구한다. 우리가 알고 있는 과거의 검도철학 내용도 검도수행에서 자신의 몸과 검도움직임의 질문과 답의 과정에서 나온 결과물임을 간과해서는 안 된다.

구체적으로 검도철학은 다음 세 가지 질문에 답하려는 노력이 우선 되어야 한다. 첫째, 검도는 몸으로 한다고 한다면, 검도하는 몸에 대한 존재론적 질문을 던지고 자신의 몸과 관련되어 일정한 철학적 관점을 가지고 있어야 한다. 검도하는 몸의 존재론적 의미에서 우리가 찾아야 할 핵심내용은 심신일여가 어떻게 작동되는지를 설명하는 것이다. 왜냐하면 검도에서 몸과 몸의 움직임의 궁극적인 목적은 심신일여를 전제로 하기 때문이다. 둘째, 검도하는 몸과 몸의 움직임을 어떻게 인식할 것이냐의 인식론적 질문에는 인격완성의 작동과정을 해명해야 한다. 이를 위해 무의식과 의식작동 과정이 어떻게 행동으로 연결되는지 설명해야 한다. 셋째, 검도하는 몸과 몸의 움직임을 통해 검도수행의 가치획득은 깨달음에 있다. 검도깨달음은 검도수행의 경험과 반성에서 얻는 새로운 시각의 결과물이기 때문에 그 과정에 대한 이해는 필수적이다.

저자는 이 장에서 이 모든 과정을 설명하고자 하였지만, 그 자체가 완벽한 설명은 아니다. 저자의 주장이 논리적 설득력을 갖기 위해서는 검도하는 몸, 몸의 움직임, 경험과 반성과 관련된 오늘날 생리적, 인지적인 과학적 성과가 뒷받침되어야 한다. 물론 저자가 제시한 검도철학의 관점에 다른 검도수행자는 동의하지 않을 수도 있다. 그 이유는 검도철학이 몸과 움직임 그리고 경험과 반성에서 나오는 결과가 각각의 검도수행자에게 다르게 나타날 수 있기 때문이다. 따라서 본 장에서 주장한 저자의 검도철학의 이론적 근거와 내용은 앞으로도 검도수행자들과의 토론 주제이자 해결해야 할 남겨진 숙제이다. 이는 저자에게도 마찬가지다.

PART
02

검도철학의 구성과 내용

PART 02   검도철학의 구성과 내용

조주 스님이 남전 화상에 물었다. 어떤 것이 도(道)입니까? 남전 화상
은 평상심(平常心)이 도(道)이다고 답했다. 그러자 조주가 말했다. 그렇
다면 어떻게 노력하면 평상심을 이룰 수 있습니까? 남전 화상은 그렇게
하고자 한다면 바로 어긋나게 된다고 말한다. 조주가 반문했다. 하고자
않는다면 어떻게 마음을 고르게 하는 것이 도(道)라는 것을 알 수 있겠습
니까?' 남전 화상이 답을 한다. 도(道)는 '안다'와 '모른다'와 상관이 없다.
안다는 것은 착각의 상태이고, 모른다는 것은 멍한 상태일 뿐이다. 만일
진실로 하고자 함이 없는 도(道)'에 이른다면, 허공처럼 확 트일 것이다.
어찌 옳고 그름을 따질 수 있는가? 남전 화상의 말이 끝나자마자, 조주
스님은 바로 깨달았다(『무문관(無門關)』 19칙, 「평상시도(平常是道」).

검도는 자발적이고 자연스럽게 나오는 것이다. 평상심을 얻고자 노력
하면 할수록 평상심을 가질 수 없다. 평상심에 집중하면 할수록 평상심은
저 멀리 사라져 버리기 때문이다. 평상심은 평상심을 생각하지 않을 때
평상심을 얻는다. 그럼에도 우리는 평상심을 추구해야 한다는 것이 평상
심이 갖는 역설(paradox)이다(저자 생각).

검도에서 도(道)의 궁극적 목적은 깨달음에 있다. 그러나 깨달음의 내
용을 언어로 설명하기란 쉽지 않다. 그럼에도 우리가 검도깨달음을 언급
하는 이유는 깨달음이 추상적인 언어가 아니기 때문이다. 과거의 검도수
행자들이 경험한 내용을 깨달음이라는 은유(metaphor)로 설명한 것일

뿐이다. 따라서 우리는 검도깨달음을 알기 위해서는 검도깨달음의 과정과 내용이 어떻게 작동되는지 이해하고 설명할 수 있어야 한다. 저자는 제2부에서 검도깨달음과 관련된 다양한 논제들을 아래와 같이 검토한다.

3장은 검도깨달음의 의미와 방법과 관련된 내용을 검토한다. 여기에서 저자는 검도깨달음의 의미를 경구의혹과 수파리의 과정을 검도수행에서 어떻게 적용되는지 깨침과 닦음의 과정으로 설명한다. 4장은 검도깨달음의 구성과 과정에 대해 검토한다. 그리고 검도깨달음의 내용인 심신일여와 인격완성이 어떻게 실천적으로 완성되는지를 설명한다. 5장은 검도본질의 하나인 경구의혹이 검도수행자의 의식과 경험에서 어떻게 일어나는지를 의식작동의 과정으로 구체적으로 설명한다. 6장은 검도움직임의 많은 부분이 무의식에서 이루어진다는 사실에 근거하여, 검도의 무의식적 움직임이 어떻게 진행되는지 발생적 현상학의 관점에서 설명한다.

Chapter

03

검도깨달음의 의미와 방법

1. 검도깨달음의 전개

검도의 궁극적 목적 중 하나는 깨달음이라고 말한다. 그러나 앞 문장이 완전하게 성립하기 위해서는 검도수행자가 검도깨달음이 무엇이고, 그 깨달음이 검도수행의 과정에서 획득하는 것인지, 아니면 검도수행 결과물로 주어지는 것인지 전부 알고 있어야 한다. 이러한 문제들이 전부 해결된다고 해도 그 깨달음을 누가 인정할 것이며, 어떤 기준에서 깨달음이라고 말할 수 있는지 등 아직 해결해야 할 것이 많다. 따라서 검도깨달음을 논하는 것은 단지 언어적 유희에 지나지 않으며, 깨달음은 개인적인 관점이기 때문에 객관적으로 설명하기란 어렵다[1]고

---

1 이것은 깨달음의 역설(paradox)이다. 깨달음은 경험을 전제로 하지만, 그 경험의 내용을 확인하기 위해서는 다시금 개인의 경험에 의존해야 하는 모순된 상황이 발생하기 때문에 깨달음의 역설이다.

이야기한다. 그렇다고 해서 검도깨달음 그 자체를 논할 수 없는 것은 아니다. 예컨대 죽음을 이야기하기 위해 죽어야 한다는 전제는 성립되지 않는 것과 같다. 우리는 죽지 않더라도 충분히 죽음을 생각할 수 있다. 우리가 죽음을 생각하는 것은 지금 삶의 과정에서 새로운 시각을 얻기 위함이다. 검도깨달음의 문제도 이와 같은 관점으로 접근해서 이해해야 한다. 깨달음이 개인적 해석이 개입될 수밖에 없는 한계를 가짐에도 불구하고 검도깨달음을 파악해야 하는 이유는 검도깨달음에서 얻게 된 의식과 태도가 검도영역을 넘어 일상생활의 삶에 새로운 관점을 부여하기 때문이다.

　　검도깨달음의 문제와 관련해서, 우선 검도수행자는 검도깨달음이란 무엇인가? 라는 질문 대신에 검도깨달음은 어디에서 출발해야 하는가? 로 질문을 바꾸어야 한다. 검도깨달음에 대한 출발점의 해명은 깨달음의 전반적인 과정과 실천적 방향을 명확하게 드러낼 수 있기 때문이다. 비록 검도깨달음은 개인적인 영역에서 발생하지만, 검도깨달음의 출발과 깨달음 과정의 이론적 검토는 검도수행자에게 검도깨달음과 관련된 객관적인 이론적 검토와 실천적 적용의 기회를 제공한다. 저자는 1장에서 검도깨달음의 출발을 검도수행자 자신의 검도움직임의 이해에서 시작해야 한다고 지적하였다. 검도수행자는 검도움직임을 통해 검도와 관련된 다양한 앎, 즉 다른 의미로 지식[2]을 획득하고, 그 앎 속에

2　일반적으로 앎(지식)의 획득 과정은 3가지 지식의 과정에서 획득된다. 즉 전반성적 지식(pre-reflective knowledge), 명시적 지식(explicate knowledge), 암묵적 지식(implicate knowledge)으로 이루어진다. 예컨대 전반성적 지식은 죽도를 맞으면 아프다는 사실을 아는 것이다. 명시적 지식은 검도에서 한 판은 올바른 자세가 되어야 한다. 이는 검도에서 이론적 주장을 하기 위한 지식이다 (know-what). 반면에 암묵적 지식은 이론적 지식이 아니라, 검도에서 죽도로 상대를 어떻게 다루어야 하는지와 관련된 지식이다(know-how).

서 검도수행자는 깨달음의 단초를 얻는다. 검도수행에서 획득한 검도기술과 앎은 검도수행자에게 검도기술에 대한 폭넓은 지식을 가져다줄 뿐만 아니라, 명시적이든지 암묵적이든지 자신의 몸에 배인 상태(embodiment)에서 우리 자신의 일상적인 사고나 행동 패턴에도 영향을 미친다.

검도수행자들이 각자 그들의 검도움직임에 따라 획득한 깨달음의 인식과정과 내용은 개인적인 영역이기 때문에 다양한 설명이 가능하다. 그렇다면 모든 사람들에게 논리적 타당성을 갖춘 검도깨달음의 설명 방법은 없다는 것인가? 이러한 문제해결을 위한 우회적인 방법으로 저자는 기존 검도깨달음과 관련된 개념을 재검토하는 과정을 통해 답을 찾을 수 있다고 생각한다. 검도깨달음과 관련하여 검도에서 잘 알려진 개념은 경구의혹(驚懼疑惑), 수파리(守破離) 두 가지가 있다. 이 개념들은 검도수행자의 깨달음에 적용할 수 있는 역사적이며, 객관적인 논리의 타당성을 확보하고 있기 때문에 검도수행자들은 그 의미를 오늘날에도 받아들인다. 따라서 오늘날 검도수행자는 그것을 어떻게 자신에게 적용해서 타당성을 확보하느냐의 숙제만 남아있다. 그러나 이러한 적용에서 검도수행자가 간과해서는 안 되는 것이 있다. 검도깨달음과 관련된 경구의혹과 수파리의 의미가 그렇게 해야 한다는 당위론적 주장이라고 미리 단정해서는 안 된다는 점이다. 검도수행자는 몸 움직임과 경험의 이해를 바탕으로 경구의혹과 수파리를 적용하고, 자신이 경험적으로 느껴야 하고, 다른 사람에게 설명할 수 있어야 한다. 자신과 떨어져 있는 객관적인 3자적 접근법이 아니라, 실제로 검도수행자 자신의 검도움직임 속에서 경구의혹과 수파리의 내용을 실천적으로 적용하는 과정에서 자신의 깨달음의 의미를 도출해야 한다. 결론적으로 검도수행자는 자신의 검도움직임과 그에 따른 경험을 통해 자신만의 검도깨달음이 무엇이고, 그것이 일상생활에서 어떻게 우리의 인식체계에 영향을 주는지 스스로 확인해야 한다.

본 장에서는 검도깨달음의 의미와 그것의 실천적 방법으로 경구의혹과 수파리가 어떻게 자신의 검도움직임에 적용이 가능한지 검토하고자 한다. 이를 위해 먼저 검도움직임과 관련된 깨달음의 의미가 무엇이고, 그 과정은 어떻게 전개되어야 하는지를 검토하고자 한다. 이를 토대로 검도움직임과 관련된 깨달음의 과정을 몸과 마음의 강조점에 따른 깨침과 닦음의 관점에서 설명하고자 한다. 저자는 실천적 방법의 하나로 경구의혹은 깨침으로, 수파리는 닦음의 방법을 적용하여 설명하고자 한다.

2. 검도깨달음의 의미와 획득

검도수행자는 검도깨달음의 내용을 설명하기 이전에 깨달음과 관련된 다양한 내용, 즉 깨달음의 의미, 방법, 깨달음의 단계를 명확하게 이해하고 있어야 한다. 그 이후 검도수행자 자신이 검도깨달음이 무엇인지 그릴 수 있기 때문이다.

1) 깨달음의 의미

깨달음이란 일반적으로 우리가 아는 앎과 다르다. 우리가 무엇을 안다는 사실을 바로 깨달음이라고 설명하지는 않는다. 깨달음은 앎을 통해 우리에게 새로운 것을 가져다준다. 예컨대 검도깨달음은 죽도에 맞으면 아프다는 앎이 아니라, 죽도의 운용을 통해 알게 된 기술과 지식이 검도에 대한 자신의 인식 틀을 바꾸는 것이다. 검도깨달음은 검도 기술의 습득을 통해 자신의 한 차원 높은 검도를 가능케 하는 수단이며, 더 나아가 인생관을 바꿀 정도가 되어야 한다.

깨달음을 언어로 간략하게 설명하는 것은 쉬운 일이 아니다. 깨달음은 의식작용의 결과로 드러나지만, 그 근저에는 몸의 움직임을 수반한 복잡한 과정이 작동되고 있기 때문이다. 깨달음의 의미가 몸의 움직임과 그에 따른 의식의 복잡한 관계에서 나온다는 사실은 검도깨달음의 내용이 깨달음의 사전적 의미인 "생각하고 궁리하여 알게 되는 것"[3]에 한정되지 않음을 보여준다. 우리가 무언가 의식한다는 것은 자신의 몸[4]이 경험하는 것이지, 단지 이성적 작용의 결과만이 아니다. 비록 깨달음의 내용이 최종적으로 의식작용에서 획득되는 것이라고 하더라도, 그 작용의 근저에 있는 몸의 움직임과 관련된 경험이 해명되지 않는다면, 검도깨달음과 관련된 내용은 공허한 메아리에 지나지 않는다.

깨달음이 몸의 움직임과 관련된 의식작용이라는 것은 깨달음의 단어 그 자체에서 보인다. 깨달음의 동사 '깨닫다'는 "사물의 본질이나 이치 따위를 생각하거나 궁리하여 알게 되다"이다. 깨달음을 이해하기 위

---

3 국립국어원 표준국어대사전(http://stdweb2.korean.go.kr/search/List_dic.jsp)

4 여기에서 몸은 2장에서 언급한 몸과 마음이라는 객관적인 이분법적 몸이 아니라, 몸과 마음이 분리되지 않는 몸 자신(proper body)이다. 몸 자신은 대상의 자극에 무언가를 받아들일 수 있는 수동적인 작동근거 뿐만 아니라, 주도적인 경험을 이끌어 가는 능동적인 몸이다. 몸이 경험한다는 것은 단순히 언어나 문장을 설명하고 해석하는 것이 아니다. 의미는 몸에서 일어나는 것으로 "갈수록 복잡한 유기적 활동의 층위를 통해 '상향식'으로 발생한다." 즉 몸의 경험에서 하나의 의미가 형성되는 것은 이성적인 판단 작동에서 나오는 마음의 구성물이 아니다(김동환, 최영호 역, 2012: 42). 우리가 자신의 몸의 경험에서 파악되고 이해되는 내용은 몸 자신의 움직임 속에서 경험된 내용으로 축적되어 간다.

해서는 '깨닫다'의 동족어(cognate)인 '깨치다'의 동사 의미도 파악해야 한다. '깨치다'는 "일의 이치 따위를 깨달아 알다."[5] 이때 비록 '깨닫다'가 의식작용이라고 할지라도, 우리가 깨치기 위해서는 어느 정도 시간적 흐름이 요구된다. 시간적 흐름이 필요하다는 것은 의식작용이 일어난 후 자신의 경험이 뒷받침되어 자기 자신이 깨치게 된다는 것이다.

의식작용과 시간적 흐름에서 우리가 갖게 되는 경험의 내용은 깨달음의 공통 어간인 '깨다'에서 찾을 수 있다. '깨다'는 아마도 수면·방심·망각 등에서 깨어나 제정신을 차리는 지각작용을 말한다. 그러나 지각작용의 근저에도 시신경과 근육의 활동이 포함된 몸 움직임을 필요로 한다. 그 움직임 속에서 우리는 자신만의 경험적 내용을 형성된다. '깨닫다'에서 '닫다'의 의미에서 나온 '내닫다'란, 즉 "갑자기 밖이나 앞쪽으로 힘차게 뛰어나가다"에서 보이듯이, 특정한 상태에서 다른 상태로의 빠른 이동을 의미한다. '깨치다'에서 '치다'는 '마주치다', '미치다', '부딪치다' 등등의 용례에서 짐작되듯, 동작이나 경험의 성숙 또는 해체를 의미한다. '깨치다'의 피동형인 '까다'는 '깨고 나옴', 즉 출산이나 출생을 경험하는 것으로 이해해야 한다.[6] 이와 같이 깨달음이 비록 인식론적 과정에서 나온다고 할지라도, 그 출발에는 자신의 몸 움직임과 그에 따른 경험의 내용이 이미 작동하고 있음을 보여준다. 즉 깨달음은 몸 움직임과 그에 수반하는 의식작용에서 나온 경험과의 관계에서 드러난다. 검도깨달음에서 깨달음의 의미도 마찬가지다. 검도깨달음의 의미를 드러내고 설명할 때 몸 움직임과 그곳에서 나오는 경험의 의미를 완벽하게 설명할 수 있는지는 다른 차원에서 해명해야 할 문제

---

5 국립국어원 표준국어대사전(http://stdweb2.korean.go.kr/search/List_dic.jsp).
6 신오현(2003: 358).

이지만, 검도깨달음의 해명은 몸과 마음이라는 이분법적인 관계에서 나오는 것이 아니라는 것은 확실하다.

검도깨달음은 몸 자신의 관점에서 본다면 자신의 검도수행에서의 생존 과정과 환경 간의 순환 관계에서 출발한다. 1장에서 언급한 검도하는 몸 자신은 층위의 관점에서 나누어 본다면, 하층은 생존을 위한 본능의 존재가, 위층은 합리적 판단을 하는 이성적 존재가 상호연결된 것으로 파악해야 한다. 각각은 주어진 환경, 문화, 상황에 따라 서로 영향을 주고 받는 존재이다.7 물론 인간의 몸은 어느 한쪽의 강조점에 따라 본능에 충실한 존재이거나 이성적 존재로 구분도 가능하다. 이러한 종적인 이분법적 역할의 구분은 하나의 유기체인 몸을 각자의 주어진 속성에 따라 몸과 마음을 구분하는 이론적 관점이다.8 이는 동양적인 관점에서 볼 때 몸과 마음을 구분하지 않지만, 상황에 따라 구분하는 것과 유사하다. 이러한 모순된 문장은 동양의 태극의 설명으로도 가능하다. 태극의 모양이 하나의 몸이라면, 몸과 마음은 서로 구분되지 않는다. 그러나 태극 모양에 보여준 실선에 따라 나타난 양과 음은 몸과 마음으로 분리될 수 있음을 보여준다.

검도깨달음의 경험이 작동하는 몸은 객관적인 몸이 아니라, 앞 장에서 언급한 몸 자신(proper body)이다. 몸 자신이란 검도는 몸으로 배워야 한다고 말할 때 바로 그 몸이다. 몸 자신은 단순히 자극에 따른

---

7 이러한 몸의 관점은 원래 메를로-퐁티의 『지각현상학』에서 지각(perception)의 설명에 보인다. 그는 지각을 본능적인 하부구조와 지성의 작용을 통해 그 위해 구축된 상부구조로 설명한다(Merleau-Ponty, 2012: 53). 지각은 단순히 이성적인 판단이 아니라, 본능과 감정적인 내용이 포함된 것으로 판단한다. 저자가 생각하기에 이러한 지각의 의미는 몸의 역할을 설명하는 데도 유용하다고 생각한다.
8 이러한 분류는 스피노자가 주장하는 하나의 실체, 즉 몸이라는 것이 각각의 속성에 따라 마음과 몸이 나누어지는 것으로 설명이 가능하다(이상호, 2008).

수동적인 움직임으로서 작동하는 것 이외에도, 능동적으로 무언가를 할 수 있는 주도적인 존재라고 하였다. '몸 자신이 무언가 파악할 수 있는 능력을 가진다'는 사실은 몸 자신이 반성의 주체가 될 수 있음을 보여준다. 이러한 몸 자신을 검도에 적용해 본다면, 검도하는 몸 자신은 검도수행의 과정에서 다양한 검도기술을 배우고 받아들이는 수동적인 대상 이외에도 스스로 능동적인 역할, 즉 자신의 검도수행에 대한 반성과 의지를 통해 검도깨달음을 만들어낼 수 있는 존재라는 것이다.

여기에서 검도수행자는 검도깨달음의 의미(meaning)를 단지 언어로 배우고 이해하는 것에 한정해서는 안 된다. 검도수행자에게 검도깨달음은 자신의 검도움직임에서 느낀 경험의 내용이 그 속에 포함되어 있기 때문이다. 책으로 검도기술을 배우는 것과 자신의 몸 움직임을 통해 획득한 검도기술의 의미 경험은 다를 수밖에 없다. 따라서 검도깨달음에서 깨달음의 의미 획득이란 이성적 사고의 결과로 나타나기 이전에 몸 자신의 움직임에 축적된 경험의 내용이 자신의 생각과 사고의 틀을 형성하는 과정에서 이루어진다.

2) 깨달음의 과정과 경계

기존 무도와 관련된 깨달음은 궁극적 목적이기보다는 하나의 과정으로 이해해야 한다. 무도의 깨달음은 무도수행을 통해 끊임없이 발전해 나가는 과정이며, 그 자체가 깨달음의 연속이기 때문이다.[9] 따라서 검도수행자는 그 깨달음의 내용이 검도수행자 자신에게 실천적인 적용이 되기 위해서는 깨달음의 단계와 과정에 대한 구체적인 이해가 있어

---

9   김정행, 최종삼, 김창우 역(2002: 240).

야 한다. 우리는 깨달음의 의미를 '도(道)는 도를 말할 수 없다'[10]는 미묘한 경지로 설명하지 말아야 한다. 예컨대 불교적 관점의 깨달음을 빌려 '이것이 있으므로 저것이 있다'는 연기(緣起)에 기인하여 마음의 부동지(不動地)를 파악하는 것이라고 미리 단정하지 말아야 한다. 유교의 관점에서 마음에서 발현되지 않는, 즉 '미발(未發)의 본성을 찾는 것이다'라는 언어적 단정을 깨달음의 전부로 설명해서도 안 된다. 이러한 관점에서의 접근은 자신의 깨달음의 내용을 설명하기보다는 그렇게 해야 한다는 당위론적 관점에 매몰될 가능성이 높다. 깨달음을 알아야 한다는 것과 실제로 자신이 깨달음을 알아가는 과정은 다르다.

당위론적 깨달음의 설명은 검도깨달음의 의미를 추상적인 내용으로 인식할 가능성이 높다. 검도수행자의 실천이 수반되지 않는 깨달음은 허공에 있는 깨달음이다. 따라서 여기에서 검도수행자는 깨달음에 대한 새로운 인식전환이 필요하다. 도교, 불교, 유교의 깨달음 내용을 검도깨달음에 적용하는 것이 아니라, 자신의 검도움직임에서 출발해서 도교, 불교, 유교의 깨달음이 수행자에게 어떤 의미를 갖고 있으며, 자신에게 적용될 수 있는지 파악하고, 그 내용이 자신의 경험으로 받아들여져야 한다. 그것을 통해 자신의 생각이나 태도의 변화를 경험해야 한다. 검도깨달음은 검도수행자 자신이 검도움직임에서 깨달음의 정도를 인식하고 실천할 수 있는 내용으로 전개될 때 검도깨달음의 의미가 있다. 예컨대 "(무도의) 깨달음이란 단지 본성(本性)을 찾게 된다든지 덕(德)을 체득(體得)한다든지 간에 이것들은 모두 심신의 통일(心身一如)을 통해서 이루어진다"[11]면, 그 심신일여의 작동 과정과 결과가 자신의 몸

---

10 『노자(老子)』 1장, 道可道 非常道(도를 도라고 말하는 것은 도가 아니다).
11 캐페너(1998: 94).

움직임과 의식 간의 관계에서 어떻게 나오는지에 대한 설명이 있어야 한다. 그렇지 않으면 심신일여는 몸과 마음이 원래 각자 나누어 있는 것이 하나로 되어야 한다는 주장으로 그칠 가능성이 높다. 심신일여의 깨달음은 자신의 능력에 따라 몸과 마음이 하나가 되어가야 하는, 즉 몸 자신의 움직임에서 몸과 마음이 하나가 되는 것을 경험하는 과정으로 파악해야 하며, 그 속에서 우리는 완벽하지 않더라도 이를 설명할 수 있어야 한다.

물론 검도깨달음의 경험과 정도는 검도수행자 자신의 각고의 수행이나 수련 정도에 따라 다를 수밖에 없다. 그러나 인식론적 관점에서 깨달음의 경험 정도의 객관적인 구분은 가능하다. 검도수행자 자신이 경험하는 깨달음의 정도는 경지(境地)의 단계로 설명이 가능하다. 사전적 의미에서 경지(境地)란 "몸이나 마음, 기술 따위가 어떤 단계에 도달해 있는 상태"로 설명한다.[12] 여기에서 경지(境地)란 우리 자신의 인식론적 태도와 그 경험의 내용을 형성하는 세 가지 사유방식, 즉 나·대상·인식의 관계로 설명이 가능하다.[13] 문제는 경지가 나·대상·인식의 관계에서 나오는 사유방식에 따라 깨달음의 내용이 달라진다는 점이다. 이러한 경지의 단계적 설명은 검도수행자 자신이 검도깨달음의 과정과 내용을 평가하고 이해하는 데 충분히 도움이 된다.

경험 내용의 인식론적 측면에서 본다면, 첫 번째 단계의 경지(境地)는 우리의 의식이 세 가지 경계로 구분하여 인식하는 상황에서의 경험을 말한다. 여기에서는 나, 대상 그리고 그것을 보는 인식을 각각 분리된 것으로 설명한다.[14] 이 단계는 가장 낮은 검도기술의 경지로서 검도하는 나

---

12 국어국립어 표준국어대사전.
13 이상우(1999: 6).

와 검도라는 대상 그리고 검도를 인식하는 태도를 각각 서로 분리하여 접근하는 단계이다. 예컨대 상대에게 머리공격을 한다고 생각해보자. 이 경지에서는 먼저 검도하는 나는 상대의 움직임을 파악하고 자신의 의식이 어떻게 공격하겠다는 생각을 한 후 공격의 행동으로 연결한다. 이 단계는 검도기술 활용과 분석에는 도움이 된다. 왜냐하면 상대를 분석하면서 어떻게 공격하고 방어하는 것이 자신에게 유리한지 파악할 수 있기 때문이다. 이 단계는 검도초보자나 검도실력이 부족한 사람에게서나 가능하다. 하지만 상대가 자신이 예측한 행동대로 나오지 못했을 경우에는 실패로 돌아간다. 현실에서 검도기술의 발휘는 짧은 순간에 이루어지기 때문에 상대 움직임을 파악한 후 취하는 행동은 적절한 대응이 어렵다는 한계가 존재한다.

자신의 공격을 성공하기 위해서는 검도수행자는 두 번째의 경지(境地)를 인식해야 한다. 두 번째 경지는 나와 대상 사이에서 일어나고, 그 순간에 우리는 어떤 경우에서도 감각하거나 인식할 수 없는 상황을 말한다. 즉 나와 상대의 움직임의 인식작용 중 내가 대상을 명확하게 인지하지 못하는 상황에서 검도기술이 발휘되는 경지이다. 다시 말해 자신도 모르게 정확한 기술을 발휘하고, 짧은 시간이 지난 후 내가 그러한 기술 발휘가 이루어진 것을 아는 것이다. 이러한 단계를 터득(攄得)이나 체득(體得)의 경지로 설명한다.[15] 일반적으로 완성된 검도기술이 추구하는 경지가 여기에 속한다. 즉 의도하지 않는 상황에서 자연스럽게 공격이 성공했을 때의 경험을 의미한다. 개인적으로 경기에서 이러한 경험을 겪었을 때 저자는 그 순간을 내가 생각하지도, 파악하지도 못했다. 나중에 그러한 행동이 발생했다는 사실을 확인했을 뿐이다. 이

---

14 이상우(1999: 20).
15 이상우(1999: 74).

러한 경험의 내용은 언어로 표현하기 어렵기 때문에 터득이나 체득으로 설명한다. 터득과 체득은 무도연구자들의 관점에서 각각 정신적, 신체적 측면의 강조와 연결되지만,[16] 의식의 작동결과라는 측면에서 본다면, 터득이나 체득은 몸의 움직임에서 시작하였다는 점에서 저자는 서로 다르지 않다고 생각한다.

세 번째 경지(境地)란 나·대상·인식이 없는 상황을 깨달음 혹은 득도(得道)로 설명할 수 있다.[17] 완벽한 깨달음과 득도의 단계는 나·대상·인식이 없는 상태이기 때문에 그것을 언어로 설명하기는 어렵지만, 이 경지는 우리 자신의 행위나 움직임이 인위적이지 않고 자연스럽게 나오는 것을 말한다. 이 단계를 검도기술에 적용하기란 쉽지 않다. 아직 저자는 완벽하게 이 단계의 검도기술을 발휘하지 못하고 있다. 그럼에도 불구하고 이러한 경지를 설명하는 것은 검도수행자 자신의 검도깨달음의 경험이 각자 어떠한 경지에서 이루어지는지 파악하고, 다른 사람들에게 설명할 수 있어야 한다고 생각한다.

검도수행자는 각각 3가지 경지(境地)를 자신의 검도수행의 과정에서 실천하고 경험하는 것이 중요하다. 우리가 아는 검도깨달음도 이러한 과정의 연속에서 얻게 된 결과물에 지나지 않는다. 각각의 경지의 단계는 상황에 따라 각각의 타당성을 갖고 있기 때문에 저자는 경지 간의 우월관계는 존재하지 않는다. 다만 검도수행의 시간적 흐름에 따라 첫 번째, 두 번째 경지의 경험 없이 세 번째 깨달음의 경지는 이루

---

16 조성균(2011: 4)은 동양무도에서 인식의 관점에서 머리로 이해하는 범주를 터득으로 설명하고, 감각의 관점에서 몸으로 발현되는 것을 체득으로 설명한다. 물론 그의 논의에서 보여주듯이 실행의 관점에서 본다면, 서로 교집합적인 개념으로 파악해야 한다고 하였다. 그러나 그는 그와 관련된 구체적인 설명을 보여주지 못하고 있다.

17 이상우(1999: 62).

어지지 않고 설명할 수도 없다고 생각한다.

검도깨달음의 경지는 어떻게 경험적으로 확인이 가능한가? 저자는 검도깨달음의 경지를 설명하기 위한 논리적 근거와 실천적 방법을 기존 경구의혹(驚懼疑惑)과 수파리(守破理)의 개념에서 차용하고자 한다. 경구의혹과 수파리의 개념은 과거 검도수행자의 검도움직임에 따른 경험의 결과물이기 때문에 그 자체로 이론적 타당성을 갖는다. 따라서 오늘날에도 검도수행자는 깨달음과 관련된 경구의혹과 수파리의 과정과 관련된 직접적인 경험을 통해 깨달음의 경지를 파악해야 한다. 그 속에서 검도수행자는 자신만의 깨달음의 실천방법을 찾을 수 있고, 일상생활에서도 적용이 가능하다.

저자는 의식 변화와 시간적 흐름 속에 나타난 경구의혹과 수파리의 경험된 내용을 각각의 강조점에 따라 인위적으로 깨침과 닦음으로 구분하여 설명하고자 한다. 개인적인 검도깨달음과 관련된 깨침과 닦음은 앞에서 언급한 터득과 체득과 마찬가지로 엄밀하게 서로 구분되지 않는다. 검도깨달음의 실천적인 과정을 쉽게 이해하기 위해 인위적으로 분리한 개념이다. 경구의혹의 극복에도 수파리의 닦음의 과정이 뒷받침되어야 한다. 반면에 경구의혹의 실체를 알고 자연스러운 행동의 완성을 위해서라도 깨침이라는 수파리의 과정도 필요하다.

3. 검도에서 깨침의 길

검도에서 깨침의 길은 검도움직임에서 경구의혹을 벗어나기 위해 초월론적 자아의 역할 확인에서 출발해야 한다. 그 속에서 검도수행자는 자신의 의식이 일정한 특성을 가지고 있지 않다는, 즉 무자아(無自我)성을 확인하는 것이다.

1) 초월론적 자아와 무아(無我)의 확인

초월론적 자아[18]란 일반적으로 이야기하는 저 너머 존재하는 추상적인 자아가 아니라, '우리가 경험한다'는 것을 생각하고 판단하는 전제인 근원적인 자아를 말한다. 우리가 경험하거나 의지, 가치, 감정을 드러내기 위해서는 그것을 판단하는 중심의 마음이 존재한다고 보는 것이 논리적이다. 그 모든 의식작동의 중심인 판단과 경험을 하는 인식의 근원적 자아가 초월론적 자아이다. 검도에서 초월론적 자아를 언급하는 이유는 깨달음의 주체와 연관되기 때문이다. 경험적 자아와 초월론적 자아는 검도깨달음과 관련하여 각각의 실천적 방법이 각각 다르게 전개된다. 경험적 자아를 통해 검도깨달음에 도달은 가능하지만, 그것으로 진정한 깨달음을 설명하기에는 완벽하지 않다. 경험적 자아로는 대상을 있는 그대로 보기란 힘들다. 왜냐하면 경험적 자아는 자신의 관점이 개입되어 대상을 있는 그대로 완벽하게 파악할 수 없다는 한계를 갖기 때문이다. 그렇다고 해서 초월론적 자아의 파악도 쉬운 일이 아니다. 초월론적 자아는 상황에 따라 내가 경험하는 경험적 자아의 형태로 변해서 나타나기도 하기 때문이다. 따라서 우리는 그 둘을 구분하기란 쉽지 않다. 하지만 초월론적 자아는 경험적 자아의 역할을 대신 맡을 수 있지만, 경험적 자아는 초월론적 자아를 기반으로 작동한다는 점에서 그 둘은 다르다. 비록 초월론적 자아와 경험적 자아의 구분이 인식작동의 논리적 설명을 위한 인위적 구분이라고 할지라도 그 둘을 명확

---

18 현상학적 관점에서 초월론적 자아는 "의식의 지향적 통일성 속에서 인격으로서의 자기동일성을 확보하고, 의사소통을 통해 자기 자신과 다른 사람, 사회공동체, 다른 역사와 전통을 지닌 문화를 이해함으로써 새로운 삶을 창조해야 할 이성적 존재로서의 자기 책임을 실천하는 주체이다"(이종훈 역, 1999: 39).

하게 구분하여 이해하고 있어야 한다. 검도깨달음의 주체를 이해하기 위해서는 경험적 자아가 아니라, 경험적 자아의 출발인 초월론적 자아를 이해하고 있어야 한다.

검도수행자가 거울을 보고 반복동작을 한다고 생각해보자. 끊임없는 반복동작을 할 때 검도수행자는 외형적으로 드러나지 않지만, 검도수행자가 올바른 자세라고 판단하는 이미지를 미리 상정하는 자아가 존재한다. 검도수행자가 아무런 생각 없이 반복동작을 하더라도, 올바른 자세라고 판단하는 주체인 자아가 그 속에서 작동하고 있다고 보아야 한다. 그 자아의 역할은 이전에 배워 왔던 경험적 자아를 근거로 자신이 바라는 검도자세를 수정하고자 한다. 그러나 엄밀하게 본다면 경험적 자아도 그 자아를 작동 가능케 하는 순수한 자아의 존재가 있다고 보는 것이 논리적이다. 생각하고 판단하는 주체인 초월론적 자아를 근거로 자신이 알고 있는 경험적 자아가 작동하기 때문이다. 다시 검도수행자가 자신이 거울을 보고 기본동작을 반복 훈련한다고 생각해보자. 거울에서 비친 자세가 옳은 것인지 틀린 것인지를 판단하는 주체가 검도수행자 자신이 생각하는 경험적 자아이다. 검도수행자가 기본동작을 할 때 경험적 내용을 구성하는 초월론적 자아의 존재를 인식하기란 쉽지 않다. 또한 검도수행자는 경험적 자아 이전에 작동하는 근원적인 자아, 즉 초월적 자아가 경험적 내용을 만들어 낸다는 사실을 잘 알지 못한다. 초월적 자아의 인식은 자신의 마음에 한 점의 때도 없이 모든 것을 받아들이는 상황에서 나온다. 이는 우리의 자아가 모든 것을 있는 그대로 받아들이는 거울과 같은 역할을 하고 있음을 자신이 파악할 때나 가능하다. 왜냐하면 초월적 자아는 주어진 대상을 있는 그대로 받아들이기 때문이다.

본래의 순수한 초월적인 자아는 시간이 개입되어 자기 스스로 변하거나, 상대나 대상의 자극에 의해 변해간다. 이는 시간의 흐름에 따라 거울에 때가 끼게 되는 것과 같다. 거울에 때가 있으면, 그만큼 대상을 명확하게 보지 못한다. 대상을 있는 그대로 파악하기 위해서는 모든 것을 있는 그대로 비추는 거울과 같은 순수한 초월론적 자아의 존재를 자신에게서 찾아야 한다. 거울에 보인 자신의 움직임이 바른지 그렇지 않는지의 판단 기준을 자신의 경험된 자아로 파악하게 되면 완벽한 자세를 파악하기란 쉽지 않다. 왜냐하면 경험된 자아는 완벽한 자세를 자신의 관점이 개입되어 파악하기 때문에 그 자세가 틀릴 가능성이 있기 때문이다. 검도수행자 자신의 틀린 관점이 개입된 상태의 반복된 기본자세의 훈련은 의미가 없다.

인간은 누구나 순수한 자아를 가지고 태어난다. 어린 아이는 순수 자아를 가지고 대상의 움직임을 있는 그대로 파악한다. 그러나 나이가 들어감에 따라 대상에 자신의 생각이나 의도를 덧붙이게 되고, 대상을 정확하게 파악하지 못하는 결과를 초래하게 된다. 이는 검도경기에서도 적용된다. 고단자는 상대 움직임을 있는 그대로 파악하고 반응한다. 반면에 일반 검도수행자는 상대의 움직임에 미리 방어하는 자세를 취하거나 먼저 움직이게 된다. 자신의 경험을 토대로 한 예측이 개입되기 때문이다. 물론 검도수행자의 예측이 맞으면 경기에서 승리로 이어지겠지만, 그 예측이 항상 옳은 것은 아니다. 검도경기에서 대상을 있는 그대로 파악하고 행동해야 하지만, 검도수행자의 의식은 자신의 승리에 대한 욕심과 성급함으로 대상을 있는 그대로 정확하게 판단하지 못한다.

그렇다면 검도에서 대상의 움직임을 있는 그대로 파악하기 위한 초월적 자아는 어떻게 드러내고 파악이 가능한가? 검도에서 초월론적 자아의 실체 파악은 자신의 검도움직임을 통해 나타난 자신의 생각과 판단 그 자체에 근원적인 질문을 던질 때 드러난다. 검도자세의 교정을 다시 예로 들어 보자. 우리는 거울을 보면서 자신의 자세를 교정하고 반성한다. 자신의 입장에서 올바르다고 생각한 자세를 취하지만, 선생님이나 선배들은 그 자세가 틀렸다고 지적한다. 이런 상황이 일어나는 이유는 자신의 관점이나 의식이 개입된 경험적 자아의 관점에서 거울에 비친 자신의 자세를 비교하였기 때문이다. 이는 틀린 자세를 반복적으로 함으로써 결국 사범이나 선생님들로부터 지적을 받게된다. 자신의 틀린 관점을 가지고 실행하는 자세 반복은 의미가 없다. 그럼에도 이러한 일이 일어나는 이유는 자신의 생각하는 주체가 틀릴 수 있음을 간과하거나 상정하지 않기 때문이다. 대부분의 검도수행자는 거울을 보면서 자신이 바르다고 생각하는 자세를 전제로 거울에 비친 자신의 자세를 비교 수정한다. 여기에서 자신의 자세가 틀렸다고 상정하기란 힘들다. 따라서 검도수행자 자신의 검도자세를 바르게 하기 위해서는 자신의 관점이 추가되지 않는, 즉 자신의 순수한 자아로 대상을 파악하고자 하는 노력이 필요하다. 즉 자신에게 일어나는 생각에 대해 판단을 중지하고 자신에게 일어나는 생각이 틀릴 가능성이 있다고 스스로에게 질문을 던지는 과정에서 순수자아를 파악해야 한다. 검도수행자 자신이 생각하는 것이 옳은 것인지 자신에게 질문을 던지고 답을 찾으려는 노력과 자신이 생각하는 것이 옳다고 단정한 후 이어지는 검도자세의 수정은 서로 다른 결과를 초래한다. 지속적인 실천적인 반성의 과정 속에서 초월론적 자아는 검도수행자에게 자연스럽게 드러난다.

초월론적 자아와 관련하여 그 실체의 존재 여부는 학자들의 관점에 따라 크게 긍정과 부정의 입장으로 나누어진다. 먼저 자아가 있다는 관점에서 본다면, 자아란 대상을 경험하고 판단하는 의식의 시작점이라고 본다. 즉 자아를 생각하는 하나의 영점(zero point)으로 파악한다.[19] 반면에 자아는 없다는 관점도 있다. 이는 자아의 실체를 부정하는 불교의 무아(無我)론에서 찾아 볼 수 있다. 불교에서의 자아는 단지 오온(五蘊), 즉 다섯 가지 물질적인 요소인 색(色, 물질), 수(受, 느낌), 상(想, 지각), 행(行, 의지), 식(識, 의식)의 다섯 가지의 결합에 지나지 않는 것으로 설명한다. 이러한 관점은 심리학자이며, 실용주의자인 미국 심리학의 아버지로 불리는 윌리엄 제임스(William James)가 언급한, 즉 자아는 하나의 실체이기보다는 의식의 흐름(a stream of consciousness)[20]이라는 견해와 유사하다.

자아에 대한 유무의 관점은 각각 경구의혹과 관련된 검도움직임을 설명하는 데 상반된 이론적 근거를 제공한다. 먼저 특정 의식의 실체가 있다는 관점이다. 검도수행자가 검도를 하고 배우고 느낄 때 그것을 생각하는 주체가 있다고 전제하는 것이 일반적인 견해이다. 검도경기에서 승리를 할 때 그것을 느끼는 자아의 주체가 있어야 승리의 감정과 기쁨을 즐길 수 있을 것이다. 반면에 의식의 흐름에서 나타난 자아의 실체가 있는 것이 아니라, 우리가 그 승리의 기쁨과 즐거움을 느끼게 하기 위해 만들어진 결과물이라고 인식하는 관점도 존재한다. 이러한 관점은 생각의 실체, 즉 자아의 존재에 대해 부정적 관점을 보여준다. 여기에서 자아는 의식작용의 과정을 설명하기 위해 우리가 인위적으로

---

19 Moran(2000: 172).
20 의식의 흐름은 윌리엄 제임스(William James)의 저서 9장(409-524)의 소 주제인 사고의 흐름(the stream of thought)에 근거하고 있다(정양은 역, 2005).

만들어 내는 것에 지나지 않는 것으로 판단한다. 의식의 실체를 인정하지 않는 입장은 자아의 존재를 경제 운용에 있어 화폐의 역할로 인식하는 것과 같다. 화폐는 경제를 작동시키기 위해 만들어낸 것에 지나지 않는다. 화폐 자체가 생각하고 판단하는 주체가 아닌 것과 마찬가지로 의식도 생각하는 주체가 아니라는 것이다. 단지 의식과 화폐 둘 다 의식 작용과 경제의 운용이라는 관계에서만 의미를 갖는다.[21]

요약하면 자아가 있다는 측면에서 본다면, 자아는 움직이는 행위자의 주체이다. 없다는 측면에서 본다면, 자아는 경험하는 과정에서 만들어지는 것으로 이해해야 한다. 저자는 후자인 검도움직임을 가능하게 하는 주체인 자아의 속성은 존재하지 않고, 하나의 의식의 흐름에서 나타난다고 생각한다. 그렇다고 극단적으로 생각하는 주체인 의식이 전혀 없다는 것을 말하는 것이 아니다. 오랜 시간의 흐름 속에서 형성된 초월론적 자아는 우리 의식 작동의 출발점에서 존재한다. 다만 그러한 초월론적 자아가 주어진 문화와 환경에 영향을 받아 경험적 자아로 나타나고, 이러한 경험적 자아로 우리는 대부분의 세상을 이해하고 파악한다. 우리는 경험적 자아로 세상을 파악하고 이해하는 것을 일반적인 인식의 수단으로 인정함으로써 순수 자아인 초월론적 자아의 역할을 잃어버렸다는 것이 정확한 표현이다.

일반적으로 우리는 의식 그 자체가 미리 존재해서 우리의 행동을 통제하는 역할을 한다고 생각한다. 하지만 오늘날 뇌 과학과 인지과학의 연구결과물은 의식 그 자체에 대한 실체적 존재에 부정적인 관점을 보여준다. 그럼에도 불구하고 자아라는 실체 그 자체와 관련된 논쟁은 여전히 신경과학자, 철학자, 심리학자, 생물학자들마다 다양하게 제기

---

21 김미선 역(2009: 28).

된다.[22] 의식은 뇌 활동에서 만들어지거나 다른 몸의 조직과의 관계 속에서 나온다. 의식과 관련하여 저자는 의식을 생각의 흐름에서 나타난 것을 우리가 의식이라고 이름을 부여한 것에 지나지 않는 것으로 생각한다. 이러한 관점은 검도의 깨침과 관련하여 무자아(無自我)의 본성을 확인하는 데 중요한 이론적 근거를 제공한다. 검도에서 무자아(無自我)는 '자아가 없다'는 것을 말하는 것이 아니라, 생각하는 주체의 내용이 틀릴 수 있다는 것으로 파악해야 한다.

2) 검도에서 깨침의 방법

검도에서 깨침은 경구의혹의 움직임에서 무자아(無自我)의 실체를 파악하는 과정에서 얻게 된다. 검도수행자는 검도에서 네 가지 경계해야 할 것으로 사계(四戒), 즉 경구의혹(驚懼疑惑)을 언급한다. 경(驚), 즉 놀람은 예상하지 못한 상대의 움직임에 자신의 의식이 작동하는 것이다. 검도에서 놀람은 정확한 판단과 이에 따른 행동을 하지 못하게 하는 경우로 이어진다. 구(懼), 즉 두려움이다. 인간은 항상 상대와 비교한다. 두려움은 그 비교 속에서 나온다. 문제는 이러한 두려움이 자신의 움직임을 위축시키는 요인으로 작동하는 것이다. 이를 극복하기 위한 방법으로 기합을 내기도 한다. 의(疑), 즉 의심한다. 이는 상대 움직임에 대해 성급한 판단과 결정을 내리게 한다. 의심은 대상을 있는 그대로 보지 못하게 하며, 이로 인해 즉각적인 행동에 방해가 된다. 마지막으로 혹(惑), 즉 현혹된다. 이는 자신을 향한 믿음의 부족에서 나온다. 상대의 미세한 속임수에 자신의 마음이 흔들린다는 것이다. 이와

---

22 고현석 역(2020: 142).

같이 우리의 의식은 대상에 놀라고, 두려워하고, 의심하고, 현혹된다.

　이러한 네 가지 병을 극복하기 위한 깨침의 방법은 무엇인가? 여기서 우리는 경구의혹의 내용을 아는 것보다 경구의혹이 우리의 의식 작동에서 어떻게 작동해서 나타나는지를 먼저 파악해야 한다. 일반적으로 경구의혹(驚懼疑惑)은 앞에서 언급한 경험적 자아로 파악된다. 그러한 경험적 자아는 대상을 정확하게 파악할 수 없다고 앞에서 지적하였다. 그 이유는 먼저 자신의 의식작동에서 특정한 관점이나 입장이 개입되어 파악되기 때문이다. 따라서 덧붙인 의식 작동은 우리가 존재하는 대상을 있는 그대로 파악하지 못하게 만든다. 예컨대 우리가 상대를 있는 그대로 보면 문제가 없는데 '두려워 할 필요가 없다'거나 '두려움은 피할 수 없다'는 자신의 견해가 덧붙여져 생각한다는 것이다. 전자는 자만이나 과욕으로, 후자는 소심이나 긴장으로 자신의 자연스러운 움직임을 축소시키게 된다. 이러한 움직임은 자신의 경험을 토대로 자신의 의식에서 작동하여 자연스럽게 자신에게 나타난다. 누군가는 지속적인 훈련이나 노력으로 경구의혹의 극복이 가능하다고 한다. 틀린 이야기는 아니다. 문제는 그렇다고 해서 경구의혹이 완전히 사라지는 것은 아니라는 사실이다. 검도수행자는 검도에서 경구의혹의 발생을 극복할 대상으로 접근하기보다는 자연스럽게 자신에게 일어나는 현상으로 받아들여야만 그것의 궁극적 극복이 가능하다.

　우리는 때때로 새끼줄을 볼 때 가끔 그것을 뱀의 움직임이라 판단하곤 한다. 대상을 있는 그대로 보면 새끼줄로 파악할 수 있는데 우리가 뱀이라고 판단하는 이유는 놀람, 두려움, 의심, 망설임 등의 다양한 의식작동의 주체가 자신의 의식흐름에 개입해서 작동하여 나타나기 때문이다. 우리의 의식이 대상을 있는 그대로 명확하게 파악하면 문제가 없지만, 우리의 의식은 그렇게 작동하지 않으며 다른 생각, 의견, 판단이 개입된다. 대상에 대해 자신의 생각과 판단이 개입되는 상황에서는 경구의혹의 극복은 사실상 불가능하다. 그렇다면 경구의혹의 극복은 어떻게 가능한가? 경구의혹의 극복은 정확한 의식작동 발생, 과정, 속성을 파악하고 이해할 때나 가능하다.

경구의혹의 발생과 극복을 위해서 우리는 현상학에서 언급한 의식의 특성인 지향성(intentionality)을 이해할 필요가 있다. 지향성이란 '의식은 항상 무언가에 관하여 또는 대해 더 생각한다'는 속성을 말한다. 검도경기에서 상대 힘을 파악한다고 하자. 여기에서 우리의 의식은 상대가 주는 힘에 덧붙여 거기에 자신의 태도, 감정, 생각, 기분 등이 개입하여 작동한다. 예컨대 상대를 마주해서 볼 때 검도수행자는 자신이 상대를 쉽게 다룰 수 있는지 없는지, 상대 행동이 어떻게 진행될 것인가? 까지도 포함하여 생각한다. 의식은 상대를 있는 그대로 생각하지 않고 자신의 예측을 포함하여 작동한다. 예측은 생존 경쟁에서 살아남기 위한 행동으로 필수적이며, 자신의 생존에 필요한 에너지 사용량을 줄여준다. 대상과 자신 간의 관계에서 일어나는 검도의 경구의혹(驚懼疑惑)의 실체를 의식의 흐름에서 본다면, 이는 인간의 생존본능과 연결된 의식작동의 자연스러운 결과이다. 만약 내가 본 것이 새끼줄이 아니라, 진짜 뱀일 경우에는 우리는 생명을 잃을 수 있기 때문에 경구의혹의 작동은 인간 생존을 위한 의식작동으로 받아들여야 한다. 문제는 자신의 생각과 의도가 첨부된 이러한 예측이 항상 좋은 결과를 만들어 내지는 않는다는 점이다. 예측이 모두 다 맞는 것은 아니기 때문에 우리는 자신의 의식작용에 대한 경계와 반성이 필요하다.

검도에서는 경구의혹을 극복하기 위한 실천적인 방법의 하나로 부동심(不動心)을 언급한다. 여기에서 우리는 부동심을 단어적 의미로 '흔들리지 않는 마음'으로 해석해서는 안 된다. 흔들리지 않는 마음이 경구의혹을 극복하거나 없앨 수 있다고 생각해서도 안 된다. 부동심을 견지한다고 해서 경구의혹이 본질적으로 사라지지 않는다. 왜냐하면 검도수행자 자신의 생리적 조건에서 경구의혹이 일어나는 것을 부정할 수 없기 때문이다. 따라서 검도수행자는 검도움직임에서 경구의혹의 의식작용이 일어날 때마다 그러한 생각은 틀린 것이라고 파악해야 한다. 검도수행자는 네 가지 병이 원래 없던 것을 검도수행자 자신이 스스로 만들어낸 것으로 파악해야 한다. 따라서 완전한 부동심의 이해란 나의 마음에서 경구의혹이 일어나는 것이 인위적으로 만들어진 가짜임을 자신의 검도수행의 과정에서 확인하는 상태에서나 가능하다. 검도수행자에게 나타나는 경구의혹은 생존을 위해 검도수행자 자신의 경험적 자아가 만들어낸 것에 지나지 않는 것으로 파악해야 한다. 따라서 검도수행자는 검도에서 '부동심은 초월론적 자아의 실체가 없다'는 사실을 자신의 검도움직임에서 경험적으로 확인해야 한다.

이러한 부동심과 초월론적 자아의 역할에 대한 생각은 다쿠앙 소호(沢庵 宗彭, 1573-1645)의 『부동지신묘록(不動智神妙錄)』에 보인다. 이 책에서 다쿠앙 소호가 주장하는 부동심의 방법은 검도철학에 많이 언급된다. 그는 부동심의 방법을 우리가 잃어버린 마음을 다시 찾는 구방심(求放心)이 아니라, 자신에게 일어나는 마음을 그냥 내버려두는, 즉 심요방(心要放)을 주장한다. 심요방의 방법을 경구의혹에 적용해 본다면, 상대와의 대면에서 일어나는 네 가지 감정들을 극복의 대상으로서 인정하지 말고 일어나면 일어나는 대로 그냥 내버려두는 것이다. 경구의혹은 자연스러운 현상이기 때문에 그것에 대해 다시금 의미를 부여하는 것은 검도수행자 자신의 자연스러운 움직임에 방해가 될 뿐이다. 검도수행자 자신이 경구의혹 작동 그 자체에 대해 더 이상 의미를 부여하지 않고, 자신에게 나타난 사실을 있는 그대로 직시할 때 경구의혹은 자동적으로 극복이 되고, 검도수행자에게 하나의 깨침으로 다가온다. 물론 검도수행자에게 이 과정의 경험과 실천적 적용은 쉽지 않다.

경구의혹의 부동심 문제와 초월론적 자아의 무자아성의 존재 여부는 검도수행자 자신의 수행과정에서 적용해서 풀어나가야 하는 기나긴 과정이 필요하다. 이러한 경구의혹의 극복은 검도에서 깨침의 길과 다르지 않다. 물론 경구의혹의 극복 과정이 각자 검도수행자들에게 다르게 경험되고 그 내용이 다를 수 있음을 부인하지 않는다. 예컨대 검도경기에서 상대를 의식하지 않고 경기에 임한다고 하자. 우리는 상대와의 경기에서 의식적이든 무의식적이든 경구의혹과 관련된 감정의 발현을 경험한다. 이를 극복하기 위해 어떤 이는 반복 훈련만이 경구의혹을 극복할 수 있는 유용한 수단이라고 주장하는 사람이 있다. 반면에 또 다른 사람은 검도움직임에서 경구의혹의 의식 흐름이 자신에게 일어나는 순간 그것은 틀린 것이라고 생각하고, 일어나는 대로 내버려두는 것이 최선이라고 생각하고 경기에 참여하는 사람들도 있다. 전자의 주장이 틀리다고 말하는 것이 아니다. 저자는 후자의 방법을 통한 검도경험도 필요하다는 것을 말하고 싶다. 다만 경구의혹을 극복해야 한다는 사실의 인지에서 그 극복의 길이 바로 주어지는 것은 아니다. 검도수행자는 경구의혹의 본질이 무엇인지를 판단하고 각각의 다른 관점을 적용해서 경험할 수 있는 기회를 가져야 한다. 저자의 관점에서는 다양한 검도경험의 과정을 통해서 자신에게 의식의 실체가 없음을 확인하는 과정이 검도수행에서 깨침의 실천적 방법이라 생각한다.

4. 검도에서 닦음의 길

검도에서 닦음의 길은 수파리(守破離)의 검도움직임에서 인격적 자아의 역할 확인에서 시작해야 한다. 그 속에서 검도수행자는 자신의 관점에 대한 다양한 태도변경의 과정을 통해 끊임없는 스스로의 경험으로 확인해야 한다.

1) 인격적 자아와 반성의 경험

검도수행자는 검도수행의 궁극적 목적의 하나로 인격적 자아의 완성을 언급한다. 인격완성으로서 검도는 은유적 의미로 살인검(殺人劍)이 아니라, 활인검(活人劍)을 지향한다. 원래 활인검은 칼로 사람을 죽이는 것이기보다는 상대를 보호하고 살린다는 의미도 있지만, 진정한 의미는 자신이 갖고 있는 내면의 욕망과 욕구를 다스리고 극복해야 한다는 뜻도 있다. 어떻게 자신의 욕망을 극복하고 이길 수 있는가? 활(活)의 '살아 있다'라는 것은 자신의 사고와 생각이 특정한 것에 집착하거나 얽매이지 않는 상태를 말한다. 집착하지 않기 때문에 자연스러운 움직임이 가능하다. 검도수행자는 자신의 욕망과 욕구의 감정을 벗어나는 상황에서 자연스러운 움직임이 가능하고, 그 속에서 우리는 그 사람의 인격을 엿볼 수 있다.

검도에서 인격형성과 관련해서 욕망과 욕구의 감정은 스스로 다스려야 할 대상으로 파악해야 한다. 문제는 검도에서 자신의 욕망이나 욕구의 감정만을 통제한다고 해서 인격이 자동적으로 형성되는 것은 아니다. 검도에서만 감정을 통제하고 일상생활에서 그것이 그대로 적용되지 않는 경우도 발생하기 하기 때문이다. 따라서 검도에서 인격형성은 적절한 행동을 위한 인격적 자아가 검도수행자에게 준비되어 있어야 한다. 예컨대 검도에서 인격적 자아의 형성은 지적인 반성, 감정의 통제를 위한 예의 습관화, 의지의 발현과 같은 구체적인 실천방법이 필요하다.[23] 이러한 과정의 경험을 통해 검도수행자는 자신의 인격적 자아[24]를 스스로 확인해야 한다. 검도에서 인격적 자아의 형성을 위한 실천적 방법은 3가지로 설명이 가능하다.

첫째, 지적인 반성 태도는 검도움직임에서 일어나는 경험에 대해 근원적인 반성이다. 먼저 검도수행자는 검도를 하면서 외형적으로 느끼는 다양한 경험에 대한 반성을 넘어 근원적인 반성 태도가 필요하다고 앞에서 지적하였다. 검도수행자가 경험하는 반성은 일정 부분 자신의 견해와 관점이 포함된 반성이기 때문에 완벽한 반성이 되지 못한다. 따라서 그렇게 반성하는 그 자체에 대한 반성이 필요하다고 2장에서 언급하였다. 검도수행의 과정에서 자신이 생각하고 판단하는 내용이 항상 틀릴 수 있음의 태도 유지는 수파리의 과정에서 기본적으로 취해야 할 반성적 태도이다. 이러한 태도에서 인격적 자아가 형성된다.

둘째, 감정의 통제를 위한 예의 습관은 자연스러운 행동으로 형성되고 드러나야 한다. 검도는 예시예종(禮始禮終)을 강조한다. 예시예종이 갖는 구체적인 검도윤리 내용은 13장에서 살펴볼 것이다. 단지 여기에서 예(禮)는 단지 올바른 태도나 자세만을 의미하지 않는다. 진정한 예(禮)는 감정을 통제 가능한 습관의 형태로 유지해야 한다. 이러한 태도에서 인격적 자아는 형성된다. 인격적 자아로 대상을 차별하지 않

---

23 이상호, 황옥철(2014a: 50).
24 인격적 자아의 개념과 역할에 대해서는 4장 3절을 참조. 여기에서는 인격적 자아를 구체적으로 파악하기 위한 조건들에 초점을 맞추어 설명하였다.

고 자연스럽게 자신의 몸에 축적된 상태에서 드러나는 것이 예(禮)의 진정한 의미이다. 예(禮)의 자연스러움은 『노자(老子)』에서 언급한 상선약수(上善若水)의 동양적인 이해와 다르지 않다.

> 최고의 선은 물과 같다. 물은 만물을 잘 대해주고 이롭게 하고 다른 것과 다투지 않고, 사람이 싫어하는 곳에도 자리한다. 그러므로 물은 도에 가깝다.[25]

특정한 모양을 지니지 않는 물의 부드러움은 인위적인 태도를 강조하지 않는다. 물이 모든 것을 받아들이는 것과 마찬가지로 검도에서 예(禮)는 대상을 차별하지 않는 태도를 견지하는 것이며, 비운 마음과 자연스러운 행동을 상대에게 발휘하는 것이다. 검도수행자는 상대의 검도 수준의 높고 낮음에 상관없이 상대를 있는 그대로 바라보면서 최선을 다하는 태도를 견지해야 한다. 검도기술의 차이는 존재할 수 있지만, 검도하는 사람에 차이를 두어서는 안 된다. 이는 상대에 대한 예(禮)의 또 다른 표현이며, 여기에서 인격적 자아는 형성된다.

셋째, 검도에 임할 때에는 당당한 의지 표현이 중요하다. 검도에서 당당함은 그 속에서 검도수행자의 인격을 엿볼 수 있다. 이러한 당당한 의지 표현에서 인격적 자아는 형성된다. 검도에 대한 당당함의 의지 표현은 맹자(孟子)가 언급한 호연지기(浩然之氣)와 다르지 않다.

> 분명히 말하기 어렵다. 그 기(氣)는 지극히 크고 지극히 강하니, 정직함으로 그것을 잘 기르고 조금도 해치지 않는다면, 곧 천지사

---

25 『노자(老子)』 8장. 上善若水. 水善利萬物而不爭 處衆人之所惡 故幾於道.

방을 가득 채우게 된다. 그 기(氣)는 의(義)와 도(道)로 짝하니 이 것이 없으면 위축된다. 이 기(氣)는 의(義)에 근거해 행동하는 것 이 쌓여서 자연스럽게 생겨나는 것으로 내 속에서 생기는 것으로 우연히 한 가지 행동을 하였다고 얻을 수 있는 것이 아니다. 하나 라도 그 행동에 떳떳함이 없으면 그 기(氣)는 위축된다.[26]

자신의 몸에서 나오는 당당함의 기운(氣運)은 정신적 올바름(義)과 형식적 올바름(道)이 상호 짝을 이룰 때 드러난다. 검도수행에서 정신 적 올바름은 상대에게 흔들리지 않는 마음의 자세로 검도를 하겠다는 것이며, 형식적 올바름은 바른 자세와 검리에 맞는 칼 운영을 지향하겠 다는 것이다. 흔들리지 않는 당당한 자세는 상대의 칼에 자신의 몸이 찔려도 전혀 움찔하지 않고, 눈에 칼이 들어와도 깜박이지 않는 상태이 다. 검도수행자가 검도경기를 임할 때의 당당한 의지표현은 상대를 존 중하겠다는 마음의 태도와 정정당당하게 검도에 임하겠다는 바른 자세 의 결합에서 나온다. 이러한 마음의 태도와 바른 자세가 자신의 몸에 축적된 상황에서 다른 사람에게 자연스럽게 드러나야 한다. 인격적 자 아와 검도에서 이야기하는 부동심(不動心)은 검도수행자 자신의 몸에 축적된 마음의 당당한 태도를 설명하는 것이지, 상황에 흔들리지 않는 마음을 의미하는 것은 아니다.

검도수행자가 추구하는 이론적 관점에 따라, 즉 불교의 무아적 태 도, 유교적 당당함, 도교적 부드러움에 따라 검도수행자의 지향점은 각 각 다르게 전개된다. 어떤 방향을 선택하던지 간에 오늘날 검도는 최종

---

26 『맹자(孟子)』「公孫丑」上. 難言也. 其爲氣也, 至大至剛, 以直養而無害, 則塞于天地 之間. 其爲氣也, 配義與道, 無是, 餒也, 是集義所生者, 非義襲而取之也. 行有不慊 於心, 則餒也.

적으로 인격적 완성을 지향한다. 이 모든 인격적 태도의 완성에서 가장 중요한 것은 검도수행자 자신에게 반성의 경험적 태도를 유지함으로써 스스로 인격적 자아를 확인하는 것이다. 앞에서 언급한 지적인 반성 태도, 감정을 통한 예의 습관, 당당함의 의지표현에서도 자신의 움직임을 통해 하나의 반성의 경험으로 자신에게 재인식되어 하나의 경험으로 다시금 느껴져야 한다. 더 나아가 경험의 반성적 태도가 검도영역을 넘어 일상생활에서도 자연스러운 행동으로 드러날 때 우리는 검도를 통한 인격완성에 도달했다고 말할 수 있다.

2) 검도에서 닦음의 방법

검도에서 닦음의 방법은 수파리(守破離)의 과정에서 자신의 관점에 대한 다양한 태도변경의 과정을 끊임없이 경험적으로 확인하는 과정이다. 태도변경이란 자신이 검도에 대해 갖고 있는 주도적 관점에 대한 끊임없는 반성을 의미한다. 검도수행의 완성에 끝이 없듯이 반성 또한 지속적인 반성의 태도를 견지해야 한다. 모든 검도수행자는 검도에 대해 자신만의 관점을 가지고 있으며, 그 관점을 기준으로 검도에 대한 자신의 통일적인 태도와 시각을 형성한다. 누구나 자신의 관점에서 검도를 이해하고 해석한다는 것이다. 물론 검도에 대한 통일적인 관점은 검도기술이나 검도수행의 정도에 따라 다르게 나타난다. 예컨대 오랜 검도수행을 한 사범과 초보자가 갖는 검도수행의 관점과 해석은 다를 수밖에 없다. 그럼에도 검도초보자나 오랜 검도수행자 모두 자신의 검도에 대한 태도변경은 필요로 한다. 검도수행의 정도나 깊이와 관계없이 검도에 대해 검도수행자 자신이 어떠한 태도를 갖는지에 대한 지속적인 질문은 검도수행자에게 검도가 주는 의미를 다르게 경험하게 한다. 따라서 검도를 향한 태도변경의 열린 자세는 오랜 검도수행의 정도와 관계가 없다고 생각한다.

건강과 즐거움을 얻기 위해서 검도하는 사람과 인격완성의 수단으로서 수행하는 검도수행자의 검도경험의 내용은 각각 다를 수밖에 없다. 죽도로는 상대를 해할 수 없기 때문에 많은 공격이 가능하다는 태도와 비록 죽도이지만 진짜 칼이라고 생각하고 검도에 임하는 태도에서 비롯되는 검도경험은 검도수행자에게 다르게 다가온다. 사실 오랜 검도수행자들에게 검도에 대한 태도변경이 더 필요할지 모른다. 그들은 검도에 대한 생각과 틀이 상대적으로 검도초보자들보다 더 확고하게 형성되어 쉽게 변하지 않기 때문이다. 검도수행자는 검도를 향한 자신의 지향점을 다르게 생각해 보고, 그러한 관점에서 새로운 경험을 하다보면, 검도의 색다른 경험을 느낄 수 있다. 예컨대 상대를 이겨야겠다는 태도와 완벽한 한 판의 머리를 타격해야겠다고 생각하는 태도의 경험은 검도수행자에게 주는 의미는 각각 다를 수밖에 없다.

검도에서 태도변경과 관련된 하나의 경험은 수파리에서도 보인다. 일반적으로 수파리는 검도기술의 완성이라는 측면으로 강조되어왔다. 수(守)란 가르침을 '지킨다'라는 의미로, 검도를 반복 수련하여 자신의 몸에 익히는 초보적인 기술 단계이다. 검도를 배우는 태도와 관련해서 수(守)는 스승이나 선배로부터 검도기본기를 배울 때 자신의 욕망과 욕구 생성을 자제하고 충실하게 배우는 것을 말한다. 그러나 움직임을 하다보면 검도수행자 자신의 생각과 다르거나 자신의 위치에서 받아들이지 못하는 부분이 생겨난다. 이 시점에서는 자신이 어떤 태도와 관점을 갖고 있는지 스스로 질문해야 한다. 경기에서 승리하기 위해 검도기술을 배우고자 하는 태도가 있을 수 있고, 검도가 갖고 있는 인격형성의 의미를 찾으려는 관점에서 검도기술을 배울 수도 있다. 검도수행자 자신의 태도변경으로 검도에 적용해서 자신이 경험해 보다면, 자신이 받아들이는 검도의 이해와 가치는 달라질 수밖에 없다. 따라서 검도에서 가르침을 얻을 때, 즉 수(守)의 단계에서 검도기술을 배우는 검도수행자의 태도는 대단히 중요하다.

파(破)는 자신이 배워왔던 그 가르침을 기초로 하여 스스로의 능력이나 개성을 발휘해 점차 자유롭게 자신의 검도를 창조해 나가는 과정을 말한다. 검도수행자 자신이 배워왔던 검도기술이나 수행방법은 자신의 몸에 축적된다. 몸에 배여 축적된 검도기술이나 수행방법에서 새로운 길을 찾는 것은 쉽지 않다. 기존의 태도를 깨뜨리기 위해서는 자신이 배워 왔던 태도에 대해 지속적인 반성 과정이 첨부되어야 하기 때문이다. 검도에서 파(破)는 검도기술의 극복이 아니라, 자신이 검도에 가지고 있는 고정된 생각을 넘어서는 태도이다. 물론 이러한 태도는 검도기술과 검도가치에 대한 검도수행자 자신의 열린 자세에서 나온다.

마지막으로 리(離)는 자신만의 독창적인 기술을 형성하는 것이다. 그러나 리(離)의 영역은 인위적인 것이 아니라, 검도수행자 자신도 모르게 파(破)를 행함으로써 자연스럽게 드러난다. 따라서 리(離)는 자신만의 검도기술이나 검도수행의 영역에서만 나타나는 것으로 한정해서는 안 된다. 일상생활에서도 검도수행자 자신의 행동이 자연스러운 행위로 나타날 때에 리(離)의 진정한 의미가 드러난다. 이 길은 몸에 축적된 자신의 관점과 태도를 끊임없이 비워가는 과정 속에서 자연스럽게 획득된다. 물론 이러한 과정은 쉬운 것이 아니다. 따라서 검도에서 수파리의 과정은 근본적으로 반성과 그에 따른 태도변경이 이루어질 때 가능하다. 의도하든지 의도하지 않든지 반성이 전제되지 않고서는 다음 단계로의 전환이 불가능하다. 더 나아가 검도수행자는 수파리를 '해야 한다'는 당위의 과정으로 접근해서는 안 되고, 반성과 태도변경을 통해 자신에게 실천적 적용 가능한 방법을 찾아야 한다. 즉 수파리를 단지 검도기술의 완성을 설명하기 위한 수단으로 접근해서는 안 된다. 수파리 그 근저에 있는 반성의 근본적인 이해와 실천적 적용을 해야 한다.

다시 검도의 기본기로 설명해보자. 검도수행에서 검도기본기는 대단히 중요하다. 검도기본기를 배우고 수행하는 과정 속에서 검도와 관련된 자신의 경험이 형성되기 때문이다. 그 경험의 결과가 자신이 생각하는 검도의 기본기에 대한 생각을 형성한다. 이때 의미 없는 기본기의 연습과 자신이 의미를 부여한 상태에서 경험하는 기본기의 연습은 다를 수밖에 없다. 또한 반복된 기본기의 연습에서도 자신이 생각하는 태도에 따라 검도수행자 자신에게 축적된 경험 내용은 다를 수밖에 없다. 똑같은 반복이지만, 그 반복을 자신이 어떻게 생각하느냐에 따라 다른 경험이 만들어지기 때문이다. 들뢰즈(Deleuze)의 저서『차이와 반복』에서 언급한 옷 입는 반복으로 설명해보자. 그는 반복을 행동의 움직임으로 설명한다. 들뢰즈에 따르면, 그는 반복의 내용을 '헐벗은 반복'과 '옷 입은 반복'으로 구분하여 설명한다.[27] 전자의 반복은 아무런 의미 없는 동일성의 반복이며, 부정적인 반복의 예다. 예컨대 검도수행자는 검도기본기를 반복훈련한다. 여기에서 의미 없는 반복은 아무런 생각 없이 검도기본기를 하는 것이다. 이는 단지 땀을 빼는 것과 다르지 않다. 후자는 반복이 하나의 의미를 갖기 위해서 실천적 적용이 가능한 자신만

---

27 김상환 역(2004: 73).

의 특이성을 찾으려는 반복이며, 이는 긍정적인 반복이다. 예컨대 검도 기본기에서 3동작 머리치기를 할 때 자세 하나 하나를 의식하고 반성 하는 태도이다. 물론 여기에도 자신의 생각이 틀릴 수 있다는 열린 반성이 필요하다.

검도는 실전에서 즉각적인 반응을 하기 위해 반복된 훈련을 요구한다. 그러나 검도는 즉각적인 반응만이 전부가 아니다. 물론 상대보다 빨리 공격하기 위한 반복된 훈련도 중요하지만, 그 반복된 행위 안에서 자신만의 검도이법을 찾으려는 노력을 해야 하고, 검도수행자는 그것을 경험해야 한다. 그것이 옷 입은 반복이다. 수파리는 각각의 단계에서 자신의 검도움직임에서 반성이 개입되고, 그 반성이 우리 자신에게 하나의 경험이 되어 변화하는 과정을 느껴야 한다. 더 나아가 우리는 수파리의 의미를 검도기술의 영역에서 한정해서는 안 된다. 검도에서 배웠던 반성적 태도는 예와 연결되어야 하고, 올바른 자세는 검도기술의 영역을 넘어 일상적인 삶에서도 자연스럽게 그대로 적용되어야 한다. 이것이 검도에서의 수파리가 갖는 진정한 의미이다. 검도수행자는 검도도장에서 배웠던 반성적, 인격적 태도가 일상생활에서도 자연스럽게 드러날 때 검도의 닦음이 완성되었다고 말할 수 있다.

5. 검도깨달음이 갖는 설명의 한계

검도깨달음이 무엇인가? 를 언어로 정의하는 것은 쉬운 일은 아니다. 그러나 검도수행자는 끊임없이 그 질문을 하고 답을 찾으려는 노력을 한다. 그 이유는 깨달음의 질문과 그것을 통해 얻게 된 인식과 경험이 자신의 삶과 성장에 도움이 되기 때문이다. 검도깨달음의 궁극적 목적이 무엇이든지 간에 검도를 통해 얻게 된 검도깨달음의 지식은 검도 영역을 넘어 검도수행자가 일상적인 판단을 하는 데 통일되고 주도적인 관점의 토대를 제공한다. 예컨대 검도기술에서 사심 없는 평상심으로 대상을 바라봄으로써 경기에서 승리라는 깨달음의 경험을 가져다준다면, 그 내용은 암묵적으로 일상생활의 판단에도 영향을 미친다. 물론 검도깨달음을 얻기 위한 이론적 전제인 검도수행자 자신의 검도움직임과 거기에서 나오는 경험의 의미를 파악하기란 쉽지 않다. 그리고 검도깨달음이란 개인적인 영역의 문제이기 때문에 논리적 타당성을 확보하기란 어렵다는 다른 사람의 지적이 있을 수 있다. 하지만 검도수행자는 최소한 깨달음이 무엇인지 경험할 수 있는 우회적인 방법을 가지고 있다. 즉 기존 검도깨달음으로 잘 알려진 경구의혹과 수파리의 개념을 자신에게 적용해서 경험을 하는 것이다. 이를 통해 검도수행자는 자신만의 검도깨달음을 판단할 수 있는 기준점을 얻어야 한다. 그리고 검도수행자는 단순히 그것을 '극복해야 한다'와 '추구해야 한다'라는 당위론으로 접근하지 말아야 한다. 순서를 역으로 바꾸어, 검도수행자 자신의 검도움직임을 통해 경구의혹과 수파리의 경험이 어떻게 적용되는지를 파악하고 설명해야 한다. 물론 여기에서 획득한 자신의 경험 정도에 따라 검도수행자의 검도깨달음은 달라질 수밖에 없다.

이 장을 요약하면 다음과 같다. 검도에서 경구의혹은 깨침의 길과 연결된다. 경구의혹의 발생은 검도수행자의 의식이 대상을 정확하게 파악하지 못하는 상황에서 나오는 자연스러운 현상이다. 대상을 있는 그대로 파악하면 문제가 없지만, 우리 의식은 그렇게 판단하지 못한다. 우리의 의식은 대상에 대해 무언가를 덧붙여 생각하고 판단한다는 점에서 경구의혹의 극복을 위해서는 왜 그러한 의식작동이 일어나는지의 근본적인 이해가 필요하다. 근원적인 의식의 주체인 초월론적 자아는 원래 무언가를 생각하는 주체를 만들어 내지만, 실상은 없는 것을 우리의 의식이 인위적으로 만들어낸 것에 지나지 않는다. 따라서 검도수행의 과정에서 경구의혹의 주체가 무아(無我)임을 확인해야 한다. 또한 실제로 우리는 경구의혹의 작동이 일어나는 무아의 실체를 검도움직임에서 경험해야 한다.

검도에서 수파리는 닦음의 길과 연결된다. 검도에서 수파리는 자신의 태도변경과 이에 따른 반성을 경험할 수 있는 유용한 방법이다. 처음 검도를 배울 때는 자신의 감정과 욕망을 억제하고 스승의 가르침을 따른다. 또한 자신의 검도이법을 만들 때 검도수행자는 검도에 열린 태도를 견지해야 한다. 이 단계가 수(守)의 과정이다. 이후 검도수행이 진행되면서 검도수행자 자신만의 검도를 찾기 위해 노력한다. 다른 동료나 선배 그리고 선생님에게 배웠던 검도의 내용을 자신에 맞게 조정하려고 노력한다. 이 단계가 파(破)의 과정이다. 검도수행자에게 기존 검도를 배우고 그 속에서 자신만의 검도 가치를 찾아 완성하는 데 가장 중요한 것은 검도를 향한 자신의 태도이다. 그러나 그렇게 형성된 자신만의 검도태도는 인위적이지 않고 자연스럽게 자신의 몸에 배인 상태에서 드러나게 해야 한다. 검도수행자의 궁극적인 목표인 자신만의 검도기술은 자신도 모르게 마음을 비워가는 과정에서 자연스럽게 형성되어야 한다. 이 단계가 리(離)의 단계이다. 이러한 모든 과정을 검도수행자에게 적용하기란 쉬운 것이 아니다. 검도에서 닦음의 과정은 그만큼 오랜 검도수행의 과정과 반성적 태도가 전제되어야 하기 때문이다. 그리고 그러한 과정이 검도수행자 자신의 검도움직임 과정 속에서 경험되어야 하며, 그것이 바로 검도에서의 닦음의 길이다.

검도깨달음은 검도수행자 자신의 검도수행 과정에서 드러난 작은 검도움직임 속에서 느낀 하나의 검도기술일 수도 있고 아니면 자신의 검도움직임의 결과물일 수도 있다. 따라서 검도수행자는 검도깨달음을 완전히 언어적 대상으로 파악해서는 안 된다. 언어로 검도깨달음을 설명하는 것은 한계를 가질 수밖에 없다. 어쩌면 검도깨달음이 자신의 끊임없는 수행의 연속 과정이라는 점에서 검도깨달음을 언어로 설명한다는 것은 처음부터 한계점을 상정하고 시작한 것인지도 모른다. 비록 깨달음이 의식적 결과의 산물이라고 할지라도 그 근저에 검도수행자가 경험하는 몸 움직임에 대한 이해가 전제되지 않고서는 완전한 깨달음이라고 말할 수 없다. 즉 몸의 움직임에 대한 이해 없는 깨달음은 존재하지 않는다. 검도깨달음은 검도수행자 자신의 검도움직임 속에서 그것을 확인하는 것에 지나지 않는다. 이를 토대로 검도수행자는 경구의 혹에서 무아(無我)를 확인하고 수파리의 각각의 단계에서 태도변경과 반성의 과정을 통해 인격적 자아를 형성해야 한다. 물론 이러한 과정을 검도수행자 자신의 검도움직임 속에서 경험하며, 자신이 바뀌고 있음을 스스로 경험해야 한다.

본 장에서 제시한 검도깨달음의 길을 깨침의 길과 닦음의 두 길로 제시한 것은 저자의 개별적인 생각일 수도 있다. 또한 저자가 주장하는 이 길이 반드시 옳다고 말하고자 하는 것이 아니다. 그러나 최소한 저자가 제시한 경구의혹의 깨침과 수파리의 닦음의 길은 다른 검도수행자에게 경험됨으로써 그들 자신만의 검도깨달음을 파악할 수 있는 연구대상으로서의 의미는 있다고 생각한다.

Chapter

04

검도깨달음의 구성과 과정

1. 검도깨달음의 내용

검도의 궁극적 목적은 칼 운용에서 깨달음을 얻는 것이다. 과거의 검(劍)은 진검으로서 생사를 결정하는 도구였지만, 오늘날에는 상대 목숨에 영향을 주지 않는 죽도로 한다. 따라서 외형적인 깨달음의 수단이 다르기 때문에 검도깨달음의 내용도 다를 수 있다. 하지만 칼 운용의 측면에서 본다면, 과거의 검과 오늘날 죽도로 대표되는 검도의 지향점은 다르지 않다. 자신의 마음, 몸, 칼이 하나가 되는, 즉 기·검·체 일치의 깨달음은 생사를 가르는 검과 승부를 내는 죽도 운용에 똑같이 적용이 가능하기 때문이다. 칼과 죽도라는 도구의 차이는 있지만, 검도수행자의 기·검·체 일치에 따른 심신일여의 경험과 검도경험에서의 반성적 태도로 인격완성의 과정에서 깨달음을 얻는다는 점에서는 같다.

오늘날 검도깨달음은 검도의 영역에 한정되지 않는다. 더 이상 살생이 허용되지 않는 오늘날 검도의 궁극적 목적은 도장과 검도경기에서 배운 검도깨달음의 내용이 일상생활에서도 도움이 되어야 한다. 예컨대 검도에서 심신일여에서 일어나는 몰입은 창의성을 발휘하는 데 도움이 된다. 심리학자 칙센트미하이에 따르면 몰입에 따른 창의성은 심신일여를 전제로 일어나기 때문이다.1 여기에서 검도수행자는 심신일여의 경험이 검도기술의 발휘뿐만 아니라, 일상에서도 충분한 의미를 갖고 있음을 알 수 있다. 살생이 정당화되지 않는 오늘날 검도는 단지 검도기술의 완성만을 지향하지 않는다. 검도기술이나 검도움직임에서 그 사람의 인격을 엿볼 수 있기 때문에 검도를 인격완성의 수단으로 인식한다. 인격이 전제되지 않는 검도기술의 완성은 가능하지 않다. 검도수행의 과정에서 경험하는 마음의 비움과 반성적 태도는 일상생활에서도 그 의미를 갖는다. 따라서 오늘날 검도수행의 과정에서 얻게 된 깨달음의 내용은 심신일여와 인격완성의 경험으로 구성된다고 말할 수 있다.

하지만 기존의 연구에서는 검도깨달음과 관련된 심신일여와 인격완성이 어떠한 과정에서 이루어지고 있는지를 논리적으로 설명하지 못하고 있다. 심신일여와 인격완성이 자신의 몸에서 어떻게 작동되는지, 그 속에서 검도수행자가 따라야 할 내용과 과정은 무엇인지 정확하게 설명하지 못하고 있다. 물론 실제 검도수행자에게 일어나는 깨달음의 경험 내용을 언어로 표현하기란 쉽지는 않다. 그럼에도 불구하고 검도수행자는 자신의 검도움직임에서 칼의 운용과 행동을 어떻게 해야 심신일여와 인격완성에 도달할 수 있는지 일정 정도 알고 있어야 한다. 그 과정을 전혀 모르면서 검도수행자가 그 길을 주장하거나 도착하였

---

1 노혜숙 역(2003).

다고 말한다면, 그 말에 논리적 타당성을 담보하기란 쉽지 않다.

우리는 검도깨달음과 관련해서 자신만의 철학적 내용을 갖추기 위해 오랜 검도수행의 과정과 경험이 전제되어야 한다고 말한다. 틀린 이야기는 아니다. 예컨대 미야모토 무사시(宮本武蔵)도 실전 검도를 그만두고 산에 들어가 30년간의 수행을 통해 자신의 검도철학인 『오륜서(五輪書)』를 만들어 내지 않았는가? 라고 누군가 반문할지도 모른다. 외형적으로 보면 검도는 다른 운동보다 다르게 상대적으로 복잡한 사고와 작전이 필요하지 않다. 죽도경기에서 검도는 손목, 찌름, 머리, 허리와 같이 단순하게 구성되었다. 진검의 경우에도 자신의 칼이 생존을 위해 상대보다 빨리, 상대의 공격을 예측하고 반격하기만 하면 된다. 하지만 그 단순함에 비해 죽도와 진검의 행위 결과가 승부와 생사를 결정하기 때문에 그 깊이는 상대적으로 깊다. 따라서 저자는 검도깨달음을 파악하고 이해하기 위해서는 오랜 수행의 시간이 담보되어야 한다는 일각의 지적에 동의한다.

그럼에도 저자는 검도깨달음은 쉽게 얻어지는 것이 아니며, 검도를 열심히 하면 검도깨달음이 저절로 알게 된다던지, 오랜 수행의 기간이 지난 후에나 알게 된다는 것으로 단정해서는 안 된다고 생각한다. 이러한 주장은 많은 검도수행자가 그 길에 들어가기도 전에 검도를 포기할 가능성을 높게 만든다. 막연히 검도를 무언가 고상한 의미를 갖는 무도의 하나로 인식한다면, 검도수행은 오래 가지 못할 것이다. 비록 자신만의 검도깨달음이 끊임없이 검도수행을 하는 과정 속에서 자연스럽게 이루어지는 것이라도 할지라도, 검도수행자는 자신의 검도 수준과 상관없이 검도깨달음과 관련된 과정과 내용을 이해하고 있어야 한다. 검도깨달음의 내용과 과정 파악은 검도수행자 자신의 지속적인 검도수행에 도움이 된다. 검도깨달음이 무엇인지 모르는 상황에서 평생

검도를 지속하기란 쉽지 않다. 따라서 검도수행자는 검도깨달음의 작동 과정에 대한 이론적 파악, 즉 검도깨달음의 구성요소가 무엇인지를 먼저 파악해야 한다. 구성요소란 집을 짓기 위한 재료를 말한다. 예컨대 깨달음이라는 완벽한 집을 짓기 위해서는 상황에 맞는 재료들이 준비되어 있어야 한다. 자신이 생각하는 집을 짓는 데 필요한 재료가 준비되어 있지 않으면, 집을 짓거나 완성된 후에도 다양한 문제가 노출되기 마련이다.

저자는 검도깨달음을 이해하기 위한 구성 요소를 크게 4가지로 설명하고자 한다. 첫째, 깨달음의 주체에 대한 이해이다. 깨달음이 의식작용의 결과라는 측면에서 본다면, 깨달음의 주체 해명은 의식본질의 과정에 대한 이해의 출발점이다. 둘째, 몸의 움직임과 관련된 운동감각의 이해이다. 깨달음은 의식의 작용에서 나오지만, 그 근거는 몸의 조건을 배제하고서는 얻을 수 없기 때문에 몸의 움직임과 관련된 이해가 필수적이다. 셋째, 검도깨달음이 일어나는 움직임과 과정에 대한 이해이다. 깨달음은 검도수행자가 행한 검도움직임의 결과이기 때문에 그 움직임의 과정에 대한 해명이 필요하다. 넷째, 주어진 검도문화와 환경에 대한 이해이다. 검도수행자는 주어진 환경과 문화에 따라 검도깨달음의 이해에 어느 정도 영향을 받는다. 예컨대 검도수행자에게 한국의 검도문화와 일본의 검도문화가 주는 영향력은 다르다. 어느 도장, 어떤 선생님에게서 검도를 배웠느냐에 따라 검도깨달음의 속도와 과정은 다를 수밖에 없다.

본 장에서는 의식작용의 주체, 몸의 구조, 몸의 움직임에 한정하여 검도깨달음의 구성 요소와 과정을 살펴보고자 한다.

2. 검도깨달음의 구성요소

1) 검도깨달음의 주체

검도깨달음의 경지는 검도움직임을 통해 형성된 의식작용의 결과로서 나타난다. 그러나 깨달음과 관련된 의식작용의 주체는 단순히 일상적인 자아로 느끼고 판단하는 자아가 아니라고 하였다. 검도깨달음의 주체는 자신의 의식이 대상을 순수하게 받아들일 수 있는 태도를 전제로 한 순수자아이다. 저자는 대상을 있는 그대로 받아들이는 순수자아를 초월론적 자아라고 앞에서 설명하였다. 자신의 의식이 순수하지 않으면, 대상의 자극을 있는 그대로 받아들이지 못하고, 완전한 깨달음의 획득에 방해가 된다. 인간은 원래부터 모두 다 순수자아를 가지고 태어나지만, 주위의 환경과 자신의 성장에 따라 우리는 본래의 순수자아가 퇴색되며, 그것을 잃어버리게 된다. 따라서 검도수행자는 검도수행의 과정에서 자신의 반성적 경험을 통해 다시금 순수자아를 획득해야 한다. 저자가 생각하는 궁극적인 검도수행의 목적은 반성을 통해 자기가 원래 갖고 있는 순수한 자아의 존재를 검도수행의 과정에서 스스로 확인하는 것에 있다고 생각한다. 이러한 초월론적 자아는 동양적인 의미로 보면 고요하고 깨끗한 마음을 은유적으로 표현한 명경지수(明鏡止水)의 마음이다. 밝은 거울과 정지된 물은 대상을 있는 그대로 받아들인다. 원래 마음이 갖는 최초의 이미지는 맑고 고요할 때 스스로 대상을 있는 그대로 명확하게 반영하는 물과 다르지 않다. 따라서 검도수행자는 흔들리지 않는 물과 같이 모든 대상을 받아들이는 의식작동의 주체인, 즉 초월론적 자아의 존재를 검도수행의 과정에서 확인해야 한다.

검도에 적용하여 본다면, 검도수행자에게 초월론적 자아는 흔들리지 않는 평상심(平常心)의 태도로 대상을 있는 그대로 받아들이는 마음이며, 자신이 판단하고 생각하는 의식의 출발점인 동시에 상대를 다룰 수 있는 실천적 행위의 주체이다. 검도수행자 자신이 초월론적 자아의 본질을 어떻게 이해하고 적용하느냐에 따라 자신의 검도수행의 움직임과 방향이 달라진다. 이는 검도수행자 자신이 검도에 대해 어떤 마음가짐을 갖느냐에 따라 자신의 검도수행의 방향과 내용이 결정된다는 의미이다. 예컨대 3장에서 언급하였듯이 자신의 검도수행 과정에서 경구의혹을 없애야 한다는 태도와 경구의혹을 인정하고 그냥 내버려두는 태도에 따라 검도수행의 내용과 방법은 달라질 수밖에 없다. 이 모든 것은 검도수행자가 초월적 자아에서 나온 마음을 어떻게 이해하고 다루느냐에 따라 자신의 검도움직임과 수행의 방향이 달라진다.

여기에서 검도수행자는 초월론적 자아와 경험적 자아를 구분해야 한다. 초월론적 자아와 경험적 자아는 동양적인 의미를 지닌 단어로 바꾸어 심층적 자아와 표층적 마음2으로 이야기하면 훨씬 더 쉽게 이해가 된다. 심층적 마음은 유교에서는 본연지성(本然之性)의 마음이며, 불교에서는 일심(一心)의 마음으로 설명한다. 이 마음은 대상을 차별하지 않는 보편 마음이다. 물론 이러한 심층적 마음은 자신이 가지고 있는 몸의 조건, 주어진 상황, 경험에 축적된 몸에 배인 상태가 심층적 마음의 작동에 영향을 미친다. 예컨대 자신을 둘러싼 환경이나 자신의 몸 상태가 나쁘면 우리가 올바른 판단을 내리는 데 부정적 영향을 준다. 그리고 몸에 배인 경험적 의식은 자신의 관점이 개입되기 때문에 대상

---

2 표층자아(Surface-Self)와 심층자아(Deep-Mind)의 개념은 한자경(2016)에서 인용하였다.

을 있는 그대로 받아들이는 데 장애가 된다. 그럼에도 불구하고 차별하지 않는 심층적 마음의 속성은 변하지 않는다. 낮에 별이 보이지 않는다고 해서 그 별이 사라지는 것은 아니기 때문이다. 단지 초월론적 자아가 주어진 내외적 환경에 변화되어 경험적 자아로 작동할 뿐이다. 검도수행자는 이러한 의식 과정의 본질을 직시하고 이해해야 한다.

심층적 자아의 본질을 파악하기 위해서 끊임없는 마음의 수행을 통해 순수 마음을 확인하는 것이 필요한 이유가 여기에 있다. 저자가 생각하기에 검도수행의 궁극적 목적은 심층적 마음, 즉 차별하지 않는 보편적인 마음이 있다는 것을 검도수행의 과정에서 스스로 발견하고 확인하는 것이다. 이를 토대로 상대를 차별하지 않고 있는 그대로를 보는 마음으로 검도를 수행한다면, 검도수행자 자신에게 색다른 검도경험을 가져다준다. 그러나 검도깨달음의 주체는 초월론적 자아라고 말은 하지만, 검도에서 초월론적 자아의 속성을 찾아 설명하기란 쉽지 않다. 우리는 경험적 자아로 모든 것을 파악하는 데 너무나 익숙하기 때문이다. 더욱이 초월론적 자아는 몸과 자신의 움직임에서 작동된다는 점에서 그 실체를 찾기가 쉽지 않다. 그럼에도 불구하고 초월론적 자아의 파악이 궁극적 검도수행의 출발점이며, 종착점이라는 사실에는 변함이 없다.

2) 검도하는 몸의 이해

2장에서 저자는 검도하는 몸에 대해 개략적으로 설명하였다. 본장에서는 검도하는 몸의 역할과 기능에 세부적으로 초점을 맞추어 설명한다. 검도수행자는 몸으로 검도를 배운다. 그렇다면 우리는 검도수행에서 몸이 어떠한 기능과 역할을 하는지 알고 있어야 한다. 검도하는 몸의 다양한 역할과 기능은 다음과 같다.

첫째, 검도하는 몸은 모든 방위의 중심이다. 나의 몸이 대상과의 관계에서 중심이라는 것이다. 즉 자신의 주어진 몸 위치에 따라 대상 경험과 판단이 달라진다. 검도경기에 적용하여 보자. 검도는 상대의 기술에 따라 자신의 움직임을 결정하기보다는 자신의 몸 자체가 움직이는 행위가 중심이 되어야 한다. 상대의 의도에 따라가는 것은 자신의 몸의 중심을 무너뜨리게 된다. 이는 자신의 정확한 공격을 방해할 뿐이고, 상대의 의도에 말려드는 것이다. 따라서 자신이 모든 공격과 방어의 중심이라고 생각하고 움직여야 한다. 검도경기에서 나의 칼은 상대를 공격할 수 있도록 적에 가까운 거리에 있어야 하고, 적의 공격권에서는 멀리 있어야 한다. 이렇게 주장하는 것은 몸이 대상을 보는 중심에 있어야 함을 강조한 것이다. 몸 자체가 방위의 중심이기 때문에 공격에서도 몸 전체로 움직여야 하고, 손이 먼저 움직이기보다는 발의 움직임에 따른 몸의 움직임이 수반되어야 한다. 이와 같이 몸이 방위의 중심으로서 역할을 한다는 것은 검도에서 몸의 자세가 얼마나 중요한지를 알려준다.

둘째, 몸은 징표감각(feature sensation)을 갖는다. 징표감각이란 사물에 대한 판단을 내리기 위해 자신이 대응하는 몸의 특정 감각을 말한다. 몸이 외부 대상의 자극을 받아들이기 위해서는 몸 자체가 대상을 감각할 수 있는 능력을 갖추고 있어야 하는 것은 당연하다. 검도에서 상대와 칼을 맞댄다고 하자. 여기에서 검도수행자는 적의 움직임과 의도를 파악하기 위해서 그것을 판단할 수 있는 내적 감각이 작동하고 있어야 한다. 상대 칼의 부드러움과 강함을 느끼는 내적 감각은 자신의 근육 신경과 상대 모습을 보고 판단하는 눈의 시신경이 상호 작동하여 발생한다. 이러한 징표감각은 대상을 판단하고 어떻게 해야겠다는 의식이 개입되지 않는 반사적 행동의 근거가 된다.

셋째, 검도하는 몸은 몸 감각을 갖는다. 여기에서 몸 감각은 일반적으로 말하는 외부자극에 대한 오감(五感)을 말한다. 몸의 징표감각이 몸의 내적 감각을 말한다면, 몸 감각은 외적 감각을 말한다. 예컨대 상대의 모습을 본다고 하자. 그 모습에서 검도수행자는 상대의 의도까지도 파악하려고 한다. 검도에서 상대와 칼을 맞대면, 검도수행자는 상대 힘의 크기를 일정 부분 느낀다. 여기에서 몸 감각은 내가 어떻게 해야 하겠다는 의도적 생각까지 개입된다. 즉 몸 감각은 자신의 주어진 몸의 조건에서 나와 상대를 향해 자신이 어떻게 해야겠다는 심리적 의도까지도 포함한다.

넷째, 검도하는 몸은 의지적인 자아를 갖는다. 의지적인 자아는 검도수행자의 몸이 무언가를 할 수 있는 능력을 갖고 있음을 보여준다. 이는 우리의 몸이 살아있는 유기체로서 자율적인 생존 가능성을 갖기 때문이다.[3] 물론 무언가를 판단할 수 있는 능력은 몸의 성장과정과 학습의 정도에 따라 바뀐다. 어린 시기에 배웠던 검도가 배울 당시에는 검도경기에서의 승부에 초점을 두었다면, 나이가 들어감에 따라 검도를 인격완성의 도구로 생각하게 되는 이유가 거기에 있다. 이러한 의식

---

3 뇌 과학자이며 심리학자인 다마지오(Damasio, 2018: 6)는 살아있는 유기체로서 우리는 자기 자신의 항상성(homeostasis)을 근거로 지능적으로 살아가기 위해 적절한 행동을 한다고 주장한다. 항상성을 유지하고자 하는 마음의 표현이 느낌들(feelings)로 나타나고, 자신에게 주어진 자극이나 위험한 상황에서 자신의 항상성을 극복하기 위한 결과가 특정 문화를 만드는 출발점으로 생각한다. 예컨대 인간은 자신이 아프면 자신의 생존을 위해 개인적인 노력을 한다. 그러한 생존을 위한 병의 치료과정에서 약물의 개발 등이 따르게 된다.

전환은 검도수행에서 중요한 요소의 하나로 작동한다. 이는 초기에는 단순히 즐거움이나 건강을 목적으로 검도를 시작하였지만, 몸의 의지적 자아로 인해 지속적인 검도수행을 인격형성의 수단으로 전환할 수 있음을 보여준다.

다섯째, 검도하는 몸은 살아지는 경험의 흐름(stream of lived experience)으로 축적된다. 예컨대 검도수행자 자신의 검도수행 과정에서 배웠던 기술과 움직임이 자신의 몸에 경험의 형태로 각인되어, 검도수행자는 자신의 움직임에 필요한 상황에 따라 그것을 꺼내어 이용한다. 몸에 배어 각인된 경험은 쉽게 사라지지 않는다. 검도수행자 자신이 처음 배웠던 자세를 수정하기가 힘든 이유가 여기에 있다. 또한 누구에게서 검도를 배웠느냐에 따라 검도에 대한 자신의 태도와 생각에 영향을 미치는 이유가 그 경험의 내용이 자신의 몸에 경험의 흐름으로 축적되기 때문이다.

여섯째, 검도하는 몸은 인격적 자아를 갖는다. 검도하는 감각의 축적은 단지 감각으로 끝나지 않는다. 검도수행은 시간의 흐름 속에서 인격의 형태로 드러날 수밖에 없다. 왜냐하면 검도감각에 따른 행위의 근저에도 어느 정도 인격이 내재되어 있기 때문이다.[4] 검도 본(本)의 수행에서 인격의 모습을 볼 수 있는 이유가 바로 거기에 있다. 검도 본(本)이라는 검도기술에서 검의 원리를 배우지만, 충분한 시간의 흐름에서 축적된 검도 본(本)의 감각 행위는 하나의 인격의 형태로 변화되고 드러나게 된다.

---

4 불교 유식학(唯識學)에서는 우리가 감각이라는 오식(五識)의 근저에는 팔식(八識), 즉 아뢰야식에서는 인격이 하나의 형태로 축적되어 감각으로 나타난다고 하였다 (정병조 역, 1983: 99-100). 아뢰야과 인격에 대해서는 이상호(2016b) 참조.

3) 운동감각의 다중적 의미

저자는 검도하는 몸이 감각기관이며 의지기관의 역할을 한다고 하였다. 이러한 감각의 출발은 운동감각이다. 운동감각(kinethesia)은 운동(movement)과 감각(sensation)의 합성어이며, 몸의 움직임에 따른 자신의 감각을 말한다. 하지만 본 장에서 언급한 운동감각은 상대의 움직임에 반응하는 감각을 넘어, 상대를 파악하기 위한 자신의 의도까지 포함된 움직임과 행위에 대한 무의식의 움직임까지 포함한다. 즉 운동감각은 자극에 대한 수동적 인식의 근거가 되며, 대상을 파악하고 자신의 움직임까지도 판단이 가능한 능동적 행위의 작동 근거이다. 이러한 운동감각의 역할은 검도경기에서 중요한 요소이다. 우리는 운동에서 뛰어난 소질을 갖춘 선수들을 운동감각이 있다고 말한다. 특히 짧은 시간에 승부가 결정되는 검도경기에서도 운동감각은 중요한 역할을 한다. 하지만 오늘날 검도는 승부만이 전부는 아니기 때문에 검도를 통해 배웠던 생각과 태도가 일상적인 생활에서도 도움이 되어야 한다. 따라서 운동감각의 의미와 역할을 검도의 기술발휘에 한정해서 이해할 필요는 없다.

이러한 운동감각의 역할을 검도에 적용하면 세 가지로 설명이 가능하다. 첫째, 운동감각은 무의식 행위의 기반이 된다. 검도는 짧은 시간 내에 승부가 난다. 이 순간의 행위는 의식적이라기보다는 무의식의 행위에 가깝다. 하지만 이러한 무의식적 행위라는 것도 자신이 이미 갖고 있는 운동감각을 전제로 작동한다. 따라서 검도수행자는 무의식에서도 운동감각이 살아있음을 인정해야 한다. 둘째, 운동감각은 수동적이며 능동적인 이중의 역할을 한다. 검도경기에서 상대의 의도를 파악하기 위한 의식의 판단 이전에, 상대를 보는 안구의 운동감각이 미리 작동한다. 상대 움직임을 파악하는 눈의 작동은 나의 의식이 개입되지 않는 채로 작동한다. 이는 운동감각의 수동적 측면이다. 따라서 눈의 건강도 신경을 써야 할 부분이다. 반면에 나의 눈이 단지 보는 것을 넘어서, 상대방의 의도에 따른 공격과 반응을 예측하고 상대 공격권을 벗어나기 위해 발의 움직임과 같은 다른 감각기관을 움직이게 하는 경우도 발생한다. 이는 운동감각의 능동적인 측면의 개입이다. 셋째, 운동감각은 의지기관의 역할을 담당한다. 검도경기에서 상대를 공격하기 위해서는 일족일도의 거리를 유지해야 한다. 일족일도의 거리유지는 자신의 몸을 통제할 수 있는 의식의 실천적 능력에 따라 가능하다. 이처럼 운동감각에서 형성된 의지기관은 인간의 몸 그 자체가 인격형성을 위해 주도적으로 만들어갈 수 있는 기관임을 보여준다.

3. 검도깨달음의 과정

검도깨달음의 구성은 깨침과 닦음의 과정으로 구성된다. 3장에서는 좁은 의미로 검도에서의 경구의혹과 수파리 개념을 통해 깨침과 닦음으로 설명하였다. 하지만 경구의혹의 극복과 수파리의 이해가 검도깨달음의 전부는 아니다. 넓은 의미에서 검도깨달음도 존재한다. 넓은 의미에서 검도깨달음은 심신일여와 인격완성의 전 과정의 경험에서 얻게 된다.

1) 검도에서 깨침과 심신일여

우리는 무도의 궁극적인 목적 중 하나로 심신일여를 언급한다. 하지만 몸과 마음이 하나가 되는 과정은 어떻게 이루어지는가? 깨달음의 경지인 심신일여를 어떻게 논리적으로 설명할 수 있는가? 검도에서 깨침은 이 모든 것을 논리적으로 해명하는 작업이다. 검도수행자에게 심신일여의 내용이 몸과 마음이 하나가 되어야 한다는 추상적인 구호로서 매몰되지 않고, 검도수행자가 실천적으로 따라 배울 수 있는 과정으로 설명되어야 한다. 심신일여를 몸과 마음이 하나가 되어야 한다고 단순하게 말해서는 안 된다. 끊임없는 수행의 과정에서 생각하는 것과 몸의 움직임이 동시에 하나가 되는 과정을 검도수행자 자신의 경험을 통해 획득해야 한다.

검도기술의 영역에 한정하여 설명해 본다면, 심신일여는 기(氣) · 검(劍) · 체(體)의 일치나 심 · 기 · 력 일치의 경험으로 설명이 가능하다. 기(氣)는 기합에 따른 정신적 태도, 검(劍)은 기술연마의 완성, 체(體)는 기(氣)와 검을 뒷받침할 수 있는 몸의 단련을 말한다. 검도기술에서 심신일여는 기 · 검 · 체가 이루어진 상태에서 검도움직임의 결과이다. 이때 심신일여의 상태는 몸과 마음이라는 상관관계가 사라지는 상황이므로, 본인은 사실상 그 당시의 상황을 파악하지 못한다. 시간이 지난 후 외형적으로 우리가 심신일여가 이루어졌다고 판단할 뿐이다. 몰입한 당시 상태에서 검도수행자는 자신이 몰입하고 있다는 사실을 알지 못하기 때문이다. 그럼에도 검도에서 심신일여는 무심(無心)의 상태에서 검도수행자 자신의 몸 움직임에서 일어난다는 사실은 변함이 없다.

세너(Shaner)는 의식과 관련된 경험의 본질을 파악하기 위해 현상학적 방법으로 심신(mindbody)의 경험을 세 가지로 분류하였다.[5] 첫째, 원래 마음은 어떠한 지향성의 의미도 갖지 않는, 즉 이성적 판단이 개입되기 이전에 중립적으로 대상을 의식하며 작동하는 경험이다. 이는 의도적으로 자신의 의식을 개입하지 않은 상태, 즉 순수자아를 통해 적의 움직임을 있는 그대로 판단하는 단계이다. 둘째, 특정 대상을 향한 자신의 의식작용이 개입된 경험이다. 다시 말해 검도경기에서 주어진 상황에서 승리하기 위해 의도적인 생각이 개입된 상황에서의 몸과 마음의 결합에서 나오는 경험이다. 예컨대 경험의 자아로 상대의 단점을 미리 파악하고, 그에 따른 경기 전 세운 작전대로 자신이 공격하는 경우이다. 이러한 공격 성공의 확률은 높다. 그러나 상대가 자신이 생각하는 대로 움직이지 않는 경우도 발생한다. 이 상황에서 자신의 공격은 실패로 돌아갈 확률이 높다. 셋째, 몸과 마음을 분리한 상황에서 이성적 판단으로 대상을 경험하고, 그 속에서 논리적 해결책을 찾으려고 한다.[6] 이 단계에서는 검도수행이나 경기가 끝난 후 우리 자신이 무엇을 잘못했는지 반성하고 생각하는 단계이다.

첫 번째는 인간이 대상을 있는 그대로 명확하게 볼 수 있는 순수한 마음을 전제로 하는 경험을 말한다. 그럼에도 순수한 마음으로 상대를 파악하기란 쉬운 일이 아니라고 앞에서 지적하였다. 사실 인간의 의식 그 자체가 현실의 주어진 상황을 왜곡할 가능성도 존재하기 때문이다. 우리의 의식이 새끼줄을 보고 뱀이라고 인식하고 두려움을 만들어내는 것과 같다. 세너(Shaner)에 따르면, 의식은 주어진 상황에 따라 1

---

5 Shaner(1985: 48-66). 여기에서 mindbody는 몸과 마음이 분리되지 않는 동양적 일원론의 의미를 영어로 설명하고 있다.
6 이러한 현상학적 경험의 3단계는 3장 2절에서 언급한 3가지 경지인 동양적 사고 방식의 설명과 비슷하다.

단계에서 2단계 그리고 3단계로 변화하여 경험한다고 하였다. 물론 이분법적으로 몸과 마음을 분리한 상태의 경험인 2단계도 의미가 있다. 예컨대 자신이 본 것이 새끼줄이 아니고, 자신을 해하는 독사라 판단하였는데 진짜 독사일 경우에 자신의 생명을 구할 수 있기 때문이다. 이러한 경험에 근거하여 자신의 계획대로 훈련하고 그것을 경기에서 잘 발휘하는 것은 의미가 있다. 3단계는 특정한 상황에서 가지고 있었던 경험의 내용에 이성적 판단이 개입하며, 논리적 판단을 하는 경우이다. 이 첫 번째 과정을 제외한 나머지 두 과정들은 순수한 인간 의식이 명확하게 주어진 대상을 어떻게 왜곡하여 작동하는지 잘 보여준다. 우리의 의식이 미리 판단하지 않고 그대로 보면 새끼줄인 줄 알게 되지만, 인간의 의식이 갖는 속성 때문에 그렇게 하기란 쉽지 않다. 하물며 경기에서 상대방의 움직임을 보면서, 검도수행자가 평상심을 갖기란 매우 힘들다. 따라서 검도에서 깨침은 마음과 몸이 하나가 되어야 한다는 강조가 아니다. 검도의 깨침은 상대를 의식하지 않고 무심(無心)의 상태에서 몸과 마음이 하나가 되는, 즉 심신일여에 나타난 경험의 내용을 차후에 확인하는 것을 말한다.

2) 검도에서 닦음과 인격완성

인격은 사전적으로 '사람으로서의 품격'을 의미한다. 인격은 심리적으로 지적, 정서적, 의지적 내용을 포함하는 정신적 특성으로, 철학적으로 도덕적 행위의 주체가 되는 개인으로 설명한다.[7] 사람의 품격과 정신적 태도의 변화로 형성된 인격은 개인 영역을 넘어 사회적 가치에

---

7 국립국어원 표준국어대사전(http://stdweb2.korean.go.kr/search/List_dic.jsp).

도 기여해야 한다.[8] 이러한 인격의 의미를 검도에 적용하기 위해서는 검도에서 인격의 형성과정에 대한 이해가 선행되어야 한다. 예컨대 검도가 인격완성을 목적으로 한다면, 검도의 인격완성의 과정도 사전적 의미로 설명한 내용을 논리적으로 설명할 수 있어야 한다. 검도에서 닦음은 이 모든 과정의 해명이다. 물론 그 과정은 당위의 목적론보다는 구체적으로 획득할 수 있는 실천적 방법이 뒤따라야 하는 것은 말할 필요가 없다.

검도에서 인격완성의 과정을 해명하기 위한 출발점은 검도수행자 자신이 먼저 인격적 자아로서 준비되어 있어야 한다고 3장에서 설명하였다. 인격적 자아란 자신의 몸 움직임이 환경세계와 사물에게 영향력을 미칠 수 있는 의지를 지닌 실천적 주체임을 아는 자아이며,[9] 탈신체적인 추상적인 자아가 아니라, 자신의 감각기관을 근간으로 몸에 축적된 역사를 가지고 있다.[10] 인격적 자아가 되기 위해서는 단순히 내가 무언가를 할 수 있다는 공허한 내용이 아니라, 자신의 습관성 (Habitualität)[11]이 뒷받침되어야 한다. 이러한 습관은 인간의 의지기관이 서로 연결되어 실천하는 행위기관의 주체로서 역할을 한다. 즉 인격적 자아는 인간의 몸 그 자체가 하나의 역사를 만들 수 있는 '나는 할 수 있다'는 의지를 가진 존재이며, 자신의 몸에 습관이 축적되어 검도

---

8 이상호(2017c: 132).

9 이종훈 역(2009b: 366).

10 이종훈 역(2009b: 385).

11 습관성에서 습관의 어원은 heix(가짐, have)에서 유래한다. 이 단어는 원래 '경험의 축적'이라는 의미를 가진다. 현상학에서 습관은 일반적으로 우리가 알고 있는 경험적 자아에 속하는 것이 아니고, 초월적 자아에 속하는 것으로 설명한다. 습관성은 초월론적 자아가 근원적으로 만든 것으로 의식 속으로 흘러들어가 침전되어 만들어진다. 습관은 의식의 초월성을 가능하게 하는 타당성과 동기 부여로서의 역할을 한다(이종훈 역주, 2002: 121).

나 일상생활에서 실천적인 삶과 행위를 할 수 있는 자아임을 스스로 확인하는 것이다. 따라서 검도수행자의 인격완성을 위해서는 인격적 자아와 그 역할은 무엇이고, 인격적 자아의 완성을 위해 어떠한 실천적 과정을 적용해야 하는지 전반적으로 알고 있어야 한다. 어떻게 인격완성이 이루어지는지를 모르는 상황에서 인격완성은 단지 추상적인 구호에 지나지 않는다.

저자는 인격완성을 위한 실천적 방법으로 이성적 반성, 감정적 통제를 위한 예의 습관화, 태도변경을 위한 의지의 발현 이 세 가지가 검도수행자에게 필요하다고 앞선 3장 4절에서 설명하였다. 즉 인격완성의 실천적 방법으로 검도수행자는 이성적 반성을 통해 마음의 본질을 파악해야 하며, 예의 습관화란 자신의 비운 마음을 타인에게 발휘하는 것이며, 의지의 발현은 검도수행자 마음의 본질을 당당하게 드러내는 데 있다.[12] 검도에 대한 자기반성의 의미는 검도수행자의 검도수행을 바라보는 태도와 연결된다. 과거에는 검도를 배우는 것이 자신의 생명을 보호하기 위한 기술의 완성에 목적을 두었지만, 오늘날에는 인격완성에 그 목적을 둔다. 인격완성을 위해서는 끊임없는 반성도 중요하고, 자신에게 일어나는 감정의 통제도 중요하다. 그러나 무엇보다도 가장 중요한 것은 검도에 대한 자신의 태도변경을 통해 검도에 대한 자신의 인식전환에 따라 나타나는 경험의 내용을 스스로 확인하는 것이다. 이러한 과정 속에서 검도수행자 각자는 검도수행의 의미를 새롭게 경험하는 기회를 갖게 된다.

검도수행의 과정에서 검도를 대하는 검도수행자의 태도에 따라 달라지는 검도철학의 내용은 과거에도 찾아볼 수 있다. 먼저 잇사이(佚齊,

---

12 구체적인 내용은 3장 4절의 내용을 참조.

1659-1741)가 지은 『田舍莊子(전사장자)』 내용 중 「고양이의 묘술」[13] 에서는 검도수행의 의미를 검의 기술에 두지 않고, 마음을 다스리는 의미에 두었다.[14] 그 책에서는 진정한 검의 수행을 검술로서 상대를 이기는 것을 넘어, 자신의 마음을 다스리는 기술 발휘로 설명하고 있다.[15] 미야모토 무사시(宮本武藏)는 『오륜서(五輪書)』의 「공(空)의 장」에서 인간의 검에 대한 궁극적 깨달음으로 도(道)에 대한 인식전환을 요구하였다. 도(道)의 깨달음은 오랜 수행의 과정을 통해 무언가를 채우고 얻기보다는 비워가는 태도에서 그것을 얻을 수 있다는 것이다. 무사시는 『오륜서(五輪書)』의 지(地), 수(水), 화(火), 풍(風)의 장에서 검법의 태도와 병법의 도(道)를 강조하였지만, 공(空)의 장에서 이전의 검법과 병법을 잊으라고 주장한다.[16] 이와 같이 검도수행자의 관점에 따라 각기 다르게 보여준 태도변경은 오늘날에도 의미가 있다. 예컨대 검도의 배움은 검도기술만을 채우는 것이 아니라, '마음을 비우는 것에 있다'는 태도변경을 자신의 검도수행에 적용해보자. 마음을 비우기 위한 수단으로 검도수행을 한다면, 역설적으로 우리가 비우면 비울수록 더 많은 것을 채울 수 있는 경험이 가능하다. 이는 노자(老子)가 언급한 지식은 날마다 더하는 것이고, 도(道)는 날마다 덜어내는 것이다[17]의 주장과 같

---

13 「고양이의 묘술(猫之妙術)」은 노장사상, 특히 장자의 사상을 기반으로 검도가 기술뿐만 아니라, 마음의 기술도 포함되어야 한다는 것으로 "검술이 몸의 기술이라면, 검도는 마음의 기술"이라고 하였다(이진수, 2004: 280).

14 김현용, 박상섭, 박종진(2010: 63-64)도 「고양이의 묘술(猫之妙術)」에서 보여주는 검도수행이 기술, 기력, 기세를 넘어서 마음과 자연체를 지향해야 한다고 이야기하고 있지만, 그 책에서는 마음의 수행에 대한 구체적인 방법을 설명하고 있지는 않다.

15 이진수(2004: 280).

16 양원곤 역(2002).

17 『노자(老子)』 48, 爲學日益, 爲道日損.

다. 이처럼 검도에서 인격완성은 비워가는 모든 다양한 과정을 검도수행자의 경험에서 확인해야 한다.

오늘날 검도를 대하는 태도는 과거와 다르다. 검도는 시대적 흐름에 따라 자신의 생존과 타인의 생명을 빼앗는 것에서 자신의 인격형성이라는 수단으로 바뀌게 되었다. 검도의 인격완성은 검도의 영역을 넘어 사회공동체의 삶에서도 그 의미와 가치가 적용되어야 한다. 이를 위해서는 승리만을 추구하겠다는 생각에서 얻는 경험과 인격형성을 목적으로 하는 검도수행에서 얻는 경험을 비교해서 검도수행자가 스스로 느낄 필요가 있다. 이를 위한 전제 조건으로 앞에서 언급한 자신의 인격적 자아가 형성되어야 한다. 검도에서 인격적 자아는 인격완성의 실천적 과정에서 검도기술만이 전부가 아님을 보여준다. 인격적 자아의 태도는 검도수행에서 배웠던 자신의 근본적인 반성의 과정과 차별 없는 상호존중의 예(禮) 그리고 당당함이 자신의 몸에 축적되는 조건에서 나온다. 이러한 인격적 자아의 태도는 검도의 영역을 넘어 일상생활에서도 적용이 가능해야 한다. 이 모든 것이 검도에서 닦음의 과정이다.

4. 개인에게 깨침과 닦음의 의미

외형적으로 보면 깨침의 길(심신일여)과 닦음의 길(인격완성)은 서로 다른 길이지만, 엄밀하게 본다면 서로 다른 길이 아니다. 자신의 움직임에 따른 경험이 전제된다는 점에서 그 둘의 출발점은 같은 곳에서 시작한다. 차이점이 있다면, 심신일여는 무아(無我)의 태도로 자신에게 경험의 형태로 축적되는 것이라면, 인격완성은 태도변경을 통한 반성(反省)이 하나의 경험으로서 검도수행자 자신에게 축적되어 드러나는 것이다. 물론 이러한 저자의 주장이 반드시 옳은 것이 아닐 수도 있고, 검도의 깨침과 닦음의 과정과 내용에 대해 다른 개인 검도수행자의 의견을 배제하지도 않는다.

다만 저자는 검도수행자의 심신일여와 인격완성을 지향하는 데 가장 중요한 요소로의 출발점을 자신이 본래 갖고 있는 심층적인 마음의 파악에서 시작해야 한다고 주장하고 싶다. 검도수행자는 상대를 편견 없이 대하는 심층적인 마음이 존재한다는 사실을 검도수행의 과정에서 자기 스스로 파악하고 경험해야 한다. 심층적인 마음에 대한 이해의 출발이 심신일여와 인격완성을 얻을 수 있게 만들어 준다. 그 과정 속에서 얻게 되는 경험의 내용이 검도깨달음이다. 이러한 과정 속에서 검도수행자는 검도의 영역을 넘어, 일상에서 세상을 새롭게 볼 수 있는 기회를 가진다.

처음 검도에 입문에 검도수행자는 검도기술이나 경기운영을 잘하기 위해 자신의 욕망과 욕심이 개입되지만, 검도수행이 진행됨에 따라 자신의 마음을 비우는 것이 더 중요하다는 사실을 경험하게 된다. 어떻게 보면 검도수행은 자신의 욕망과 욕구의 마음을 비우는 상태에서 나오는 검도의 경험이 저자가 생각하는 검도의 본질이라고 생각한다. 물론 저자가 마음을 비우고 검도를 한다고 해서 마음 그 자체가 없어지는 것이라면 좋겠지만, 마음은 사라지지 않는다. 왜냐하면 인간 의식의 본질은 자신이 생각하지 않는다고 하더라도 끊임없이 욕망이 솟아오르기 때문이다. 이에 따라 검도수행자는 마음에서 일어나는 상념의 노예가 되지 않아야 한다. 이것이 검도에서 이야기하는 무념무상(無念無想)의 상태이다. 무념무상의 상태는 검도수행을 통해 자신의 마음에서 일어나는 다양한 감정이 멈춘 상황에서 자신의 의식이 대상을 있는 그대로 볼 수 있는 경험의 상태이다. 예컨대 적과 마주하는 상황에서 대상을 있는 그대로 보기 위해서는 검도수행자 자신의 마음이 상대를 향해 더 이상의 생각이나 판단을 덧붙이지 않는 상황의 경험이 필요하다.

검도수행은 마음을 비우는 과정이 필요하고, 그것을 기반으로 자신의 내적인 움직임이 어떠한지를 파악하려는 노력이 필요하다. 마음과 몸이 외형적으로 하나가 되는 것이 진정한 심신일여가 아니다. 편견 없이 모든 것을 받아들이기 위해 마음의 태도와 마음을 비우는 실천하는 과정 그 자체가 전제된 상황에서 몸과 마음이 하나가 되는 것이 진정한 심신일여라 할 수 있다. 인격완성도 마찬가지다. 의식적으로 바람직한 행동을 하는 것도 중요하지만, 진정한 인격완성은 너와 내가 다르지 않다는 태도를 기반으로 자연스럽게 몸에 배인 습관으로 나오는 것이다.

깨침과 닦음이 자연스러움을 추구한다는 점에서 본다면, 심신일여와 인격완성은 다르지 않다고 생각한다. 심신일여는 자신의 의도, 생각, 계산이 개입되지 않는 상황에서 출발해야 한다. 이는 부드러움으로 연결된다. 또한 부드러움은 의도적인 노력이나 사고가 개입되지 않는 자연스러운 행동인 무위(無爲)와 다르지 않다. 이러한 무위의 행위는 다른 사람으로부터 존경의 대상으로 전환된다. 인격형성도 마찬가지다. 자신의 행위가 자연스러운 움직임으로 드러나야 하고, 마음이 하고자 하는 대로 행동을 해도 법도를 벗어나지 않는 상태[18]가 진정한 인격형성의 의미라 생각한다. 이들은 검도수행자가 지향해야 할 검도의 윤리적 태도와 연결된다,

물론 저자는 검도를 타인보다 잘하고 경쟁에서 승리로 이어지기

---

18 『논어(論語)』 「爲政篇」, 七十而從心所欲 不踰矩.

위해서 노력한다. 오늘날의 경쟁 사회에서 노력에 따른 검도경기에서 승리의 경험도 대단히 중요하기 때문이다. 개인전이나 단체전으로 검도경기에 나가 메달을 획득하는 기분은 말로 표현할 수 없다. 검도수행자가 검도경기에서 승리해서 행복해하는 것도 하나의 검도수행의 목적이 될 수 있지만, 검도는 경쟁에서의 승리만이 전부는 아니다. 본래 검도가 생명을 죽이는 것에서 시작하였지만, 그 살생의 이면에는 생명 존중의 의미도 존재한다. 살생에 대한 깊은 생각은 역으로 인간의 생명이란 무엇인가라는 근본적 사고를 하게끔 한다. 오늘날 살생이 허용되지 않는 상황에서 검도에서의 상대는 경기에서 싸워 이겨야 하는 살생의 대상이기보다는 같이 공존해서 살아가는 존재로 인식해야 한다. 도장이나 검도경기에서 검도로 상대를 이겼다고 인생에서의 승자는 아니기 때문이다. 저자가 생각하는 검도 배움의 자세는 경기에서 상대를 이기기 이전에 타인에 대한 존중에서 시작하는 것이라 생각한다. 타인존중의 마음 태도는 나와 대상을 분리하지 않는 생각에서 나온다. 상대를 경쟁의 대상으로 보는 상황에서 검도의 심신일여나 인격형성은 일어나지도 만들어지지도 않는다.

저자에게도 검도의 깨침과 닦음의 의미는 완성된 것이 아니다. 검도수행을 하면서 나에게 주어진 많은 질문에 답을 찾으려고 노력할 뿐이다.

Chapter

05

검도현상학
-경구의혹(驚懼疑惑)의 본질-

1. 검도본질이란?

　　본질이란 그것이 없으면 그 존재가 성립되지 않는 고유한 것을 말한다. 그렇다면 검도본질은 무엇인가? 이는 두 가지 질문을 포함한다. 첫째, 검도본질이란 검도가 갖고 있는 본래의 사실이나 현상을 가능케 하는 핵심적인 내용이 있다면 그것이 무엇인지를 설명한다. 예컨대 '검도는 힘을 빼고 한 박자에 하는 것이다', '검도는 기·검·체 일치를 추구한다', '검도는 당당하게 상대와 겨루는 것이다', '머리 공격이 검도기술의 핵심이다', '검도는 인격형성을 형성한다', '검도는 심신일여를 추구한다', '경구의혹을 극복해야 한다', '검도에서 배웠던 예를 현실에서도 자연스럽게 구현하는 것이다' 등이다. 둘째는 이러한 검도본질의 내용에 실천적 방법이 포함되어야 한다. 예컨대 '검도는 힘을 빼고 한 박자로 하는 것'이라고 말한다면, 그 내용이 실천적 타당성을 확보하기 위해서는 누구나 논리적으로 이해 가능한 과정과 설명이 뒷받침되어야 한다. 검도본질과 관련된 논의가 개인의 영역에서 주장된 숨겨진 보물로만 남아있다면, 검도본질의 내용은 많은 사람이 접근하기 힘든 외딴섬으로 인식될 가능성이 높다. 저자가 생각하기에 검도본질의 내용이 검도수행자가 검도를 통해 직접적으로 수행하지 않고 이해에 그친다면 그 검도본질의 내용은 언어적 설명에 지나지 않는다. 따라서 검도본질은 검도라고 말할 수 있는 근본적인 내용에 실천적인 방법까지도 포함해야 한다.

문제는 검도본질과 실천적 방법이 검도수행자의 인식과 관점에 따라 다양하게 이해되고 설명된다는 점이다. 개인적으로 검도본질은 검도수행에서 상대를 의식하지 않고 자연스러운 움직임을 통해 경기에서 승리를 경험하고, 그 자연스러운 태도가 일상생활에서도 그대로 적용되는 것이라 생각한다. 이와 같이 각각의 검도수행자에 따라 검도본질을 다르게 설명할 가능성을 배제할 수 없다. 그러나 검도본질의 하나인 '검도는 힘을 빼고 한 박자로 하는 것'에서 공통적으로 적용 가능한 본질적 내용을 찾아볼 수 있다. 비록 위에서 언급한 검도본질의 내용들도 검도수행자의 경험된 내용과 추구하는 강조점에 따라 다른 관점으로 설명이 가능하다고 하더라도 논리적 타당성까지 확보할 수 없다고 단정해서는 안 된다. 개개인이 검도수행에서 획득한 검도본질의 내용은 다르겠지만, 그 내용의 출발은 검도수행자의 검도움직임을 통해 얻게 된 인식작용의 결과라는 사실은 부인할 수 없기 때문이다. 따라서 모든 검도수행자가 이해할 수 있는 검도본질의 해명은 검도수행자의 의식작동에 나타난 경험의 내용에 대한 설명에서 출발해야 한다.

검도수행자는 검도를 하면서 자신만의 경험을 갖지만, 그 경험이 자신의 의식에서 어떻게 형성되는지에 대해서는 관심이 부족하다. 그 축적된 경험의 내용이 검도본질을 구성하고 있는 데도 말이다. 의식작용과 거기에서 나오는 경험의 본질이 무엇인지 파악 가능한 이론적 방법으로는 현상학적 접근법이 있다. 현상학은 일인칭의 관점에서 인간의 경험이 어떻게 작동하는지를 대상으로 연구하는 학문이다.[1] 더 나아가 자신을 둘러싼 주어진 세계와의 관계에서 자기 자신의 의식이 어떻게 경험으로 나타났는지를 해명하는 데 초점을 맞춘다.[2] 현상학적 방법을 통한 의식 경험의 작동과정에 대한 이해는 그 속에서 실천적 방법을 찾을 수 있는 기회를 제공한다.

검도본질은 검도에서 일어나는 경험이 자신에게 어떻게 일어나는지를 알아야 파악이 가능하다. 자신의 의식에 주어진 경험의 내용을 파악하기 위한 이론적 방법으로 현상학적 기술(phenomenological description)의 방법이 있다. 현상학적 기술의 방법이란 자신이 경험한 내용을 선입견 없이 기술한 내용의 결과물에서 연구자가 그 내용의 공통점에서 본질을 파악하는 질적 연구방법이다. 예를 들어 검도연구자는 경기에서 완전한 한 판의 본질을 파악하기 위해 한 판이 어떻게 이루어졌는지 경기자에게 질문해서 기술된 내용을 분석한다. 그 속에서 완벽한 한 판이 경구의혹을 넘어 무의식에서 자연스럽게 나오는 것으로 많은 수행자가 기술하였다면, 연구자는 그 내용을 취합하여 검도에서 한 판의 본질은 무의식에 근거하여 나오는 것으로 설명한다. 실제로 박동철(2014)의 연구에 따르면 현상학적 기술의 연구 방법으로 8명의 검도수행자를 대상으로 검도수행의 본질을 5가지로 설명하였다. 그 결과 다섯 가지,

---

1 Sokolowiski(2000: 2).
2 Gallagher(2012: 8).

즉 1) 신체의 초월, 집중, 무아지경 2) 타인의 인식 존엄 3) 성취감, 자신감, 자아실현 4) 무한대로의 추구 5) 미학적 자각으로 분석하였고, 5가지 검도수행의 본질은 서로 분리되지 않고 상호 연관성을 갖는다고 하였다.[3]

　　문제는 이러한 현상학적 기술적 방법(descriptive method)이 자신의 경험과 관련된 자기인식의 정당성을 확보해주지는 않는다는 점이다. 각자 개인의 영역에서 발생하는 검도경험이 의미가 있다고 하더라도 이를 검도수행자 자신의 의식 과정과 경험에서 어떻게 이루어지고 있는지 해명하지 못한다면, 검도본질과 관련된 내용이 외형적인 설명의 나열로 흘러버릴 가능성이 높다. 그리고 기술적 방법에 따른 연구에는 연구자 자신의 관점과 해석이 개입될 여지가 여전히 존재한다. 결국 기술적 방법으로 보여준 검도본질의 연구 결과가 의미 있기 위해서는 검도수행자에게 실천적으로 적용되어야 한다. 앞에서 박동철(2014)이 언급한 검도수행의 5가지 검도본질 이해도 중요하지만, 더 중요한 사실은 그 이해를 넘어 직접 검도수행자 자신이 경험하고, 다른 수행자에게 설명할 수 있어야 한다. 검도수행의 궁극적 목적은 자기 자신이 경험하고 실천하는 것에 있는 것이지, 검도본질의 이해에 머물러 있어서는 안 되기 때문이다.

　　본 장에서는 검도본질의 하나인 경구의혹에 한정하여 의식작동의 과정과 경험의 본질을 설명하고자 한다. 경구의혹의 과정은 검도수행자들에게 의식과 경험의 내용을 해명하고, 검도본질에 다가갈 수 있는 기회를 제공한다. 그 속에서 우리는 경구의혹의 실체와 그것을 극복하기 위한 이론적이고 실천적인 방법을 찾을 수 있을 것이다. 그리고 이

3　박동철(2014).

를 통해 저자는 현상학적 이론방법이 검도본질을 이해할 수 있는 유용한 하나의 방법임을 확인하고자 한다.

2. 검도현상학의 이해

학문적 관점에서 검도본질을 파악하기 위해 경험과 의식의 체계적 논의는 검도현상학과 연결된다. 본 장에서 저자는 지면상 검도현상학 전체를 설명하지 않는다. 이는 차후에 『검도현상학』이라는 주제로 설명하고자 한다. 본 장에서는 검도현상학을 구성하기 위한 현상학이 무엇이며, 검도현상학이라는 하나의 학문이 완성되기 위해 필요한 조건이 무엇인지에 한정하고자 한다.

1) 현상학이란?

현상학(Phenomenology)이란 무엇인가? 현상학은 현상(appearance)과 학문(logos)이 결합된 단어이다. 우리가 현상을 어떻게 이해하고 설명하느냐에 따라 현상학의 내용과 전개는 다르게 전개된다. 엄밀한 의미에서 현상은 주어진 것이지만, 현상을 파악하는 학자들의 이론적 관점에 따라 현상학의 설명은 다르게 적용되어 왔기 때문이다. 이러한 사실은 메를로-퐁티(Merleau-Ponty)의 저서인 『지각의 현상학』 서문에 보인다. 이 책에서 그는 현상학을 창설한 후설(Husserl)이 현상학이 무엇인지를 설명한 이후에도 아직 현상학이 무엇인지 명확하게 답을 하지 못하고 있다라고 지적하였다.[4]

우리는 생존을 위해 주어진 현상을 명확하게 파악하고자 노력한다. 그러나 현상학에서는 우리가 보거나 상상하는 사태(things)를 우리의 의식에 명확하게 인식할 수 있는 대상으로 주어지는 것으로 인정하지 않는다. 예컨대 일반적으로 우리의 의식구조는 주어진 대상이나 사태를 객관적으로 파악할 수 있다고 생각하지만, 현상학자들은 대상에 자신의 관점, 즉 더 많이 생각하는 의식작동이 개입됨으로 해서 주어진 사태가 명확하게 있는 그대로 우리 자신에게 드러나지 않는다고 주장한다. 우리는 대상을 정확하게 파악하기 위해 과학적 판단을 요구하지만, 현상학에서는 과학적인 관점으로도 대상을 완벽하게 파악할 수 없다고 한다. 과학적 판단은 대상을 객관화시킨 판단의 하나이지 그 자체가 대상을 완벽하게 파악 가능한 관점은 아니라는 것이다. 우리의 의식은 주어진 대상에 자신의 관점이나 사고를 덧붙이는 특성을 갖기 때문에 현상학에서는 자신의 객관적인 관점이라는 것을 인정하지 않는다. 엄밀하게 우리의 의식은 그 현상의 실체를 있는 그대로의 파악은 불가능하다. 따라서 현상학을 관통하는 주제는 '사태 그 자체로 돌아가라(to the things themselves)'이다. '사태 그 자체'에서 '사태'(thing)는 객관적으로 주어진 것이 아니라, 자신에게 주어진 상황에 자신의 의도와 생각이 첨부되어 나타난 사태이다. 그래서 '사태 그 자체'에서 '그 자체로'를 파악하라고 주장한다. '사태 그 자체'를 파악하기 위해 현상학은 우리의 의식에 보인 대상이 무엇이냐에 초점을 맞추기보다는 대상이 우리의 의식에서 어떻게 작동하는지에 관심 갖기를 주장한다. 우리의 의식은 대상을 인식하는 데 왜곡하여 파악할 가능성이 높기 때문에 의식에 주어진 경험의 과정과 내용을 다시 검토해서 주어진 사태를 정확하게 파악해야 한다고 주장한다. 이것이 '사태 그 자체로'에서 '그 자체로'가 갖

---

4 Merleau−Ponty(2012: lxx).

는 의미이다. 예컨대 우리 앞에 놓인 컵을 본다고 한자. 이 때 우리의 시각은 컵의 뒷부분을 완벽하게 보지 못한다. 이러한 상황에도 불구하고 우리는 그것을 완벽한 컵이라고 인식하고 판단한다. 즉 이러한 판단에는 사실 틀릴 가능성이 존재한다. 사실 보이지 않는 뒷부분이 금이 가 있는 컵일 가능성을 완전히 배제할 수 없기 때문이다. 따라서 현상학자들은 명확한 판단을 위해 자신의 사고 작동에 대한 판단중지를 요구한다. 우리가 컵이라고 판단하기 이전에 컵의 뒷면에 금이 가 있는 가능성과 나의 의식이 왜곡해서 대상을 정확하게 파악하지 못할 가능성도 고려해야 한다. 사실 대상의 판단은 자신이 갖고 있는 생리적, 심리적 조건에 따라 대상을 다르게 볼 가능성이 높다. 예컨대 컵을 아침에 보느냐 저녁에 보느냐에 따라 컵의 음양은 다르게 나타난다. 자신의 기분상태에 따라 같은 컵이라고 할지라도 아름다움의 대상으로 생각이 들 수도 있고, 누군가에게 화를 분출할 수 있는 던지는 도구로서 다가올 수도 있다. 즉 대상이 나에게 객관적으로 나타나기 이전에 자신의 기분이나 날씨 등 상황에 따라 우리에게 주어진 대상에 자신의 생각을 더하거나 빼기를 하여 대상을 바라본다. 따라서 정확한 판단을 위해서는 자신의 판단 그 자체에 대한 반성이 필요하다. 대상의 본질 파악은 우리의 의식작동에 무언가가 개입하지 않는 순수한 의식의 형태로 작동할 때만 가능하다.

이와 같이 현상학자들은 본질파악을 위해 대상에 대한 판단중지, 괄호 치기, 태도변경, 현상학적 환원 등 다양한 현상학적 방법의 필요성을 제시한다. 이러한 현상학적 방법들은 동양적인 사상에서 자주 언급하는 내용들, 즉 반성(反省), 반조(返照), 명상(冥想)의 주장과 크게 다르지 않다. 동양적 수행방법은 대상을 명확하게 보기 위해 대상에 초점을 두기보다는 그것을 보는 자신의 관점을 거울과 같이 깨끗하게 할 것을 주장한다. 자신이 거울같이 깨끗해야 한다는 것은 자신의 마음이 상대에 대한 어떠한 감정과 판단이 개입되지 않는 상황을 요구한다. 여기에서 반성, 반조, 명상의 주장은 단지 자신을 되돌아보아야 한다는 이론적 설명을 넘어 그 자체가 하나의 실천적 방법을 포함하고 있다. 검도에서 상대의 움직임을 예측하고 반격하는 것도 중요하다. 그러나 검도에서 더 중요한 사실은 감정과 판단이 개입되지 않는 상황에서 상대 움직임을 있는 그대로 보고 공격하는 것이 더 검도본질의 파악에 가까이 다가갈 수 있다는 사실이다.

우리의 의식이 대상을 명확하게 판단을 하지 못하는 이유는 다양하다. 생각하는 의식이 대상을 잘못 인식할 수도 있고, 환경과 조건에 따라 대상이 왜곡될 가능성도 있다. 현상학자들에 따르면 우리의 의식은 대상을 파악하기 위해 순수하게 작동하지 않는다고 생각한다. 현상학의 창시자인 후설(Husserl)은 대상을 정확하게 파악하기 위해 우리의 의식은 "미리 주어진 어떠한 것도 받아들이지 않고 전해져 내려오는 어떠한 것에도 그 출발점으로 삼지 않으며 아무리 위대한 대가라도 그 명성에 현혹되지 않(기)"를 주장한다.5 미리 주어진 어떠한 것도 받아들이지 않아야 한다는 주장은 검도본질의 하나인 경구의혹의 이해에 중요한 실마리를 제공한다. 비록 경구의혹의 네 가지 병이 존재하더라도 현상학적 관점으로 본다면, 우리는 놀람, 두려움, 의심, 현혹이 나의 의식이 만들어낸 허상임을 파악해야 한다.

우리에게 보인 현상(phenomenon, appearance)을 있는 그대로 보지 못하는 근본적인 이유는 우리의 의식이 보는 주체와 보인 대상을 분리

---

5 이영호, 이종훈 역(1988: 341).

할 수 없기 때문이다. 우리가 대상을 있는 그대로 본다고 하자. 하지만 주어진 환경에 따라 보는 내용을 왜곡할 수 있으며, 우리가 원래 갖고 있는 몸의 조건에 따라 같은 대상도 다르게 보고, 자신의 위치에 따라 대상이 다르게 보일 수 있는 가능성을 배제할 수 없다. 이처럼 현상학에서는 우리에게 보이는 대상과 그것을 보고 판단하는 의식작동의 주체가 분리되지 않고, 서로 복잡하게 연결되어 있음을 강조한다. 우리가 갖는 의식의 속성이 대상 이해에 자신의 관점을 덧붙여 작동하기 때문에 대상과 보는 나의 의식 사이에는 근원적으로 분리하기 힘들다. 예컨대 검도에서 상대와 마주할 때 검도수행자는 상대와 나를 구분하여 상대가 강하다 또는 약하다고 생각하는 것이 일반적이다. 하지만 이러한 판단에는 상대의 힘과 자신의 몸의 능력이 개입되기 때문에 상대와 나를 엄밀하게 구분하기란 힘들다.

그러나 우리는 자신의 관점에서 바라본 대상과는 분리가 가능하다.[6] 대상 인식에 내 자신의 관점이 개입된다는 사실을 파악하면 검도수행에 도움이 된다. 이는 검도수행에서 자신의 판단이 틀릴 수 있다는 것과 연결된다. 어쩌면 상대 움직임을 좀 더 명확하게 파악하기 위해 검도에서 기다림과 참을성을 요구하는 것인지 모르겠다.

2) 검도현상학의 이론적 조건

검도현상학은 검도의 본질적인 의미를 드러내는 하나의 학문체계이며, 동시에 각각의 검도본질을 뒷받침할 수 있는 실천적인 방법론이 포함된 학문이다. 본 장에서 저자는 검도현상학의 전체적인 내용보다

---

6 Merleau-Ponty(2012: 453).

검도현상학의 조건에 한정하고자 한다. 검도현상학의 구체적인 내용은 차후에 출판될 『검도현상학』에서 설명하고자 한다.

이 책에서는 검도현상학의 구성내용을 네 가지로 간략하게 설명하고자 한다. 첫째, 검도현상학은 검도수행자의 몸의 움직임과 그에 수반되는 경험의 의미를 규명해야 한다. 자신의 경험을 전제로 하지 않는 검도본질의 해명은 한계를 갖는다. 사범이 다른 검도수행자에게 검도기술을 설명한다고 가정해보자. 사범은 자신의 경험을 바탕으로 형성된 내용을 근거로 초보자나 다른 사람에게 설명한다. 그 기술을 받아들이고 배우고자 하는 검도수행자도 자신의 축적된 경험을 근거로 사범의 검도기술을 이해한다. 그러나 무심으로 검도를 해야 한다는 것처럼 경험이 필요한 검도기술을 초보자에게 이해시키기는 쉽지 않다. 개인적 경험이지만, 나의 선생님으로부터 배운 검도기술의 가르침은 나의 경험으로 이해될 때 비로소 검도기술이 늘었다는 사실이다. 따라서 검도경험과 관련된 해명은 검도현상학 연구에서 가장 중요한 부분이다.

둘째, 검도현상학은 우리의 의식에 드러나지 않는 내적 시간의 과정을 해명해야 한다. 검도에서는 상대를 생각하는 순간이 상대의 공격이 성공하기 쉬운 순간이다. 검도는 상대를 생각하고 판단하는 외형적인 의식작동이 승부에서는 도움이 되지 않는다. 따라서 검도공격시에는 주저 없이 몸을 던지라고 한다. 그러나 상대를 의식하지 않는다고 하더라도, 그 속에 의식이 작동하지 않는 것을 말하지 않는다. 상대를 의식하지 않더라도 의식이 작동하는 이상 우리는 그러한 무의식의 과정을 해명해야 한다.

셋째, 검도현상학 검도수행의 완성에 있어 필수 불가결한 시간성과 공간의 문제를 설명해야 한다. 검도수행은 오랜 수행이라는 시간의 문제를 벗어나지 못한다. 그리고 검도기술의 발휘는 검도공간의 영역과 연결되지만, 검도수행의 공간은 검도도장이나 검도경기에서만 한정되지 않는다. 검도에서 배웠던 가치나 내용이 검도의 영역을 벗어나 일상생활의 삶에도 영향력을 미치기 때문이다. 검도의 시간과 공간의 해명은 검도문화를 어떻게 형성이 가능한지와 관련된 내용과 연결된다.

넷째, 검도현상학은 검도의 궁극적 목적인 검도깨달음과 관련된 의식의 작동과정을 설명해야 한다. 검도깨달음의 과정에 대한 이해는 검도수행자로 하여금 검도의 실천적 방법을 배울 수 있는 기회를 제공한다. 검도현상학은 앞에서 언급한 4가지 모두를 이론적으로 설명할 수 있을 때 완성된다고 말할 수 있다. 본 장에서는 검도본질의 하나인 경구의혹에 한정하여 의식 작동과정과 경험의 본질을 설명하고자 한다.

3. 경구의혹(驚懼疑惑)과 지향성

검도에서는 경구의혹, 즉 네 가지 병을 극복해야 한다고 말한다. 그럼에도 경구의혹의 실체와 자신의 의식에서 일어나는 과정에 대한 검토와 연구는 상대적으로 부족하다. 경구의혹의 실체를 파악하지 못하는 상황에서 경구의혹을 극복해야 한다는 주장은 한계를 가질 수밖에 없다. 따라서 검도수행자는 경구의혹를 극복하기 위해서라도 경구의혹의 의식작동과 관련하여 다양한 질문을 던져야 한다. 경구의혹은 어떠한 의식의 작동원리에서 발생하는가? 경구의혹을 일으키는 의식의 주체는 누구인가? 의식의 주체가 존재한다면, 네 가지 병을 극복하기 위한 주체를 어떻게 이해할 것인가? 검도에서 언급하는 평상심이 경구의혹을 극복할 수 있는 실천적 방법이 될 수 있는가? 이 모든 질문과 해답들은 경구의혹과 관련된 검도본질을 해명하기 위한 근본적인 질문이다.

1) 의식과 지향성

검도경기에서 상대 칼과 마주할 때 우리 의식은 다양하게 작동한다. 상대 움직임에 따라 검도수행자 자신의 의식은 공격이나 방어를 위해 자율적으로 작동한다. 적과 마주할 때 일어나는 경구의혹은 의식의 관점에서 본다면, 검도수행자 자신의 의식에서 자연스럽게 나타나는 현상이다. 숨을 멈추지 않는 이상 경구의혹은 우리의 의식작동에서 떼놓을 수 없다. 검도에서 놀람(驚)은 검도수행자 자신이 예측하지 못하는 상황에서 상대의 움직임에 자신의 의식이 놀라는 경우이다. 이러한 두려움은 적의 움직임에 의해 자신의 냉정한 마음을 유지하지 못한 상태에서 나온다. 이는 곧 자신의 적절한 행동에 방해가 된다. 의심(疑)은 성급한 판단은 아니지만, 검도수행자가 적의 의도에 의심을 갖게 한다. 그 결과는 자신의 행동에 대한 자신감의 부족으로 이어지게 된다. 현혹(惑)은 자신의 마음에 확신하지 못하는 경우이다. 이는 검도수행자의 마음이 고정되지 않고 흔들리는 상태에서 나온다. 이러한 경구의혹은 검도수행자의 의식작용에서 나오는 다양한 감정의 현상을 검도의 핵심적인 내용으로 설명한 것에 지나지 않는다. 이외에도 검도에서는 상대를 낮추어 본다든지, 상대에 대한 분노, 존경 등 다양한 감정의 변화들도 일어난다.

일반적으로 검도에서 경구의혹은 우리가 경계하고 다스려 극복해야 할 대상으로 설명한다. 반면에 저자는 경구의혹을 자신의 의식과정에서 자연스럽게 일어나는 현상으로 인정해야 한다고 3장 3절에서 설명하였다. 우리의 의식작동은 대상을 향해 항상 무언가를 생각하기 때문에 경계하고 다스려야 한다고 해서 경구의혹 그 자체가 사라지지는 않는다. 이러한 의식작동의 특성은 지향성(internationality)의 개념으로 설명이 가능하다.[7] 지향성은 현상학을 이해하는 핵심키워드이다. 지향성이란 우리의 의식은 항상 무언가에 관해 또는 관해서 작동하는 의식(consciousness of something)이다.[8] 즉 지향성은 자신의 의지와 관계없이 상대 움직임을 향해 자연스럽게 자신의 생각을 덧붙이거나 빼거나 하는 의식작동의 특성을 말한다. 예를 들어 검도수행자는 검도라고 생각하거나 말할 때 검도와 관련하여 자신이 갖고 있는 생각을 덧붙이거나, 빼거나 해서 검도에 대해 자신만의 관점을 개입시킨다. 검도에서 상대와 대련한다고 생각해보자. 검도경기에서 상대와 마주하면, 검도수행자의 의식은 상대가 강하다, 약하다, 어떻게 움직여야 하겠다는 등 상대와 관련한 생각들이 자신의 의식에서 복잡하게 일어난다. 이 상황에서 검도수행자는 상대를 있는 그대로 보는 것이 얼마나 힘든 것인지 잘 안다.

검도수행자는 의식의 지향성을 기반으로 경구의혹의 극복 방법이 무엇인지를 찾아야 한다. 검도수행자는 경구의혹을 경계하고 다스려야 할 대상으로 보느냐, 아니면 자신에게 자연스럽게 일어나는 것으로 볼 것이냐에 따라 경구의혹의 극복방법은 다를 수밖에 없다. 경구의혹을 경계하고, 극복해야 할 대상으로 설명한다고 해서, 그 속에서 바로 사병(四病) 극복의 실천적인 방법을 도출하기란 힘들다. 지속적인 훈련으로 네 가지 병의 정도는 감소시킬 수 있겠지만, 궁극적으로는 네 가지 병을 없앨 수는 없다. 검도수행자는 경구의혹이 자신의 의식에서 어떻게 작동하는지를 이해해야만, 그 속에서 네 가지 병을 극복할 수 있는

---

7 Husserl(1983: 199).
8 Husserl(1983: 73).

방법을 찾을 수 있다. 이에 따라 검도수행자는 경구의혹의 극복을 위해 먼저 자신의 의식작용에 대한 선이해가 필요하다. 이를 근거로 검도수행자는 경구의혹의 극복방안을 찾을 수 있다.

의식은 수동적이고 능동적인 이중의 역할을 한다고 하였다. 의식은 자극을 받아들이는 수동적인 측면과 축적된 경험을 토대로 능동적인 감정이나 의지들이 서로 복잡하게 연결되어 행동을 추동시키는 역할을 한다. 이러한 이중적인 의식작동은 경구의혹에도 적용이 된다. 경구의혹이 나타나기 위해서는 수동적으로 놀람, 두려움, 의심, 현혹의 경험된 내용이 자신의 의식에 축적되어 있어야 한다. 의식이 경구의혹을 모르는 상황에서 경구의혹이라고 말할 수는 없기 때문이다. 인간의 의식작용은 시간의 흐름 속에서 자신의 축적된 경험에서 판단하고 대상을 규정함으로써 자신의 의식에 잠재된다. 예를 들어 오랜 검도수행자에게 경구의혹의 내용 파악과 경험은 초보자와 다를 수밖에 없다. 오랜 검도수행자의 경구의혹이 내재된 경험의 양이 초보자와는 다르기 때문에 경구의혹을 극복하는 태도도 다를 수밖에 없다. 위에서 우리의 의식은 단순히 수동적인 역할을 넘어서 능동적인 반성적 능력을 갖는다고 하였다. 검도수행자는 능동적인 의식작동의 역할을 통해서 자신의 경구의혹의 감정이 틀릴 수 있음을 확인해야 한다. 저자는 경구의혹을 극복해야 하는 대상으로 접근해서는 네 가지 병의 근원적인 해결책을 찾을 수 없다고 생각한다. 경구의혹의 주체와 역할을 모르는 상황에서 그것을 극복해야 한다는 것은 논리적으로 타당하지 않기 때문이다. 따라서 경구의혹을 극복해야 한다는 논제의 실천적 타당성을 갖기 위해서라도, 검도수행자는 경구의혹의 의식작동을 일으키게 하는 실체의 존재 여부에 대한 명확한 이해가 전제되어야 한다.

2) 초월론적 자아와 평상심

검도에서 외형적으로 경구의혹을 경계하고 극복한다고 해서 경구의혹이 사라지면 좋겠지만, 경구의혹은 검도수행자의 의식작용에서 완전하게 사라지지 않는다. 그럼에도 경구의혹의 극복이 영원히 불가능하다고는 할 수 없다. 검도수행자는 우리 자신의 의식작동의 흐름 속에서 경구의혹이 어떻게 나타나는지를 파악하는 과정에서 경구의혹을 극복할 수 있는 단초를 발견할 수 있다. 이를 위해 먼저 검도수행자는 경구의혹을 느끼는 의식 주체에 대한 이해가 필요하다. 경구의혹을 일으키는 주체는 초월론적 자아이다. 초월론적 자아는 경험적 자아를 가능하게 하는 심층적 마음이며,9 근본적인 판단을 하는 자아이다. 그리고 초월론적 자아는 경험적 자아를 형성하는 출발점이며, 자기 자신의 의지를 실현하기 위한 원천적인 자아라고 3장에서 설명하였다. 검도수행자는 생존을 위해 초월적 자아가 경험적 자아로 변화하게 되고 여기에 경구의혹이 일어난다는 것을 파악할 필요가 있다.

초월적 자아는 경험적 자아와 다르다고 하였다. 경험적 자아는 검도경기에서 상대의 칼을 마주할 때 검도수행자 자신에게 나타난 감각을 통해 판단하는 자아이다. 이는 대상을 향한 검도수행자 자신의 의식작용이 다양하고 복잡한 과정을 거친 결과로 나타난다. 그 속에서 검도수행자는 적의 움직임과 의도를 파악하고 거기에 따른 자신의 움직임

---

9 한자경(2016)은 외형적으로 우리가 생각하고 경험하는 주체를 표층적 자아로 설명한다. 그러나 표층적 자아를 근본적으로 가능하게 하는 자아가 있으며, 그 마음을 심층적 마음이라고 제시한다. 한자경(2016)은 심층자아를 대상을 차별하지 않는 보편마음으로 설명한다. 이러한 차별하지 않는 마음의 태도는 검도수행에서 검도수행자가 경험해야 할 중요한 개념이다. 검도에서 초월적 자아의 보편마음과 역할과 관련해서는 5장에서 구체적으로 살펴볼 것이다.

을 결정하고자 한다. 문제는 그러한 의식의 판단이 상대의 움직임을 정확하게 판단하는 데 한계를 갖는다는 사실이다. 결국 경험적 자아는 대상을 어느 정도 파악은 가능할지 모르겠지만, 자신의 몸의 조건과 의식작동의 근본적인 한계로 인해 주어진 대상을 있는 그대로 완벽하게 파악하지 못한다는 사실을 우리는 인정해야 한다.

반면에 초월론적 자아라고 언급된 심층적 자아는 다른 감정이 개입되지 않고 대상을 있는 그대로 파악하는 순수자아이다. 경험적 자아가 자신의 판단이나 생각이 덧붙어 올바른 판단으로 형성될 수 없는 여지를 가지고 있는 반면에 초월론적 자아는 차별하지 않는 보편적인 마음이다. 다시 거울을 예로 들어보자. 거울은 대상의 차별 없이 모든 대상을 있는 그대로 보여준다. 이것이 순수자아의 역할이다. 그럼에도 우리의 의식작용은 경기에서 거울과 같이 상대를 있는 그대로 보지 않고 승리를 해야겠다는 욕망과 욕심이 개입되어 상대를 바라본다. 이는 대상을 그대로 보지 못하는 것으로 연결된다. 거울에 때가 묻혀있으면, 그 얼룩만큼 상대가 거울에서 보이지 않는 상황이 발생한다. 얼룩이 있는 상황에서 대상을 파악하는 자아가 경험적 자아이다.

경험적인 의식에서 본다면, 경구의혹이 일어나는 것은 자연스러운 현상이다. 경구의혹의 감정들이 자신에게 일어나지 않으면 문제가 없겠지만, 의식이 갖는 지향성의 문제를 고려하면 경구의혹은 결코 사라지지 않는다. 이 점이 검도에서 경구의혹의 극복이 얼마나 어려운 일인지를 잘 보여주고 있다. 그렇다고 해서 저자가 경구의혹을 극복할 수 없다는 것을 말하는 것이 아니다. 경험적 자아의 관점에서 본다면 경구의혹은 극복의 대상이 될 수 있겠지만, 그 속에서 경구의혹은 절대 사라지지 않는다. 검도수행자는 경구의혹을 극복해야 한다는 당위론보다는 경구의혹이 어떻게 의식에서 일어나는지를 파악하는 과정에서 네 가지 병의 해답을 찾아야 한다. 놀람, 두려움, 의혹, 현혹되지 말아야 한다는 것과 애초에 그것이 일어나지 않는 방안을 찾아 제시하는 것은 다르다.

검도에서는 경구의혹의 극복방법으로 평상심을 언급한다. 평상심의 의미는 마조(馬祖) 선사의 평상심지도(平常心之道)에서 보인다.[10] 평상심은 경구의혹이 드러나지 않는 안정된 마음 상태를 유지할 것을 주장하지만, 실제로 삶과 죽음을 결정하는 상황에서 평상심을 유지하기란 쉽지 않다. 생사를 결정짓는 순간에 실질적으로 평상심이 적용되지 않고, 말의 외침에 그친다면 아무런 소용이 없다. 평상심지도(平常心之道)에서 언급하고 있는 평상심이란 자신의 의도와 사고가 포함되지 않는 상태에서 있는 그대로 보는 태도이다. 예컨대 우리는 밥 먹을 때 밥을 먹고, 걸어갈 때에는 그냥 걸어간다. 밥을 먹을 때 숟가락이 입으로 잘 들어가는지, 걸을 때 발이 잘 작동되는지를 생각하지 않는다. 밥을 먹거나 걸어갈 때 거기에 특정 생각이 첨가되지 않는 마음의 상태가 평상심이다. 평상심은 경험적 자아가 아닌, 초월론적 자아로서 대상을 있는 그대로 볼 때 가능하다.

그렇다면 검도수행자는 경구의혹에서 평상심을 갖추기 위해서 어떻게 해야 하는가? 미리 결론부터 말한다면, 경구의혹을 극복하기 위한 실천적 방법으로 검도수행자는 검도수행의 과정에서 무심(無心)의 방법을 경험하고 이를 자신에게 적용해야 한다. 이를 통해 검도수행자는 초월적 자아가 대상을 차별하지 않는 보편마음을 가지고 있음을 스스로 경험적으로 확인하는 것이다.

---

10 평상심(平常心)의 내용은 무문 혜개(無門 慧開, 1183-1260)가 48개의 화두를 선별해서 1228년에 발간한 『무문관(無門關)』의 제19칙에 보인다. 이와 관련된 내용은 강신주(2014: 368-375)를 참조.

3) 무심(無心)

경구의혹의 극복과 대상을 있는 그대로 파악하기 위한 실천적인 방법은 동양적 수행방법의 하나인 무심(無心)의 태도이다. 무심의 태도는 대상에 대한 사고의 흐름을 멈추며, 상대의 행동에 따라 작동되는 불필요한 사고로부터 자유로운 것을 의미한다.11 즉 무심은 자신의 의도가 포함되지 않는 마음에서 출발한다. 예를 들어 고단자 선생님과 겨루기를 한다고 생각해보자. 배우고자 하는 검도수행자가 한 판을 획득하겠다는 의도를 보이면, 고단자는 충분히 그 의도를 파악한다. 자신의 의도는 행동으로 드러나게 되고 선생님이나 고수는 그 움직임과 의도를 쉽게 파악한다. 고단자 선생님에게 한 판을 얻기 위한 방법 중 하나는 자신의 의도를 배제하고 순수한 마음가짐을 가지고 검도를 배워야겠다는 태도로 임하는 것이다. 상대를 생각하지 않고, 자신이 배운 내용을 올바르게 행동하기만 하면 된다. 따라서 저자가 생각하기에는 무심의 태도를 유지하기 위해서는 상대를 생각하는 자신의 의식작동에 대한 반성이 필요하다. 한번이라도 공격을 성공해야겠다는 생각이나 어떻게 해야겠다는 생각이 들게 되면, 그것은 틀린 것이라고 생각하고 자신에게 이야기를 해야 한다. 상대에 초점을 맞추는 대신에 자신의 자세가 바른지, 자신의 칼 운영이 적절한지에 초점을 맞추어야 한다. 자신의 자세나 태도에 집중하고 상대를 생각하거나 의식하지 않는 태도는 『활쏘기의 선』12에서 언급한 기술 없는 기술(der Kunstlosen Kunst, an artless art)과 다르지 않다.

---

11 Leggett(1978: 22).
12 Herrigel(1991: 17).

검도수행자에게 기술 없는 기술이 적용하기 위해서는 무심(無心)의 단어에 대한 명확한 해석과 이해가 있어야 한다.

먼저 무심(無心)에서 무(無)의 해석이다. 원래 무(無)는 '있음'(here is), '가짐'(have), '거기 있음'(be there), 즉 유(有)와 반대되어 '여기에 없다', '갖고 있지 않다', '거기에 없다', 즉 대체로 '없음'이라고 번역된다.[13] 이를 근거로 저자는 검도의 무심(無心)을 이해할 때 무(無)의 개념을 세 가지로 나누어 이해하고자 한다. 이러한 3가지 무(無)가 갖는 의미 파악이 필요한 이유는 각각 무(無)의 실천방법에 차이가 존재하기 때문이다. 첫째, 무(無)는 원래 의미 그대로 '없다'(無)는 의미이다. 여기에서 무심은 '마음이 존재하지 않는다'는 의미이다. 둘째, 무(無)는 실천적인 동사로서 마음을 '버린다'와 욕심을 '없앤다'는 의미를 보인다. 즉 우리의 의식작동에서 나오는 욕망의 마음을 의도적으로 던져버려야 한다는 것이다. 셋째, 무(無)는 '아니다'(非)라는 의미를 가진다. 즉 마음에서 일어나는 것을 틀린 것이라고 생각하는 자세이다. 세 가지 무(無)에 대해 검도수행자가 어떠한 태도를 갖느냐에 따라 검도에서 무심의 실천적 방법과 경험은 다를 수밖에 없다.

첫째와 둘째의 무심의 개념을 검도에 적용하면, 원래 마음은 없는 것이기 때문에 상대를 생각하지 말아야 한다거나 욕심을 버려야 한다는 것으로 설명이 가능하다. 문제는 이러한 태도가 경험적 자아에서 본 무심의 태도로서 자신의 의도와 관점이 개입된 판단이라는 것이다. 사실 우리는 추상적으로 마음이 존재하지 않는다는 사실을 받아들이기도 어렵고, 경구의혹을 당위론적 관점에서 없애야 한다고 해서 경구의혹이 사라지는 것이 아니기 때문이다. 그러나 세 번째 무(無)의 의미인

---

13 오만종 역(1995: 125).

'아니다'(非)의 관점은 앞선 첫 번째와 두 번째의 의미와 달리 자신에게 주어진 사고의 의식작용을 인정하는 것에서 시작해서, 우리 자신의 의식에서 일어나는 마음이 틀렸다고 판단하는 적극적인 자세를 취할 것을 요청한다. 이것이 저자가 생각하는 실천적인 무심(無心)이 가진 진정한 의미라고 생각한다.[14] 예컨대 검도상황에서 다양한 감정들이 일어날 때마다 그것이 우리의 정확한 판단과 행동에 도움이 되지 않는 것으로 생각해야 한다. 즉 검도에서 무심(無心)의 상태는 검도수행이나 경기에서 자신에게 경구의혹의 감정이 일어날 때마다 그것은 틀린 것이라고 생각하는 태도이다. 이러한 '아니다'(非)라는 태도는 감정의 노예가 되지 않는 방법의 하나이다. 경구의혹이 일어날 때마다 그것을 나의 감정들이 아니라고 생각해야 한다. 이러한 과정을 지속함으로써 자연스럽게 경구의혹의 감정은 검도수행자에게 나타나지 않게 된다. 물론 검도수행자는 검도수행의 과정에서 이 모든 과정을 스스로의 경험으로 확인해야 한다.

검도경기에서 흔히 자신의 몸을 버리고 공격할 때 한 판이 된다고 한다. 자신의 생각에 주저하지 말고 공격하라는 이야기이다. 검도는 생각하고 판단하는 순간이 가장 쉽게 공격을 받을 가능성이 높은 순간이기 때문이다. 따라서 무심의 상태로 검도경기에 임할 때 공격과 방어의 성공확률이 높다. 하지만 실제 경기나 전투 상황에서 자신의 생명을 버리고 공격한다는 것은 쉬운 일이 아니다. 검도에서 무심을 가져야 한다는 것과 무심을 실제 느끼는 것은 완전히 다르기 때문이다. 그렇기 때문에 무심의 경지에 도달하는 것이 깨달음이라고 설명한다.[15]

---

14 이상호(2011: 102).
15 Kim & Bäck(2001: 434).

다음으로 무심(無心)에서 심(心), 즉 우리가 마음을 어떻게 해석하느냐에 따라 이는 기술 없는 기술 발휘에 영향력을 준다. 마음(心)에 대한 태도는 두 가지로 설명이 가능하다. 즉 '마음은 존재한다는 입장'과 '마음은 존재하지 않는다'는 두 입장이다. 첫째, 마음은 존재한다는 관점에서 무심의 의미는 마음이 없다는 것이 아니라, 우리가 일상적으로 느끼고 판단하기 이전에 순수한 마음의 존재 파악이 우선이라는 입장이다. 원래 마음은 순수하게 존재하였으나 우리의 욕심과 욕망으로 인하여 마음이 왜곡되었다는 것이다. 따라서 감정이 발현되기 이전에 순수한 미발지중(未發之中)의 상태에 있는 순수한 마음을 찾는 것이 무심이다. 이는 맹자(孟子)가 언급한 구방심(求放心)의 태도이다. 검도에서 잃어버린 순수한 마음을 찾아야 하는 이유는 우리가 생각하고 판단하는 마음이 정확하게 상대를 있는 그대로 보지 못하기 때문이다. 검도수행자가 순수한 마음을 갖는다면, 경구의혹에서 일어나는 감정들에 대한 정확한 이해가 가능하다. 예컨대 바닥에서 돌아가는 팽이를 본다고 하자. 우리는 팽이가 돌아간다고 생각하지만, 돌아가는 팽이의 출발점은 정지된 상태이다. 움직이지 않은 정지된 상태가 순수한 마음이며, 검도수행자가 찾아야 할 마음이다. 물론 순수한 마음을 찾는 과정은 쉽지 않다. 검도수행자는 검도대련이나 검도수행의 과정에서 다양한 감정들을 경험하지만, 그 속에서 순수한 마음의 파악과 경험은 오랜 수행과정의 산물일 수밖에 없다.

둘째, 마음은 원래 존재하지 않는다는 관점이다. 이러한 관점은 마음의 실체는 원래 없는 것이지만, 나의 의식의 작동과정에서 만들어져 우리에게 나타나는 것을 마음이라고 부르는 입장이다. 일반적으로 우리는 마음을 하나의 실체로 인정하고 작동한다고 생각한다. 그러나 마음의 속성은 원래 실체가 없다는 입장에서 본다면, 마음은 의식의 흐름에서 나타나는 것이지 그 자체를 하나의 실체로는 보지 않는다. 다만 오랜 진화의 과정 속에서 생각하는 주체를 우리가 마음이라고 이름 붙인 것에 지나지 않는다. 따라서 마음에서 일어나는 것은 가짜라고 파악해야 하며, 그러한 감정이 일어날 경우 그냥 그대로 내버려 두어야 한다는 입장이다. 비틀즈(The Beatles)의 노래 제목인 그냥 내버려 두세요(Let it be)의 자세와 같다. 검도경기에서 일어나는 감정을 그냥 내버려 두어야 한다는 것은 검도기술 발휘에 대단히 중요하다.

이는 다름 아닌 다쿠앙 소호(澤庵 宗彭, 1573－1645)가 『부동지신묘록(不動智神妙錄)』에서 언급한 심요방(心要放)의 태도이다. 즉 마음에서 나타난 생각을 그냥 내버려두는 것이다. 상대와 생사를 결정하는 상황에서는 두려움, 불안감 등 많은 생각이 일어나는 것이 일반적이다. 문제는 그러한 생각 그 자체가 자신의 움직임을 방해한다는 것이다. 따라서 다쿠앙 소호는 자신에게 일어나는 감정에 매몰되지 말 것을 주장한다. 감정의 매몰은 자연스러운 행동에 방해가 될 뿐이다. 심요방은 검도수행자의 움직임에서 경구의혹이 일어나는 것을 알고, 일어나는 것에 자신의 의도나 판단을 덧붙일 필요가 없다는 의미이다. 검도에서 경구의혹이 검도수행자 자신에게 일어나면 일어나는 대로 그대로 내버려 두어야 한다. 검도수행자는 경구의혹의 실체를 단지 만들어진 허상에 불과하다고 여겨야 하며, 거기에 더 이상 자신의 판단이나 의도를 첨부할 필요는 없다. 심요방의 태도는 모든 감정이 자신의 움직임에 방해가 되는 요소라고 판단하기 이전에 그렇게 표출되는 감정을 있는 그대로 인정하는 것이다.

요약하면 검도에서 무심(無心)의 경험은 검도수행자의 무(無)의 이해에 따라 실천적 방법이 다르게 전개된다. 그리고 검도수행자의 마음에 대한 가지고 있는 구방심이나 심요방의 태도에 따라 서로 다르게 나타난다. 따라서 검도수행자는 무(無)와 심(心)에 대한 인식론적 태도와 실천적인 방법으로 구방심과 심요방의 관점을 각자 자신의 검도수행의 과정 속에서 적용해서 경험적으로 확인해야 한다.

4. 경구의혹을 넘어서

검도본질은 검도라고 말할 수 있는 근본적인 요소를 말한다. 물론 검도수행자 개인의 경험과 관점에 따라 검도본질은 다양하게 설명된다. 검도수행자가 이러한 검도본질을 찾는 이유는 자신의 검도수행에 도움이 되거나, 다른 사람에게 검도가치를 설명하기 위함이다. 검도본질은 검도기술과 관련된 내용일 수도 있고, 검도수행에서 배웠던 경험이 인생의 가치로 전환되어 나타나기도 한다. 그럼에도 검도본질을 논리적으로 명확하게 설명하고, 설득력 있게 전개시키는 것은 쉽지 않다. 검도본질은 검도수행자의 관점에서 각각 다르게 설명될 수 있기 때문이다. 그렇다고 해서 검도수행자는 검도본질을 개인적 영역으로 한정하거나, 저 높은 것의 추상적인 의미로 설명해서는 안 된다. 검도본질은 누구나 이해 가능하고 실천적으로 적용이 가능한 방향으로 설명되어야 한다.

본 장에서 저자는 검도본질의 이해와 실천적 방법의 하나로 경구의혹을 제시하였다. 검도본질은 자신의 검도경험과 그에 수반하는 의식작동의 결과물이라는 점에서 경구의혹의 해명은 대단히 중요하다. 검도본질의 하나인 경구의혹과 그 극복과정은 우리의 경험과 인식작용에 대한 근본적인 해명을 요구한다. 오늘날 검도가 과거처럼 생과 사를 결정하지는 않지만, 검도수행에서 나타나는 경구의혹의 극복 여부는 자신의 검도움직임에 큰 영향을 미친다. 따라서 검도수행자는 경구의혹을 극복해야 한다고 단순하게 말해서는 안 된다. 그 속에서 경구의혹의 극복방안의 실천적 방법이 도출되지 않기 때문이다.

경구의혹의 극복방안 중 하나로 평상심 또는 부동심을 언급한다. 그러나 평상심이란 어떻게 작동해야 하는가의 질문으로 또 이어질 수밖에 없다. 이에 따라 오늘날 검도수행자들은 자신의 검도수행의 과정에서 평상심을 경구의혹의 극복과정에 실제로 적용해서 이를 경험해야 한다. 평상심은 대상을 향해 어떠한 마음이 작동되지 않는, 마치 거울과 같은 순수한 마음이 유지될 때 가능하다. 그렇지만 이 또한 쉬운 것이 아니다. 여기에서 우리는 경구의혹이 우리 마음이 만들어낸 허상임을 경험해야 한다. 경구의혹을 극복해야 하는 대상으로 인식하기보다는 경구의혹은 자연스럽게 자신에게 일어나는 것으로 이해해야 한다.

그렇다면 평상심의 실천적 방법은 무엇인가? 이러한 해답의 하나로 저자는 무심(無心)의 태도를 주장하였다. 무심은 우리의 의식에서 나온 경구의혹에 근거한 판단이 '근본적으로 틀렸다'고 생각하는 태도이다. 원래 초월론적 자아의 관점에서 볼 때 놀람, 두려움, 의심, 현혹이라는 것은 없다. 인간의 진화론적 관점에서 본다면, 인간은 성장의 과정에서 생존을 위해 경험적 자아가 작동한다. 마찬가지로 경구의혹의 감정이라는 것도 인간의 욕망, 욕심이 스스로 만들어낸 것에 지나지 않는다. 검도수행자는 인간의 마음에는 경구의혹을 넘어 흔들리지 않는 물과 같이 모든 것을 다 받아들일 수 있는 순수한 보편적인 마음을 가지고 있음을 파악해야 한다. 우리는 유교에서 말하는 순수한 마음들이 이미 구비되어 있다고 말한다. 예컨대 물에 빠진 사람을 보면 구해야 한다는 측은지심의 마음을 갖는다. 불교에서 말하는 차별하지 않는 보편적인 마음, 즉 일심(一心)을 가지고 있다는 것이다. 단지 우리 자신이 그런 마음을 가지고 있다는 사실을 모를 뿐이다. 검도수행은 이러한 순수한 마음으로 정확하게 대상을 바라볼 수 있는 경험의 기회로 삼아야 한다.

마음에 대한 검도수행자의 태도에 따라 무심의 실천방법은 달라진다. 즉 완벽히 흔들리지 않는 마음의 존재를 찾아야 한다는 입장인 구방심(求放心)과 마음에서 일어나는 감정을 있는 그대로 내버려 두어야 한다는 심요방(心要放) 이 두 가지 입장으로 나뉜다. 물론 검도수행자의 관점에 따라 저자와 다른 주장도 가능하다. 그러나 구방심이든 심요방이든 검도수행자 자신의 검도수행 움직임의 과정에서 실질적으로 적용하려는 노력이 수반되어야 한다는 사실은 변함이 없다. 그 경험을 통해서 비로소 검도에서 언급하는 자신만의 깨달음을 얻을 수 있다.

사실 검도에서 경구의혹을 극복해야 한다고 말을 하지만 그것을 검도경기에 실제로 적용하기는 어렵다. 저자도 경구의혹의 극복 수단으로 무심을 이야기하고 있지만, 이것 또한 실천하기 어렵다. 무심을 유지한다고 할지라도 실전에서 자연스러운 행동으로 전환되기는 더욱더 힘들다. 그렇기에 깨달음의 과정의 이해와 동시에 실천은 어려운 길이다. 그렇다고 해서 검도수행자는 그 길을 멈출 수는 없다. 여기에 덧붙여 검도수행자는 경구의혹을 넘어서 모든 것을 차별하지 않는 보편마음을 갖고 있음을 스스로 파악하기도 더욱이 힘들다. 많은 검도수행자들이 그 문에 도달하기 힘들지만, 그렇다고 해서 그 문 너머에 있는 보편적이고 차별 없는 마음의 상태가 사라지는 것도 아니고, 아예 없는 것도 아니다. 단지 그 문에 도달하기 위해 검도수행을 통해 끊임없이 차별하지 않는 보편적인 마음을 찾으려는 검도수행자의 노력이 필요할 뿐이다. 여기에 저자는 검도수행의 철학적 의미가 존재한다고 생각한다.

Chapter

06

검도의 무의식적 움직임

1. 검도의 무의식적 과정

검도수행자는 검도기본기, 연격, 검도 본(本), 상호대련, 검도경기 등에서 검도본질을 일정 정도 경험한다. 그러한 경험을 검도수행자는 자기 나름대로 설명한다. 그러나 검도경험이 이루어지는 중요한 순간은 의식적인 상황보다도 무의식의 상황에서 발생한다. 예컨대 검도경기에서 상대를 생각하는 그 순간이 적의 공격이 쉽게 이루어지는 가장 좋은 타이밍이기 때문에 검도에서는 생각하지 말고 몸을 던져 공격을 하라고 한다. 검도는 상대를 의식하고 판단해서 움직이는 부분도 있지만, 많은 경우 무의식적인 행위가 수반될 때 한 판의 가능성이 높다. 우리가 생각하지 않는 무의식적인 순간에도 우리 자신의 의식은 끊임없이 작동한다. 무의식이란 의식이 작동하지 않는 것이 아니라, 의식 작동의 순간을 우리가 인지하지 못하는 상황을 말한다. 단지 우리가 그 순간에는 자신의 의식에 드러나지 않기 때문에 무의식이라고 칭한다. 이에 따라 무의식 과정을 경험의 언어로 설명하기란 쉽지 않다.

검도움직임의 많은 부분이 상황에서 발생한다면, 검도에서 그 무의식 과정이 어떻게 진행되는지 이론적으로 검토하고 설명하는 것도 학문적으로 의미가 있다. 검도의 무의식 해명은 검도수행자에게 검도 움직임의 본질을 더 잘 파악할 수 있는 기회를 제공하기 때문이다. 물론 무의식의 작동 과정에 대한 과학적 근거가 뒷받침되어야 하겠지만, 본 장에서는 논리적 생각으로 결론을 도출하는 사고실험(thought experiment)으로 검도의 무의식 과정을 설명하고자 한다.

개인적으로 저자는 검도경기에서 상대를 의식하기보다는 아무런 생각을 하지 않고 경기에 임한다. 그러나 상대를 의식하지 않고 경기에 참여한다는 것이 자신의 의식이 전혀 작동하지 않는 것을 말하는 것이 아니다. 저자가 상대를 의식하지 않고 생각도 하지 않는다고 하더라도 순간순간 상대의 움직임에 따라 자신의 의식은 어떻게 움직여야 하는지 등의 생각이 자신에게 떠오른다. 일반적으로 자신의 움직임을 가능케 하는 의식주체가 작동해야만, 상대의 자세 변화에 대응하여 자신의 다양한 움직임이 가능하다는 것이 논리적이다. 따라서 우리가 의도적으로 상대를 생각하지 않는 상태에도, 즉 무의식에도 자신만의 의식 흐름이 작동한다고 보아야 한다. 예를 들어 밥을 먹거나 걸을 때 우리는 밥을 먹는다거나 걸어간다고 의식하지는 않는다. 그렇지만 그 속에서 의식의 주체가 작동하지 않는다고 말할 수는 없다. 단지 그 순간을 우리 자신이 알아차리지 못하는 것뿐이다.

사실 저자가 검도경기에서 상대를 의도적으로 의식하지 않는다라고 하더라도 경기가 끝날 때까지 상대를 의식하지 않는 상태를 유지하기란 쉬운 일이 아니다. 검도경기 상황에 따라 상대에 대응하는 공격과 방어를 어떻게 해야 하겠다는 생각이 저자 자신의 의도와 관계없이 나에게서 일어난다. 예컨대 자신이 경기에 이기거나 지고 있는 경우에 따라 적극적인 공격과 소극적인 방어를 해야겠다는 주도적인 생각이 자신에게서 나타나기 마련이다. 이러한 의식과 무의식의 작용과 관련된 행위는 모든 검도수행자에게도 적용된다고 생각한다. 따라서 검도수행자에게 강조되는 평상심, 무심에 따른 무의식적 움직임을 유지하기란 힘든 것이 사실이다.

완벽한 무의식 행위와 관련하여 스포츠에서는 정적 체험(peak experience)이나 몰입(flow) 등으로 설명한다. 몰입이란 의식이 특정한 사고나 감정을 배제하고 하나에 빠지는 상황을 말한다. 정적 체험이란 의식 경험의 과정보다는 특별한 긴장, 의미에 우연히 도달하게 되는 심리적 상태를 의미한다. 몰입은 오랜 수행이 필요하고, 몸 움직임이 의도된 생각 없이 일어나는 단계의 경험으로 설명한다.[1] 이것은 오랜 수행의 실천 과정에서 나온 정점의 결과물이다. 몰입의 경험은 몸과 마음이 서로 의식하지 않고 작동하는 조화로운 경험이며, 인간에게 특별한 무언가가 일어나는 것을 느끼는 것이다.[2] 동양적 관점에서 볼 때 몰입의 경험은 심신일여가 이루어진 상황에서 나온다. 하지만 이러한 몰입의 설명에도 어떠한 의식과정에서 구체적으로 발생하는지와 관련된 해명은 있어야 한다. 심신일여의 과정에 대한 이해는 무의식 행위 과정의 해명을 전제 조건으로 하기 때문이다.

검도수행자에게 검도의 무의식 과정에 대한 이해는 검도움직임의

---

1 송형석, 이학준 역(2006: 133-135).
2 Jackson & Csikszentmihalyi(1999: 5).

실천적 적용에 이론적으로 도움이 된다. 특히 동양에서 말하는 무의식 행위는 단순히 기술의 발휘에만 적용되는 것을 넘어, 인간의 품성형성과 연결되기 때문에 중요한 문제이다.[3] 검도수행자는 무의식 과정의 이해를 통해 그 속에서 완벽한 기술 발휘와 인격형성을 위한 실천적 방법을 배울 수 있을 것이다. 이를 위해 저자는 무의식의 과정을 발생적 현상학의 이론적 방법론으로 설명하고자 한다. 발생적 현상학의 관점은 시간의 흐름 속에서 자신의 의식과정을 체계적으로 제시한다. 이러한 의식과정의 해명은 검도수행자에게 검도기술의 증진과 인격형성에 대한 실천적 방법에 대한 이론적 단초를 제공한다. 물론 무의식 과정의 완벽한 해명을 위해서는 생리적, 심리적 관점, 축적된 습관, 사회문화적 환경 등까지도 해명해야 한다.

2. 의식과 시간적 흐름

현상학은 대상이 무엇인가(what)를 파악하기보다는 대상이 자신의 의식에 어떻게(how) 구성되는지를 연구하는 학문이다. 의식의 구성과정과 전개에 따라 정적 현상학(static phenomenology), 발생적 현상학(genetic phenomenology), 세대 간적 현상학(generative phenomenology)으로 구분이 가능하다. 정적 현상학은 우리 자신이 가지고 있는 의식이 대상을 어떻게 구성하고 작동하는지에 초점을 맞춘다. 발생적 현상학은 과거, 현재, 미래라는 시간의 변화 흐름에 따라 의식이 어떻게 동기, 집중, 습관으로 형성되는지, 그들 간의 관계가 어떻게 전개되는지에 관

---

3 Sarkissian(2021).

심을 갖는다. 마지막으로 세대 간적 현상학은 인간의 의식이 사회적, 문화적, 역사적 과정에서 어떻게 작동하고, 이러한 상황 속에서 의식이 어떻게 만들어지는가를 설명한다.[4]

정적 현상학은 검도수행자에게 일어난 검도경험의 본질을 파악하기 위해 자신의 의식이 어떤 속성을 갖는지, 이를 근거로 의식이 검도의 경험 내용을 어떻게 만들어 내는지를 파악하는 데 도움이 된다. 검도수행에서 자신의 경험 내용의 본질을 정확하게 파악하기 위해서는 자신의 생각을 덧붙이는 것을 중지하고, 자신의 의식에서 일어나는 즉각적인 경험의 내용을 있는 그대로 기술해야 한다. 정적 현상학은 자신의 경험에서 일어난 사실을 있는 그대로 기술하는 이론적 방법이다. 그러나 의식의 속성이 아니라, 자신의 의식작용이 시간의 흐름을 통해 행동으로 드러나게 된다면, 의식변화에 따른 행동 과정에 대해서도 면밀한 검토가 필요하다. 이것에 초점을 맞추어 설명하는 것이 발생적 현상학이다. 무의식 과정이라도 인간이 살아있는 동안에 의식은 계속 작동하기 때문이다. 여기에 이러한 시간 흐름에 나타난 의식작용의 내용은 주어진 문화, 사회, 경제 등 환경에 영향을 받게 마련이다. 더 나아가 우리의 의식은 능동적으로 새로운 문화를 만들어가는 주체로서의 역할도 가능하다. 비록 개개인의 검도움직임이지만, 그 행위가 모여 하나의 검도문화로 나타난다. 이와 같이 우리의 의식이 자신만의 영역에서의 역할에 한정되지 않고, 어떻게 특정한 문화를 만들어 가는지의 분석도 학문적으로 대단히 중요하다. 이것이 세대 간적 현상학의 내용이다. 검도현상학은 이 모든 과정을 체계적으로 설명한다.[5]

---

4 박인성 역(2016: 56−67).
5 이와 관련해서는 『검도현상학』에서 구체적으로 논하고자 한다.

본 장에서 저자는 시간 흐름의 관점으로 우리가 외형적으로 인지하지 못하는 무의식의 발생과정을 발생론적 현상학으로 설명하고자 한다. 발생적 현상학은 그 근원적인 자아에서 이루어진 "감각, 감정 및 충동 더 나아가 무의식적 활동"의 근거는 무엇이고, 어떤 과정을 통해 그러한 습성체계가 형성되는지, 그리고 상대방의 움직임에 근원적 자아는 어떠한 영향을 받는지 규명하는 것이다.[6] 여기에서 무의식의 과정이란 자신이 판단하고 생각하는 과정을 직접적으로 의식할 수 없다는 점에서 무의식이라고 칭할 뿐이지, 의식이 작동하지 않는다는 것은 아니다. 저자는 발생적 현상학을 통해 검도수행자의 무의식 과정과 의식의 시간 흐름에 따라 나타난 검도움직임과 경험의 내용을 체계적으로 설명하고자 한다. 이를 근거로 검도수행자는 실제로 자신이 검도수행에 적용해서 실천할 수 있는 방법을 찾을 수 있을 것이다.

발생론적 현상학의 관점에서 검도에서 무의식의 발생과정은 이성적 판단이 아니라, 자신에게 주어진 자신이 갖고 있는 몸의 조건에서 일어난다. 여기에서 말하는 몸은 2장 2절에서 언급한 몸 자신(proper body)이다. 여기에 무의식의 행위 그 자체가 환경과 사회와의 관계 속에서 능동적으로 판단하고 생각해낼 수 있는 주체라는 점에서 검도의 무의식 과정을 단순하게 설명하기란 쉽지 않다. 그럼에도 불구하고 저자는 발생론적 관점에서 무의식 과정을 몸 자신에서 일어나는 운동감각과 지향성(intentionality)의 개념으로, 대상과의 관계에서 지평(horizon), 습관성(habituality)으로 설명하고자 한다. 그리고 자신의 내적 움직임을 가능케 하는 의식 작동의 전제 조건으로 연상(association)과 촉발(affection) 그리고 수동적 종합(passive synthesis)의 개념으로 검토하고

---

6 이남인(2006: 126 – 128).

자 한다. 이러한 복잡한 관계에서 검도수행자의 무의식 과정은 이루어진다.

1) 운동감각과 지향성

검도수행자 자신이 의식하지 못하는 상황에서 상대 움직임의 파악은 운동감각이나 지향성이 개입된다. 운동감각과 지향성은 각각 신경 및 생리적 작용과 심리학적 특성으로 나누어 설명도 가능하지만, 엄밀하게 본다면, 서로를 구분하기란 쉽지 않다. 다만 저자는 두 개념을 좀더 쉽게 이해하기 위해 인위적으로 구분지어 설명한다면, 운동감각은 대상의 자극이 나의 몸에 주어질 때 우리의 의식에서 형성되는 내적 의식이라면, 지향성은 우리의 의식이 외적 대상을 향하여 나타나는 내용으로 구분하여 설명이 가능하다. 일반적으로 뛰어난 선수는 운동감각을 가지고 있다고 말한다. 여기에서 운동감각이란 자극에 대한 몸의 생리적 반응과 움직임이 빠른 것을 말한다. 본 장에서 저자는 운동감각의 개념을 현상학에서 설명하는 운동감각의 개념으로 설명한다.[7] 현상학에서는 운동감각을 상대 움직임에 대한 자신의 감각능력에 한정해서 설명하지 않는다. 예컨대 우리의 운동감각은 외부의 자극에 대한 즉각적인 수동적 반응을 넘어, 상대의 움직임을 파악하여 내가 무언가를 파악하고 이해할 수 있는 능력까지 포함된 감각이다. 현상학에서 운동감각은 외부 자극에 의해 수동적인 양상에서 이루어진 몸의 활동과 자신

---

7 후설은 기존의 운동감각과 다르게 설명하기 위해 키네스테제(Kinästhese)로 설명한다. 키네스테제의 움직임과 관련한 세부적인 내용은 김태희 역(2018)을 참조. 이 책에서는 키네스테제 대신에 일반적으로 말하는 운동감각의 단어로 사용한다.

의 능동적인 감각작용의 과정 모두를 포함한다.[8] 운동감각은 몸 자신의 내적 움직임과 결부되어 하나의 자발성을 갖는다. 운동감각은 홀로 만들어 내기도 하지만 상대와 관계에서 만들어지기도 한다. 따라서 현상학적 관점에서 운동감각은 눈동자나 발의 움직임 등과 같이 감각과 연결된 몸의 활동 이외에도 자신의 의지, 본능적 지향성, 무의식적인 몸의 활동까지 포함한다.[9] 이처럼 운동감각은 의식의 특징인 지향성과 분리되지 않기 때문에 서로를 엄밀하게 분리할 수 없다는 것이다. 이러한 운동감각의 발생과정이 정신과 신체라는 기존의 이분법으로 나누지 않는 몸 자신에서 나온다는 사실은 앞에서 언급하였다.

우리 자신의 의식지평과 관련된 지향성은 운동감각의 자발성에 근거하여 일어난다.[10] 운동감각의 자발성은 외형적인 자극에 대해 자신의 감각이 대상을 어떻게 다루고 이해하며, 감당할 수 있는지를 보여준다. 자신의 '운동감각이 무언가를 할 수 있다'는 의식 확장은 상대를 향한 의식지평이라 할 수 있는 지향성을 만들어 낸다. 지향성의 단어는 현상학을 관통하는 가장 중요한 개념이며, 의식의 특성을 이해하는 데 도움이 된다.

> 지향성이라는 말은 의식은 무엇에 관한 의식이어야 하고, 사유작
> 용은 그 사유된 대상을 자신 속에 지니고 있다.[11]

---

8 이남인(2006: 76).
9 이남인(2006: 167).
10 한전숙(1989: 267). 진화론적 관점에서 본다면, 인간은 생존을 위해서 상대를 파악해서 어떻게 해야 할지 정돈되지 않는다면, 자신의 생존에 도움이 되지 않는다. 운동감각의 자발성은 테니스에서 상대의 서브를 잘 받아내기 위해서 자신의 몸을 정지하지 않고 계속 움직임을 하는 것과 다르지 않다.
11 이종훈 역(2002: 78).

후설은 대상을 향해 자신의 생각이 주어진 것보다 더 많이 생각하는 것을 "더 많이 사념함"으로 규정하였다.[12] 지향성이란 '모든 의식은 항상 그 무언가에 관해(about) 또는 대해서(of) 생각한다'는 것이다. 즉 의식의 본질적인 속성은 덧붙여 생각하는 역할을 한다. 후설은 우리의 의식은 존재하는 대상을 있는 그대로 보기보다는 무언가 '더 많이 생각한다'는 의식의 특성을 지향성으로 설명한다. '더 많이 생각한다'는 사실은 존재해 있는 대상에 대해 자신의 의식이 추가하거나 빼거나 하여 무언가를 생각한다는 것이다. 여기에서 우리의 의식은 단순히 주어진 상황에서 대상을 판단하는 수동적인 역할에서 머물지 않고, 능동적인 역할까지 하고 있음을 알 수 있다. 현상학에서 수동과 능동적인 의식의 역할은 옳고 틀림의 문제 이전에 하나의 의식의 특징이라는 것이다.

이러한 지향성은 저자가 생각하기에는 인간의 생존을 위한 필수불가결의 조건에서 형성되었다고 생각한다. 자신의 생존율을 높이기 위해서는 상대 움직임에 대한 생각과 예측이 필요로 하는 것은 당연하다. 상대의 생각과 예측을 위해서는 빼거나 더하거나 하는 의식이 작동해야 한다. 그러나 과도한 많은 생각은 역설적으로 대상의 정확한 판단에 도움이 되지 않는 부정적인 상황을 발생시키는 것 또한 사실이다. 지향성의 개념을 검도에 적용해보자. 검도수행자가 검도를 생각한다고 할 때 항상 검도수행자 의식은 검도에 대해 무언가 덧붙여 생각을 한다. 예컨대 일반사람이 검도라는 말을 들을 때 검도는 예(禮)를 중시하는 무도라든지, 아니면 장비를 쓰고 기합이 있는 멋있는 운동이라고 생각한다. 즉 각자 나름대로 검도에 대해 자신의 견해를 갖는다. 이는 자신의 관점에서 검도를 생각하고 판단한다는 것을 보여준다.

---

12 이남인(2004: 74).

지향성의 또 다른 역할은 우리의 의식을 주어진 것에 초점을 맞추어 의식작용을 하는 것 이외에도 대상을 특정짓지 않는 상황에서도 의식이 작동한다는 사실이다. 지향성이 대상을 향한 의식으로서 작동하지만, 특정한 대상 없이도 의식은 스스로 작동한다. 즉 보이는 대상에 초점을 맞추지 않는 비지향적 경험이 작동한다는 것이다. 지향성과 관련하여 지향적 경험과 비지향적 경험의 구분은 대상을 전제로 상정하느냐와 하지 않느냐에 따라 나누어진다. 단지 비지향적 의식은 의식이 대상에 직접적으로 향한 것은 아니지만, '…로 향한 의식적 관계'라는 것이다. 그러나 사실 무언가를 생각한다는 그 자체의 측면에서 본다면, 자신의 시각 안에 대상이 보이는 지향적 의식과 보이지 않는 대상의 비지향적 의식은 구분할 수 없다. 이와 같이 지향성의 의미는 자신에게 보는 상대의 지각적 경험 이외에도 자신의 시각에서는 드러나지 않지만, 우리가 상대를 파악할 수 있는 감각적 경험의 존재가 있음을 보여준다.

발생적 현상학에서 설명한 몸 자신과 관련된 운동감각과 지향성의 이해는 검도에서 상대방의 움직임을 파악하고, 시간의 흐름에 따라 작동하는 무의식의 움직임을 파악하는 데 이론적 도움이 된다.

2) 지평과 습관성

시간 흐름의 관점에서 본다면, 우리가 대상을 파악하고 이해하는 경험하는 자아는 이전에 낮은 단계의 근원적인 자아, 즉 순수자아가 존재한다. 그 근원적인 자아가 초월론적 자아라고 앞에서 언급하였다. 지평과 습관성은 우리의 초월론적 자아인 순수자아가 경험적 자아를 형성하는 데 개입된다. 지평(horizon)이란 나의 의식에 지각 대상이 들어올 때 보이지 않은 부분까지 자신이 볼 수 있는 가능성을 말한다. 예컨대 "하나의 지각 대상은 지금 당장 집중해서 보이는 부분만으로 성립할 수 없고, 가능성 있게 열려 있는 여러 부분들을 통해서만 비로소 그 하나의 지각 대상으로 성립한다. 이 때 일정한 지각 대상에 대해 이처럼 가능성 있게 열려 있는 부분들의 전체를 지평이라 한다."[13] 물론 나의 몸이 가지고 있는 능력에 따라 나의 지평 가능성의 크기는 달라진다.[14]

지평은 외적 지평과 내적 지평으로 나누어진다. 외적 지평은 나의 지각 대상을 둘러싸고 있는 다른 대상과의 관계 속에서 나의 의식 가능성이 열린 지평을 말한다. 반면에 내적인 지평은 지각 대상이 다른 대상을 고려하지 않고, 하나의 대상에 초점을 맞추어 열려 있는 의식 지평을 말한다.[15] 물론 외적 지평과 내적 지평은 이분법적으로 나누어질 수 있는 성질은 아니다. 외적 지평과 내적 지평은 동시에 작동한다. 물론 양 지평의 출발은 몸 자신의 운동감각적 감각[16]이다. 외적 지평과 내적 지평은 작동하는 영역이 다양한 대상과의 관계에서 작동하느냐, 하나의 대상에 초점을 맞추느냐의 차이만 존재한다. 단지 자신의 의식에 초점을 맞추는 대상의 수에 차이가 날 뿐이다. 내적인 지평이건 외적 지평이건 몸의 자유로운 운동가능성과 그에 따르는 운동감각적 감

13 조광제(2008: 216 – 217).
14 이 연구는 활쏘기를 잘하는 사람과 잘 못하는 사람을 비교해 보았다. 전자는 후자보다 목표물의 크기를 자신이 스스로 키워서 크게 인식하여 높은 적중률을 보여주었다(Lee, et al., 2012).
15 이종훈 역(1997: 55 – 58).
16 운동감각적 감각(kinästhetische Empfindung)이란 우리가 말하거나, 걸어가거나, 앉거나 자신이 움직일 때 나도 모르게 느끼는 감각이다. 그러한 운동감각적 감각도 외적 지평과 내적 지평의 가능성의 만남 속에서 대상을 파악한다.

각이 새로운 자신의 지평을 만들어 낸다.[17] 자신의 주어진 위치에서 자신에게 주어진 감각적 능력에 따라 대상의 내용은 다르게 나타난다.

한편, 습관이란 자동적이고 기계적으로 수행해서 몸에 각인된 하나의 체계를 말하며, 이는 무의식 행위와 직접적으로 관련이 있다. 우리의 자아가 상대 움직임을 기억하고 경험할 때마다 각자가 경험하는 방식과 내용이 다르다 할지라도, 자신의 훈련방식과 태도에 따라 축적된 경험 내용은 무의식의 움직임과 연결된다. 이러한 습관이 필요한 이유는 지향성이 보인 예측과 마찬가지로 유기체가 생명을 유지하기 위한 실존적 행위에 기인한다.[18] 모든 행위를 생각한 후 움직임을 선택하는 것도 생존에 도움이 되겠지만, 어느 정도 익숙해지면 생각하지 않는 것이 자신에게 훨씬 유리하게 작동한다. 따라서 습관은 자신이 살아오면서 경험해온 것들이 침전됨으로써 무의식 행위에 영향을 준다.[19] 검도수행도 마찬가지다. 검도수행의 반복적 훈련은 하나의 습관으로 축적되며, 이는 무의식 행위에서 중요한 역할을 담당한다.

3) 의식의 연상과 촉발

우리의 의식구조는 어떤 이유에서든지 간에 대상을 의식하기 이전에 일정한 무의식적 사고과정이 개입되고 작동한다. 현상학자 후설은 의식 속에서 드러나지 않은 의식의 작동과정 전체를 수동적 종합으로 설명한다. 후설에 따르면 수동적인 종합을 자아의 의식에 들어오는 감

---

17 조광제(1993: 50 – 51).
18 강미라(2011: 18).
19 조광제(2008: 227).

각자료인 질료(hyle)가 어떻게 의식에서 구현되고 작용하는지를 연상(association)과 촉발(affection)의 차원으로 설명한다.[20] 이는 우리가 대상을 보고 판단하는 과정에서 의도적으로 자신이 인지하고 판단하기 이전의 의식작동 과정을 말한다. 예컨대 수동적 종합은 우리가 의도적으로 의식하고 판단하기 이전에 우리의 시각이나 감각에 투영된 지각의 상(image)들이 의식의 작동과정에서 만나서 의식이 자동적으로 작동하고 있음을 보여준다. 단지 그렇게 자신에게 일어난 의식의 움직임을 우리 자신이 알아차리지 못한다는 점에서 무의식이라 칭하는 것이다. 후설은 수동적 종합을 다음과 같이 설명한다.

> 정신적 활동들이 자신의 종합적 작업수행을 실행하는 동안, 그들에게 모든 질료를 제공하는 수동적 종합(passive Synthesis)이 부단히 진행되고 있다. … 〔이러한 수동적〕 종합은 자체 속에서 알려지는 자신의 역사(Geschchte)를 갖고 있다. 자아인 내가 그리고 최초의 시선 속에서 이미 어떤 사물을 경험할 수 있는 것은 본질적인 발생에 의한 것이다.[21]

후설이 언급한 발생의 의미는 몸 자신에서 의식적으로 생각하기 이전에 이미 자율적인 의식의 움직임이 작동되고 있음을 보여준다. 대상의 의미를 파악하기 위한 '나'라는 능동적인 자아의식이 가능하기 이전에, 이미 인간의 의식은 주어진 사물을 통일적 직관에서 대상을 판단한다. 의도적으로 판단하기 이전에 우리의 의식은 어떤 종류의 종합을

---

20 조광제(2008: 200).
21 이종훈 역(2002: 136−137).

시도하고 있다는 것이다. 인간이 생물학적으로 살아남기 위해서 주어진 자극과 내용을 즉각적으로 파악하고자 자신이 갖고 있는 생리적 심리적 능력을 결합하여 최대한으로 조직하고 이용하고자 하는 것은 어찌 보면 당연하다. 나의 의식작용에서 대상을 파악하고 인지할 수 있는 감각적 기능이 미리 작동하고 있어야 자신이 적절한 판단을 내릴 수 있기 때문이다. 예컨대 테니스에서 상대의 서브를 잘 받기 위해 자신의 몸을 정지하는 것이 아니라, 준비동작으로 미리 다리와 몸을 움직이고 있는 것과 같다. 요약하면 우리의 무의식 의식작용은 수동적 종합을 기초로 논리적이며, 의도적으로 능동적 행동을 결정하고 움직임을 진행해 나간다.[22]

무의식의 수동적 종합은 근본적인 무의식 작동과정으로 연상과 촉발의 차원에서 일어난다. 연상(association)이란 수동적 발생의 보편적 원리의 하나이며, 자신의 경험본질을 파악하기 위한 초월론적 현상학의 근본개념의 하나이다.[23] 연상은 자신이 어떤 것을 기억하는 무엇과 새롭게 주어져 지시하는 자극 내용 간의 상관관계에서 일어나며,[24] 여기에 우리가 의식하지 못하는 상황에서 외부의 자극이 개입됨으로써 무언가를 알고자 하는 목적성이 개입된다. 우리가 대상이 무엇이라고 판단하기 위해서는 자신에게 주어진 생각과 바깥에 주어진 정보를 비교하는 연상의 개입은 당연하다.[25]

촉발(affection)[26]은 수동적 종합의 또 하나의 핵심적인 개념이다.

---

22 Steinbock(2001: xxxviii－xliii).
23 이종훈 역(2002: 139).
24 이종훈 역(1997: 119).
25 조광제(2008: 202).
26 감정 따위를 유발한다는 의미인 촉발(觸發)은 영어 affection로 번역이 가능하다.

촉발은 '나'라는 자아가 의식을 만들어 어떻게 행동으로 연결되는지를 이해하는 데 유용한 개념이다. 촉발은 자신의 자아가 감각자료로 향하는 수동적 의식에 외부의 자극이 투입됨으로써 새로운 의미가 만들어지는 과정을 말한다.27 후설은 이러한 촉발을 능동적 의식작동이 아닌, 대상을 향한 지향성이 일깨워진다는 의미에서 "수동적 지향성"이라 규정하였다.28 연상은 시간의 흐름에서 의식 간의 관계에서 만들어지지만, 그 속에서 의식내용은 과거의 상황과 현재의 상황이 부딪혀서 두 가지 갈등을 촉발시킨다.

촉발의 내용은 자신에게 주어진 자극이 자신의 의식과 동일하게 작동하느냐 또는 다르게 작동하느냐에 따라 우리의 생각과 행동은 다르게 나타난다.29 예컨대 수동적으로 자극을 받아 생각하는 우리의 무의식 작동은 기존 자신의 생각과 같거나 또는 다름에 따라 자신의 생각을 공고화하거나 다른 방향을 생각하기 마련이다. 따라서 무의식의 작동은 스스로 의식이 작동하여 만들어 내는 연상과 외부의 자극에 반응하여 수동적 의식을 일으키는 촉발의 두 가지 요소가 작동하여 자신의 움직임에 영향을 미친다. 이러한 의식의 전체적인 작동과정이 의식의 수동적 종합이다.

이상에서 살펴본 발생적 현상학의 주요 개념들, 즉 운동감각과 지향성, 지평과 습성, 그리고 연상과 촉발을 근거로 검도의 무의식 행위가 어떻게 작동되는지를 살펴보자.

---

affection은 원래 애정, 사랑, 정서, 감정 등이 표현하고, 그러한 몸과 마음의 상태나 경향(disposition)을 의미한다. 여기에서 촉발은 자신의 의식작동에 무언가가 개입되어 감정이나 느낌에 영향을 준다(affect)는 의미에서 촉발(affection)의 단어를 사용하였다.

27 이신철 역(2011: 388).

28 이남인(2004: 296 – 297).

29 Steinbock(2001: 174 – 179).

3. 검도의 무의식 행위

검도의 무의식 행위란 의식이 없다거나 작동하지 않음을 말하는 것이 아니라, 잠재적으로 우리가 의식하지 못하는 상황에서 생생한 의식의 흐름30을 말한다. 단지 그 순간을 파악하지 못한다는 점에서 무의식이라 한다. 무의식 행위와 관련하여 무도의 기술은 헤리겔(Herrigel)의『활쏘기의 선(禪)』에 보인다. 헤리겔은 활쏘기의 대가가 되기 위해서는 기술적인 습득만으로 충분하지 않고, 무의식에서 나오는 기술 없는 기술(an artless art)이 되어야 한다고 주장한다.31 내면적인 의식구조의 작동과정에서 본다면, 기술 없는 기술은 우리가 의식하지 않는 상황에서 기술완성이 되어야 한다는 의미이지, 그 속에 내재한 의식의 흐름이 없다는 것을 말하는 것이 아니다. 즉 기술 없는 기술은 의식하지 않는 상태에서 초월론적 자아의 관점에서 자연스럽게 기술이 발휘되는 상태를 말한다. 검도에 적용해 본다면, 검도의 무의식 행위는 마음을 비우고 무아(無我)의 상태에서 나오는 움직임이다. 하지만 그 움직임의 과정도 엄밀한 의미에서 몸 자신에서 일어나는 운동감각, 지향성, 지평, 습성과 수동적 종합의 영역인 연상과 촉발의 복잡한 의식 작동과정에서 일어난다.

---

30 의식의 작동 과정은 하나의 실체가 아니라, 과정이라는 설명은 심리학자이며 실용주의 철학자인 윌리엄 제임스(William James, 1842-1910)의 저서에서 언급한 사고의 흐름(stream of thought)이다(정양은 역, 2005: 409). 여기에서 우리는 의식이 하나의 실체라기보다는 자신이 느끼는 감각적 내용과 인식과정에서 작동하는 사고의 흐름 속에서 나타나는 것을 말한다.

31 Herrigel(1991: 5-6).

1) 검도의 운동감각과 지향성

몸 자신의 움직임에서 나타나는 운동감각은 세부적으로 나누어 보면 징표감각, 몸 감각, 운동감각적 감각으로 나타난다.[32]

첫째, 징표감각이다. 징표감각이란 우리가 상대를 판단하고 파악하기 위해서 자신의 몸이 그것을 느끼고 파악하는 감각이다. 징표감각은 자신의 몸 상태가 살아있음을 전제로 한다. 검도에서 징표감각의 발생은 상대방 칼의 접촉이나 눈으로 상대를 볼 때 상대의 능력을 인식하고 판단하기 위한 전제 조건이다. 우리는 대상을 파악하기 위해서 시각, 촉각, 청각, 후각, 미각 등을 사용한다. 지각되는 사물에 대응하여 우리 자신의 판단이 가능하기 위해서는 먼저 자신의 눈 근육, 촉감, 소리, 냄새를 파악할 수 있는 시신경의 작동과정이 있어야 한다. 이러한 내 몸의 근육이나 신경 간의 연합에서 일어나는 감각이 징표감각이다.

둘째, 몸 감각이다. 몸 감각이란 상대에 대해 자신의 청각, 시각, 촉각, 후각, 감각, 즉 오감(五感)으로 느끼는 감각이다. 예를 들어 경기에서 외형적으로 상대의 키나 몸집 등이 크다든지, 상대 검도의 자세라든지, 이도류 등 상대의 외형적인 모습에 따라 자신이 갖고 있는 오감의 감각이 발생한다. 이때 발생하는 오감에는 상대의 다양한 자세, 모습, 태도에 자신의 행동이 어떻게 해야겠다는 생각까지도 포함된다. 검도수행자는 검도자세를 보면서 상대의 몸에 힘이 많이 들어갔는지 아닌지를 알고, 그에 맞는 행동을 취한다. 몸 감각은 상대뿐만 아니라, 주어진 환경에 대해서도 작동한다. 도장의 분위기, 사범이나 선생님에 대한 몸 감각은 도장을 선택하는 자신의 의도가 개입된다. 몸 감각은 자

---

32 이종훈 역(2009b).

기 운동을 통해 스스로 어떻게 해야 하겠다는 의지 기관을 만들어 낸다. 몸 감각은 본래 수동적으로 주어지지만, 그 수동성도 생존을 위해 몸의 자유로운 운동가능성으로 스스로 확장하여 의도적으로 어떻게 해야겠다는 지향적 의식을 만들어 낸다.

셋째, 운동감각적 감각이다. 운동감각적 감각은 만약 … 하면, 그러면 또는 … 때문에 … 그래서 나타나는 것으로 자신의 몸에 속한 자발성에 의거해서 징표감각을 형성해서 자신의 움직임을 결정한다.[33] 후설에 따르면, 운동감각적 감각이 존재하지 않으면, 몸의 움직임을 감지하거나 판단하거나 설명할 수 없다고 말한다. 즉 운동감각적 감각은 내적인 몸의 특정 감각인 징표감각을 규정한다고 할 수 있다. 검도에서 일족일도(一足一刀)[34]의 거리로 접근한다고 생각해보자. 검도수행자는 공격을 위해 상대에 가까이 움직일 때 그곳에는 자신이 공격해야겠다는 감각이 발생한다. 하지만 상대의 기세가 우세하면, 자신의 움직임은 후퇴를 하던지, 아니면 다른 움직임을 하기 위한 운동감각적 감각을 만들어 낸다. 운동감각적 감각이 상대와의 관계에서 어떻게 작동하느냐에 따라 검도수행자의 운동방향은 결정된다. 사실 검도에서 자신이 어떻게 움직여야 하겠다고 생각하는 순간에는 움직임이 일어나지 않는다. 검도수행자는 상대의 운동감각적 감각이 일어나는 순간을 파악하고 공격을 성공하는 것이 최고의 기술이다.[35]

---

33 조광제(2008: 220 – 221).
34 검도경기 시 상호 간의 공간적 공격거리이다. 한발 다가서면 일격의 공격이 가능하고, 반대로 한발 물러서면 상대방 공격을 피할 수 있는 거리이다.
35 검도수행자에게 상대의 움직임을 보고 파악하는 것이 아니라, 상대의 움직임을 시작하는 운동감각적 감각이 작동하는 순간을 파악하기란 쉽지 않다. 운동감각적 감각은 상대의 생각을 읽을 수 있다는 점에서 『장자(莊子)』에서 언급한 후발이발 선지이지(後發以發 先之以至), 줄여서 검도에서 후발선지의 경지라고 생각

징표감각, 몸 감각, 운동감각적 감각의 작동을 근거로 지향적 의식이 어떻게 나타나는지 검도경기의 움직임에 적용해보자. 이러한 감각들은 검도에서 상대방 움직임의 의미와 의도를 파악할 때마다 복합적으로 작동한다. 검도수행자는 상대의 움직임을 파악하기 위해서는 자신의 징표감각이 이미 작동하고 있어야 한다. 또한 상대 움직임을 자신의 오감으로 느끼는 몸 감각도 작동한다. 그리고 징표감각이나 몸 감각이 작동하기 위해서는 자신의 내적 움직임에 따른 운동감각적 감각이 근본적으로 작동하고 있어야 한다.

검도수행자는 검도경기 도중 상대방 자세를 주시할 때 상대에 대해 무언가를 생각한다. 자신의 관점에서 무의식적이라고 할지라도 상대가 약하다, 강하다 등에 대해 생각하는 지향적 의식이 성립하고, 그에 따라 자신이 어떻게 행동해야 할지를 결정한다. 지향적 의식은 나에게 보여지는 상대 움직임만을 보고 판단하지 않으며, 자신의 통일된 관점에서 상대방의 의도나 움직임을 파악한다. 통일된 관점이란 나의 지향의식이 상대방의 움직임을 파악하기 위해 낮은 단계의 의미로부터 점차 상승해 상대방의 실질적 의도를 파악하는 하나의 의식과정이 형성되는 전 과정을 말한다. 예컨대 경기에서 우리가 상대 칼의 움직임을 본다고 하자. 검도수행자는 상대방 칼의 움직임이 나의 공격 의도를 파악하기 위한 움직임인지, 아니면 어떠한 특정한 공격을 위한 전단계의 예비 동작인지 전체적인 관점에서 판단하고 자신의 새로운 움직임을 명령한다. 즉 검도수행자의 통일된 관점에서 지향의식은 상대의 검도 움직임에 대해 자신의 판단과 생각이 통일적으로 결합하여 상대 움직

한다. 저자도 상대가 운동감각적 감각을 만들어 내는 순간에 무심(無心)으로 파악하고 공격하려고 노력을 하지만, 쉽지 않은 것이 사실이다.

임을 파악하고 행동을 가능하게 만든다.

　지향적 의식으로 보여지는 상대방 자세와 칼의 움직임 이외에도 시각적으로 보이지 않지만, 검도수행자는 청각으로 들리는 상대의 거친 호흡, 도복 속에 가려진 발의 운용 등 다양한 주변의 비지향적 지향을 경험한다. 예컨대 검도경기 중에 명확하지는 않지만, 경기장 내의 자신의 위치를 의식하고 경기장 밖으로 나가지 않으려는 움직임이 존재한다. 의식이 직접적으로 대상을 향한 것은 아니지만, ' … 로 향한 의식적 관계'라는 점에서 지향적인 의미와 전혀 무관하지 않다. 검도경기에서 장외는 경기 승패를 결정할 수도 있다. 검도경기에서 검도장의 라인은 나의 의식 영역에서는 보이지 않는 상황이지만, 나의 의식은 라인의 위치를 파악하고 나가지 않으려고 노력한다. 이것은 비지향적 경험에 근거한다. 여기에서 우리가 알 수 있는 것은 검도수행자의 통일된 관점의 지향의식은 대상이 보이지 않는 비지향 대상까지 포함한다는 사실이다.

　더 나아가 지향성은 비지향적 경험 이외에 감정들과도 연결된다. 몸과 연결된 본능적인 충동, 감정, 기분 등 의지적인 것과 관계없는 객관화할 수 없는 지향성도 존재한다. 예컨대 이번 경기는 반드시 승리해야겠다는 충동이나 의지 등의 감정이 일어나기도 한다. 또한 이번 경기는 왠지 모르지만 이길 것 같다는 기분을 갖는 경우가 있다. 이것은 특정한 대상의 지향성과는 관련이 없지만, 그래도 무엇을 지향한다는 점에서 지향적 의식에 포함된다. 결국 검도움직임은 다양한 운동감각과 통일된 지향적 의식의 결합에서 나온다.

2) 검도의 지평과 습관성

검도수행자는 자신 앞에 놓인 상대의 움직임을 파악한다고 말하지만, 우리의 의식은 완벽하게 대상의 움직임을 전부 파악하지 못한다. 예컨대 상대의 검도도복 때문에 상대 발의 움직임을 예측할 수 없고, 상대가 높은 수준의 검도실력을 갖춘 수행자일수록 그의 의도를 파악하기란 쉽지 않다. 또한 중심이 좋은 상대 수행자에게서 칼의 방향성을 파악하기란 쉽지 않다. 그러나 검도수행자는 상대가 나에게 지각 대상의 전부를 보지 않더라도, 일정 정도 상대에 대해 자신만의 판단을 한다. 그 이유는 우리의 의식이 보이지 않은 곳까지도 알 수 있는 지평을 갖기 때문이다. 사과를 본다고 하자. 여기에서 우리는 사과의 전체 면을 보지 못한다. 그럼에도 우리 의식은 사과의 앞면만을 보고 뒷면이 어떠한지 파악이 가능하다. 이는 우리의 의식이 보이지 않는 뒷면의 모습까지 파악할 수 있는 의식지평의 확대에 기인한다. 의식지평의 확대는 경험에 근거하여 판단하거나, 앞에서 보이는 것을 근거로 뒷면까지 같다는 것을 논리적으로 유추한다. 우리의 의식지평은 의도적인 의식작용의 개입이 없더라도 자기 스스로 지각대상의 영역을 확장한다. 의식지평을 검도경기에 적용해보자. 검도수행자가 검도경기에서 상대방 칼의 움직임이 어떤 공격을 하는지 파악이 가능한 이유는 우리의 의식 지평과 연관되어 있기 때문이다. 물론 검도경기에서 의식의 지평은 상대방의 움직임에 한정되어 작동하지 않는다. 의식의 지평의 정도는 주어진 경기진행 상황, 경기장 분위기, 나의 컨디션을 고려해서 작동한다.

의식의 지평은 내적 지평과 외적 지평으로 나타난다.

내적 지평은 상대 움직임의 내용에 대해 한정된 의식작용의 지평이다. 예컨대 검도경기에서 상대가 칼을 든다는 것은 공격이 일어난다는 것을 보여준다. 이러한 상대의 공격이 일어나는 순간에 상대가 머리, 손목, 허리 중 어느 곳을 공격하기 위한 것인지 정확하게 파악하기란 쉽지 않다. 그러나 뛰어난 검도수행자는 상대가 칼을 드는 순간 어떤 공격인지를 정확하게 파악한다. 이는 내적 지평이 뛰어남을 말한다. 물론 칼의 움직임이 머리, 손목, 허리라고 판단한 후 그 공격에 따른 방어와 대응도 가능하겠지만, 최고의 검도기술은 움직임이 일어나는 순간에 그 기술의 방향성을 정확하게 파악하는 것이다. 물론 후자가 가장 어려운 검도기술이다. 따라서 검도기술의 완성을 위해서는 내적 지평의 확대가 필수적이다.

외적 지평은 상대방의 움직임과 관련된 주위 환경과의 변화에서 일어나는 의식이다. 예컨대 검도경기에서 상대가 공격한다고 하자. 상대의 공격에 대해 내가 취할 수 있는 공격과 방어의 형태는 자신에게 주어진 경기 진행의 상황, 즉 이기고 있는 상황과 지고 있는 상황 등에 따라 달라져야 한다. 또한 이러한 움직임은 개인전과 단체전의 상황에 따라 다른 선택이 가능하다. 개인전은 무승부가 존재하지 않는다. 반면에 단체전에서는 무승부가 존재한다. 따라서 단체전 선수의 움직임은 주어진 경기상황과 자신의 역할, 즉 선봉, 중견, 주장에 따라 공격과 방어의 형태가 다를 수밖에 없다. 이러한 외적 지평은 검도경기에서만 적용되지 않는다. 우리가 도장을 선택할 때 사범이나 선생님, 검도장 분위기, 관원들의 실력 등 검도장을 둘러싼 환경을 고려해서 선택하는 이유도 크게 보면 우리가 가지고 있는 외적 지평의 결과이다.

외적 지평을 더 확장하면 상대의 움직임과 자신에게 주어진 환경 파악을 넘어 자신의 검도에 대한 생각으로 연결된다. 이 모든 것이 의식의 외적 지평에 기인한다. 검도수행자가 검도하는 사람을 볼 때 그 사람의 기술뿐만 아니라, 그 사람의 인격까지 생각하게 되는 이유도 외적 지평이 작동하기 때문에 가능하다. 우리의 의식에는 외적 지평이 작동하고 있기 때문에 검도수행자는 상대의 검도자세에서 인격적 의미를 파악할 수 있으며, 더 나아가 자신만의 검도세계와 검도문화를 만들고자 노력한다. 따라서 개인적인 검도 영역에 한정된 지평이라고 할지라도, 더 나아가면 인간의 의식지평은 단순히 검도기술을 넘어 자신의 인격형성과 검도세계를 만들어가는 과정으로 확대될 수 있음을 보여준다.

검도지평의 이해는 상대의 존재, 자신의 움직임, 가치관의 형성에 도움이 된다. 검도경기에서 나의 지평에 먼저 들어오는 것은 상대의 객관적인 외형의 몸(Körper)[36]이다. 이때 우리가 상대의 객관적인 몸을 어떻게 아는가? 일반적으로 우리는 그냥 객관적으로 보여진 상대의 몸을 안다고 말을 하지만, 객관적인 상대의 몸을 인식하고 인정하기 위해서는 내 자신과 외형적으로 유사한 모습으로 존재한다는 사실을 근거로 상대에 투사해서 나와 같은 몸을 가진 존재로 인정하는 과정이 전제되어 있다.

현상학에서는 상대가 나와 유사한 몸을 인정하기 위해서 상대가 나와 같다는 '감정이입'(Einfuhlüng, empathy)이 상대에게 개입된다고 말한다. 감정이입은 나와 유사한 외형적인 몸과 생각이 존재한다는 감정을 상대에게 투사하여 상대방도 나와 유사한 몸을 가진다고 생각하는 것이다. 반대로 상대도 마찬가지로 상대 자신이 나와 같다는 감정이입을 통한 나 자신을 인정한다. 이러한 상대의 인정을 상호주관성으로 설

---

36 객관적인 몸(Körper)의 의미는 단순한 하나의 물체적인 몸을 의미한다. 반면에 경험하고 경험해 왔던 몸은 살아지는 몸(Leib, lived body)이다.

명한다. 이러한 상호주관성의 인정은 나의 몸이 하나의 객관적인 몸이 아니라, 살아지는 몸(lived body, Leib)으로서 나에게 간접적으로 제시되고, 이를 통해 우리는 상대를 인정하는 것으로 이어진다.[37] 내가 살아있는 존재라는 것이 상대에게 투영되어 상대도 또한 살아있는 존재라는 사실을 인정하고 받아들인다. 상대가 생명을 가진 고귀한 존재라는 사실의 인정도 자신에 대한 인식에서 시작해서 상대에게 투영시키기 때문에 가능하다.

상대에 대한 감정이입은 검도에서 상대 움직임의 파악에도 적용된다. 예컨대 언어적 의사소통 없이 전개되는 검도경기에서 검도수행자는 상대방의 몸 움직임에서 상대의 생각이나 의도를 파악하려고 노력한다. 상대 움직임에 따른 상대의 의도 파악은 일방적인 나의 생각만으로 생각으로 작동하지 않는다. 이때 자신의 움직임에 따른 경험의 내용이 축적된 상황에서 나타난 생각과 태도를 전제로 상대방에 투사하여 상대방의 움직임을 이해하는 과정이 개입된다. 즉 상대방 움직임의 의도 파악에 자신의 경험을 통해 형성된 나의 생각과 판단을 기준으로 생각한다. 이를 기준으로 자신의 지평관의 관계 속에서 상대방의 움직임을 파악한다. 결국 상대 움직임의 파악은 나의 몸이 갖고 있는 몸의 조건, 지평, 경험의 내용에 따라 달라진다. 따라서 개개인이 갖는 검도지평의 정도와 내용은 검도를 누구한테서 어떻게 배웠느냐에 따라, 자신의 움직임에 대한 태도와 자세에 따라, 어떠한 경험을 가졌느냐에 따라 다를 수밖에 없다. 더 나아가 자신이 가지고 있는 태도, 의지, 본능에 따라 복잡하게 전개될 수밖에 없다.

검도수행자는 검도지평과 관련하여 감정과 연결되어 있기 때문에

---

37 이종훈 역(2002: 154-155).

자신의 감정상황에 따른 행동도 고려해야 한다. 예를 들어 내가 올바르지 않은 공격으로 상대를 아프게 하면, 상대도 그것을 알아차리고 상대로부터 유사한 행동을 유발하게 된다. 역으로 내가 올바른 자세로 검도를 한다면, 상대도 마찬가지로 그렇게 움직이고자 한다. 검도지평이 상대와의 감정이 연결되어 있다는 사실은 검도수행자로 하여금 검도수행이나 검도경기에서 상대에 대한 존경의 필요성을 제기한다. 검도수행자가 궁극적으로 추구해야 할 검도지평은 검도에서 경쟁의 승리이기보다는 타자의 존재에 대해 인정하는 것이다. 검도수행자는 지평을 상대도 나와 같은 인격적 대상이라고 인정하는 데까지 확대해야 한다. 그곳에서 검도수행자는 의미 있는 자신의 검도세계를 만들어갈 수 있다.

다른 관점이지만, 이러한 검도지평의 힘은 동양에서 말하는 기(氣)의 의미와 유사하다.38 상대 선수에 대한 지평 확대의 크기는 상대 움직임의 정보와 힘을 파악하는 것과 다르지 않다. 즉 기(氣)를 느낀다고 말할 수 있다. 검도경기에서 상대 의도를 아는 이유도 자신의 지평 확대에서 우리가 상대로부터 무언가의 정보를 얻기 때문이다. 검도지평은 검도경기의 승패에도 영향을 미친다. 검도수행자는 자신의 지평에 따라 상대를 평가하고 행동하기 때문에 검도경기에서 자신의 의도를 상대방에게 보여주지 않아야 한다. 예컨대 오랜 검도수행자와 다르게 초보자인 검도수행자는 자신의 검도움직임에서 의도를 쉽게 드러낸다. 초보자는 공격을 할 때 내가 공격을 하겠다는 의도가 담긴 상황에서 몸을 움직이게 된다. 이는 자신의 움직임을 상대에게 먼저 보여 주는 것으로 나타난다.

또 다른 의식 지평의 형성에 영향을 주는 요소가 습관이다. 자신

---

38 기(氣)와 관련된 내용은 이상호(2015a)와 Lee(2016)를 참조.

에게 축적된 습관의 정도와 강도에 따라 의식지평의 영역은 다르게 나타난다. 예컨대 검도를 초등학교 때만 배우고 대학에 가서 다시 시작한 사람과 대학에서 처음 시작한 사람 간의 지평내용과 깊이는 다를 수밖에 없다. 시간의 흐름 속에서 초등학교 때 습득된 지식이나 기술은 잊어버릴 수 있겠지만, 과거에 배웠던 검도습관은 언제라도 다시 되살릴 수 있기 때문이다. 과거의 습관은 몸 자신에 암묵적으로 기억되어 자신에게 남아있다.

또한 습관은 유용한 인지의 도구이며, 암묵적으로 우리가 어떻게 해야 할지를 알게 해준다. 예를 들어 뇌가 모든 움직임을 통제하고자 한다면, 많은 에너지를 필요로 하고 이는 뇌의 피로로 이어진다. 상대적으로 움직임의 통제가 습관화되고 즉각적으로 움직일 수 있다면, 뇌 활동에 따른 과부하를 줄일 수 있게 된다. 검도의 습관과 관련해서 검도의 기본자세를 어떻게 누구에게서 배우느냐는 대단히 중요하다. 검도의 기본자세는 모든 검도 응용기술의 출발점이기 때문이다. 어느 정도 오랜 검도수행의 시간을 경험한 검도수행자의 검도기본기를 수정하기란 매우 힘이 든다. 저자는 초보 검도수행자들 중 처음부터 기본기를 잘 배운 사람과 그렇지 않은 사람들 간에 처음에는 잘 드러나지 않지만, 검도실력의 상승 속도에는 커다란 차이가 있음을 잘 안다.

검도경기에서 무의식적으로 나오는 행위는 그 짧은 시간에 의식된 행위라기보다는 이전에 반복 훈련된 습관의 결과에서 나온다. 습관은 우리의 의식에서 완전히 지우더라도 몸에 남아 있는 기저가 존재하며, 그것이 습관을 구성한다. 심지어 습관은 우리의 몸에 각인되어 경기에서 나오는 무의식행위를 설명하는 준거로까지 언급된다. 한 번도 상대하지 않은 선수라도 몸의 움직임을 보면 우리가 그것이 무엇을 의미하고 있는지 쉽게 알 수 있는 것도 습관의 결과이다. 따라서 습관은 의미 있는 인지의 도구이며, 암묵적으로 우리가 어떻게 할지 아는(know – how) 토대가 되며, 이는 윤리적 행동의 출발이 된다.[39] 윤리적 문제는 13장과 14장에서 설명하고자 한다. 또한 수동적 태도가 아닌 능동적으로 자신의 의지를 기반으로 한 지식의 습관은 훨씬 더 많이 자신의 몸에 각인된다. 능동적으로 검도를 배우겠다는 태도가 습관의 강도를 훨씬 증가시킨다는 사실은 자명하다. 스스로 검도를 배우겠다는 태도와 수동적인 배움의 태도에서 나오는 습관의 결과는 따로 언급할 필요가 없다.

3) 검도의 연상과 촉발

연상은 우리의 무의식 구조에서 우리의 의식이 어떻게 내적으로 작동하고 있는지를 설명한다. 어떤 대상의 자극에 대응해서 우리가 행동으로 결정하기 이전에, 시간의 흐름 속에서 우리의 의식작용은 인상(impression), 과거지향(retention), 미래지향(protention)의 수동적 종합으로써 작동한다.[40] 신경생리학적 관점에서 본다면, 이 의식작용들은 미세한 시간 차이는 있지만, 서로 공명(resonance)하여 짧은 시간의 흐름 속에서 중첩적으로 일어난다고 보아야 한다. 공명이란 서로의 흩어진 생각이 같은 위상으로 진동하고, 증폭되어 하나의 생각처럼 작동한다는 의미이다. 공명은 다수의 매미 울음소리가 개인의 울음소리를 넘어, 전

---

39 윤리적 논하우(know – how)와 관련해서는 14장을 참조.
40 이종훈 역(1997: 48 – 50). 후설은 인상과 근원인상은 다르다고 설명한다. 인상은 내재적 시간 의식의 차원에서 가장 생생하게 느끼는 현재의 경험이며, 근원인상은 근원적인 의식흐름의 차원, 선내재적 시간의 차원에서 가장 생생한 경험을 말한다. 이와 관련해서는 이남인, 김태희 역(2020: 17)의 해제 참조.

체 매미의 울음소리가 리듬있게 하나의 목소리로 들리는 것을 생각해보면 이해가 쉽다.[41]

검도경기에서 상대방의 일족일도의 움직임을 파악한다고 가정해보자. 검도수행자의 의식은 상대방 움직임에 따라 자신이 어떻게 행동할지 이미 내가 생각하기 이전에 의식에서 끊임없이 작동하고 있다. 예컨대 상대의 공격을 잘 막아내기 위해서 자신의 마음이나 태도는 쉬지 않고 움직이고 있는 것과 같다. 즉 자신의 의식작동 안에서는 상대방 움직임을 잘 파악하기 위한 근원적인 감각적 소여(所與)가 미리 작동하고 있다는 것이다. 일반적으로 대상의 움직임을 파악하기 위해 먼저 자신이 그것을 파악할 수 있는 근거를 갖는다는 것이 논리적이다. 이것을 근거로 상대 움직임에 대해 지금 파악하고 있는 의식내용이 인상이다. 이러한 인상의 내용에는 이미 과거 움직임의 기억된 내용이 포함된다. 검도수행자는 주어진 상대 움직임의 의도를 파악하고 자신이 어떻게 행동해야 할지 판단하기 위해서 자기 자신의 과거의 기억이 존재해야 한다. 과거 기억이 없다면, 어떻게 행동해야 할지 비교 판단하지 못하기 때문이다. 즉 검도수행자는 상대방의 움직임을 이해하기 위해서 이전의 경험에서 그 움직임의 의미가 무엇인지 과거에 기억된 내용을 자신이 불러내어 지금 자신에게 주어진 내용을 비교한다. 이것이 과거지향이다. 여기에 지금의 일족일도 움직임이 과거의 일족일도 움직임에 대한 생각의 비교에서 그치는 것이 아니라, 그 비교에서 나의 움직임을 어떻게 결정해야겠다는 검도수행자의 의식내용이 개입해서 작동한다. 이것이 미래지향이다. 여기에는 검도수행자인 내가 어떻게 해야겠다는 생각과 의지가 포함된다. 이와 같이 우리의 의식구조는 연속적인 시간

---

41 김미선 역(2007: 32).

흐름에서 직접적인 경험인 인상, 과거지향, 미래지향의 과정이 복잡하게 자신이 인지하지 못하는 무의식의 과정에서 이루어진다.

하지만 이러한 무의식 과정도 세밀하게 들여다보면, 과거 상황과 현재 상황이 만날 때 서로 일치하지 않는 상황에서 새로운 갈등이 촉발된다. 촉발은 자신에게 새로운 행동 가능성의 계기를 만들어 낸다. 외부의 다양한 조건들이 무의식의 작동과정을 자연스럽게 나타나는 것을 방해하기 때문이다. 이러한 무의식 과정에서 일어나는 촉발은 동질성과 이질성에서 나온다고 앞에서 지적하였다. 예컨대 검도경기에서 상대가 머리 공격을 해온다고 해보자. 촉발의 동질성이란 상대방의 머리 공격에 대해 나의 감각이 머리 공격이라고 동일하게 인식한 경우에 자신의 반응에 따라 움직임이 발생하는 것이다. 그러나 상대의 머리 공격이 다른 공격을 위한 속임수 있는 이질성으로 나타나는 경우에는 나의 몸이 다르게 움직여야 하기 때문에 새로운 움직임을 만들어 내는 의식이 필요하다. 내가 느끼는 감각의 동질성과 이질성에 따라 나의 자아는 다른 행동을 위한 의식, 즉 생각을 만들어 낸다. 의식과정에 나타난 동질성과 이질성에 따라 자신의 자아는 새로운 행동 방향성을 결정하게 한다. 그리고 자아를 촉발하는 상대의 힘의 정도에 따라 내가 움직이는 힘도 다르게 나타난다. 결론적으로 검도의 무의식의 종합은 인간의 자아가 외형적으로 시간과 공간에서 대상과 관계를 맺고 행동으로 드러나기 이전에 연상과 그 속에서 촉발의 과정이 무의식의 의식과정에서 일어나는 것을 말한다.

지금까지 검도에서 무의식 행위의 발생을 시간의 흐름이라는 발생적 현상학의 관점에서 검토해 보았다. 이를 도식화해 보면 다음과 같다.

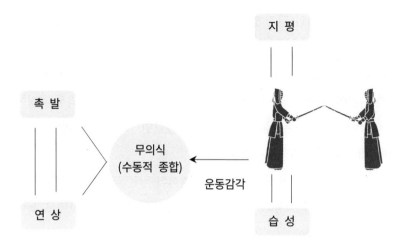

그림 1 발생적 관점에서 검도의 무의식 행위

4. 검도의 무의식 행위와 이해의 한계

우리는 현상학적의 기술적 방법(descriptive method)으로 검도의 무의식 행위가 어떻게 일어나는지, 그것이 어떤 내용을 갖는지 설명은 가능하다. 그러나 그 내용이 검도 무의식의 행동에서 일어나는 특징을 설명할 수는 있지만, 무의식의 과정이 어떻게 작동하는지는 설명해주지 않는다. 무의식의 의식 과정이 내재적인 시간의 흐름에서 일어난다면, 검도수행자는 검도움직임의 실천적 타당성을 확보하기 위해서라도 검도의 무의식 과정에 대한 논리적 해명이 필요하다. 물론 무의식의 과정은 신경 생리학, 뇌 과학 등에 대해 동서양의 철학자의 관점에 따라 각자 다른 해명과 전개가 가능하다. 신경 생리적 관점에서는 동물적인 감각이나 본능으로, 뇌 과학은 무의식의 작동과정을 뇌의 혈류나 신경세포의 작동 결과로, 심리적 관점에서는 프로이트(Freud)의 무의식으로 설명한다. 동양적인 관점에서는 무심(無心)이나 무위(無爲)로 해석도 가능하다. 이러한 다양한 주장을 고려한다면, 무의식의 과정을 엄밀하게 논리적으로 설명하는 것은 쉽지 않다. 따라서 검도의 무의식 과정을 해명하는 것이 무모하다는 일각의 지적이 있을 수 있지만, 무의식 과정에도 의식이 작동한다는 사실을 부인할 수 없다면, 검도수행자라면 그 과정에 대한 진지한 고민을 해야 한다.

비록 사고 실험에 근거하지만, 무의식의 작동 과정의 이해는 검도에서 자신의 의식 작동의 이해를 넘어, 상대 움직임의 파악에 도움이 된다. 특히 본 장에서 설명한 발생적 현상학의 이론적 근거는 검도의 무의식 과정을 설명하는 데 충분한 이론적 타당성을 갖는다고 생각한다. 무의식의 구조는 우리의 몸이 가지고 있는 운동감각을 기반으로 지평, 습성, 연상, 촉발의 다양한 의식이 개입된 상황에서 만들어진다고 앞에서 지적하였다. 이러한 과정은 실제로 우리가 의식하지 못하는 수동적 종합의 결과물이다. 그 이외에도 우리는 무의식 과정이라고 할지라도 대상을 향한 지향적 경험과 비지향적 경험의 존재 이외에도 본능적인 욕구, 충동, 감각적인 감정, 기분, 본능 등에서 유발된 지향성 등도 고려해야 한다.

물론 본 장에서 저자가 제시한 발생적 현상학의 관점이 검도의 무의식 과정을 완벽하게 해명한다고는 생각하지는 않는다. 무의식 과정은 과학적 해명이 뒤따라야 하고, 자신의 경험에 대한 해명도 논리적 타당성을 가져야 하는 쉽지 않은 문제이다. 그렇다고 해서 검도의 무의식 과정을 해명하려는 시도 자체를 주저해서는 안 된다. 비록 저자가 제시하는 검도에서 무의식의 움직임의 이론적 제시 이유가 개인적인 학문적 관점에 근거한 것이라고 할지라도, 개개인의 검도실천자들이 그 내용을 자신에게 적용함으로써 스스로 실천적인 방법을 찾을 수 있기를 바란다. 이제 우리가 검도의 무의식 행위와 관련된 의식작동의 과정을 파악했다면, 자신에게 어떻게 적용할 것인가의 숙제를 해결해야한다. 검도의 무의식 과정을 이해하고, 자신에게 실천하여 그 의미를 경험적으로 확인하는 것도 검도수행 과정의 일부분이다.

검도해석학

PART 03 검도해석학

(문노는) 검도를 크게 떨쳐 사기를 증진시켜 백세의 스승이다(金大問, 『화랑세기(花郎世記)』, 劍道大擅 士氣以興, 百世以師).

안으로 마음을 밝게 하는 것은 경(敬)이고, 밖으로 일을 결단하는 것은 의(義)이다(남명(南冥) 조식(曺植, 1501-1572), 「경의검(敬義劍)」, 內明者敬 外斷者義).

검도해석은 검도본질과 검도문화의 이해의 출발점이다. 관점 없는 해석은 없기 때문에 누구나 자신의 관점에서 검도를 해석한다. 이는 개인이나 각국의 검도철학이 다를 수 있는 이유이다. 검도와 관련된 과거 저서의 내용이나 철학적 관점을 자신의 관점에서 해석하고 이해하는 것도 중요하지만, 저자가 생각하기에 더 중요한 것은 검도와 관련된 해석이 지금 검도수행자 자신에게 실천적으로 적용이 되어야 한다. 실천적 적용이 없는 해석은 언어적 해석에 머물 가능성이 높기 때문이다. 검도해석은 과거 검도내용과 지금 검도수행자 자신의 검도지평이 만나서 자신의 의식이나 태도를 변화시킬 때 그 의미가 있고, 그 속에서 새로운 검도문화가 만들어진다.

제7장은 『화랑세기』에서 보인 신라시대 화랑도가 추구한 검도(劍道)의 의미와 의기(義氣)가 오늘날 어떻게 검도수행자에게 실천적으로 적용 가능한지를 검토한다. 제8장은 한국 고유의 문화인 조선세법을 배우는 목적, 방법, 태도, 자세 등을 설명한다. 조선세법이 갖는 텍스트의 가치나

의미를 논하는 것도 필요하지만, 지금 검도수행자가 조선세법을 어떤 관점에서 배워야 하고 자신에게 구현할 수 있는지에 초점을 맞추어 설명하고자 한다.

Chapter

07

화랑세기와 검도해석학

1. Kumdo 또는 Kendo

　검도의 시작은 칼이라는 직접적인 살생의 도구로 상대방으로부터 자신의 생명을 보호하기 위해 시작되었지만, 이후 가족과 국가와 같은 공동체의 이익을 위한 상징적인 도구의 측면도 무시할 수 없다. 검이 더 이상 정당화되지 않는 평화시대에 들어와서는 검은 자기수행의 완성이라는 새로운 의미가 추가적으로 부여되었다. 이는 검술이라는 기술적인 측면의 강조에서 형이상학적인 도(道)의 개념이 첨가되어 오늘날 검도(劍道)라는 용어가 형성된 것에서도 알 수 있다. 일본에서 검도 용어의 등장은 1895년 대일본무덕회(大日本武德會)의 성립 때 "술(術)을 통해서 심신의 도를 단련하자"라는 의미로 검술이나, 격검이 아니라, 검도(劍道)[1]라 하였다.[2] 근대 일본에서 검술에서 검도로의 용어 전환은 검도수행을 자신의 생명 방어와 살생의 의미를 넘어 심신단련과 인격완성을 위한 도구로 생각하였다는 점을 잘 보여준다. 이와 같이 검술에 형이상학적인 도(道)의 의미가 첨가된 검도단어의 형성은 그리 오래된 일은 아니다.[3]

일본 검도문화와 철학의 발전 토대는 무사계급에 기인한다.[4] 무사의 삶과 죽음의 문제는 그들로 하여금 예절을 근거로 한 유교의 학문적인 태도[5]보다는 좌선(坐禪)을 주로 하는 선불교의 입장을 받아들였다. 이를 가장 잘 보여주는 단어가 검선일여(劍禪一如)[6]이다. 그러나 전국시대(戰國時代)를 지나 에도시대(江戶時代, 1603-1867)에 들어서 일본의 정치적 안정은 무사에게 전쟁에서 보인 생사의 문제를 넘어 인생관에 대한 새로운 태도를 요구하였다. 즉 에도시대에 무사에게 검은 전쟁을 위한 수단의 영역을 넘어, 개인적인 생사를 초월한 깨달음을 획득하는 도

---

1 전 일본검도연맹의 검도개념은 다음과 같다. The concept of Kendo is to discipline the human character through the application of the principles of the katana(Japanese long sword). The purpose of practicing Kendo is: To mold the mind and body, To cultivate a vigorous spirit, And through correct and rigid training, To strive for improvement in the art of Kendo, To hold in esteem human courtesy and honor, To associate with others with sincerity, And to forever pursue the cultivation of oneself. Thus will one be able to love his country and society, to contribute to the development of culture, and to promote peace and prosperity among all people(Donohue, 1999: 32).

2 최종삼, 김영학, 최종균 역(2006: 61).

3 물론 검술수련 과정 자체에서 하나의 형이상학적인 법칙이라는 도(道)의 원리를 발견할 수 없다는 것은 아니다.

4 일본 무사도와 관련된 내용은 구태훈(2005)을 참조.

5 일본의 메이지 유신에서 무사계급의 역할에서 가장 중요한 이론적 역할을 한 것이 조선시대에 유입된 유학이었다.

6 검선일여는 검과 불교가 생사문제와 관련하여 근본적인 유사한 관심을 보여준다. 검은 자신을 버리고 공격해야 상대를 벨 수 있다는 생각은 불교의 무아, 무심이 서로 지향하는 철학적 관점과 다르지 않다. 그리고 그것을 통해 검도수행자가 개인적인 깨달음을 얻으려는 태도는 검과 불교가 지향하는 방향을 고려한다면 서로 일치한다.

구로서의 방향으로 전환되었다. 이러한 무사의 자세는 자신의 사상적 지향점에 따라 다양한 일본의 무도사상을 형성하였다.7

반면에 우리 역사에서 무도사상에 관한 저술은 일본 무도사상과 비교해 보면 상대적으로 적다. 특히 개인적인 관점에서 무도사상을 저술한 내용은 부족하다. 검도와 관련된 개념은 말할 필요도 없다. "검도는 19세기 한국에 정착된 것으로 판단된다."8는 입장에서 본다면, 그 속에서 모두가 공감할 만한 한국적 검도개념9을 도출하여 설명하기는 어렵다. 하지만 우리 역사에서도 검도용어가 있었다면 이야기는 달라진다. 국제검도연맹(Kendo International Federation, 이하 KIF)에서 한국은 KIF의 회원으로서 검도의 한국식 영어표기인 Korea Kumdo Association(대한검도회)를 국제검도연맹으로부터 인정받고 있다. Kendo와 Kumdo는 같은 의미를 가지고 있는데 한국이 가진 검도문화를 인정해서 KIF로부터 한국식 발음인 Kumdo의 단어 사용을 인정받은 것이다. 그럼에도 한국의 검도 문화를 인정해서 KIF로부터 Kumdo 표기를 인정한 것인지는 명확하지 않다. 다만 우리 자신만의 검도문화를 주장하기 위한 Kumdo를 사용할 때 우리는 Kendo의 지향점과 다른 방향성과 의미를 제시해야 한

---

7 일본무도사상은 불교적인 관점으로 다쿠앙 소호(沢庵 宗彭)의 『부동지신묘록(不動智神妙錄)』에서 잘 보여준다(池田 論, 2010). 도교적 관점은 『묘지묘술(猫之妙術)』에서 유교적 관점은 『지과정요(止戈正要)』에서 잘 설명하고 있다. 구체적인 해석과 내용 전개와 관련해서는 이진수(1999)를 참조.

8 김권택(2010: 146)은 일본의 경기검도를 유입한 한국은 무사도를 기반으로 하는 검도용어의 거부감에 대응할 수 있는 상징성으로 화랑도를 언급하고 있다.

9 개념(concept)은 공통적인 속성의 내용과 대상의 범위를 설정하기 때문에 대단히 중요하다. 특히 한국적인 검도개념의 설정은 말할 필요가 없다. 그러나 한국의 검도라고 말할 수 있는 공통적인 속성과 그 범위를 포함하는 개념설정은 쉽지 않다.

다. 그렇지 않으면 Kumdo와 Kendo 단어의 차이 밖에 남지 않는다. Kendo와는 다른 Kumdo의 논리적 근거를 우리의 검도문화에서 찾아 제시할 수 있다면, 그것은 학문적으로 의미가 있다.

사실 한국에서도 무사계급은 존재해 왔었고, 우리 나름대로 검과 관련된 문화적, 사상적 배경을 가졌다[10]는 것은 주지의 사실이다. 그렇다면 우리의 검도와 관련된 이론적 배경은 어디에서 찾을 수 있는가? 저자는 이와 관련한 중요한 근거로 신라시대 풍월주와 화랑도의 생활과 역할을 이야기한 김대문(金大問)의 저서인 『화랑세기』[11]에 보인 검도(劍道)[12]의 용어에 주목하고자 한다. 이 책에서 보여준 검도단어의 해석은 오늘날 한국의 검도이념을 정립하는 데 많은 시사점을 보여준다.

『화랑세기』에 보인 검도단어를 설명하기 이전에 기존 신라시대 화랑의 무리, 즉 화랑도(花郎徒) 연구를 간략하게 검토해 보자. 이는 그

---

10 안자산(1974)의 『조선무사영웅전』은 개개인의 무도와 관련된 저술이 아니라, 우리나라 무사의 특징을 서술한 내용으로 의미가 있다.

11 본 연구는 『화랑세기』가 진짜인지 가짜인지에 대한 논의를 가리는 것이 아니다. 『화랑세기』의 진위 여부는 아직 논의가 진행되고 있다. 『화랑세기』의 진위 여부는 학자에 따라 다르게 주장한다. 이기동(1994)과 노태돈(1995)은 그것은 위작이라는 입장을 견지한다. 반면에 이종욱(2010)의 입장은 진본이라는 견해를 갖고 있다. 이와 관련된 논쟁은 이종욱 역주해(1999: 316-394)을 참조. 『화랑세기』가 진품이 아니라면, 본 연구는 의미가 없다는 지적에 일정 부분 동의를 한다. 그러나 본 연구에서 제기하고자 하는 내용은 검도개념을 재해석함으로써 오히려 진위 여부에 한 걸음 더 나아가는 계기를 마련할 수 있다고 생각한다. 『화랑세기』는 신라시대 사람인 김대문의 저술이다. 이 책은 일제 강점시대 일본왕립도서관에서 사서로 근무한 적이 있는 박창화(1895-1962)가 필사하였다고 한다. 지금 우리가 보고 있는 『화랑세기』는 1989년 32쪽의 발췌본과 1995년에 발견된 162쪽의 필사본이다.

12 검도(劍道)의 용어는 현재 사용하고 있는 검도(劍道)의 고어이다. 본문에서 검도(劍道)의 용어를 그대로 사용하는 것은 일본의 검도용어와 다른 함의를 갖기 위한 의도이며, 한국적 검도개념의 새로운 지평을 넓히기 위한 하나의 방법으로 고어 한자를 그대로 사용하였다.

당시의 검도개념을 이해하는 데 도움이 된다. 기존의 화랑도(花郎徒) 연구는 크게 세 가지로 나눌 수 있다. 첫째, 『화랑세기』 텍스트가 중심이 아닌, 『삼국사기(三國史記)』나 『삼국유사(三國遺事)』의 관점13에서 화랑도의 순국무사와 그들의 호국관을 주장한다.14 여기에서 화랑도의 활동을 한국 고유사상인 풍류도(風流道)와 관련하여 설명하고,15 그들이 추구한 몸 움직임을 오늘날의 관점에서 체육학적 함의를 부여하고 설명하였다.16 둘째, 『화랑세기』와 관련된 화랑도의 연구를 들 수 있다. 물론 여기에서도 화랑도가 갖는 심신단련과 국가의 충성 등을 기반으로 화랑도의 정신적, 교육적 내용을 검토하였다.17 이러한 연구에서는 검도를 부차적으로 설명하였다. 오늘날의 관점에서 화랑도의 호국관이나 충성심의 강조에 중점을 두는 연구를 했기 때문에 무도나 검도 그 자체의 용어 분석과 해석까지는 진행하지 못했다. 셋째, 『화랑세기』 텍스트에 보인 화랑도의 검도에 대한 관점이다. 이러한 연구도 『화랑세기』 전문에 보이는 검도단어를 설명하고는 있지만, 그 내용도 신라의 화랑사상을 설명하기 위해서 일부를 첨가하거나 부가적으로 설명한 것에

---

13 이와 같은 관점에서 신라의 화랑사상에 관한 중요한 연구는 이진수(1987)의 연구를 들 수 있다. 그는 심신 일원론적 관점에서 화랑의 체육적 의미를 설명하고 있다.

14 화랑에 대한 호국관에 관련하여 순국무사의 입장은 일본 학자인 이케우치 히로시(池內法), 미시나 이키히데(三品彰英)에 근거한다. 문제는 오늘날에도 순국무사의 입장을 화랑에 그대로 적용하고 있다. 그러나 그들은 신라의 멸망 이후 순국무사의 정신이 사라졌다는 측면을 강조함으로써 호국관을 한국의 식민지 통치 제도에 적용하려는 정치적 의도를 가지고 있었다(이종욱, 2003: 40-43). 특히 崔在穆(2009)은 화랑도(花郎道)가 일본의 무사와 무사도의 이념을 바탕으로 어떻게 한국에서 왜곡되었는지를 비판적으로 설명하고 있다.

15 김부찬(2005), 고현향(2005).

16 유영철(1995).

17 김태형(2005), 이정학(2005).

그쳤다.18 이와 같이 『화랑세기』 텍스트에서 보이는 검도단어와 관련된 논의는 상대적으로 부족하다. 비록 검도와 관련된 내용의 논의가 있더라도, 오늘날 입장에서 검도의 의미를 부연하거나 연구자의 입장을 강조하는 관점에서 인용하였다.19

저자가 생각하기에 위의 이러한 관점에서의 설명은 신라시대 그 당시 화랑도(花郎徒)가 갖고 있는 검에 대한 태도와 인식이 무엇인지를 무엇인지 정확하게 드러내지 못했다고 생각한다. 따라서 신라시대 검도단어의 해석의 시작은 그 당시 화랑도(花郎徒)가 검도에 대해 가지고 있는 생각과 태도가 무엇이었는지, 그들의 삶에 어떻게 활용되었는지에 대한 파악에서 시작되어야 한다. 이를 토대로 오늘날 검도가 어떻게 실천적으로 적용이 가능한지 살펴볼 수 있다. 신라시대 그 당시 화랑도(花郎徒)의 검도에 대한 이해 없이 오늘날 검도단어의 해석은 논리적으로 설득력이 떨어진다. 따라서 『화랑세기』에 보인 검도라는 단어가 어떻게 화랑도(花郎徒)에게 이해되고, 받아들여졌는지 구체적인 의미 분석과 해석 연구가 뒤따라야 한다.20 물론 신라시대에 검도단어가 존재한 것만으로 의미가 있지만, 그 자체가 오늘날에도 의미를 갖기 위해서는 실천적으로 적용 가능한 내용이 무엇인지 신라시대 화랑도(花郎徒)의 인식에서 먼저 찾아 파악해야 한다. 그 속에서 한국만이 갖는 검도

---

18 김상현(2009), 최재성(2005).
19 김권택(2010)은 화랑의 무도사상을 고찰하기 위해 『화랑세기』를 부차적으로 설명한다고 하였지만, 화랑의 낭도와 낭정을 설명하는 데 많은 부분을 의존하고 있다.
20 이진수(2004: 29-30, 58)는 『화랑세기』에 보이는 검도의 단어는 『화랑세기』를 필사한 박창화(朴昌和, 1889-1962)가 그 당시 일본에서 검도의 용어를 받아들여 썼다는 입장을 견지하고 있다. 그러나 『화랑세기』의 진위 여부의 논쟁과 마찬가지로 검도의 용어가 신라시대에 없었다고 주장하는 근거 또한 명확하게 제시하고 있지 않다는 점에서 논쟁의 여지는 존재한다고 말할 수 있다.

개념을 만들 수 있을 것이다.

본 장에서 저자는 오늘날 한국의 검도개념의 설정과 실천적 내용을 확보하기 위해 해석학의 이론적 방법으로 『화랑세기』 텍스트를 검토하고자 한다. 원래 해석학(Hermeneutics)[21]이란 텍스트에서 보인 내용에 접근해서 그것이 어떤 의미를 갖는지 분석하고 이해하는 학문이다. 해석학적 방법은 학자에 따라 다양하게 설명한다. 저자는 가다머(Gadamer)가 주장한 철학적 해석학(philosophical hermeneutics)[22]의 방법으로 『화랑세기』에 보인 검도와 관련된 개념을 설명하고자 한다. 철학적 해석학의 이론적 방법은 검도단어의 해석을 통해 추상적인 내용 파악을 넘어 실천적인 방법의 논리적 근거 제시에 도움이 된다.

이를 위해 저자는 본 장을 다음과 같이 진행하고자 한다. 먼저 이론적 근거로서 『화랑세기』 텍스트에 대한 해석학적 접근의 필요성을 논리적으로 제시하고자 한다. 이를 근거로 『화랑세기』 텍스트에서 보인 검도단어가 그 당시 신라시대 화랑도에게 어떻게 해석되었는지를 설명하고자 한다. 마지막으로 『화랑세기』에 보인 검도개념을 오늘날 어떻게 적용(application)하고 실천(practice)이 가능한지를 검토할 것이

---

21 해석학은 해석학자들의 이해와 접근방법에 따라 크게 두 가지 방향으로 나누어진다. 첫째, 저자의 텍스트에 나타난 의도를 그대로 완벽하게 복원하여 재구성하고자 하는 쉴라이에르마허(Schleiermacher)와 딜타이(Dilthey)의 흐름이 존재한다. 둘째, 해석의 대상과 주체와의 상관적인 해석의 의미는 하이데거(Heidegger)와 가다머(Gadamer)의 입장에 따라 다르게 전개된다. 각각의 해석학자들이 설명하는 이론적 태도와 사상은 팔머(Palmer)의 『해석학이란 무엇인가』(이한우 역, 2001)를 참조.

22 일반적으로 철학적 해석학은 텍스트라는 대상과 텍스트를 읽는 해석자의 방법과 관점 사이에 초점을 맞춘다(Gadamer, 2004). 가다머에 따르면 "해석자의 방법론적 과제는 자신의 대상 속에서 스스로를 몰입시키는 것이라기보다는 오히려 그 자신의 지평과 텍스트의 지평간의 생동적인 교섭양식을 찾아내는 것이라 할 수 있다"(이한우 역, 2001: 180).

다. 이러한 과정 속에서 우리는 자연스럽게 한국적 검도개념을 만들 수 있을 것이다.

2. 『화랑세기』와 해석학(Hermeneutics)

『화랑세기』에 보인 검도단어의 해석학적 의미를 확보하기 위해서는 해석학에 대한 전반적 이해가 전제되어야 한다. 해석학의 방법으로 『화랑세기』 텍스트에 보인 그 당시 신라시대 화랑도의 검도와 관련된 해석은 한국적인 검도개념의 형성에 중요한 이론적 근거를 제공한다.

1) 해석학의 의미

해석학(hermeneutics)의 어원은 그리스 동사인 헤르메네인(hermenein), 즉 영어인 translate(해석하다)와 그리스 명사 헤르메네이아(hermeneia), 즉 interpretation(해석)에 기인한다.[23] 이 단어의 역사적 기원은 고대 그리스 로마 신화에서 나오는 신(神)인 헤르메스(Hermes)이다. 헤르메스는 제우스나 다른 신(神)의 말이나 이야기를 인간이 이해할 수 있는 언어로 말하고 (to say), 설명하고(to explain), 번역하는(to translate) 역할을 하였다.[24] 이러한 헤르메스의 역할이 오늘날 해석학이라는 학문에도 그대로 반영되었다.

초기의 해석학은 텍스트의 해석 이해에서 출발하였다.[25] 이러한 해석의 의미도 좀 더 깊게 들어가면 협의와 광의로 나누어진다. 좁은

---

23 이한우 역(1988: 33).
24 이한우 역(2001: 35).
25 문성화 역(1998: 15).

의미의 해석학은 주어진 텍스트에서 보여주는 단어, 문장, 구문의 정확한 의미와 내용에 초점을 맞춘다. 반면에 넓은 의미의 해석학은 해석학자가 텍스트에서 보여준 전체 내용의 이해와 설명을 통해 그것의 의미나 가치를 발견하는 것이다. 전자가 텍스트의 해석과 설명을 위한 방법론적 원리가 필요하다면, 후자는 이에 더해 텍스트에 보인 단어의 의미를 넘어 그 속에 내재한 교훈과 텍스트가 가진 존재의 의미까지도 밝힌다. 즉 지금의 입장에서 어떻게 이해될 수 있으며, 오늘날에는 적용 가능한 실천적인 의미로 전환될 수 있는지를 설명한다.[26]

하지만 오늘날 해석학적 의미는 문헌 해석을 넘어선다. 해석을 한다는 것은 해석하는 사람의 관점이 개입될 여지가 있기 때문에 해석하고자 하는 사람 자체의 인식 태도에 대한 이해도 추가되어야 한다. 텍스트의 단어와 문장에 담긴 저자의 의도를 파악하기 위해 객관적이고 정확한 해석은 필요하다. 그러나 해석의 과정에서 자신의 관점을 배제하여 해석하기란 쉽지 않다. 검도라는 단어 해석의 예를 들어 보자. 검도라는 단어 해석에 대해 초보자와 오랜 검도수행자 사이에는 차이가 있다. 일반적으로 오랜 검도수행자들의 검도해석이 훨씬 더 정확하다고 말할 수 있겠지만, 그 속에는 자신의 오랜 검도수행의 관점이 투영된다는 점에서 왜곡될 가능성을 배제할 수 없다. 따라서 진정한 검도단어의 해석에는 단어 해석을 넘어 검도단어를 해석하는 자신의 관점에 대한 근본적인 이해나 태도에 대한 해석도 필요하다. 그리고 검도단어의 해석과 관련하여 검도수행자는 검도가 이러저러한 의미를 갖는다는 사실을 아는 것과 그것을 알고 실천하는 것은 다르다는 사실도 직시할 필요가 있다. 우리의 일상적인 삶 속에서 검도단어의 해석과 의미가 자신에게 적용(application)되

---

26 양해림(2011: 20–21).

고 실천(practice)되지 않으면 무용지물이다. 우리가 진정으로 해석을 한다는 행위는 텍스트에서 보여주는 앎으로 끝나서는 안 되고, 그 앎이 자신의 삶에 영향을 미칠 때 더 큰 의미로 다가온다. 이를 위해 검도수행자는 검도해석에 대해 자신의 관점을 명확하게 드러낼 필요가 있다. 그리고 검도수행자 자신이 검도에 대해 생각하는 태도나 이론적 관점을 다른 사람에게 설명할 수 있어야 한다. 이러한 생각과 이론적 근거의 해명은 자신의 검도수행에 실질적으로 도움이 된다.

해석자는 주어진 텍스트 그 자체의 해석에 몰입하는 것보다는 오히려 자신의 지평27(horizon)과 텍스트가 보여준 지평 간의 생동적인 관계에서 의미 있는 것을 찾아 자신의 태도나 일상적인 삶에 실천적으로 적용해야 한다. 모든 검도관련 서적을 읽을 때 이러한 태도가 견지되어야 한다. 그렇지 않으면 해석은 말 그대로 텍스트의 해석에 지나지 않는다. 진정한 해석의 의미는 자신의 관점 그 자체에 대한 분석과 텍스트와의 관계에서 텍스트의 의미가 오늘날 삶에 도움이 되는 방향으로 자신에게 실천적으로 적용해야 한다. 자신의 실천적 움직임이 포함되지 않는 해석은 그냥 언어적 유희에 지나지 않는다. 우리가 검도의 의미나 가치를 문헌의 이해로 끝내서는 안 되는 이유가 여기에 있다. 따라서 검도수행자에게 해석의 궁극적 목적은 자신에게 적용하고 실천하는 것에 있음을 외면해서는 안 된다.

『화랑세기』 텍스트에 보인 검도단어는 신라시대 화랑도(花郞徒)의

---

27 지평(horizon)의 의미는 6장에서 언급한 내용과 차이는 없다. 다만 해석학적 의미에서 지평은 우리의 현재 앞에 놓인 상황을 그대로 해석하는 것이 아니라, 더 멀리 우리의 시야를 확대시켜 포함하는 관점(perspective)을 말한다. 엄밀한 의미에서 모든 해석에는 현실적으로 자신의 생각이 개입될 수밖에 없다. 객관적이고 절대적인 해석은 없다. 따라서 우리는 정확한 해석을 위해서는 주어진 텍스트의 내용과 자신의 생각을 서로 조율하여 이해할 필요가 있다.

검에 대한 이해와 실천적 움직임의 결과물이다. 따라서 『화랑세기』의 정확한 의미와 내용을 확인하기 위해서라도 우리는 검도단어뿐만 아니라, 검도와 관련된 그 당시 언급된 단어들, 즉 격검(擊劍), 검장(劍仗), 검술(劍術), 학검(學劍) 등의 용어들에 대한 이해가 선행되어야 한다. 『화랑세기』 책에 보인 검도단어와 관련된 해석학적 이해는 신라시대 검도와 관련된 화랑도의 삶과 존재 방식에 대한 내용을 잘 보여주기 때문이다. 그 검토 속에서 우리는 오늘날 새로운 검도의 의미와 가치를 찾을 수 있다.

2) 『화랑세기』와 검도(劍道)단어의 해석학적 이해

본 장에서 저자는 『화랑세기』 텍스트에 보인 검도단어의 의미를 세 가지로 설명하고자 한다.

첫째, 김대문이 저술한 『화랑세기』에 보여준 검도단어는 오늘날 우리가 이해하는 검도와는 다르다. 『화랑세기』 텍스트에 보인 검도단어와 관련된 문장의 정확한 이해를 위해서는 신라시대 검과 관련된 단어 사용과 관련된 내용의 면밀한 검토가 필요하다. 예컨대 『화랑세기』 텍스트에는 검도와 유사한 격검(擊劍), 학검(學劍), 검술(劍術), 검장(劍仗)이라는 단어가 있고, 이 용어들이 신라시대 화랑도(花郎徒)에게 어떠한 맥락에서 사용되었는지 파악해야 한다. 사실 근대에 일본에서 정립된 검도라는 단어가 이미 신라시대에도 존재하고 있었다는 자체만으로 놀라운 사실이다. 그러나 검도단어는 1장에서 언급하였듯이 고대 중국에서도 존재하였다. 한국, 중국, 일본의 각각의 검도단어가 어떠한 점에서 같은지 또는 다른지 공시적인(synchronic) 관점[28]에서 살펴보는 것도 학문적으로 의미가 있다. 본 연구에서는 『화랑세기』 텍스트에 보인 검도단어에 초점을 맞추고자 한다. 일본의 검도개념이 살생을 넘어 철학적인 형이상학적인 의미를 부여한 것이라면, 한국의 검도개념은 화랑도의 실천적 움직임에 더해 『화랑세기』 저자인 김대문(金大問)의 의미 부여에서 나왔다는 점에서 일본의 검도단어의 형성 과정과는 구분해야 한다.

둘째, 『화랑세기』에 보이는 검의 단어와 학검, 검술, 격검, 경장의 내용을 정확하게 파악하기 위해서는 우리는 해석학적인 관점의 이해(understanding)29의 의미를 명확하게 파악하고 있어야 한다. 이해란 단순히 어떤 사실을 분석하고 안다는 의미가 아니다. 해석학적 관점에서 이해란 "과거와 현재가 뒤섞이는 순간에의 참여이다."30 즉 우리가 『화랑세기』 텍스트에 보여주는 검도단어를 해석하고 이해하는 행위 자체에 알게 모르게 자신만의 검도개념을 형성하기 위한 의도가 개입된다는 것이다. 텍스트를 이해한다는 것이 단순히 책이 보여주는 내용의 이해라고도 할 수 있지만, 그 이해에는 자신이 바라는 진리 요구의 방향, 즉 자신만 지평(horizon)의 내용이 개입된다. 다시 말해 저자가 행하는

---

28 공시적(共時的, synchronic)이란 통시적(通時的, diachronic)에 반대되는 말이다. 소쉬르(Ferdinand de Saussure, 1857 – 1913)가 언어체계의 연구에서 구분한 것으로 특정시대 언어의 차이점을 공시언어학(共時言語學, synchrony)이라고 하였고, 언어의 시대에 따른 변화의 연구를 통시언어학(通時言語學, diachrony)이라고 하였다(네이버 지식사전).
29 해석학적인 관점에서 이해는 대상을 보는 단순히 인식론적인 차원의 의미가 아니다. 이해는 해석하는 사람이 텍스트를 고정된 하나의 객관적 대상으로 의미를 파악하는 인식론적 과정이기보다는 자신의 의도가 텍스트에 참여하여 상호관계 속에서 표현되고 드러나는 과정이다. 예컨대 검도에 대한 이해도 각자 자신만의 생각과 태도가 개입되어 검도를 이해한다는 것이다. 각자가 생각하는 검도의 지향점이 다른 이유가 여기에 있다.
30 이한우 역(2001: 271).

『화랑세기』에 보인 검도단어의 연구에는 일본검도와 다른 한국의 검도 개념을 찾기 위한 의도가 일부 개입될 수 있다는 것이다.

우리가 텍스트를 읽고 해석에 참여하는 것에는 근본적으로 자신의 존재론적 차원의 개입을 배제할 수 없다.[31] 텍스트에 대한 존재론적 차원의 이해란 텍스트에서 보인 단어에는 텍스트 저자의 의도가 개입되어 기술된다는 것이다. 예컨대 검도관련 책을 쓰는 저자도 글을 쓸 때 자신의 검도에 대한 관점이 개입된다. 당연히 이 책도 저자 자신의 검도에 대한 관점이 개입되었다고 말할 수 있다. 사실 검도나 무도관련 서적을 읽을 때 우리는 아무런 생각 없이 읽지 않는다. 자신이 필요한 기술이나 가치를 배우기 위해서 텍스트에 관심을 갖는다는 근본적인 사실이 내포되어 있기 때문이다.

김대문이 기술한 『화랑세기』 텍스트를 향한 우리의 지평에 자신의 의도와 생각이 이 텍스트의 해석 과정에 포함될 가능성을 인정하자. 그렇다면 진정한 텍스트의 의미 파악이란 『화랑세기』 저자인 김대문의 의도와 의미를 드러내는 것이다. 이를 위해서는 자신의 관점을 배제해야 한다. 물론 우리의 의식이 주어져 있는 것을 객관적으로 파악할 수 있느냐 없느냐는 다른 문제이다. 어떻게 보면 완전한 자신의 의도를 배제한 객관적인 해석이라는 것 자체가 일정한 모순을 갖는지도 모른다.[32] 객관적인 해석을 해야 하는 것과 실제로 객관적 해석이 이루어지는 것은 다른 차원에서 진행되기 때문이다.

검도철학이나 사상을 객관적으로 연구하기 위해 검도와 관련된 텍스트를 해석한다고 할지라도, 그 속에는 우리 자신의 관점을 완벽하게

---

31 오용득(1996: 65).
32 이기상 역(1998: 208 – 209).

배제할 수 없다. 이러한 사실을 가장 잘 보여주고 있는 것이 김대문(金大問)[33]이 저술한『화랑세기』에서 보인 32명의 풍월주에 대한 자신만의 평가를 "讚曰"(찬하여 말한다)로 설명하고 있다.[34] 이러한 사실은 김대문이 화랑의 최고 위치에 있는 풍월주에 대한 자신만의 이해 지평을『화랑세기』텍스트에 개입하여 그 책을 기술한다는 점을 보여준다. 따라서 우리는 저술자인 김대문이 검도에 갖고 있던 의식지평의 내용까지 파악해야, 그 당시 검도단어와 관련된 검도의 본질파악에 한 걸음 더 가까이 다가갈 수 있다.

텍스트의 이해와 관련하여 선입견의 문제는 중요하다. 일반적으로 학문적인 관점에서 텍스트의 내용에 대한 선입견을 배제하는 것이 올바른 인식이라고 한다. 그 이유는 선입견이 기존 전통적 관점에 매몰되어 독창적인 새로운 가치를 형성하는 데 방해가 된다고 생각하기 때문이다. 그러나 엄밀하게 말하면 텍스트 이해에 대해 완전하게 우리 자신의 선입감을 배제할 수는 없다. 관점 없는 시각은 존재하지 않으며, 근본적으로 자신의 견해 없는 판단은 작동하기 어렵다. 사실 객관적인 판단이라고 할지라도 누구나 검도에 대한 자신만의 판단을 가지고 검도를 해석한다. 다만 이해의 정도나 깊이의 차이만 존재할 뿐이다. 해석과 관련해서 지금 주어진 현재 상황과 관계를 맺지 않는 해석이란 있을

---

33 김대문의 출생과 사망은 미상이다. 그러나 그의 활동은『삼국사기(三國史記) 46』권 설총전(薛聰傳)에 다음과 같이 보인다. "김대문은 본디 신라 귀족의 자제로, 성덕왕 3년(704)에 한산주의 도독이 되었고, 전기(傳記) 약간 권(卷)을 지었으며, 그의 고승전(高僧傳), 화랑세기(花郎世記), 악본(樂本), 한산기(漢山記)는 아직 남아 있다"(이강래 역, 1988).

34 김대문이 쓴 화랑세기는 신라중기의 왕권이 절대적 힘을 키워가는 시대에 자신의 조상인 6대조인 위화랑(제1대 풍월주)을 시작으로 풍월주의 계보와 화랑의 자랑스러움을 보여주기 위해 기술되었다.

수 없다. 따라서 우리는 해석을 결코 영원불멸하거나 고정적인 정답이 존재하는 것으로 인식해서는 안 된다.[35]

그렇다고 해서 완벽한 해석이 불가능하다는 것을 말하는 것이 아니다. 완전한 해석에는 우리 자신의 입장에 대한 반성과 텍스트간의 대화를 지속함으로써 그 속에서 의미를 찾는 노력이 전제되어야 한다. 더 나아가 해석을 통해 우리가 텍스트가 갖는 의미의 본질을 찾는 것보다 그 의미를 자신에게 적용하려는 노력이 더 중요하다.[36]

검도단어의 해석도 이와 다르지 않다고 생각한다. 누구나 자기 수준에서 검도를 이해한다. 이에 따라 우리는 각자 자신의 검도수행 정도에 따라 검도이해와 해석 정도가 다를 수 있음을 인정하자. 그렇기 때문에 우리는 검도해석에 대해 옳고 그름이 있다고 성급하게 단정해서는 안 된다. 자신의 관점에서 검도에 대한 무전제의 해석은 결코 있을 수 없기 때문이다. 따라서 우리가 검도를 해석할 때마다 자신이 갖고 있는 선입감 그 자체에 대한 반성이 더 중요하다. 어쩌면 넓게는 검도를 우리의 독자적인 삶을 반영한 한국 전통무술 중의 하나로 인정하거나, 아니면 일본으로 상징되는 경기로서의 검도를 인정할 것인가에 대한 각각 자신의 선입감에 대한 반성이 필요한지 모르겠다. 일본의 검도가치를 따르는 것이 검도의 올바른 길임을 주장하는 관점과 반면에 검도는 일본에서 시작되었지만 '검도의 원류는 한국이다'의 주장 모두 검도의 선입감이 개입되었기 때문에 양쪽 둘 다에 대한 반성도 필요하다. 검도에 대해 자신만이 갖고 있는 선입감은 현재의 검도수행과 검도의

---

35 이한우 역(2001: 268).
36 해석과 반성을 통한 무도의 실천적 행위의 완성과 관련된 내용은 이상호(2019a)를 참조. 그는 무도해석학은 자기반성의 실천적 학(學)이 되어야 한다고 하였다.

실천방향에 영향을 미치기 때문에 검도수행자는 자신이 생각하는 검도의 선입감을 명확하게 드러내어야 한다. 자신만의 검도에 대한 선입감의 이해와 설명은 자신의 검도본질을 설명할 수 있는 이론적 틀의 시작이기 때문이다. 물론 오늘날 검도수행자에게 자신의 선입감과 관련된 존재론적 의미를 파악하고 드러내는 작업은 쉬운 일이 아니다. 그럼에도 불구하고 검도수행자는 검도에 대한 자신의 선입감과 관련된 근본적인 반성이 필요하다는 사실은 변함이 없다. 예컨대 검도를 보는 나의 관점은 무엇인가? 왜 나는 검도를 하는가? 나는 검도를 통해 무엇을 얻으려고 하는가? 의 질문에 더해 왜 그러한 질문을 던지는지에도 진지한 반성이 필요하다.

셋째, 『화랑세기』에 보이는 검도단어는 오늘날 검도수행에서 어떻게 적용(application)할 것인지 하나의 기준점을 제시한다. 적용이란 텍스트의 의미가 현재와 관련된 의미로 전환되는 과정에서 보여준 실천적 기능을 말한다.[37] 텍스트가 보여주는 의미 자체보다 지금의 검도수행에서 실천적인 행위로 전환이 가능할 때 그 단어의 존재 의미가 있다. 즉 『화랑세기』에서 보이는 검도단어 그 자체도 의미가 있지만, 그곳에서 보인 검도단어가 오늘날 의미 있는 지평으로 우리에게 다가오기 위해서는 오늘날 검도수행자에게도 실천적 적용이 가능한 의미로 변용되어 적용되어야 한다. 단순히 『화랑세기』에 보이는 검도단어가 존재한다는 것이 모든 가치보다 우선순위로 받아들여져서는 안 된다. 『화랑세기』에 나오는 검도단어가 일본에서 보인 검도단어보다 더 오랜 역사를 가지고 있다고 주장해서도 안 된다. 『화랑세기』에 보인 검도단어는 그 당시 신라시대에 보인 검도개념의 실천적 내용을 오늘날

---

37 이한우 역(2001: 273).

의 검도수행자에게 어떻게 적용할 수 있는지에 초점을 맞추어 해석하고, 실제로 자신의 검도수행에 도움이 되어야 한다. 그렇지 않으면 과거 한국의 신라시대의 역사에 검도단어가 존재했다는 사실이 기록될 뿐이다.

『화랑세기』 텍스트에 보인 검도단어의 실천적 적용을 하기 위해서 우리는『화랑세기』의 텍스트와 이를 이해하는 사람 간의 지평이 서로 만나 자신만의 지평 융합을 만들어 내어야 한다.38 『화랑세기』에 대한 지평 융합의 의미란 신라시대 검도개념의 이해도 중요하지만, 지금 살아가는 검도수행자 자신의 검도수행과 삶의 방식에 영향력을 발휘해야 한다. 과거 화랑도의 삶이 오늘날 우리에게 의미 있게 다가오기 위해서는 검도수행자에게 실천적 적용의 과정이 수반되어야 한다. 결국 신라시대에 보인 검도의 의미와 내용이 지금 우리들의 검도수행에 실천적으로 적용, 경험되지 않는다면, 과거 신라시대에 검도의 용어가 텍스트에 있었다는 하나의 사실로 끝나게 된다.

따라서『화랑세기』에 보인 검도단어의 의미가 완전한 빛을 발휘하기 위해 검도수행자는 자신의 검도수행의 과정에서 어떻게 실천적으로 적용이 가능한지의 답을 찾아야 한다. 그 과정 속에서 검도수행자는 자연스럽게 각자의 검도개념을 창출할 수 있을 것이다. 검도라는 단어의 과거적 사실이 한국검도의 우월성을 강조하기 위한 의미로의 확대 재생산은 의미가 없다. 검도수행자는 자신의 위치에서『화랑세기』의 텍스트가 보여주는 내용과의 대화를 통해 자신만의 검도개념을 만들어가야 한다. 이를 위해 우리는『화랑세기』를 진지하게 일독할 필요가 있다. 검도단어가 갖는 역사적 의미 그 자체의 이해도 중요하지만,『화

---

38 오용덕(1996: 79), 임홍배 역(2012: 192−193).

랑세기』 이해의 진정한 준거점은 그 텍스트 저자인 김대문의 입장에 대한 각자 연구자의 견해를 드러내기보다는 현재 자신의 검도수행을 토대로 그 내용이 자신의 삶에 어떻게 해석되어질 수 있는지에 초점을 맞추어야 한다.

『화랑세기』에 보인 검도의 해석학적 접근은 먼저 그 텍스트에 보인 검도의 이해를 추상적인 개념의 해석에서 찾지 말아야 한다. 그렇게 해야 한다는 당위론적 관점도 배제해야 한다. 오늘날의 검도수행자에게 신라시대 그 당시 검도개념은 지금 검도수행자의 사유 체계에서 벗어나 사용된 개념일 수도 있기 때문에 텍스트에 대한 자신의 선입감 배제는 대단히 중요하다. 검도수행자가 텍스트에 어떤 선입감을 가지고 있느냐에 따라 오늘날 그 텍스트가 보인 검도교육의 내용과 가치가 달라질 수 있기 때문이다. 물론『화랑세기』 텍스트에서 보인 검도개념을 오늘날에 적용하는 것은 쉽지 않다. 과거와 달리 전쟁을 위해 목숨을 바쳐야 하는 상황도 아니고, 오늘날 모든 시간을 검도에 투자할 수 없는 상황도 고려해야 한다. 그럼에도 새로운 자신만의 검도개념의 정의는 현재 검도수행과 삶의 지평 안에서 과거의 검도개념과의 대화를 통해 나온다는 사실은 변함이 없다. 따라서『화랑세기』에서 보인 검도 단어에 근거한 한국의 검도개념의 제시는 검도수행자 자신의 검도수행의 과정에서 실천적 적용을 통해 자연스럽게 드러내어야 한다.

3. 『화랑세기』와 검도(劍道)단어의 해석학적 적용

『화랑세기』에 보인 검도의 해석학적 접근은 신라시대 화랑도(花郎徒)에게 검(劍)은 어떠한 의미와 역할을 하였는지, 검을 통해 신라 화랑이 지향하고자 했던 목적이 무엇인지 파악하는 데 도움을 준다. 이를 통해 우리는 그 내용과 의미가 오늘날 어떻게 실천적으로 적용이 가능한지를 파악할 수 있다. 문제는 검도에 대한 신라시대 화랑도(花郞徒)의 관점과 생각을 뒷받침할 수 있는 문헌이 『화랑세기』 이외에는 부족하다는 점이다. 다만 우리는 『화랑세기』 텍스트에 보인 검과 관련된 내용에서 간접 확인은 가능하다.39 『화랑세기』에 보인 검도단어의 해석학적 함의를 파악하기 위해 우리는 두 가지 요소를 고려해야 한다. 첫째, 『화랑세기』에 보인 검도와 관련된 용어들이 신라시대에서 어떻게 사용되고 받아들여졌는지를 검토해야 한다. 둘째, 이를 근거로 『화랑세기』에 보인 검도행위와 가치가 오늘날 검도수행과 검도수행자에게 어떻게 적용이 가능한지를 설명해야 한다.

1) 『화랑세기』에 보이는 검도단어의 이해

『화랑세기』에서 검도(劍道) 용어는 세 번 나온다. 첫 번째는 9세 비보랑 조에서 "비보랑은 죽을 때까지 검도를 버리지 않았다(公終身不捨劍道)." 두 번째는 10세 미생랑 조에서 "공은 검도(劍道)를 즐겨하지 않았고 내심 문노(文弩)를 꺼리어 예의를 갖추지도 않았다(公不喜劍道 內忌 文弩 不爲之禮)." 세 번째는 『화랑세기』의 저자인 김대문(金大問)은 9세 비보랑에 대해 앞의 두 문장과 구별되는 자신만의 견해를 설명하였다. 김대문은 비보랑이 "검도를 크게 떨쳤다. 무사의 기풍이 일어났고 백세

---

39 물론 검과 관련된 내용을 『삼국사기(三國史記)』나 『삼국유사(三國遺事)』에서 살펴볼 수 없다는 것은 아니다. 그러나 해석학의 입장에서 본다면, 그들 저자들이 가지고 있는 유교적, 불교적 관점에 따라 검과 관련된 내용이 각각 다르게 서술되고 있다는 점이다.

의 스승이다(劍道大擅[40] 士氣以興 百世以師)"라고 설명한다.

앞선 두 문장에서 비보랑과 미생랑 두 화랑이 각각 검도(劍道)를 대하는 태도는 다르다. 풍월주 비보랑은 죽을 때까지 검도를 버리지 않았고, 진정한 무사로 칭송받는 8세 문노의 정신을 계승하였다. 반면에 문노와 가장 대비되는 인물인 미생랑은 얼굴이 아름답고, 여색을 탐하고, 춤을 잘 추었다. 그는 문노에게 예의를 갖추지도 않았으며, 검도(劍道)를 즐겨하지 않았다는 사실에서 문노와 상반되는 점이 보인다. 반면에 비보랑은 문노의 검도(劍道)에 대한 태도를 존중하였고, 문노의 가르침을 따라 그의 제자가 되어 사회와 국가의 발전에 기여하였다. 이러한 비보랑의 역할에『화랑세기』저자인 김대문은 자신만의 해석 지평을 통해 비보랑이 후세에도 스승이 될 수 있음을 설명하였다. 이를 김대문은 비보랑이 "검도를 크게 떨쳤다. 무사의 기풍이 일어났고 백세의 스승이다(劍道大擅 士氣以興 百世以師)"라고 기술하고 있다. 당시 검도의 행위가 후세에도 영향력을 미치고 존경을 받을 수 있었다는 사실은 오늘날 검도수행자들에게 많은 시사점을 던진다.

그렇다면『화랑세기』에서 말하고자 하는 검도(劍道)의 의미는 무엇인가? 사실 신라시대 그 당시의 검도가 무엇을 의미하는지 한마디로 정의하기는 어렵다. 이를 해명하기 위해서는 오늘날의 입장에서 검도

---

40 천(擅)의 의미는 1. 멋대로 하다 2. 천단하다(擅斷: 제 마음대로 처단하다) 3. 차지하다, 점유(占有)하다. 4. 물려주다 5. 오로지 6. 멋대로(네이버 한자사전). 대천의 의미는 "크게 떨치다"(이종욱 역주해, 1999: 110)의 설명에서 이진수(2004: 59)는 대천의 의미를 '마음먹은 대로, 혹은 오로지'의 뜻을 가지는 것으로 설명한다. 따라서 대천의 의미는 비보랑이 문노의 검술을 배워 문노의 경지보다 더 나아갔음으로 이해해야 한다. 반면에 신재홍(2009: 57)은 대천의 의미를 '검도에 독보적인 위치를 점유하였다'고 생각한다. 독보의 의미는 "남이 감히 따를 수 없을 만큼 혼자 앞서 감. 또는 그런 사람"이다(국립국어원 표준국어대사전).

개념을 파악하기보다는 신라시대 화랑도의 입장에서 검도단어를 어떻게 이해하고 있었는지 먼저 파악해야 한다. 오늘날과 마찬가지로 신라시대 화랑도의 검도단어의 이해도 도(道)의 엄밀한 해석과 이해를 전제로 한다.41 왜냐하면 그 당시 신라시대 검도개념에서 도(道)가 갖는 이해에 따라 그 내용의 설명이 달라질 수 있기 때문이다.

검도용어와 관련하여 이진수(2004)는 신라시대에 신라인이 검도라는 용어를 신라시대부터 쓰고 있었다고 생각되지는 않는다고 하였다. 이진수는 아마도 『화랑세기』의 필사자인 박창화(朴昌和)가 자신이 생존해 있을 당시 일본에서 사용되던 검도단어를 그대로 사용한 것이라고 주장한다.42 이진수(2004)는 검도의 의미를 "검을 수련하면서 획득되는 신체의 덕"으로 설명하였다. 그는 『화랑세기』에 보인 검도단어를 형이상학적 의미 중심이 아닌 기술 중심의 검술로 설명한다.43 저자는 신라시대 검도의 의미를 검도기술이나 기능으로 한정시킨 이진수(2004)의 관점은 그의 선입감이 개입된 해석이라 생각한다. 이진수는 일본의 관점에서 검술에 형이상학적인 의미가 추가됨으로서 검도단어가 탄생한 것이라는 입장을 견지하고, 신라시대의 검도단어에는 형이상학적 의미가 포함되지 않은 것으로 해석하였다.

그러나 신라시대에 검도가 형이상학적인 의미를 갖고 있었다면,

---

41 예를 들어 도(道)의 의미는 최치원(崔致遠, 857-?)이 이야기한 현묘한 풍류(風流)를 이야기한 도(道)의 의미인지, 아니면 신라의 독자적인 선도(仙道)에서 보인 도(道)의 의미인지, 아니면 중국의 영향을 받은 유교적인 도(道)를 의미하는지와 관련된 구체적인 해명이 전제되어야 한다. 신라시대에 보인 도(道)의 해석은 한국에서 검도개념을 새롭게 설정하는 데 중요한 문제이기 때문이다. 이 점과 관련해서는 이상호(2015b)를 참조.
42 이진수(2004: 58).
43 이진수(2004: 59).

그의 해석은 타당성을 갖지 못한다. 저자는 신라시대의 검도단어에는 검술의 의미뿐만 아니라, 그들 나름대로 충분히 형이상학적인 철학적, 윤리적 태도가 포함되어 있었다고 생각한다. 이는『화랑세기』에서 검과 관련된 움직임의 설명에서 잘 보인다. 다행스럽게도『화랑세기』에서 검(劍)과 관련하여 다양한 용어들이 존재한다. 즉 학검(學劍), 검술(劍術), 격검(擊劍), 검장(劍仗) 등이다. 이러한 단어의 이해와 검토에서 우리는 신라시대 그 당시 검도의 의미가 검술을 넘어 형이상학적인 의미를 포함하고 있다. 구체적으로 설명해보자. '검을 배운다'는 의미의 학검(學劍)이라는 용어는 네 번 나온다. 첫 번째, 4세 "공(이화랑)은 사다함으로 하여금 문노에게 검을 배우게 하였다."[44] 두 번째, 9세 비보랑 조에서 "문노의 문하에 들어가 검을 배워 드디어 고제(高弟)가 되어 힘껏 문도를 도왔다."[45] 세 번째, 9세 비보랑 조에 "세진이 늘 공에게 검을 배워 아들 세호랑을 가르치며, 아내가 지아비의 일을 몰라서는 안 되고 아들이 아버지의 과업을 몰라서는 안 된다고 일렀던 까닭이다."[46] 이처럼 비보랑의 부인인 세진이 남편에게 검을 배워서 그의 아들을 가르쳤다는 사실에서 신라시대에는 남성뿐만 아니라, 여자까지도 광범위하게 검을 배웠다는 사실을 엿볼 수 있다.[47] 네 번째, 11세 하종 조에서 "공은 15살에 화랑에 들어가 역사를 토함공에게, 노래를 이화공에게, 검을 문노에게, 춤을 미생공에게 배워 모두 그 정수를 얻었다."[48]

---

44 公使斯多含學劍(이종욱 역주해, 1999: 235).

45 及投文弩而 學劍 遂爲高弟力輔(이종욱 역주해, 1999: 259).

46 盖細珍常學劍于公 而敎細好郞曰 妻不可而不知夫事子不可以不成父業云故耳(이종욱 역주해, 1999: 261).

47 이종욱 역주해(1995: 109)

48 公年十五而入花郞 學史于兎含公 學歌于而花公 學劍尤文弩公 學舞于美生公 階得其精(이종욱 역주해, 1999: 270).

학검과 관련하여 가장 많이 거론되는 풍월주는 8세 문노의 역할이다.[49] 김유신은 삼한을 통일하고 나서 문노를 사기의 으뜸으로 삼았고, 신라의 삼국통일은 문노로부터 시작하였다고 하였다.[50] 여기에서 우리가 알수 있듯이 신라시대 검도단어는 검도기술을 넘어 신라 화랑도가 지향해야 하는 가치의 의미까지 포함한다. 물론『화랑세기』문헌을 토대로 추론한 내용을 바로 우리 자신만의 검도개념으로 받아들여 설명하기 위해서는 좀 더 많은 학문적 검토가 필요함은 말할 필요가 없다.

검술(劍術)이라는 용어는 한 번 나온다. 이는 제 9세 비보랑 조에서 풍월주인 비보랑의 아들인 유오랑의 어머니인 유지(柳枝)를 설명하는 내용에 보인다. "유지는 검술(劍術)을 잘했는데(善) 떠돌아다니며 난도를 많이 거느리고 소란을 피웠다."[51] 유지의 검술은 그 당시 검무(劍舞)와의 연관성을 엿볼 수 있다. 검술은 전장에서 상대를 이기기 위한 수단이기보다는 신라시대 검과 관련된 삶의 태도를 보여준다고 생각한다. 물론 이러한 논의에도 좀 더 명확한 논거가 뒷받침되어야 한다. 오늘날의 검술과 유사한 의미인 격검(擊劍)은 다섯 번 나온다. 첫 번째는 4세 이화랑 조에서 "문노가 호걸로서 격검(擊劍)을 잘하였다(善)."[52] 두 번째는 5세 사다함은 "나이 12살에 문노를 따랐는데 격검(擊劍)에 능(能)하였고 사람을 사랑하는 것을 좋아하였고, 아버지의 풍모가 있었다."[53] 세 번째는 8세 문노 조에서 "공은 어려서부터 격검(擊劍)을 잘하

49 이진수(2004: 35)는 문노를 오늘날 한국적 검도의 이념을 창출할 수 있는 인물로 평가하였다. 문노와 관련된 논의는 화랑의 검도와 무도의 의미를 이해하는 데 대단히 중요하기 때문에 차후에 그 자체로 논의를 할 필요가 있다.
50 이종욱 역주해(1995: 97, 103).
51 柳枝善劍術 放浪多畜亂徒作擾(이종욱 역주해, 1999: 260).
52 文弩亦豪傑善擊劍(이종욱 역주해, 1999: 235).
53 年十二從文弩 能擊劍 好愛人 有渠父之風(이종욱 역주해, 1999: 239).

였고(善) 의기(義氣)를 좋아했다."[54] 네 번째는 14세 호림공조에서는 "공은 용력이 많고 격검(擊劍)을 좋아하여(好) 일찍 문노의 문하에 들어 갔다."[55] 다섯 번째는 22세 양도공에서는 "공은 공명을 중히 여기고 문장을 잘 지었고 격검(擊劍)에 능(能)하였다."[56] 여기에서 우리는 실전에 서 사용될 수 있는 격검이 화랑도(花郎徒)에게 필수적인 조건임을 알 수 있다.

검장(劍仗)은 풍월주나 국선이 되었다는 표시의 하나로 수여받은 검이다. 이는 제7세 설화랑 조에서 설원이 예복을 차려입고 인부(印簿), 부서(簿書),[57] 검장(劍仗)을 받들었다는 사실과 설화랑이 문노에게 검장 을 주며 "네 존장을 욕되게 하지 말라, 문노가 검장을 받았다"라는 문 장에서 알 수 있다.[58] 여기에서 우리는 국선이나 풍월주 상징인 검장 (劍仗)은 신라시대 화랑의 지위에 대한 인정하는 사회적 분위기가 있었 다는 점을 보여 준다.

『화랑세기』에서 보인 학검(學劍), 검술(劍術), 격검(擊劍), 검장(劍 仗)의 단어들에는 두 가지 공통적인 의미를 갖는다. 먼저 검의 기술과 관련되어 있다. 이는 신라시대 생존의 수단인 칼의 속성을 고려한다면 당연하다. 신라시대에 남녀를 불문하고 검도를 배웠고, 화랑도(花郎徒) 에게 필수적이었으며 죽을 때까지 검을 버리지 않고 배웠다. 두 번째 로 검장의 의미에서 알 수 있듯이 칼이 보여준 살생을 넘어 상대의 존

---

54 公自幼善擊劍好義氣(이종욱 역주해, 1999: 254).

55 公多勇力好擊劍(이종욱 역주해, 1999: 281).

56 重公名 有文章 能擊劍(이종욱 역주해, 1999: 296).

57 부서는(簿書) 관청의 출납전, 관청의 문서를 의미한다(이종욱 역주해, 1999: 88).

58 이 해석은 신재홍(2009: 42)에 따른다. 이 부분은 문장의 누락된 관계로 문노가 직접 검장을 받았다는 원문은 보이지 않는다. 그러나 문노가 미실에게서 인부를 받았다는 맥락 등을 고려하면 검장을 받았다는 사실은 추론할 수 있다.

중과 위상을 보여준다. 이와 같이 신라시대의 검도는 기술적 측면의 강조를 넘어, 검도가 하나의 추상적인 권위의 의미로 확대되었음을 보여준다. 더 나아가 검도가 화랑의 사기(土氣)를 북돋우는 이념적 토대의 역할을 하였다는 점에서, 신라시대 검도는 생과 사를 결정하는 기술을 넘어 인간의 성장에 중요한 요소임을 가지고 있었다고 보아야한다. 따라서 『화랑세기』에 보인 검도단어는 근대에 형성된 일본의 검도개념의 지향점과 다르게 그 자체로 검도기술을 넘어 추상적인 의미가 포함된 것으로 이해해야 한다.

2) 『화랑세기』에 보이는 검도단어의 해석학적 적용

『화랑세기』 저자인 김대문(金大問)은 비보랑을 "劍道大擅 士氣以興, 百世以師"으로 칭송한다. 김대문(金大問)은 비보랑의 검도에 대한 태도가 그 당시 신라시대와 차후 통일에 기여한 측면을 이렇게 한 문장으로 표현하였다. 김대문은 비보랑이 검도를 크게 떨친 것을 단순히 검술이 뛰어난 것으로 표현하지 않았다. 검도기술만 뛰어나다고 백세의 스승으로 칭할 수는 없기 때문이다. 김대문은 검도를 통해 형성된 그 사람의 품격이나 인격이 국가나 다른 사람에게 좋은 영향을 미칠 수 있는 대상이 되었기 때문에 비보랑을 스승이라고 칭하였다.

그러나 검도를 크게 떨쳤던 비보랑의 삶이 오늘날에도 의미를 갖기 위해서는 비보랑이 보여주었던 검도의 자세와 태도가 오늘날에도 적용되고 실천되어야 한다. 그렇지 않으면 과거 신라시대에 검도단어와 비보랑이 크게 검도를 떨쳤다는 객관적인 사실에 머물게 될 뿐이다. 오늘날 우리에게는 검도라는 용어가 일본에 앞서 신라시대에 존재했다는 사실이 중요한 것이 아니다. 신라시대 검도단어가 새로운 의미를 갖기 위해서는 오늘날 검도수행자에게 실천적으로 응용되어야 한다. 과거의 검도의미를 파악하는 것도 중요하지만, 더 중요한 것은 그 의미를 오늘날 실천하는 것이다. 검도의 단순한 의미 파악과 이를 실천하고 경험하는 것은 다르다. 따라서 우리는 『화랑세기』에 보인 검도와 관련된 내용을 오늘날 자신만의 검도개념으로 만들어갈 수 있는 자양분으로 해석해야 한다.

오늘날 과거 신라시대의 검도개념을 실천적으로 적용시키기 위해 우리는 김대문이 지적했던 9세 비보랑이 검도를 크게 떨쳤던 이유를 살펴볼 필요가 있다. 이와 관련된 내용은 다음과 같다.

> (비보랑은) 문노에게 나아가 검을 배우고 마침내 가장 뛰어난 제자가 되어 문노를 힘써 보좌하였다. 문노가 선화가 되자, 그 공으로 그의 부제가 되었다. 이에 이르러 9세 풍월주가 되었다. (비보랑은) 문노의 법제를 힘써 따르고 미천한 자를 발탁하고 약한 자를 구하는 데 힘썼다. (비보랑은) 낭도를 나누어 보내어 변방을 지키는 이들을 위로하였다.[59]

8세 풍월주 문노는 9세 풍월주 비보랑에게 많은 영향력을 미쳤다. 문노의 검은 단순히 싸움기술의 전수에 목적을 두기보다는 인간형성에 중점을 두고 있음을 알 수 있다.[60] 이는 검(劍)이 살생 도구의 의미를 넘어선 것을 보여준다. 비보랑은 문노의 제자가 되어 검을 배웠다. 그

---

59 及投文弩而 學劍 遂爲高第力輔 文弩爲仙化 以功爲其副 至是爲九世風月主 務遵文弩制法 力於微救弱 分遣郞徒以慰邊戍(이종욱 역주해, 1999: 259).

60 이진수(2004: 61).

속에서 성장해온 비보랑은 문노가 만들어 놓은 화랑체계에서 많은 후배 화랑들을 발탁하였고, 자신을 따르는 낭도에 지극한 관심을 보여주었다. 특히 비보랑은 도제식 교육을 통해 스승의 뜻을 다른 화랑들에게 확대하였다.

화랑으로서 태도에서 가장 중요한 것이 무사로서의 기운(氣運)이다. 비보랑은 화랑이 가져야 할 태도를 다음의 글에서 잘 드러낸다.

> 그대(비보랑)가 만약 물러나면 무사의 씩씩한 사기(士氣)를 장려
> 할 수 없다.[61]

『화랑세기』에 보인 사기(士氣) 내용의 이해는 매우 중요하다. 사기(士氣)의 내용이 무엇인지 구체적으로 설명하는 것은 다른 문제이지만, 사기(士氣)는 문노 조에서 보인 사풍(士風)과 연관된다. 제8세 문노 조에 "사풍(士風)이 일어나 꽃피었다(士風以是起秀)"에서 알 수 있듯이, 사기(士氣)와 사풍(士風)[62]간의 관계에 대한 해석은 앞으로 『화랑세기』 검도개념을 정립하는 데 중요하다.

비보랑은 검도수행의 태도를 다음과 같이 설명하였다.

> 공(비보랑)은 죽을 때까지 검도를 버리지 않았다.[63]

---

61 君若退之 士氣不可勵也(이종욱 역주해, 1999: 261).
62 이종욱(2003: 226)은 화랑정신을 사풍(士風)에서 그 근거를 찾고 있다. 사풍이란 화랑은 낭도를 사랑하고 낭도는 화랑을 위해 목숨을 바치는 것이다. 서로 수직적인 관계를 맺고 있지만, 사풍의 예는 그들 관계가 단지 주종의 관계가 아님을 보여준다.
63 公終身不捨劍道(이종욱 역주해, 1999: 261).

오늘날의 관점에서 본다면, 비보랑은 평생검도를 보여주었다. 비보랑이 죽을 때까지 검도를 버리지 않았다는 것은 검술의 지속만을 의미하는 것이 아니라, 검에 대한 자신의 자세를 표현한 것이다. 비보랑은 검을 통한 인격적 태도가 다른 화랑들에게 영향을 미칠 수 있음을 잘 파악하고 있었다.64 이러한 자세를 지니고 있었기 때문에『화랑세기』의 저자인 김대문이 백세의 스승이라 한 것이다. 비보랑의 인격적 태도의 하나는 다음과 같은 내용에서도 잘 보여 준다.

불공정하고 부도덕한 일이 있으면 반드시 다투었다.65

비보랑이 불공정하고 도덕적이지 않는 것에 이의를 제기하였다는 점에서 검도수행이 검도기술에 한정되지 않았음을 보여준다. 더 나아가 비보랑은 자신의 수행이 다른 사람들을 교화시키는 모범이 되도록 자신의 아들에게까지도 엄격하게 적용하였다. 검이 단순한 기술이 아님은 자신의 아내가 검을 배워 자신의 아들에게 가르쳤다는 사실에서 잘 알 수 있다. 자식이라도 공이 없으면 중요한 자리에 임명하지도 않았다.66 이와 같이 비보랑 조에서 보여주는 검도단어의 다양한 의미 이해와 해석은 중요하다. 물론 그러한 해석을 오늘날 자신의 검도이념으로 형성하기 위해서는 검도수행자에게 실천적 적용 과정이 뒷받침되어야 하는 것은 말할 필요가 없다.

---

64 그의 "문하에서 나온 무리 중에 출세한 사람이 많아 사방으로 나아가 다스렸는데, 공은 늘 정사에 삼가할 것을 경계하였다. 공이 죽자, 모인 자가 만여 명이 되었다"(이종욱 역주해, 1999: 109 – 110).
65 而至於不公不德之事 輒爭之(이종욱 역주해, 1999: 261).
66 이종욱 역주해(1999: 107 – 109).

비보랑의 검도개념을 오늘날 검도수행에 실천적으로 적용하고자 할 때 고려해야 할 내용은 다음과 같다.

첫째, 비보랑이 문노에게서 검을 배우고 뛰어난 제자가 되어 그의 사기(士氣)를 이어받아 발전시켰다는 사실에서 오늘날 검도수행자는 스승을 대하는 제자의 태도가 어떠해야 하는지를 배울 수 있다. 제자는 자신의 스승으로부터 가르침을 얻고 발전시켜야 한다. 그리고 스승이 제자나 후배에게 가져야 할 정(情)의 태도는 서로에 대한 인간존중의 태도가 필요함을 보여준다. 오늘날 검도수행의 목적이 건강이나 경기에 치중됨으로써 검도를 가르치는 스승과 검도수행자의 관계는 과거와 다를 수밖에 없지만, 그럼에도 오늘날 그 둘의 관계가 어떠해야 하는지 다시금 생각할 수 있는 기회를 제공한다.

둘째, 비보랑이 죽을 때까지 검도를 버리지 않았다는 사실은 오늘날 평생검도의 자세가 어떠한 방향으로 나아가야 하는지 잘 보여준다. 특히 비로랑은 자신뿐만 아니라, 아들과 아내까지도 검을 배우게 하는 것에서 알 수 있듯이 검도를 인격형성의 도구로 사용하였다. 평생검도는 자신뿐만 아니라, 자신을 둘러싼 이들과 함께 하는 것이기 때문에 다른 사람들에게도 권해야 한다. 그리고 검도수행에서 얻게 되는 인격적 태도는 자신의 영역을 넘어 자신을 둘러싸고 있는 사람들에게 영향을 주어야 한다.

셋째, 비보랑이 미천한 자를 발탁하고 약자를 구하는데 노력하였으며, 불공정하고 부도덕한 일에 싸우기 위해 엄격한 자신의 도덕적 태도를 견지했다. 이는 오늘날 검도수행자에게 검의 수행이 검도기술 완성에만 있지 않음을 보여준다. 또한 검도수행은 자신의 내면적인 수행의 결과가 타자에게 도움이 되는 행위로 전환되어야 함을 보여준다. 이는 오늘날 검도윤리가 어떠한 방향으로 나아가야 할지를 잘 보여준다.

넷째, 검은 살아남기 위해 무사가 익혀야 할 기술이지만, 노래와 피리 또한 배웠다는 사실에서 화랑들에게 무(武)는 문(文)이 뒷받침될 때 완성된다는 것을 보여준다. 오늘날 검도기술의 뛰어남이 그 사람의 인격까지도 담보해주지는 않는다. 따라서 검도선수는 검도기술만이 전부가 아님을 알아야 한다. 평생 검도선수로서만 살아갈 수는 있겠지만, 그들도 많은 사람과의 만남 속에서 삶을 살아가야 한다는 점에서 검도기술의 영역을 넘어서야 한다. 검도수행자들도 일상생활의 윤택한 삶을 형성하기 위해서는 검도기술 이외에도 인문적인 지식과 예술적 공부가 뒷받침되어야 한다. 이는 전문 검도선수들에게 더 필요한 것인지도 모른다.

4. 『화랑세기』에 보이는 의기(義氣)의 해석

『화랑세기』에서 보인 검도의 의미를 더 잘 파악하기 위해 우리는 넓은 의미의 무도개념에 대한 검토의 과정도 필요하다.[67] 검도는 넓은 의미에서 무도의 영역에 속하기 때문이다. 신라시대 화랑도(花郎徒)의 무도와 관련된 내용을 가장 잘 보여주는 핵심적인 단어가 도의상마(道義相磨)이다.[68] 도의(道義)가 전체 화랑이 지향해야 할 태도라면, 의기(義氣)는 화랑 개개인이 추구해야 할 태도이다. 무도는 삼국통일의 군사적 활동인 무사(武事)와 관련되어 있지만, 그것은 개인이 가져야 할 의기(義氣)의 실현이 뒷받침될 때 가능하다.

---

67 『화랑세기』에 보인 무도의 해석학적 함의에 대해서는 이상호(2015b)를 참조.
68 이 단어는 『삼국사기(三國史記)』 제4권 "或相磨以道義 或相悅以歌樂 遊娛山水 無遠不至"에서 보인다.

1) 의기(義氣)의 배양

의(義)의 단어는 원래 자신(我)이 가진 마음 씀씀이가 양(羊)처럼 착하다는 뜻으로 차후에는 옳다는 의미를 갖는 회의문자다. 원래 羊(양)은 순수한 마음으로 신에게 바쳐 비는 의식(儀式)이 나중에 '바르다', '의로운 일을 하다'로 의미로 변했다. 이러한 의미 변화는 한자의 기원이라 할 수 있는 의(義)의 갑골문자인 𦍌에 보인다.69 이 글자는 창에다 양의 머리를 매단 형태로 자신의 부족 권위나 권력을 상징한다. 자신의 권위나 권력은 시간이 지나감에 따라 '옳다', '바르다'는 의미로의 전환을 요구하면서 변하게 된다.

'옳고 바르다'는 의(義)의 의미도 대상의 지향점에 따라 두 가지 관점이 존재한다. 먼저 의(義)의 적용 대상을 외부 대상보다는 내면적인 관점으로 향해 자신을 바르게 해야 한다는 입장이 있다. 그 다음으로 의(義)를 사적 이익의 추구보다는 공적 이익에 관심을 돌려야 한다는 입장으로 나눌 수 있다. 이러한 두 가지 의(義)의 강조점은 7세 설화랑 조에서도 보인다. 예컨대 골품이 있는 귀족 출신의 사람들은 설화랑을 많이 따랐고, 재야에 있는 사람들은 문노를 많이 따랐다. 그러나 양쪽 다 의(義)를 갈고 닦음을 위주로 하였다70는 점에서 공통점이 있다. 의(義)를 추구하는 방향은 다르지만, 내면적인 아름다움을 추구하는 설화

69　의(義)의 단어는 도끼날이 달린 창의 모습인 아(我)와 장식용 새의 깃털(혹은 양의)의 모습인 양(羊)자로 형성되어있다. 즉 의장용으로 사용하던 창의 모습을 보여준다. 나중에 '옳다'는 의미로 사용되자 원래의 뜻을 보존하기 위해 인(人)자를 붙여 격식의 의(儀)자가 만들어졌다(최재묵 역주, 2006: 131).

70　互相磨義爲主(이종욱 역주해, 1999: 249). 의를 갈고 닦음을 주로 하였다고 했지만, 글의 문맥상 도가 생략된 느낌이 든다. 박창화가 필사를 할 때 도(道)가 생략한 것이라 판단된다.

랑이나 외형적인 의리를 주장하는 문노 둘 다 나름대로 많은 사람들의 존경을 불러일으켰다는 점이다. 설화랑과 문노가 추구하는 방향은 달랐지만, 문노의 아우인 설화랑은 문노를 스승으로 인정하였다. 이는 설화랑이 개인적 이익을 넘어 공적 이익에 동의하였음을 알 수 있다. 그리고 8세 문노 조에서 의리와 관련해서 금천이라는 자가 백운과 제후와의 의리 때문에 사람을 죽인 이야기가 있다. 의리 때문에 사람을 죽이고도 관직을 받았다[71]는 사실은 의리가 개인적 사적 이익을 넘어 공적인 이익에 적용되고 있었다는 점을 보여준다. 이는 아래의 내용에서 알 수 있다.

> 가야가 반기를 들자, 사다함이 동행을 청하였다. 문노가 말하기를 "어미의 아들로서 외조의 백성을 괴롭히겠는가"하였다. 마침내 가지 않았다. 나라 사람들 중에 비난하는 자가 있자. 사다함이 "나의 스승은 의인이다"하였다.[72]

> 무릇 의(義)는 정(情)에서 나오고 정은 지(志)에서 나오니, 세 가지는 서로 반대되지 않습니다. 그러므로 큰 정은 의가 되고 큰 사사로움(大私)은 공(公)이 된다고 했습니다.[73]

이와 같이 『화랑세기』에 보인 화랑도의 의(義)는 내면적인 태도와

---

71 이종욱(2003: 227).

72 이종욱(1999: 94−95).

73 이는 문노의 부인인 윤궁의 이야기이다. 윤궁은 신라 진흥왕 시대에 고구려 정복과 신라시대의 역사서 『국사(國史)』를 편찬한 거칠부의 딸이다. 남편인 문노에게 이와 같이 이야기할 수 있다는 점에서 그 당시 성별과 지위에 따른 차별은 존재하지 않았음을 보여준다.

공적인 자세를 동시에 보여준다.

여기에 덧붙여 화랑도는 의(義)의 실현에 기(氣)의 운영을 중요시 하였다. 화랑은 선도(仙道)와 무도(武道) 실현에 있어 중요한 매개체로 기(氣)74의 활용을 주장한다. 우주 생명의 기원이라는 측면에서 기(氣)는 신라시대 화랑도(花郎徒)가 추구하는 선도(仙道)와 밀접한 관계를 갖는다. 화랑도에게 우주 청원의 기(氣)를 이해하고, 자연과 하나 되어 신선이 되는 것은 중요하다. 하지만 현실에서 무도의 완성을 위해서는 몸에 흐르는 기(氣)를 배양해야 한다. 이는 화랑도의 의(義)를 나타내는데 중요한 요소이다. 기(氣)의 배양이라는 출발선에 본다면, 선도와 무도는 크게 서로 이격되지 않는다. 화랑도에게 선도를 배우는 장소는 산이었다. 특히 명산은 화랑의 무도를 가르치는 교육공간이며, 이는 무도 수행과 밀접한 연관이 있다.75 무도의 완성을 위해서는 교육공간인 자연에서 나오는 힘의 활용, 즉 기(氣)의 이치에 따른 화랑도(花郎徒)의 행동도 중요하다. 반면에 개인의 측면에서 검도나 무도수행의 과정에서 기(氣)의 활용도 대단히 중요하다. 무도에서 기(氣)는 호국선 계통의 무사(武事)적 성격, 즉 전장에서 개인적 능력발휘를 위한 호탕한 기질(氣質)이 필요하기 때문이다.

궁극적으로 화랑도(花郎徒)가 추구하는 도(道)는 자연과 하나 되는 것에 있지만, 선도와 무도가 추구하는 방향에 따라 다르게 나타난다. 자연과 하나가 되는 도(道)의 본체는 넓은 의미에서 선도(仙道)를 추구한다. 넓은 의미의 선도는 우주청원의 기(氣)의 실현에 목적을 두지만, 개인의 선도(仙道)는 도의(道義)의 실현을 목적으로 한다. 선도에서는

---

74 기(氣)와 관련된 의미와 내용에 관해서는 이상호(2015a)를 참조.
75 이상호(2015b: 172-176).

자연과 하나 되는 것에 그 목적이 있다면, 무도에서는 기(氣)를 배양하여 자신의 의(義)를 실천하는 데 있다.[76] 따라서 신라시대 화랑의 관점에서 본다면, 자연의 관점과 개인의 영역 모두 기(氣)를 풍부하게 해서 자신의 올바름인 의(義)로 드러내어야 한다. 궁극적으로 화랑도에게 의기의 배양은 자신의 기(氣)를 통해 자연과 하나가 되는 것이다.

이와 같이 『화랑세기』에 보이는 의(義)와 관련해서 화랑도(花郎徒)의 구체적인 실천방향을 화랑 나름대로 제시하고 있다. 즉 화랑들은 자신의 내면적 감정 통제와 공적인 자세의 태도로 의(義)를 발현시키고, 그들의 행위가 기(氣)를 통한 자연과의 교감에서 이루어져야 한다고 생각하였다. 궁극적으로 화랑이 지향한 선(善)이란 의(義)를 실천할 수 있는 국선(國仙)과 넓은 의미의 도(道)의 경지에 이른 신선(神仙)을 동시에 가리키는 말이다. 이러한 측면에서 화랑은 오늘날 문(文)과 무(武)의 가치, 혹은 도(道)와 의(義)의 가치를 다 같이 중시한 문무구비지사(文武具備之士)가 되어야 함을 보여준다.[77]

2) 문노지문(文努之門)과 사풍(士風)

그렇다면 오늘날 의기(義氣)는 어떻게 실천할 수 있는가? 이를 위

---

76 이는 『삼국사기(三國史記)』에 보인다. 즉 신라의 진평왕 때 눌최(訥催)는 백제군의 공격을 받았을 때 병졸들에게, "봄날의 온화한 기운에는 초목이 모두 번성하지만, 겨울의 추위가 닥쳐오면 소나무와 잣나무는 늦도록 잎이 지지 않는다. 이제 외로운 성은 원군도 없고 날로 더욱 위태하니, 이것이 진실로 지사(志士)와 의부(義夫)가 절개를 다하고 이름을 드러낼 때이다. 너희들은 어떻게 하겠는가?"(陽春和氣 草木皆華 至於歲寒 獨松栢後彫 今孤城無援 日益阽危 此誠志士義夫 盡節揚名之秋 汝等將若之何(이강래 역, 1988).

77 김상현(2009: 18).

해 구체적인 의기 배양과 관련된 설명은 풍월주가 된 문노(538 – 609)의 경우에 보인다.

> 공은 어려서부터 격검을 잘하였고 의기를 좋아하였다.[78]

> 공은 용맹을 좋아하고, 문장에 능하였으며, 아랫사람 사랑하기를 자기를 사랑하는 것처럼 했으며, 청탁에 구애되지 않고, 자기에게 귀의하는 자는 모두 어루만져 주었다.[79]

문노는 자신의 검술의 실력과 그것을 뒷받침할 수 있는 의기를 실천한 인물이다. 문노의 이름에서 노(弩)는 화살을 나무 막대에 올려 사정거리를 넓힌 무기의 일종인 쇠뇌를 뜻한다. 그의 이름에서 알 수 있듯이 문노는 무사적 기질을 가지고 있었고, 문장에 학문과 음악이 뒷받침되었다는 점에서 문무를 갖춘 인물이다.[80] 문노에게 의기(義氣)는 무사적 태도, 타인에 대한 배려와 존중, 개인 행위의 공정성이었다. 화랑세기 연구자인 이종욱에 따르면 이러한 문노의 행위를 문노지문(文弩之門)의 단어로 함축하여 설명한다.[81] 이에 따라 많은 화랑들이 문노가 추구한 방향성을 따랐다. 이러한 내용은 다음 문장에 보인다.

> 그의 명성이 크게 떨쳤고, 낭도들이 죽음으로써 충성을 바치기를 원했다. 사풍(士風)이 일어나 꽃피었다. 통일대업이 공으로부터 싹트지 않음이 없었다.[82]

---

78 公自幼善擊劍, 好義氣(이종욱 역주해, 1999: 94).
79 公好勇能文 愛下如己 不拘淸濁 歸之者盡懷之(이종욱 역주해, 1999: 97).
80 김태식(2002: 157).
81 이종욱(2003).

따라서 화랑정신은 단순히 국가에 충성심을 가진 순국무사로만 파악해서는 안 된다.[83] 문노가 보여준 개인 행위의 윤리적 타당성, 상대의 배려, 검술의 숙달 등의 행위와 태도는 그의 명성을 화랑에게 크게 떨치게 했고, 그로 인해 낭도들은 죽음으로써 그에게 충성을 바치기를 원했다. 이것이 신라시대 화랑이 지켜야 할 사풍(士風)이었다. 그리고 문노가 보여준 행동의 씨앗이 통일대업의 꽃으로 피게 되었다. 이러한 문노에 대한 존중의 표시는 다음의 문장에서 잘 보여준다.

포석정에 (문노의) 화상을 모셨다. 유신은 삼한을 통합하고 나서 공을 사기(士氣)의 으뜸(宗主)으로 삼았다. 각간으로 추증하고 신궁의 선단에서 대제를 행하였다. 공은 건복23년(606)에 세상을 떠났으며, 나이가 69세였다. (그의 아내 윤궁)낭주는 이 해에 공을 따라 하늘로 올라가 선(仙)이 되었다. 공보다 10살이 적었다.[84]

문노에서 비롯된 호국선의 전통은 많은 화랑들에게 영향을 주었다. 따라서 문도는 화랑정신[85]의 전형이며, 김유신이 삼한통일 후 문노를 사기의 종주로 삼았던 이유가 거기에 있다고 생각한다. 문노는 아래와 같은 정신을 갖추고 있다.

---

82 故名聲大振 郎徒相勵願以死效 士風以是起秀 統一大業未嘗不萌于公也(이종욱 역주해, 1999: 97).

83 이종욱(2003: 224).

84 畵像于鮑石祠 庾信統合三韓 以公爲士氣之宗主 追贈角干 行大祭于神宮仙壇 盛矣至矣 公以建福二 三年卒 壽六十九 娘主亦以是年從公上仙 少公十歲(이종욱 역주해, 1999: 103).

85 구체적으로 화랑정신이 무엇인지를 이야기하는 것은 또 다른 영역의 문제이다. 화랑정신은 다양하게 설명되기 때문이다. 화랑정신은 호국적 희생정신에서부터 의(義), 정(情), 지(志)의 요소로(최재성, 2001: 36-45), 이종욱(2003)은 화랑이 추구한 사기의 의미로 이야기한다. 또한 세속오계로 파악하는 입장과 종교적 예술적, 군사적 요소를 포함하여 다양하게 설명한다(최재성, 2001: 35).

첫째, 문노와 그가 거느린 화랑도는 의기가 있고 호탕한 기질을 가졌으며 호국무사로서의 면모가 있었다. 둘째, 의리를 중시하는 의인의 풍모가 있다. 셋째, 지조가 굳고 인격이 결백하고 기품이 높은 것을 화랑정신으로 들 수 있다. 넷째, 전쟁 참여를 들 수 있다. 다섯째, 전쟁에 나가 공을 세웠는데 보답을 받지 못하더라도 개의치 않았다. 여섯째, 화랑은 아랫사람을 사랑하고, 낭도들은 화랑에게 충성을 바치는 정신을 들 수 있다. 일곱째, 왕을 폐위시키는 일에 가담하거나 반란을 진압하기도 했다. 여덟째, 화랑정신이라고는 할 수 없으나 문노는 부부관계가 유별나게 좋았다.[86]

이러한 문노의 화랑정신의 전통은 삼한통일 전쟁에 참전한 장군과 병사들 사기의 출발점이 되었다. 하지만 다른 관점에서 본다면, 문노는 선비라기보다는 무사였기 때문에 신라시대에 과연 사풍(士風)의 단어가 존재했는지에 대해 의문이 제기된다.[87] 더 나아가 무사의 기풍이란 용어가 일본적인 냄새가 짙은 용어라는 판단에서 김대문의 생존 당시에 이 용어가 성립되었다는 것을 믿을 수 없다는 주장도 존재한다.[88] 그럼에도 사풍은 문노에서 출발하여 신라시대를 관통하는 화랑도의 추구해야 할 가치임은 변함이 없다. 신라 시대의 사풍은 여섯 가지로 설명이 가능하다.[89] 첫째, 화랑은 청렴결백한 절개와 지조를 유지하였다. 둘째, 화랑은 의리를 중시하였다. 셋째, 화랑은 재물에 대한 공평한 자세를

86 이종욱(2000: 289 – 294).
87 이진수(2004: 25)는 사기(士氣)의 정의를 선비가 갖는 기개의 의미로, 사풍(士風)은 선비가 가지고 있는 기풍의 개념으로 설명하면서 신라시대에 화랑이 사풍을 갖는 것에 부정적인 입장을 보인다.
88 이진수(2004: 29).
89 이종욱(2003: 226 – 229).

유지했다. 넷째, 문노는 자기 자신에게는 엄격함을, 타인에게는 부드러움의 태도로 화랑들에게 각인됨으로써 자연스럽게 화랑들에게 권위를 갖게 되었다. 이렇게 문노는 타인에게 존경을 받을 수 있는 경지에 오른 사람이었기 때문에 화랑들은 문노를 화랑정신의 표본으로 생각하였다. 다섯째, 화랑은 자신의 부하로 여기지 않는 사람이라 할지라도 뛰어난 사람을 인정하였다. 여섯째, 어긋난 일에도 부동심(不動心)의 태도를 보여야 한다. 이는 『삼국사기(三國史記)』에 보인 검군(劍君)의 행위에서 사풍[90]의 의미를 찾을 수 있다. 따라서 신라시대의 사풍은 낭도를 사랑하고 화랑을 위해 목숨을 바치는 관점에서 형성된 화랑정신이다.

검도를 통해 누군가에게서 존경받을 수 있는 인물이 된다는 것은 행복한 일이다. 그럼에도 과거와 달리 오늘날 즐거움, 건강, 승부를 겨루는 스포츠화 된 검도에서 신라시대의 문노와 같은 사람을 찾기란 현실적으로 쉽지 않다. 그럼에도 불구하고 검도수행자는 검도를 통해 스스로의 인격이 축적되고, 그것이 자연스러운 권위로 드러나 타인에게 존중받은 인물이 되고자 하는 노력을 외면할 필요는 없다. 그것이 오늘날 우리가 검도를 배우는 진정한 자세가 아닐까 생각한다.

5. 검도해석과 실천의 문제

『화랑세기』에서 보인 비보랑의 삶을 김대문은 한마디로 "검도를 크게 떨쳤고 사기를 북돋아서 백세의 스승이다(劍道大擅 士氣以興, 百世以師)"라고 설명한다. 오늘날 한 검도수행자가 자신의 검(劍)을 수행함으로써

---

90 검군(劍君)과 관련된 내용은 『삼국사기(三國史記)』 제48편을 참조. 검군은 "의로운 것이 아니면 천금의 이익이라도 내 마음을 움직이지 않는다"라고 하였다.

후대의 사람으로부터 그렇게 칭송받을 수 있다면, 그는 올바른 검도인의 삶을 살아 왔다고 생각한다. 시대적 상황이 다르다 하더라도 검을 통해 사후에 존경을 받을 수 있다는 사실은 변함이 없다. 따라서『화랑세기』텍스트는 검도수행자에게 검도수행을 통해 백세의 스승이 될 수 있는지 없는지를 우리들에게 질문을 던진다. 이에 대해 검도수행자는 자기 나름대로 답을 해야 한다.

『화랑세기』에 보이는 검도용어와 문노를 포함한 신라시대의 화랑들이 추구한 검과 관련된 행위는 한국적 검도수행의 목적이나 가치를 찾기 위한 중요한 단초를 제공한다.『화랑세기』에 검도라는 단어가 있다는 것도 중요하지만, 신라시대 검의 단어와 관련된 다양한 의미가 지금의 검도수행 과정에서 만나 새로운 가치를 도출해야 한다.

『화랑세기』텍스트에 보인 검도의 해석은 다음과 같은 의미를 갖는다고 요약하면서 이 장을 마치고자 한다.

첫째,『화랑세기』에 보여주는 검도해석은 검도라는 단어의 해석을 넘어 그 당시에 검도가 어떠한 의미를 갖고 있는지 파악해야 한다. 신라시대 학검(學劍), 검술(劍術), 격검(擊劍), 검장(劍仗) 등의 이해는 그 당시 신라시대 화랑도(花郎徒)의 검과 관련된 실질적인 움직임을 이해하는 데 도움이 된다.『화랑세기』에 보인 검도는 남녀를 불문하고 검을 배웠고, 화랑들에게는 필수적이었다. 화랑들은 평생검도를 하였으며, 검도가 그들의 사기를 북돋는 이념적 도구로서의 역할을 하였다. 오늘날 검도수행도 마찬가지다. 평생검도가 자신의 삶에 새로운 기운을 불어 넣어, 검도가 일상적인 생활에서 긍정적인 에너지를 만들어 내는 역할을 담당해야 한다.

둘째,『화랑세기』에 보이는 비보랑의 역할은 오늘날 검도수행자들에게 많은 시사점을 준다. 그는 스승의 사기(士氣)를 이어 받고 평생검도를 수행하였다. 부도덕한 일과 싸웠고, 부하에 대한 의(義)를 보여줌으로써 타인 지향적 인격태도를 보여주었다. 오늘날 검도를 배우는 목적에는 경기에서 상대를 이기는 검도기술만이 전부가 아니다. 검도수행의 과정을 통해 자신의 인격형성에 도움이 되어야 한다. 검도수행자는 스승을 존중해야 하고, 다른 사람들과의 검도경기에서도 인격적 자세를 지녀야 한다. 검도수행자는 평생검도를 한다고 말하지만, 평생검도는 오랜 물리적 시간이 축적된 검도수행만을 의미하지 않는다. 그 과정에서 자신의 인격형성이 축적되지 않는 평생검도는 하나의 허울뿐이다. 인격이 내면화되지 않는 검도기술의 완성은 절음발이의 검도수행이라는 것이다. 검도기술과 인격완성의 일치가 모든 검도수행자의 궁극적 목적으로 받아들여져야 한다.

셋째, 신라시대에는 화랑도의 핵심 실천행위로 의기(義氣)를 발휘하였다. 그러나 의기(義氣)가 오늘날 살아있는 의미로 전환되기 위해서는 자신의 검도수행 과정에서 그 의미를 어떻게 적용하여 드러낼 수 있는지 고민해야 한다. 자신의 검도수행에서 의기(義氣)의 이해와 실천과정은 검도수행자의 검도철학 형성에 도움을 준다. 이것을 토대로 우리는 한국적 검도가 추구해야 할 이념을 만들어 낼 수 있을 것이다.

『화랑세기』 텍스트에 보인 검도개념은 오늘날 검도수행자에게 많은 것을 가르쳐준다. 검도를 통한 사제와의 관계는 단지 검도기술만을 배우는 것만이 아님을 잘 보여준다. 제자는 스승의 가르침을 배우고 발전시켜야 하며, 스승은 제자를 정(情)으로 대해야 한다. 죽을 때까지 검을 버리지 않는 태도는 오늘날 평생검도와 다르지 않다. 검도기술만이 아니라, 인격형성을 위한 의(義)의 실현에 인문적 공부가 뒷받침되어야 한다는 사실은 오늘날의 검도수행자에게도 그 의미가 퇴색되지 않는다고 생각한다.

검도수행자는 『화랑세기』에서 얻은 검도와 관련된 다양한 해석을 오늘날 자신의 검도수행에서 지향해야 할 태도와 결합하여 새로운 지평을 열어야 한다. 이를 위해 『화랑세기』는 좀 더 면밀하게 활용하고 해석되어야 한다. 왜냐하면 『화랑세기』에서 우리는 신라시대 화랑들이 가졌던 검과 관련된 태도를 배울 수 있으며, 그 책의 저자인 김대문의 검(劍)에 대한 생각이나 의도를 파악할 수 있기 때문이다. 더 나아가 검도수행자는 검도수행을 통해 신라시대 화랑도(花郎徒)의 태도와 김대문의 검도해석이 갖는 이해를 넘어, 오늘날 우리에게 어떻게 실천하여 적용하느냐의 숙제만 남아 있다. 실천적 적용의 과정에서 검도수행자의 검도철학은 자연스럽게 형성될 수 있을 것이다. 『화랑세기』는 검도에 관한 내용뿐만 아니라, 무도의 내용으로 우리에게 많은 말을 걸고 있다. 이제는 우리가 진지하게 그 이야기를 듣고 자신만의 대답을 찾기 위해 노력해야 한다.

Chapter

08

조선세법(朝鮮勢法)과 몸

1. 조선세법의 목적

조선세법과 관련하여 다양한 질문이 가능하다. 오늘날의 검도수행자가 조선세법을 배우는 목적은 무엇인가? 우리 검도의 원류에 정당성을 부여하기 위함인가? 승단시험의 과정으로 배워야 하는 수단으로 생각하고 있지는 않는가? 과거 조선세법과 오늘날 우리가 배우고 있는 조선세법이 같다고 말할 수 있는가? 문헌에 있는 조선세법의 내용을 현재에 재현할 때 그 과정과 절차의 타당성을 어떻게 확보할 수 있는가? 저자는 위의 모든 질문에 답할 능력을 갖고 있지는 못하다. 다만 조선세법을 배우면서 조선세법이 나에게 어떠한 의미로 구현할 수 있는지에 대해 생각해 보았다. 본 장은 이러한 저자 생각의 결과물이다.

조선세법은 기존 죽도로 대표되는 검도의 경기형식과는 다르다. 조선세법은 실전에서 자신의 방어와 생존을 위한 진검의 원리가 적용된 문헌 내용이다. 진검의 원리를 적용하여 칼 운영의 중요한 요소를 익히도록 만든 일본의 대도 7본(本)과 소도 3본(本)과도 다르다. 그렇다면 검도수행자는 왜 조선세법을 배워야 하는지 먼저 답을 해야 한다. 조선세법이 우리 것이기 때문에 배워야 한다는 말로 조선세법의 정당성을 대신해서는 안 된다. 과거의 조선에서 사용해왔던 칼 운용을 배움으로써, 전 세계에 우리의 검술에 대한 우수성을 담보하기 위한 수단으로 생각해서도 안 된다. 물론 우리 조선세법이 갖는 역사성에 대한 자부심을 무시하고 부정하는 것은 아니다. 나름대로 조선세법의 역사적 의미를 알아야겠지만, 조선세법의 정당성은 조선세법에서 보여준 칼의 운영이 지금 자신의 검도수행에 도움이 되는 것에서 찾아야 한다. 그리고 그 근거 과정을 논리적으로 제시가 가능할 때 조선세법은 검도수행자에게 새로운 의미로 다가온다.

물론 조선세법의 역사적 해석과 의미 이해도 중요하다. 예컨대 중국 『무비지(武備志)』에서 조선검법이 아니라, 조선세법이라고 기술한 이유는 무엇이고, 조선세법과 본국검법과의 관계, 일본의 예도와의 관계 등 학문적으로 규명해야 할 내용이 많다. 본 장에서는 조선세법의 역사적 의미와 내용과 관련된 설명[1]은 뒤로 미루기로 한다. 다만 검도수행자는 조선세법을 어떻게 접근해서 배워야 자신의 검도수행에 도움이 되는지에 한정하여 설명하고자 한다.

저자는 조선세법 수행의 출발은 머리가 아니라, 몸의 배움에서 시작해야 함을 주장하고자 한다. 조선시대 정조 재위 시 편찬된 『무예도보통지(武藝圖譜通志)』에 보인 조선세법은 2차원적인 그림의 형태와 그 그림의 핵심적인 내용을 간략한 은유적 표현을 포함한 내용으로 기술

---

1 이와 관련된 연구는 이종림(1999)참조.

되어있다. 2차원적인 그림에서 보인 조선세법의 자세를 오늘날 명확하게 파악해서 현실적인 3차원으로 구현하여 설명하기란 쉽지 않다. 조선세법에 보인 그림과 내용은 상대 움직임에 대응하는 칼의 운영을 머리가 아닌 몸으로 어떻게 배워야 하는지에 대해 단편적인 그림과 그 자세의 움직임에 대한 해설을 포함하고 있다. 조선세법이 처음 만들어질 때 그 움직임에 대해 좀 더 입체적인 그림과 세부적인 설명이 추가되었다면, 오늘날 조선세법을 구현하고 배우는 데 훨씬 도움이 될 수 있을 것이다. 그러나 조선세법은 이를 상세하게 설명하지 않고 있다. 저자가 생각하기에 그 이유는 그 당시 조선세법은 몸으로 배웠기 때문에 굳이 상세하게 기술하지 않더라도 다들 알 수 있었다고 생각한다.

여기에서 배워야 하는 몸은 저자가 주장하는 몸 자신이다. 몸 자신은 조선세법의 다양한 검의 운용방법을 배우는 출발점이다. 조선세법을 몸으로 배운다고 했을 때 몸 자신은 칼 운용에 수동적인 역할뿐만 아니라, 상대 움직임에 따라 능동적인 움직임을 가능하게 하는 몸이다.

2. 조선세법의 내용

조선세법은 1621년 명나라 장수인 모원의(茅元儀, 1594 – 1644)의 저서인 『무비지(武備志)』 86권 중 교예편(敎藝篇)의 검법(劍法)에 처음 보인다. 그 내용에는 모원의가 원래 중국에서 자신이 잃어버린 검법을 조선에서 찾았다고 해서 조선세법이라 이름을 부여하였다. 그 내용에는 조선세법을 얻은 경위, 검결가(劍訣歌), 조선세법의 내용으로 구성되어 있다.[2] 반면 『무예도보통지(武藝圖譜通志)』에 보이는 조선세법은 『무비지(武備志)』에서 설명한 내용 중 칼의 형태와 입고 있는 옷의 그림만 다르고, 그 내용은 다르지 않다.

조선세법의 내용은 초습(初習), 안법(眼法), 격법(擊法), 자법(刺法), 세법(洗法)으로 구성되어 있다. 초습은 조선세법에서 가장 기초적인 것으로 처음 배워야 할 자세를 설명하고 있다. 안법의 내용은 조선세법에 구체적으로 설명되어 있지 않다. 눈으로 보는 안법은 마음과 연관되어 있기 때문에 서술의 어려움이 있지 않았을까 추측된다. 격법(擊法), 즉 칼을 치는 법은 그 방향에 따라 다섯 가지로 설명한다. 첫째, 표두격(豹頭擊)은 위에서 아래로 내려치는 것이다. 둘째, 과좌격(跨左擊)은 왼쪽으로 걸쳐 치는 것(스쳐 아래로)이다. 셋째, 과우격(跨右擊)은 오른쪽으로 걸쳐 치는 것(스쳐 아래로)이다. 넷째, 익좌격(翼左擊)은 왼쪽에서 후려치는 것(비껴 위로 혹은 옆으로)이다. 다섯째, 익우격(翼右擊)은 오른쪽에서 후려치는 것(비껴 위로 혹은 옆으로)으로 구성된다. 자법(刺法)은 곧장 찌르는 방향(부위라 할 수도 있다)으로 5가지로 나누어 설명한다. 첫째, 역린자(逆鱗刺)는 목을 찌르는 것이다. 둘째, 탄복자(坦腹刺)는 배를 찌르는 것이다. 셋째, 쌍명자(雙明刺)는 명치를 찌르는 것(혹은 미간)이다. 넷째, 좌협자(左夾刺)는 왼쪽을 찌르는 것(주로 가슴)이다. 다섯째, 우협자(右夾刺)는 오른쪽을 찌르는 것(주로 가슴)이다. 격법(格法)에는 세 가지가 있는데 이는 치는 법이라기보다는 방어나 공격을 위해 검을 들고 있는 형태(자세)를 뜻한다. 거정세(擧鼎格)은 머리 위의 칼 자세(치는 자세), 선풍격(旋風格)은 어깨 칼의 자세(베는 자세), 어거격(御車格)은 가운데 칼의 자세(찌르는 자세)를 말한다. 마지막으로 베는 자세와 관련된 세법(洗法)은 세 가지가 있다. 첫째, 봉두세(鳳頭洗)는 내려 베기의 자세이다. 둘째, 호혈세(虎穴洗)는 옆으로 베기이다. 셋째, 등교세(騰蛟洗)는 올려 베기이다. 조

---

2 모원의(茅元儀)는 『무비지(武備志)』에서 조선세법을 조선에서 얻긴 했지만, 자국에서 넘어간 것을 다시 되돌려 받은 것으로 설명하고 있다.

선세법은 위의 격(擊)·자(刺)·격(格)·세법(洗法)을 기초로 하여 24세를 만들었다.3 그러나 이러한 초습(初習), 안법(眼法), 격법(擊法), 세법(洗法), 자법(刺法)의 설명을 오늘날 완벽하게 구현하기란 쉽지 않다. 2차원적 그림은 원천적으로 여러 해석이 가능하기 때문이다. 조선세법의 그림이 연결된 동영상의 모습이 아니기 때문에 단편적인 그림으로 기술된 조선세법의 해석은 한계를 가질 수밖에 없다.

오늘날 24가지의 조선세법을 배우는 목적은 다양하지만, 저자는 그 이전에 검도수행자 자신의 몸에 배인 상태(embodiment)를 전제로 해야 완벽한 조선세법의 구현이 가능하다고 생각한다. 먼저 조선세법에서 설명한 칼의 운영을 자신에게 완벽한 구현이 되어야 함은 말할 필요가 없다. 그 이유는 조선세법이 머리로 이해하기보다는 자신의 몸으로 익혀야 하는 전쟁에서 생존을 위한 하나의 실전 기술이기 때문이다. 조선세법에 보인 그림을 완전하게 구현하는 방법과 관련하여 논란은 있을 수 있지만, 조선세법에서 보인 다양한 자세와 칼 운용이 자신의 몸과 일치해서 자연스럽게 나와야 하는 것은 당연하다. 조선세법의 완벽한 구현을 위해 자신의 몸에 배인 상태에서 주위 환경을 고려한 칼의 운영 경험을 본다면, 조선세법의 수행은 기존 조선세법의 텍스트에 보이는 내용을 자신만의 조선세법의 새로운 해석으로 이어질 수 있다. 『무예도보통지(武藝圖譜通志)』에 보이는 조선세법을 머리로 이해하는 것과 실제로 자신에게 그대로 구현하는 것은 다른 차원의 문제이다.

조선세법에서 보인 자세와 움직임은 2차원의 그림이기 때문에 다양한 조선세법의 해석 확장의 가능성을 함의하고 있다고 하였다. 따라서 조선세법은 연구자에 따라 다르게 설명할 수 있는 여지를 인정해야

---

3 이종림(1999).

한다. 대한검도회에서 보여주는 조선세법의 구현이 완벽하게 맞다고 할 수는 없지만, 그렇다고 외면할 필요는 없다고 생각한다. 완벽한 조선세법의 구현은 불가능할지 모르겠지만, 개인보다는 집단 지성을 통해 앞으로 수정되어야 할 기준점을 제시한다는 점에서 의미가 있다. 하지만 기존 대한검도회에서 설명한 조선세법 구현도 검도수행자의 수행 정도에 따라 다르게 전개될 가능성을 배제해서는 안 된다.

검도수행자 개개인의 칼 활용의 이해 정도에 따라 조선세법 수행의 깊이는 달라질 수밖에 없다. 따라서 검도수행자는 완전 초보자, 익숙한 초보자, 능숙한 수행자, 탁월한 수행자의 단계로 나누어 조선세법을 배워야 한다고 생각한다. 완전 초보자는 조선세법에 대한 순서나 규칙을 익혀야 한다. 그리고 각각의 몸 자세나 칼의 운용이 어떻게 되는지 알아야 한다. 익숙한 초보자는 초보의 단계를 넘어, 세부적인 격(擊)·자(刺)·격(格)·세법(洗法)과 관련된 칼의 운용에 대한 공부가 첨가되어야 한다. 더 나아가 칼의 운용에 따른 미묘한 차이를 아는 것이 필요하다. 능숙한 수행자는 주어진 조선세법의 과정을 자신의 몸에 익혀서 상대의 움직임이나 상황에 맞게 수행할 수 있어야 한다.

조선세법의 수행은 조선세법에 나온 내용만을 잘 이해하고 숙달하는 것이 전부가 아니다. 탁월한 수행자는 규칙을 의식하지 않고 자연스럽게 조선세법을 표현함으로써 그 속에서 자신의 인격까지도 드러낼 수 있어야 한다. 따라서 몸에 배인 조선세법은 자신의 검도수행 과정과 깊이에 따라 다를 수밖에 없다. 또한 진검을 통한 조선세법은 실전에서 칼이 어떻게 사용되고, 활용되는지와 관련된 간접 경험의 기회를 제공한다. 그 기술적 내용은 상대를 가정한 상황에서 자신의 움직임을 통해 배워나가야 한다. 상대가 있는 상황을 가정하고 수행하는 것과 순서만을 배우고 경험하는 조선세법의 수행과정은 다를 수밖에 없다.

본 연구는 조선세법의 학술적 내용을 설명하고자 하는 것이 아니다. 검도수행자가 조선세법을 배움에 있어 생각해야 할 것이 있다면, 그것이 무엇인지에 대한 저자 나름의 고민의 결과이다. 연구자가 생각하는 조선세법을 배우는 목적은 세 가지이다. 첫째, 조선세법은 검도수행자가 살아남기 위한 존재자임을 확인해야 한다. 둘째, 조선세법은 머리가 아니라, 몸 자신으로 배워야 한다는 사실을 가르쳐 준다. 셋째, 조선세법의 수행은 검도수행자 자신의 몸이 검도문화를 형성하는 주체임을 깨닫게 해준다.

3. 생존하는 몸

조선세법을 배우는 첫 번째 목적은 검도수행자 자신이 생존을 위한 존재자임을 파악하는 것이다. 조선세법은 칼을 사용하여 상대와의 대결에서 자신의 생존을 유지할 수 있는 칼 운용의 경험을 가져다준다. 조선세법에 쓰인 내용은 상대와의 전투를 가정하여 자기 생존에 방어하고 공격하기 위한 적절한 행동이 무엇인지를 보여주는 집단지성의 결과물이다. 따라서 검도수행자는 조선세법의 수행을 통해 칼이 가진 자기 생존의 본능을 극대화시키고, 그것을 자기 자신의 경험으로 느껴야 한다.

진화론적인 관점에서 볼 때 모든 살아있는 생명체는 자신의 높은 생존율을 유지하기 위해 움직인다. 유기체가 외부의 위험을 회피하고 자신의 생존을 위해 움직이는 것은 당연하다. 이를 위해 유기체는 기본적으로 스스로 판단하고 움직이는 존재이다. 인간도 마찬가지다. 하나의 생존 도구로서 몸은 생존을 위해 상황에 따라 수동적이며 능동적인 역할을 한다. 인간에게 생존의 문제보다 더 중요한 것은 없다. 인간에게 더 나은 생존을 위해 칼이라는 무기가 구비되어 있다면, 상대에게 더 빨리 치명상을 줄 수 있는 기술 습득은 당연한 일이다.

그러나 오늘날 살생을 할 수 없는 상황에서 조선세법에서 보여주는 상대와의 전쟁이나 결투에서 칼의 활용을 통한 생존 방법이 어떤 의미를 갖는지 생각해 보아야 한다. 이는 오늘날 조선세법을 배우는 목적이 무엇으로 해야 하는가와 연결된다. 과거 조선세법을 이해하고 오늘날 새롭게 구현하여 되살리는 노력도 의미가 있는 작업이지만, 저자가 생각하기에 조선세법의 수행은 인간의 몸 자신이 생존을 위한 존재임을 확인하는 기회로 삼아야 한다.

오늘날 조선세법을 통해 타인의 생명을 뺏을 수는 없지만, 검도수행자는 자신의 칼을 통해 자신이 살아 있는 존재자임을 확인할 수 있다. 자신의 생명 보존의 노력은 유기체의 하나인 인간의 기본적인 특징이기 때문이다. 따라서 우리는 과거 조선세법의 목적이 전장에서의 생존 기술에 있었음을 외면해서는 안 된다. 단순히 아무런 목적 없이 행동하기보다는 어떤 지향점을 가지고 움직이는 것이 인간의 생존 가능성을 높게 만든다. 조선세법은 특정 대상을 상정하고 방어나 공격을 위한 기술을 보여준다. 그 과정은 과거와 현재에도 다르지 않다. 따라서 오늘날 조선세법의 배움은 칼을 잡을 때 자신이 살아있음을 느껴야 한다. 실제로 진검을 잡은 감각은 자신의 몸이 생존하는 유기체임을 깨우쳐 준다. 아무런 생각 없이 조선세법을 하는 것과 자신이 살아 있음을 느끼고 생존을 위한 최선의 기술적 방법이 무엇인지를 생각하고 배우는 것은 다를 수밖에 없다. 과거 조선세법은 전장에서 자신의 생존, 방어, 살생을 위한 하나의 진검의 활용의 기술적 사용의 방법이었지만, 더 이상 살생이 허용되지 않는 상황에서 그 목적은 달라야 한다. 비록 진검의 활용이라는 검의 가치는 외면할 수 없다고 하더라도, 오늘날 조선세법의 배움은 자신에게 인간의 생존에 대한 근본적인 질문을 던지는 것으로 수행해야 한다. 칼이라는 것이 생존본능의 의미를 갖고 있는 것이라면, 생존을 위해 진검으로 무엇을 할 수 있는지 자신에게 질문한다면, 이는 검도수행자에게 더 많은 경험의 의미를 가져다 줄 것이다. 물론 여기에서 검도수행자는 자신의 생존을 위한 진검의 사용에서 칼과 자신의 몸이 하나가 되는 경험을 가져야 한다. 결론적으로 조선세법은 검도수행자 자신이 살아 있음을 확인하고, 칼과 자신의 몸이 자연스럽게 하나가 되는 기회로 삼아야 한다.

4. 조선세법을 배우는 몸

조선세법을 배우는 두 번째 목적으로 검도는 '몸으로 배우는 것이다'를 아는 기회로 삼아야 한다. 검도는 마음으로 배우는 것이 아니라, 몸으로 배운다고 할 때 그 몸은 몸 자신이라고 2장에서 언급하였다. 조선세법을 배우는 목적도 검도를 배우는 과정과 다르지 않다. 조선세법을 통해 검도수행자 자신의 몸의 방위 중심이 어디에 있는지 배워야 한다. 조선세법은 몸에 의한 지각, 가상의 적 위치, 칼의 파지법, 힘의 분배에 따른 운용과 사용법을 가르쳐 준다. 이를 통해 검도수행자는 자신이 갖고 있는 감각운동의 내용을 깨우고 확장시켜야 한다. 칼은 자신의 몸 연장으로 사용 가능한 경험도 해야 한다. 오늘날 검이 살생을 넘어 자신을 표현할 수 있는 수단이라면, 그 검의 움직임에 자신의 인격도 드러낼 수 있어야 한다. 그 속에서 검도수행자는 오랜 조선세법 수행에서도 인격형성이 가능함을 경험적으로 확인해야 한다.

조선세법 그림과 그 형태(자세)의 간략한 설명에서 우리는 조선세법의 추상적인 개념이 어떻게 만들어졌는지 경험적으로 배워야 한다. 조선세법에서 보인 자세는 단편적인 그림으로 보여주고, 그 내용의 설명은 구체적이기보다는 추상적인 개념으로 설명하고 있다. 저자는 그 그림의 내용 설명에 은유적 방법을 적용하여 기술하였다고 생각한다. 기술의 내용을 상세하게 설명하지 않고 추상적인 짧은 단어로 설명하기 위해서는 함축적인 의미를 포함하고 있는 은유적 표현이 적절하기 때문이다. 이처럼 조선세법에 보인 자세의 움직임을 은유적 개념으로 작성하였기 때문에 오늘날 해석하는 데 어려움이 생긴다. 앞서 조선세법의 내용 설명은 크게 안법(眼法), 격법(擊法), 세법(洗法), 자법(刺法)으로 나누어 설명하였지만, 안법(眼法)의 경우에는 어떻게 대상을 보아야 하는지 명료하게 기술하지 않았다. 그 당시 안법은 설명할 필요가 없이 잘 아는 내용이었거나, 언어로 설명하기에는 너무 어렵기 때문에 생략하였다고 생각한다. 오늘날의 관점에서 본다면, 검과 관련된 여러 가지 자세를 상세하게 설명하지 않았다고 판단할 수 있겠지만, 조선세법이 작성될 때에는 그 자세를 어떻게 배워야 하는지를 어느 정도 파악하고 있었다고 보아야 한다.

저자는 조선세법에서 보인 다양한 자세의 설명이 검도수행자 자신의 몸에 배인 경험을 기반으로 은유적 설명으로 기록된 내용이라고 생각한다. 조선세법에 기술된 세법(洗法)의 하나인 거정세(擧鼎勢)를 예로 들어보자. 거정세는 솥이라는 정(鼎)을 드는(擧) 하나의 힘(勢)을 말한다. 칼집에서 칼을 빼는 것은 아무렇게 빼는 것이 아니며, 솥을 드는 것과 같이 해야 한다는 은유(metaphor)적 표현이 거정세라는 추상적인 단어를 만들어 내었다. 솥을 드는 일은 많은 힘이 들고 쉬운 일이 아니다. 칼을 빼는 자세는 그만큼 신중하고 무게가 있어야 상대의 공격을 무력하게 할 수 있다. 그리고 무거운 솥뚜껑이 방어에도 사용 가능하다는 점에서 칼을 빼는 자세가 상대 공격에 대한 방어적 측면도 포함한다. 따라서 거정세라는 추상적인 단어는 솥을 드는 것과 같이 힘차게 칼을 빼어야 하고, 상대의 공격을 막는 자세까지도 포함한다. 따라서 거정세는 칼을 빼는 자세와 방어가 자신의 몸에 배인 경험을 근거로 은유적인 의미를 포함한 추상적인 단어로 만들어진 것으로 파악해야 한다.

탄복세(坦腹勢)도 마찬가지다. 칼을 들고 나아가기를 산을 평탄하게 하듯이 상대의 배를 가르라고 한다. 이는 우리가 앞으로 나아갈 때 산을 없애는 것과 같이 자신의 몸을 움직여야 한다는 것을 은유적으로 표현하였다. 다른 이야기이지만 이순신 장군이 일본과 첫 해전에서 수군에게 한 말, 즉 '경거망동하지 않고 태산과 같이 행동하라(勿令妄動 靜重如山)'라고 하였다. 이와 같은 말은 그의 병사인 수군에게 행동을 할 때 큰 산의 움직임으로 해야 한다는 은유적 표현이다. 이와 같이 조선세법에서 보인 다양한 칼 사용법은 은유적 개념으로 기술하였다. 따라서 조선세법에서 보여주는 자세의 이해는 각각의 단어에 녹아있는 몸에 배인 경험의 내용을 설명하는 것과 같다.

오늘날 조선세법에서 보이는 각각의 자세를 이해하기 위해서는 자신의 몸에 배인 경험이 축적된 하나의 은유적 단어로 기술된 것으로 파악해야 한다. 과거 실전에서 다루어야 하는 칼의 운용법을 후대에 알리고 배우기 위해 조선세법에 축약한 추상적인 단어는 자신의 경험에 기반으로 한 은유적 사고4의 결과물이기 때문에 검도수행자는 모든 조선세법의 자세가 갖는 은유적 내용을 파악해야 한다. 오늘날 집단지성을 통해 조선세법에서 보인 은유적 표현으로 함축된 추상적 단어를 어떻게 구현할 것인지는 대단히 중요한 문제이다. 이러한 점에서 대한검도회에서 설명한 조선세법의 연구도 의미가 있다. 그리고 그것을 자신에게 적용하고 구현하려는 노력도 중요하다. 물론 조선세법을 오늘날 구현하는 것은 쉽지 않은 작업이며, 짧은 시간에 배워 높은 경지에 도달하기란 쉽지 않다는 점은 검도수행자라면 다들 동의를 할 것이다.

5. 검도문화를 형성하는 몸

조선세법의 수행은 검도수행자 자신이 새로운 검도문화를 만들 수 있는 기회를 제공한다. 많은 검도수행자들은 자신의 검도수행 과정에서 조선세법을 배움으로써 하나의 검도문화 형성에 일조하게 된다. 여러 사람이 지속적으로 조선세법을 배우고 수정함으로써 그것이 새로운 검도문화로 정착할 수 있을 것이다. 문화는 변화하는 과정 속에서 만들어지는 것이지, 과거에 축적된 결과물만을 의미하는 것이 아니다. 문화의 어원에서도 그 단초를 엿볼 수 있다. 문화의 어원5은 경작이다. 어떻게 경작하고 잘 관리하느냐에 따라 그 수확의 양은 결정된다. 일반적

---

4 레이코프와 존슨(Lakoff & Johnson)은 "추상적 개념들은 대체로 은유적이다"(임지룡, 윤희두, 노양진, 나익주 역, 2002: 25)고 하였다.
5 문화는 그것이 속한 담론의 맥락에 따라 매우 다양한 의미를 갖는다. 서양에서 문화(culture)라는 말은 경작이나 재배 등을 뜻하는 라틴어(cultus)에서 유래하였다. 즉 "문화란 자연 상태의 사물에 인간의 작용을 가하여 그것을 변화시키거나 새롭게 창조해 낸 것을 의미한다"(한국민족문화대백과사전).

으로 사전적 의미에서의 문화는 특정 개인이나 인간 집단이 자연의 대상을 변화시켜 나타난 물질적, 정신적 변화의 결과물이다. 문화는 자연스러운 과정이 아닌 인위적인 작동의 개입에 의해 만들어진다. 그러나 문화는 단지 이성적인 판단의 결과물도 아니며, 인간의 능동적인 노력에 따라 새롭게 만들어갈 수 있다. 따라서 검도수행자는 각자 자신의 몸으로 조선세법을 경험하고, 그것이 일정한 의미로 표현되고 축적된다면, 그것이 조선세법의 문화형성에 참여하는 것이다.

검도수행자는 몸으로 검도를 배우고 그 속에서 자신만의 검도문화를 만들어가야 한다. 검도문화는 검도수행의 과정 중 몸 자신의 축적에서 시작한다. 몸 자신이 그 검도역사를 받아들일 수 있는 시간적 역사적 존재이기 때문에 가능하다. 그 당시 조선세법도 몸이 매개로 작동해서 만들어진 하나의 역사적인 존재로서의 의미를 갖는다. 조선세법의 내용은 몸 자신의 실천적인 경험이 배제된 추상적인 내용만을 『무예도보통지』에 기술하지 않았다. 『무예도보통지』에 보인 조선세법은 그 당시 실전의 칼 움직임을 보여주는 2차원적인 그림에 불과하지만, 오늘날 검도수행자 자신의 몸 움직임을 통해서 경험한 내용이 새로운 검도문화를 만들어 가는 데 중요한 단서임에는 틀림이 없다. 따라서 조선세법이 검도수행자 자신에게 어떻게 적용될 수 있는지 고민하는 것은 저자의 개인적 관심뿐만 아니라, 모든 검도수행자가 가져야 할 자세이다.

PART

04

검도철학의 실천

PART 04 검도철학의 실천

단지 기술만을 배우고 생각이 없으면 낭비이다. 단지 생각만 하고 (기술을) 배우지 않으면 위험하다(『논어(論語)』, 위정편, 學而不思則罔, 思而不學則殆).

사람이 도를 넓히는 것이지 도가 사람을 넓히는 것은 아니다. (『논어(論語)』, 위령공, 人能弘道 非道弘人).

덕이 높은 이는 덕을 의식하지 않으니 이 때문에 덕이 있지만, 덕이 낮은 이는 덕을 잃지 않으니 이 때문에 덕이 없다(『도덕경(道德經)』, 38장, 上德不德 是以有德 下德不失德 是以無德)

일반적으로 검도의 궁극적 목적으로 인격완성을 언급하다. 그러나 오늘날 검도기술이 뛰어난 것이 바로 인격으로 연결되지는 않는다. 인격완성은 검도기술 완성에 들이는 시간만큼 자신의 마음수행에 대한 노력이 뒷받침되어야 한다.

9장은 검도의 인격완성과 관련된 덕(德)이 갖는 여러 가지 의미를 논의한다. 검도의 덕(德)은 인의예지신(仁義禮智信)이 관통할 때 이루어진다. 그 길은 쉬운 길은 아니다. 그럼에도 우리가 그 길을 가야하는 이유는 검도가 단지 스포츠로서의 검도만이 존재하는 것이 아니기 때문이다. 무도로서 검도를 지향해야 한다면, 검도수행자에게 덕(德)의 이해는 필수적이다.

Chapter

09

검도의 덕(德)과 인격완성

1. 덕(德)과 아레테(arete)

　현대검도는 자신의 깨달음을 얻는 '무도로서 검도'[1]보다는 죽도 경기인 '스포츠로서 검도'가 대중에게 널리 인식되어 왔다. 이는 스포츠의 한 형태로 일본에서 시작한 검도경기의 영향력에 기인한다. 죽도로 승부를 내는 스포츠의 검도에서 한국은 2006년 13회 대만 세계검도대회에서 40년 만에 남자 단체전에서 처음 우승하였고, 그 이후로 일본과 함께 세계검도를 주도하고 있다. 그 당시 대만에서 열린 세계대회 경기를 직접 지켜 본 저자의 경험은 지금도 잊을 수 없다. 세계대회의 경기

1　저자가 '무도로서의 검도'가 아니라, '무도로서 검도'라 설명한 이유는 전자가 검도가 무도의 자격을 갖기 위함을 강조하기 위해 사용된 단어라면, 후자는 무도와 검도가 서로 대등한 관계를 보여주기 때문이다. '무도로서 검도'는 검도가 무도에 종속되는 것이 아니라, 검도 그 자체가 무도로서의 역할을 해야 함을 강조하기 위함이다.

는 승부를 겨루는 것이지 인격을 경쟁하지 않는다. 그럼에도 불구하고 '검도는 인격완성을 지향한다'고 말한다. 이 말은 두 가지 의미를 포함한다. 첫째는 검도수행자들이 처음에는 승부를 내는 죽도 경기로 시작했지만, 시간이 지남에 따라 인격수행의 방법으로서 검도에 관심을 가지기 시작한다. 둘째는 검도수행을 통한 인격형성의 과정에서 배운 내용이 검도경기의 승부나 검도수행자의 삶에 영향력을 미치고 있음을 확인해야 한다는 것이다. 전자는 검도를 인격완성의 수단으로 접근하는 것이라면, 후자는 검도 그 자체에 인격형성의 뿌리가 근원적으로 존재하기 때문에 검도수행을 통해 검도수행자 스스로 그것을 찾아야 한다는 의미이다.

'스포츠로서 검도'는 자신의 몸과 정신력을 바탕으로 죽도를 잘 운용하여 경기에서의 승리를 추구한다. 이는 서양의 스포츠에서 언급한 아레테,2 즉 탁월성(excellence)의 개념과 유사하다. 서구에서 스포츠 탁월성의 의미는 자신의 몸이 가진 기술, 재능, 체력 등이 경기에서 가장 잘 발휘된 상태를 말한다. 초기 스포츠 철학자인 와이스(Weiss)는 인간은 타인과 비교해서 탁월하고자 하는 욕망을 갖고 있으며, 특히 선수의 탁월성 발휘를 인간본연의 모습이라고 하였다.3 서구 스포츠에서 말하는 탁월성에는 기술적 요소 이외에도 동양무도에 자주 언급되는 인격완성을 배제하지는 않는다.4 서구의 동양무도 철학자인 알렌 백은 스포

---

2 그리스어인 arete에 정확하게 일치하는 영어 단어는 없다. 아레테는 탁월성(excellence), 선함(goodness), 용기(valor), 숭고함(nobility), 덕(virtue)의 의미를 포함하고 있다. 단순히 그리스시대에는 모든 그리스인들이 추구해야 할 목적으로 생각하였다(Miller, 2004a: ix). 본 연구에서는 스포츠와 관련하여 탁월성(excellence)의 개념으로 사용한다.

3 Weiss(1969: 3).

4 Forster(1989: 84).

츠를 하는 것 자체가 인간의 도덕적인 성품을 성숙시키는 데 도움이 된다고 지적한다.[5] 즉 그는 기술적 숙달을 위해서는 자신의 마음을 통제하거나 다룰 수 있어야 한다고 주장하며, 이는 인격적 완성이 도움이 된다고 하였다. 그의 이러한 주장의 근저에 내재한 이론적 근거는 이원론적인 심신분리의 관점을 유지한다. 즉 우리의 몸은 몸과 마음이 서로 나누어져 있고, 경기에서 자신의 탁월성을 발휘하기 위해 몸의 능력을 최대한으로 발휘하고 마음의 능력을 통제 가능한 것으로 설명한다. 하지만 동양에서는 몸과 마음을 원래 분리하지 않는다.

이와 같이 몸에 대한 서양과 동양의 관점 차이 때문에 저자는 인격형성의 내용을 서구 스포츠에서 논의되고 있는 아레테의 개념으로 설명하기는 어렵다고 생각한다. 오늘날 인격완성을 목표로 하는 서구의 아레테 개념을 '무도로서 검도'에 그대로 적용하면, 동양무도를 이해하는 데 한계를 갖는다. 서구 아레테 개념은 경쟁을 기반으로 하는 '스포츠로서 검도'를 설명하는 데 유용하지만, '무도로서 검도'를 설명하는 데에는 일정 정도 한계를 보이기 때문이다. 물론 스포츠로서의 검도가 인격형성에 도움이 안 된다는 것을 말하는 것이 아니다. 동양무도의 하나인 검도와 스포츠의 지향점이 다르다는 것을 지적하고자 한다. 검도를 하나의 스포츠 형태로 인식하는 것과 인격완성의 수단으로 생각하는 것은 다를 수밖에 없다. 오늘날 검도가 지향해야 할 가치 파악에 서구 아레테의 어떠한 요소가 검도를 설명하는 데 적절한지, 인격완성을 목적으로 하는 검도가 어떠한 과정과 내용이 추가되어야 하는지 검토하는 작업은 학문적으로 의미가 있다.

국내외 체육학의 연구들은 아레테의 개념을 가지고 다양하게 진행

---

5 Bäck(2009: 217).

되어왔다.6 이를 간략하게 검토해보자. 서구 동양무도의 철학자인 알렌 백(Allan Bäck)은 특정 스포츠의 행위가 스포츠의 도덕적 탁월성을 가져다주는 것은 다른 차원의 문제라고 지적하면서, 스포츠가 경쟁의 요소를 가지고 있는 한 도덕적 성품을 발휘하기에는 근본적인 한계를 가진다고 지적하였다. 반면에 비폭력의 기술을 바탕으로 하는 동양무도는 인간의 덕(virtue)을 증진시킨다고 하였다.7 하지만 본 장에서 구체적으로 살펴보겠지만, 알렌 백은 덕(virtue)과 유사한 의미인 아레테와 동양적인 덕(德)이 가진 개념의 차이를 근본적으로 이해하지 못하고 있다. 이는 서구철학자의 관점에서 본 동양의 덕(德)이 갖는 해석의 빈약에서 나온 것이라 생각한다. 반면에 한국에서는 이황이 언급한 투호(投壺)의 행위를 몸 운동이 지향해야 할 덕(德)의 개념으로 설명한다.8

본 장은 아레테와 동양적인 덕(德)의 단어를 통해 '스포츠로서 검도'와 '무도로서 검도'의 각각이 지향하는 이론적 토대가 다를 수 있음을 설명하고자 한다. 동양의 덕(德)의 개념은 '스포츠로서 검도'를 넘어 '무도로서 검도'가 지향해야 할 새로운 방향성을 제공한다. 저자가 생각하기에 검도의 출발 그 자체에 인격형성의 씨앗이 포함하고 되어 있다. 이에 따라 검도에서 그 씨앗을 찾아 어떻게 자신에게 발아시킬 것인지에 대한 해명은 검도수행에서 중요하다. 이를 위해 저자는 서구의 아레테와 동양에서 말하는 덕(德)의 단어가 갖는 유사점과 차이점을 근거로

---

6 김복희(2004a), 김창우(2008), 오현택(2006) 이문성, 안용규(2009), 장성수(2009), 황정현(2008), Corlett(1996), Holowchak2000), Reid(2007; 2009), Sing(2004).

7 Bäck(2009: 217 – 218).

8 송일훈, 이황규, 이진수(2006: 47). 저자들은 투호가 사교의 목적보다는 투호의 행위를 통해 인간의 덕성을 함양하는 것으로 판단하였다.

검도 인격형성의 방향성을 설정하고자 한다.

본 장에서는 아레테의 의미를 명확히 이해하기 위해 호메로스
(Homeros)의 『일리아드(Iliad)』와 『오디세이(Odyssey), 플라톤의 『메논
(Menon)』과 『국가론(Republic), 아리스토텔레스의 『니코마코스 윤리학
(Nichomachean Ethics)』의 텍스트에서 보인 덕(virtue) 개념을 중심으로
설명하고자 한다. 반면에 동양의 덕(德)은 성리학(性理學)의 교과서라
할 수 있는 『근사록(近思錄)』9을 중심으로 살펴보고자 한다.

2. 스포츠로서 검도

일반적으로 서구의 스포츠에서 추구해야 할 가치를 설명하기 위해
언급된 아레테(arete)는 탁월성(excellence)과 덕(virtue)10으로 해석된다.
예컨대 탁월성(excellence)은 자신이 가진 능력이 가장 잘 발휘된 상태
를 의미하고, 덕(virtue)은 윤리적 의미로 한정하여 성품(character)이 잘
발휘된 것을 말한다.11 이러한 용어들의 변화는 서구의 아레테 단어가
시대를 경과하면서 신체적 탁월성이라는 의미에서 성품의 탁월성이라

---

9 이 저서는 주희(朱喜)와 여조겸(呂祖謙)이 공동으로 편찬한 것으로, 학문의 수행
  과 일상생활에 필요한 성리학의 기초 내용을 사람들에게 제공하기 위해 성리학
  자의 어록을 뽑아 편찬한 것이다. 본 연구에서는 엽채(葉采)가 집해한 『근사록집
  해(近思錄集解)』(이광호 역, 2004)를 이용하였다. 근사록의 의미는 『논어(論語)』
  「子張篇」 널리 배우고 높게 뜻을 세우고 절실하게 물으며 가까이 있는 것에 생
  각한다(博學而篤志 切問而近思)에 근거한다.
10 그리스어를 기원으로 하는 arete를 덕으로 번역할 때는 덕(virtue)으로, 동양의
  덕 의미는 덕(德)으로 구분하여 쓰고자 한다. 단 인용된 문구에서 덕으로 번역된
  것은 그대로 사용하기로 한다.
11 김태훈(1999: 17).

는 윤리적 성격까지 확장되었다. 서구의 신체적 탁월성이 개인적 성품과 연결되어 도덕적인 의미를 가진 덕 윤리(virtue ethics)를 주장하게 되었다. 아레테와 덕(virtue) 각각의 이해에 어려움을 겪는 이유는 그 단어의 기원이 다르기 때문이다. 아레테(ὰρετή, arete)는 그리스에, 덕(virtue)은 라틴어에 기원한다. 이러한 서구에서 덕(virtue)의 단어가 동양의 덕(德)과 비교되면서 그들 간의 단어 이해를 어렵게 만들었다. 따라서 동양무도인 검도의 아레테와 덕의 의미를 이해하기 위해서는 아레테(arete), 덕(virtue), 덕(德) 각각의 의미를 명확하게 이해하고 있어야 한다.

1) 아레테(arete)와 덕(德)의 의미

아레테(arete, ὰρετή)는 그리스 단어로 도덕적 삶과 행위 그리고 도덕적 탁월성의 의미를 뜻한다. 반면에 덕(virtue)은 라틴어에 기원한 virtus이다. vir는 남성적인 힘, 강경함, 탁월성, 도덕적 힘을 의미한다.[12] 그리스 단어인 아레테가 라틴어의 virtus로 번역된다. 이것이 영어로는 virtue로 한국어로는 덕으로 해석된다. 이러한 과정에서 아레테를 동양적인 덕(德)으로 바로 동일시하여 번역하면 많은 문제점이 나타난다. 영어의 virtue가 동양의 덕으로 번역할 수는 있겠지만, 동양의 덕(德) 단어는 virtue가 갖는 의미와는 엄밀하게 보면 다르기 때문이다. 아레테의 덕(virtue)과 동양의 덕(德)이 지향하는 내용을 정확하게 파악하기 위해서는 각각의 문화적 사회적 배경을 고려한 해석이 전제되어야 한다.

---

12 www.etymonline.com/index.php?search=virtue&searchmode=none

『설문해자(說文解字)』에 따르면 동양의 德(덕) 단어는 곧고 바람직한 직(直)과 마음(心)이 합친 悳(德의 고어)이다. 동양에서 바람직한 마음은 외향적인 지향점과 다른 내면의 힘을 강조한다. 이는 서구의 남성다움과 강경함의 외향적인 지향점인 아레테 의미와는 차이를 보인다. 동양에서 덕(德)은 인간 내면의 수행을 통해서 습득되어 외형적인 실천적 행위로 드러나고, 이를 갖춘 사람이 다른 사람들로부터 존경의 대상이 된다. 이와 같이 동양의 덕(德), 서구의 아레테, 덕(virtue)이 각자 갖는 언어의 형성 과정을 비교해 본다면, 그들 간에 보인 의미와 내용은 상당한 차이점이 있음을 알 수 있다. 따라서 동서양의 시대적 문화적인 배경에서 나온 이해 없이, 아레테를 virtue로 번역하고, 이 단어를 바로 동양의 덕(德)으로 해석을 할 경우에 아레테나 덕(德)의 의미 그 자체를 왜곡될 가능성이 높다.

서구 아레테의 의미도 고대 호메로스 시대와 플라톤 그리고 아리스토텔레스 모두 그 의미를 다르게 적용하여 사용해 왔다는 사실이다. 그리스 시대의 아레테의 단어는 어떤 존재가 가지고 있는 영혼(psyche)[13]의 힘을 의미한다. 즉 아레테는 인간의 뛰어난 영혼의 힘으로 설명한다.[14] 인간의 뛰어난 영혼의 힘은 무엇인가? 이것도 시대에 따라 다르게 설명한다. 뛰어난 인간의 힘을 호메로스 시대에는 용기로, 소크라테스는 관조(지식)로 주장하였다. 플라톤은 영혼의 힘을 욕망, 기개, 이성으로 나누고 그 속에서 아레테가 발휘하는 상태를 절제, 용기, 지혜로 설명하였다. 아리스토텔레스는 인간의 뛰어난 힘을 의지를 통해 획득되는 습관(hexis)으로 설명하였다. 여기에서 아리스토텔레스는 아레테

---

13 psyche는 정신, 호흡, 생명의 개념을 포함한다.
14 이정우(2004: 139).

의 중요한 원리로 중용[15]의 개념을 제시하고 있다. 이처럼 서구 아레테의 개념도 시대와 철학자의 관점에 따라 다르게 설명되어 왔음을 알수 있다.

서구에서 아레테 의미가 어떻게 변용되어 왔는지 구체적으로 살펴보자.

첫째, 호메로스 시대에서 아레테 의미는 덕(virtue)로 번역하지 말고, 그 대신 탁월성(excellence)으로 번역해야 한다.[16] 그 당시 총체적 표현의 하나인 아레테를 인간에 적용한다면, "용맹, 명예를 의미하여 전쟁에서 전사의 용기와 관련이 있다."[17] 즉 아레테는 인간에게 주어진 상황에서 자신의 신체적 뛰어남과 완벽함을 추구하는 용기 그 자체였다. 이러한 탁월성은 고대 호메로스 시대의 시대적 지향점을 보여준다. 이는 올림픽경기에 참여한 사람들에게 영향을 미쳤고, 그들은 자신의 탁월성을 보여주고자 하였다. 결국 호메로스 시대에 보인 탁월성의 의미는 인간이 신체적으로 더욱 완벽하고자 하는 목적을 갖는다.

둘째, 소크라테스에게 아레테는 '지행합일(知行合一)'의 의미를 갖는다. 이는 동양의 양명학(陽明學)에서 언급한 지식과 수행이 일치해야한다는 실천적 강조와는 다르다. 소크라테스 지행합일의 아레테는 실천의 전제 조건인 지혜의 이해가 수반되어야 함을 주장한다. 예컨대 플라톤 초기 저술에서 아레테 단어는 인간에게서 지식(knowledge) 또는

---

15 아리스토텔레스에 따르면 중용은 아레테에서 나온 하나의 기능(ergon)으로 설정된 목표이며, 윤리적 미덕으로 설정한다. 반면에 동양에서 덕목의 하나인 중용은 목표보다는 현실적인 실현 가능한 방법의 제시에 초점을 맞춘다. 서양의 중용이 양 극단을 배제한 것이라면, 동양의 중용은 양 극단을 포함한다는 점에서 차이를 보인다.

16 MacIntyre(1984: 181).

17 김복희(2004a: 11).

인식(epistemology)의 완벽성을 포함하고 있다. 그리고 아레테는 도덕적인 의미의 좋음과 인간다움(human flourishing)의 형성에 도움이 된다. 칼과 말(馬)을 잘 다루는 것이 탁월성이라면, 이는 인간에게도 적용이 가능한 상징으로 사용이 가능하기 때문이다.[18] 문제는 인간이 아레테를 달성하기 위해서는 아레테와 관련된 일련의 지식 파악을 전제로 한다는 점이다. 개개인이 가진 능력 발휘에 앞서 주어진 대상을 잘 파악할 수 있는 지식이 필요하다는 것은 논리적으로 타당하다. 이러한 아레테 의미를 가장 잘 보여 주는 것이 플라톤의 저서인 『메논(Menon)』이다. 그 책에서 메논은 다음과 같은 질문을 소크라테스에게 던진다. 아레테는 가르칠 수 있는지 아니면 가르쳐질 수 없는 것인가? 수련이나 배움에 의해 만들어낼 수 있는가? 아니면 본성적으로 사람들에게 생기는 것인가? 이에 소크라테스는 아레테 본질을 먼저 인식하고 이해할 필요가 있다고 대답한다.[19] 메논은 개별적인 탁월성의 예를 제시하지만, 소크라테스는 개별적 아레테를 주장하기보다는 "모든 사람들의 탁월함은 동일한 것(이다)"는 주장으로 개별적 아레테를 반박한다. 이에 "아레테가 동일하다면 누구나 전부 가질 수 있다"는 메논의 주장에 소크라테스는 정의가 아레테라고 재반박하였다.[20]

이 대화에서 우리는 탁월성이 무엇인지 판단할 근거는 없다. 다만 중요한 사실은 인간은 하나의 궁극적인 실체인 이데아와 같은 아레테 그 자체와 아레테의 개별적 사례를 구별할 수 있어야 한다는 것이다. 이에 따라 소크라테스는 먼저 아레테를 정확하게 인식할 필요성을 제

---

18 Reshotko(2006: 3).
19 이상인 역(2009: 45 – 46).
20 이상인 역(2009: 50 – 51).

기하였고, 탁월함은 뛰어난 것이기 때문에 유익한 앎으로 받아들여야 한다고 강조한다. 앎은 인식과 같은 의미를 갖기 때문에 깨달은 사람만이 탁월성의 의미를 말할 수 있다는 것이다. 이것이 『메논』에서 소크라테스가 언급한 아레테의 의미이다. 요약하면 소크라테스에게의 탁월함은 사람이 자신이 탁월함이 무엇인지를 알고 있을 때 그 탁월함의 의미가 자기 자신에게 드러나는 것이다.

소크라테스의 초기 대화들은 주로 우리가 어떻게 살아야 하는가의 문제에 대해 관련하여 설명한다. 소크라테스는 아레테의 내용을 구체적으로 용기, 중용, 경건, 지혜, 정의인 다섯 가지로 설명하였다. 즉 "소크라테스는 사람들로 하여금 이런 적성들은 이해하고 습득하려고 노력함으로써 자신들의 영혼을 돌보게 하는 것을 자신의 사명으로 생각했다."[21] 그럼에도 불구하고 "소크라테스는 덕을 소유하기 위해서는 일단 그것을 이해하는 단계에 이르러야 한다"는 생각은 변함없이 유지하였다.[22] 하지만 소크라테스는 아레테 발휘에 가장 중요한 역할에 이성적 판단을 강조함으로써 아레테를 위한 훈련과 훈육의 필요성까지는 생각하지 못했다.

셋째, 플라톤의 아레테 의미는 그의 저서인 『국가론(Republic)』에서 보인다. 플라톤은 아레테 의미로 훌륭한 인간이 가져야 할 영혼의 힘으로 탁월성을 강조한다. 플라톤은 인간이 갖는 영혼의 힘을 욕망(epithymia), 기개(thymos), 이성(logos)으로 설명한다. 이러한 영혼의 힘, 즉 각각의 아레테를 달성하기 위해서 절제, 용기, 지혜가 필요하다고 보았다.[23] 이 모든 것이 완성될 때 플라톤이 언급한 정의(justice)가

---

21 이정우 역(2007: 214).
22 이정우 역(2007: 216).

실현된다고 하였다. 플라톤은 『국가론』에서 아레테를 영혼의 적절한 통합이며, 조화로운 기능을 달성하기 위한 하나의 이데아로 판단하였다. 이를 위해 플라톤은 강건한 도시국가와 영혼의 단련을 위해 사람들에게 신체적 훈련과 교육의 필요성을 제시하였다.[24] 특히 플라톤은 아레테 교육의 일부분으로 신체단련(gymnastike)의 목표는 인간의 탁월성을 달성하기 위한 하나의 수단으로 인식하였다.[25] 플라톤의 아레테 달성을 위한 신체단련의 주장은 그 당시 기울어져 가는 그리스의 아테네 도시국가의 위상과 연결된다. 플라톤이 생각하기에 과거 찬란했던 도시 국가의 재건을 위해서는 신체적 단련이 필수적이라고 생각한 것이다. 하지만 엄밀하게 본다면, 플라톤은 철학적인 공동체의 완성과 영혼의 아레테를 달성하기 위해 신체단련의 중요성을 언급하였지만, 신체단련 그 자체가 하나의 최고의 목적으로 하기보다는 공동체나 영혼의 달성 수단으로 인식하였다.

넷째, 아리스토텔레스는 『니코마코스 윤리학』에서 탁월성 의미를 지적 탁월성과 성격적 탁월성[26]으로 나누었다. 그는 지적 탁월성을 '지혜(sophia)'와 '실천적 지혜'로, 성격적 탁월성을 '자유인다움'이나 '절제'

---

23 박종현 역(1997: 300 – 311).
24 이정우 역(2007: 225).
25 Reid(2007: 160).
26 이문성, 안용규(2009)는 아레테를 지적인, 도덕적인 탁월성으로 설명하였다. ethos의 번역을 최명관(2008)은 도덕으로, 초기 영어 번역인 moral을 사용하였다. 그러나 아리스토텔레스의 옳고 싫다는 도덕적인 의미보다는 성격적으로 번역을 할 때 그의 아레테의 의미를 더 잘 이해할 수 있다. 따라서 도덕적이라는 설명도 가능하지만, 인간이 가진 성격(성품)이 유지됨을 강조하는 것이라면 '성격적'으로 번역해야 한다고 생각한다. 최근의 원전 번역(Broadie, 1991: Irwin, 1999; 이창우, 김재홍, 강상진 역, 2006)도 성격적으로 설명하고 있다. 또한 pakaluk(2005)도 character – related virtue로 사용하고 있다.

로 구분하였다. 그 속에서 실천적인 품성을 가짐으로써 인간이 칭찬받을 만한 것을 탁월성이라고 하였다. 또한 "모든 탁월성은 그것이 무엇의 탁월성이건 간에 그 무엇을 좋은 상태에 있게 하고, 그것의 기능(ergon)을 잘 수행하도록 한다"고 하였다. 즉 "인간의 탁월성 역시 그것에 의해 좋은 인간이 되며, 그것에 의해 자신의 기능을 잘 수행할 수 있게 만드는 품성상태일 것이다"27라고 설명하였다. 아리스토텔레스는 이성을 통한 탁월성의 발휘에 지적 탁월성이나 성격적 탁월성 둘 다 필요하다고 하였다. 그에 따르면 지적 탁월성은 유전이나 교육에 의해 형성되고, 성격적 탁월성은 실천이나 습관이 뒷받침되어야 한다.28 특히 그는 좋은 것을 행할 수 있는 실천적인 품성상태(hexis)의 유지를 강조한다. 이러한 실천적인 습관은 중용의 상태를 유지할 때 드러난다. 아리스토텔레스에 따르면 인간의 이성은 '감정'(pathos), '능력'(dynamis), '품성상태'(hexis)를 가진다. 인간이 가지고 있는 다양한 감정 상황에 흔들리지 않고, 자신의 품성상태를 어떻게 유지하느냐에 따라 행동의 결과는 다를 수밖에 없다. 여기에 그는 아레테의 종자(種子)라 할 수 있는 중용의 실천적인 방법을 강조하였다. 이러한 『니코마코스 윤리학』에서 보여주는 탁월성의 전제조건은 인간 이성의 우월성을 전제로 한다. 이에 따라 그는 인간의 이성적 활동을 근거로 자신의 품성 상태를 가장 잘 발휘하는 것을 아레테로 설명하였다. 즉 그는 인간이 추구하는 인간됨은 자신의 기능수행과 이에 따른 품성상태의 유지에 달려있고, 그 속에서 인간은 최고의 선인 행복(幸福)을 획득할 수 있다고 하였다.

이와 같이 서구 철학자의 관점에 따라 아레테 의미는 다르게 적용

---

27 이창우, 김재홍, 강산진 역(2006: 49 – 63).
28 이창후, 김재홍, 강상진 역(2006: 398).

되어 왔다. 따라서 아레테 의미를 경쟁을 포함하는 스포츠에 전부 적용하여 설명하기에는 원칙적으로 어렵다. 사실 그리스 단어인 아레테와 그를 대체한 영어 번역도 정확하지 않다는 점에서 연구자 각자의 입장에 따라 아레테 의미가 다르게 인용될 가능성을 원래부터 갖고 있는지도 모른다. 다양한 아레테 의미 가운데 탁월성이라는 공통적인 개념을 도출할 수 있지만, 아레테 개념으로 스포츠의 본질적 현상으로 설명하기 위해서는 좀 더 면밀한 아레테 개념과 관련된 해석이 필요하다. 비록 아레테 개념이 서구의 스포츠를 설명하는 데 자주 언급되고 있지만, 그 개념으로 동양의 무도에 직접적으로 적용해서 이해하기란 쉽지 않다. 동양과 서양은 서로 다른 사상적 배경이 다르기 때문에 서구의 관점에서 동양무도를 설명하는 데 일정 부분 한계를 가질 수밖에 없다. 여기에서 우리는 서구적 개념을 인용하여 동양의 무도를 설명하기보다는 동양적인 개념으로 서구인들에게 상세하게 설명할 필요성을 느낀다.

오늘날 아레테의 단어는 서구 스포츠학자의 관점에 따라 다양하게 주장된다. 라이드(Reid)는 아레테를 정신, 신체, 영혼이 통합된 건강한 상태로 탁월성과 도덕적 덕(virtue) 개념이 일치될 때 아레테의 진정한 의미가 완성된다고 하였다.29 슈나이드(Schneider)는 스포츠에서 탁월성(excellence)은 승리나 효과적인 기술의 실행을 넘어서는 것이다. 이것은 공정함, 존경, 스포츠맨십 등 도덕적 가치를 요구한다.30 밀러(Miller)에 따르면, 고대 운동경기의 내용에 자신이 가지고 있는 능력을 최대로 발휘하여 승리자가 된 것을 아레테가 실현되었다고 하였다. 그는 플라톤이 말한 아레테가 비록 가르칠 수 없는 것이라도 운동경기에

---

29 Reid(2002: 145－147).
30 Schneider(2009: 63).

서 자신의 정신과 신체 그리고 영혼이 결합되어 발휘된 것을 아레테라고 설명한다.[31] 싱(Sing)은 아레테를 신체, 정신, 영혼이 잘 조화되어 나타난 것으로 파악하였다. 즉 그 곳에서 나온 개인의 힘이 스포츠 행위에 발휘되어 나타난 우아함과 탁월한 상태를 아레테라고 하였다.[32] 반면에 홀로차크(Holowchak)는 아레티즘(aretism)을 경쟁적인 어려움을 극복하고 탁월성을 획득하는 것이라 하였다. 그는 스포츠는 경쟁이며 경쟁에서 통합의 의미를 갖기 때문에 자신의 행위가 전인류적인 가치에 부합할 때에 아레티즘으로 설명이 가능하다고 하였다.[33] 이와 같이 스포츠에서 아레테 개념은 학자들마다 다르게 주장되어 왔다.

이러한 다양한 아레테 개념의 변용에서도 우리는 아레테가 가진 공통적인 의미가 '다른 사람보다 뛰어나다'라는 사실을 알 수 있다. 여기에 덧붙여 아레테는 스포츠에서 필요한 내재적인 가치, 즉 스포츠가 가져야 할 공정함과 도덕적인 가치를 추가한다. 이러한 서구 학자들의 주장에서 우리는 아레테의 의미가 스포츠에서 궁극적인 목적인 탁월함 (excellence)과 선함(goodness)을 달성하기 목적론적 태도를 견지하고 있다는 사실이다. 이러한 목적론적 태도는 서구의 인식론적 관점에서 출발한다. 결국 서구에서 보인 아레테의 개념은 인간이라면 무언가를 올바르게 인식한 후 실천해야 한다는 근본적인 생각에는 변함이 없다.

엄격한 의미에서 아레테의 의미가 탁월성과 남성다운 것을 전제로 한다면, 스포츠는 승리를 위해 자신이 가진 기능을 최대한으로 잘 발휘하는 것이 타당하다. 여기에 정신적, 도덕적인 부분을 포함하여 윤리적

---

31 Miller(2004b: 235–240).
32 Sing(2004: 9–12).
33 Holowchak(2000: 317).

가치를 주장할 수도 있을 것이다. 이를 기반으로 서구에서는 경쟁을 스포츠의 본질로 설명한다. 예컨대 아레테는 고대의 경쟁을 전제로 하는 운동경기(athletics)[34]에 적용할 때 훨씬 더 이해가 쉽게 다가온다.[35] 따라서 서구 스포츠에서 보인 탁월성, 남성다움, 정신적 태도의 목적론적 아레테 개념만으로 다른 동양의 역사적 배경을 가진 검도를 포함한 무도의 덕(德) 파악에는 어려움이 존재한다.[36] 무도는 개인의 수행함 그 자체를 목적으로 하기 때문이다.

2) 검도의 아레테

검도의 아레테는 경쟁을 전제로 하는 검도기술의 아레테와 경쟁을 전제로 하지 않는 검도기술의 아레테로 구분할 필요가 있다. 전자는 검도경기에서 자신이 가진 기량을 가장 잘 발휘하는 것에 초점을 맞춘다. 반면에 후자는 경쟁이 배제된 검도기술, 검도 본(本), 조선세법, 본국검 범 등에서 인격을 배우는 데 초점을 둔다. 아레테의 개념이 경쟁에서 목표달성과 성취 이외에도 협동과 동화, 미덕과 선량함, 자아실현과 전인적(全人的) 인간과 같은 내용이 부분적으로 포함된다면,[37] 진정한 검

---

34 athletics의 그리스 어원인 athleuein은 상품을 위해 경쟁한다는 의미를 가지고 있다(Dombrowski, 2009:14).

35 Dombrowski(2009: 14−17).

36 Bäck(2009: 233). 동양의 "德을 영어인 'virtue'로 번역하는 사례는 서양인들이 중국어에 어떻게 자신의 문화적 전제를 덮어씌우고 있는가를 잘 보여준다(장원석, 역, 2005: 7). 서구 입장에서 동양의 德을 virtue로 번역하면, 德이 갖는 동양적 의미를 축소시키는 상황이 발생한다. 이 책에서는 동양의 德은 하나의 완성된 것이라기보다는 동명사의 의미로 행위의 과정을 강조한다. 여기에 실천해서 획득해야 한다는 동사적 의미까지도 갖는다. 이는 서구의 virtue 개념에서 보이지 않는 부분이다.

도의 아레테가 되기 위해서는 기술적 탁월성과 윤리적 품성의 완성, 즉이 두 가지 모두를 충족시켜야 한다. 그러나 검도경기에서 승리를 위해자신의 몸과 마음을 서로 최대한으로 발현하는 것과 동시에 인격완성을 획득하는 것은 쉽지 않다. 검도기술의 탁월성이 바로 윤리적인 훌륭함으로 연결되지는 않기 때문이다. 따라서 검도수행자는 검도기술, 검도 본(本), 조선세법 등에서 어떻게 인격을 형성할 수 있는지 답을 찾아 보충해야 한다.

서구 스포츠에서는 인격형성을 위한 스포츠종목은 상대적으로 적다. 반면에 무도종목인 검도를 포함한 유도, 태권도, 활쏘기 등은 인격형성을 목적으로 한다. 여기에서 우리가 간과해서는 안되는 것은 검도가 인격형성을 목적으로 한다고 해서 무도가 인격완성을 위한 운동수행의 정신으로 받아들여져서는 안 된다는 사실이다. 왜냐하면 무도수행자 스스로 무도기술의 탁월성에서 자신의 인격을 도출하여 만들어가는 것과는 다르기 때문이다. 따라서 무도수행자는 무도기술의 탁월성에서 인격형성의 유용한 방법을 찾아 제시할 때 무도가 하나의 운동수행의 대상으로 다른 사람으로부터 인정받을 수 있을 것이다.

한국에서 검도는 죽도로 경쟁하는 스포츠의 한 형태로서의 인식이강하다.[38] 검도가 처음 한국에 수입될 때는 인격형성을 우선적으로 지향하지 않았다. 그러나 검도수행이 지속되어감에 따라 검도수행자는 인격형성을 위한 하나의 수행방편으로 생각하게 된다. 이러한 태도는오늘날 검도경기에서 경쟁과 자기수행이라는 각각의 강조로 나타난다.

---

37 장성수(2009: 222 – 223).

38 오다요시코(小田佳子, 2017)에 따르면, 한국의 검도는 스포츠화를 목적으로 하며
　　일본은 무도의 검도를 중시한다고 주장한다.

저자는 이러한 검도를 '스포츠로서 검도'와 '무도로서 검도'로 나누고자 한다. 양쪽이 검도라는 출발점이 같다고 하더라도 검도수행자 각자가 선택하는 지향성에 따라 자신의 검도수행의 내용과 방향은 다르게 전개된다. '스포츠로서 검도'는 경기에서 승패를 결정하는 것이라면, '무도로서 검도'는 검을 통한 자기수행이며 인격완성에 그 목적을 둔다. 그렇다고 해서 '스포츠로서 검도'가 전혀 인격완성을 얻지 못한다는 것은 아니다. 검도기술에서도 자신의 인격이 개입되고 형성될 수 있는 여지는 존재한다. 검도기술의 완성이 경기에서 승패를 넘어서는 것이라면, '무도로서 검도'에 가깝다고 보아야 한다.

검도기술에서 인격완성을 구현하기 위해서는 구체적이고 실천적인 방법이 뒤따라야 한다. 저자가 생각하기에 검도기술에서 인격형성의 출발점은 검도기술의 탁월성에 대한 이해이다. 자신이 가진 능력을 검도기술에 완전하게 발휘하는 서구적인 검도경기에서 아레테의 의미는 기·검·체 일치가 보여 주는 한 판의 기술이라고 생각한다. 검도의 자세에서 나오는 기세, 칼의 운용, 움직이는 몸이 하나가 되는, 즉 기·검·체 일치에서 가장 중요한 요소는 몸의 움직임이다. 각각의 입장에 따라 기세, 칼의 활용, 몸의 움직임에 따른 강조점은 다를 수 있지만, 기세와 칼의 활용을 극대화하기 위해서는 몸의 움직임에 흔들이지 않는 마음이 뒷받침되어야 한다. 흔들리지 않는 마음과 몸의 움직임에는 인격적 태도가 깊숙이 개입되어 있다. 따라서 저자는 인격적 태도가 전제되지 않는 상황에서 진정한 기·검·체 일치가 나타나지 않는다고 생각한다.

검도기술과 관련된 기·검·체 일치의 발휘는 한마디로 인간의 능력을 넘어선 신기(神技)의 기술이다. 신기의 기술이 갖는 정체를 파악하고 설명하는 데는 어려움이 있겠지만, 그 행위가 나타난다는 사실은 부인할 수 없다. 선수가 가진 기세, 칼의 활용, 몸과 마음의 일치가 검도기술에 발휘하여 나타난 것을 신기의 기술이라면, 이는 동양적 관점에서 검도기술의 아레테로 설명이 가능하다. 많은 사람들은 검도경기에서 선수들이 보여준 신기의 기술을 보고 감탄한다. 그것은 기술의 탁월성에 대한 감동의 또 다른 표현이다.

　　동양에서는 우리 자신이 알지 못하는 것을 귀신(鬼神)[39]이 그렇게 만들었다고 한다. 귀신은 초인간적이며, 초자연적인 능력을 갖춘 신령스러운 것이 인간의 몸에 머물러 능력을 발휘한다. 『근사록(近思錄)』에서는 "귀신은 음양 두 기운의 고유한 양능(良能)이다."[40] 양능이란 선천적으로 타고난 음양의 능력이 조화롭게 발휘되는 것이다. 또한 『중용(中庸)』에서 "귀신의 덕(德)은 매우 성대한 것이다. 그것을 보려 해도 보이지 않고 들으려 해도 들리지 않지마는 만물의 본체가 되어 빠트려지는 일이 없는 것이다."[41] 결국 귀(鬼)는 음의 기운과 신(神)이라는 양의 기운이 합하여 타고난 재능을 조화롭게 발휘하게 되는 것이다. 몸이 가진 강함의 양과 부드러움의 음의 기능이 잘 발휘되어 자연스럽게 나타난 것이 덕(德)이라고 해석한다면, 이는 서구에서 언급하는 아레테 개념과 유사하다. 따라서 저자는 '스포츠로서 검도'에서 아레테의 의미

---

39 귀(鬼)는 '귀신'이나 '혼백(魂魄)'을 뜻한다. 혼(魂)은 양의 성질로 사람이 죽으면 하늘로, 백(魄)은 음의 성질로 땅으로 돌아간다고 생각하였다. 혼백은 사람이 살아 있는 동안 인간의 몸에 머물러 있는 기(氣)의 개념이다(네이버 한자사전). 귀(鬼)가 인간의 몸에서 작용될 때 귀신의 의미는 동양적인 기(氣)가 발현되는 것으로 파악해야 한다. 여기에서 사용된 귀신의 의미도 인간이 가지고 있는 능력이 자연의 기(氣)와 조화롭게 발현되는 것으로 이해해야 한다.

40 鬼神之, 二氣之良能也(이광호 역, 2004: 155).

41 鬼神之爲德 基盛矣乎. 視之而弗見 廳之而弗聞 體物而不可遺(김학주 역, 2006: 62).

를 기·검·체가 발휘되는 '신기(神技)의 기술'로 표현하고자 한다.

검도기술, 검도 본(本), 조선세법(朝鮮勢法), 본국검법 등 직접적인 상대와의 경쟁이 개입되지 않는 자기수행은 승부를 내는 검도기술보다 인격형성에 더 많은 도움을 준다. 예컨대 경쟁을 전제로 하지 않는 검도 본(本)의 수행은 기술적 탁월성의 개념으로만 설명하기에는 어딘가 부족하다. 탁월성의 개념은 타인과의 경쟁을 전제로 하는 것에 적합한 용어이기 때문이다. 검은 자신의 생존을 위해 상대를 먼저 죽여야 하는 경쟁에서 시작되었지만, 검도 본(本)의 수행은 선도와 후도와의 상호 조화의 기회를 배울 수 있다.

검도기술에도 자신의 인격을 드러내기 위해서는 타자와의 경쟁에서 상대를 패배시켜야 하는 대상으로 보기보다는 상대를 인정하고 포용하는 인식론적 태도가 전제되어야 한다. 이러한 인격형성과 관련된 자기수행의 과정에서 가장 중요한 것은 검도수행자의 자연스러운 움직임을 지향한다는 사실이다. 검도경기에서 인위적으로 생각하는 상황에서 검도기술의 발휘와 자연스럽게 상황에 맞는 기술 발휘가 주는 감동은 다를 수밖에 없다.

동양에서 인격완성은 달성해야 할 것이 아니라, 자연스러운 움직임의 결과를 말한다. 이는 서구의 아레테 개념과 다른 점이다. 서구의 아레테 개념은 개개인의 경험을 넘어서 특정한 상태를 상정한다. 예를 들어 아레테는 이러저러하다라는 완벽한 상황을 전제로 우리가 달성해야 하는 목적론적인 의미가 강하다. 반면에 동양의 덕(德)은 자신의 자연스러운 실천적인 행위의 결과물을 언급하는 것에 지나지 않는다. 인간의 인위적이지 않은 자연스러움과 자발적인 행위가 다른 사람들로 하여금 그 사람이 덕(德)의 힘을 가진 사람으로 인정하게 한다. 이러한 행위가 누군가에게 진정으로 덕(德)을 가진 사람으로 인정한다는 사실은 그 사람의 행위가 자연스럽고 자발적이며, 의도가 포함되지 않은 무위(無爲)에서 나왔기 때문에 진정으로 그 사람을 존중한다. 특정한 의도가 개입되지 않은 자연스러운 움직임을 보는 사람은 그 상대에 대해 진정으로 마음에서 우러나는 존중의 마음을 갖게 된다.42 요약하면 서구의 아레테 개념은 인간의 능력이 잘 발휘되는 상태, 즉 탁월성이라는 특정한 불변의 의미를 보여준다. 반면에 동양의 덕(德)은 자신의 자연스러운 움직임이 음양의 조화에 맞게 나타난 결과물이라는 점에서 차이가 있다. 검도수행자가 어떤 길을 선택하느냐에 따라 검도를 설명하는 준거의 틀은 다를 수밖에 없다.

3. 무도로서 검도

아레테가 가진 탁월성의 개념만으로는 검도가 지향하는 가치를 전부 해명할 수 없음을 앞에서 지적하였다. 따라서 '무도로서 검도'를 이해하기 위해서는 동양적인 덕(德)의 의미를 정확하게 이해해야 한다. 덕(德)의 개념에서 본다면, '무도로서 검도'는 '스포츠로서 검도'와 다른 특징을 보여준다. 검도에서 덕(德)을 강조하는 이유는 검도기술에 인격완성이 뒷받침되지 않는 검도기술의 완성은 의미가 없기 때문이다. 무도의 덕(德)은 탁월성의 경쟁을 넘어 내재적인 수행을 통해 자신의 인격형성에 도움이 되고, 다른 사람을 배려하는 이타적 행위와 연결되어야 한다.43 이는 검도에도 적용이 가능하다. 저자가 생각하기에 검도의

---

42 김동환 역(2018: 33-37).

덕(德)은 상대와의 경쟁에서 이기는 것을 넘어, 자기반성을 기본으로 상대방을 차별하지 않는 보편적인 마음의 존재를 검도수행의 과정에서 파악하는 것이며 이러한 과정의 내용이 하나의 경험으로 축적되고, 그것이 상대에게 드러나는 것이다.

1) 덕(德)의 의미

덕(德) 혹은 덕(悳) 단어의 의미 규정은 『설문해자(說文解字)』에서 최초로 보인다. 그 곳에서 德은 오름[升]으로 풀이하고, 悳은 "밖으로 다른 사람에게서 얻은 것이며, 안으로 자신에게 얻은 것(外得于人 內得于己)"으로 풀이한다. 그리고 덕(悳)은 바른 마음, 즉 직(直, 바른)과 심(心, 마음)으로 구성된 글자이다. 오늘날 사용되는 德자는 본래 悳에서 유래된 가차(假借)[44]한 글자이다.[45] 중국어의 가장 오래된 상형문자인 갑골문자에서 보인 덕(德)은 왕이 내면적으로 지녀야 할 도덕적인 힘(moral power)으로 설명한다. 즉 지배자는 자신의 바른 태도와 도덕성을 몸에 지녀야 하고 다른 사람들에게 도움이 되어야 한다. 지배자의 이러한 태도 때문에 백성은 왕에게 진정으로 감사의 마음을 갖는다.[46]

동양의 덕(德) 단어는 『예기(禮記)』 「악기(樂記)」와 「향음주의(鄕飮注義)」편에도 보인다. 「악기(樂記)」편에 "德이란 得이다"라고 하였다. 즉

---

43 김정행, 최종삼, 김창우 역(2002: 136).

44 가차(假借)는 한자가 만들어진 원리인 육서(六書)의 하나이다. 어떤 뜻을 나타내는 한자가 없을 때 뜻은 다르나 음이 같은 글자를 빌려 쓰는 방법으로 원래 보리의 줄기, 잎, 뿌리를 뜻하는 '來' 자를 빌려 '오다'를 뜻하는 글자로 쓰는 경우이다 (국어국립원 표준국어대사전).

45 김형중(2011: 295).

46 김민철 역(2006: 73).

"덕(德)이란 몸에 얻은(得) 것이다."[47] 여기에서 원래 덕(德)은 의례 중심에서 인간이 습득해야 할 자세를 의미하였다. 덕(德)은 『관자(管子)』「심술(心術)」편에서도 보인다. 즉 덕(德)은 도(道)가 머무르는 곳이며, 만물은 이것을 얻어서 생겨난다. 우리의 앎은 도(道)에 전념할 때 얻을 수 있다. 또한 덕(德)은 얻음(得)이다. 얻음(得)이란 얻으려 함을 얻었다는 뜻이다. 무위(無爲)를 도(道)라고 하고 거기에 머무는 것이 덕(德)이기 때문에 도(道)와 덕(德)은 차이가 없다.[48] 여기에서도 알 수 있듯이, 덕(德)이란 자연스러운 행위 그 자체에서 나타나는 것을 말한다.

동양의 구체적인 덕(德)의 내용은 맹자(孟子)의 네 가지 덕목을 언급한다. 즉 『맹자(孟子)』「공손추(公孫丑) 상(上)」에서는 "측은해 하는 마음이 인(仁)의 단서이고, 부끄러워하고 미워하는 마음은 의(義)의 단서이며, 사양하는 마음은 예(禮)의 단서이고, 시비를 가리는 마음은 지(智)의 단서이다."[49] 또한 『중용(中庸)』에서 "지용인(智勇仁)의 세 가지는 천하의 공통된 덕(德)이니 이것을 행하는 것은 하나이다."[50] 즉 수신(修身)하기 위해 필요한 덕(德)을 지(智)와 인(仁) 그리고 용(勇)으로 설명한다. 지(智)는 인간의 도리를 아는 것이며, 인(仁)은 이것을 몸소 체득하는 것이며, 용(勇)은 이것을 힘쓰는 것이다. 이처럼 동양의 덕(德)은 다양한 관점에서 서술되고 이해되고 있음을 알 수 있다.

---

47 조성을 역(1987: 203).

48 조성을 역(1987: 208).

49 惻隱之心, 仁之端也, 羞惡之心, 義之端也, 辭讓之心, 禮之端也, 是非之心, 智之端也(우재오 역, 2007: 240-241)

50 知(智)仁勇三者 天下之達德也 所以行之者 一也(성백효 역, 2009: 119). 지(智), 인(仁), 용(勇)을 갖춘 사람을 우리는 존경하지 않을 수 없다. 여기에서 덕을 가진 사람은 자기 스스로 그러한 태도의 경험을 갖추고 실현할 때 모두로부터 존경을 받는 덕(德)있는 사람이 된다.

덕(德)의 설명을 좀 더 잘 이해하기 위해서는 우리는 도(道)에 대한 이해가 필요하다. 덕(德)의 본질은 내면적으로 자신의 도(道)를 체득해야 할 때 붙일 수 있는 단어이기 때문이다. 이른바 우리가 도덕(道德)이라고 이야기하는 것도 이와 무관하지 않다. 도(道)와 덕(德)의 관계는 덕(德)의 옛 글자인 悳에서 그 단면을 엿볼 수 있다. 悳은 直(바르다)와 心(마음)으로 형성된 글자이다. 德의 한자에서 보인 彳(걷다)가 더해져 덕(德)은 인간의 마음이 바르게 발휘되어 가는 넓은 의미에서의 길(道)을 의미한다. 덕(德)은 다름 아닌 인간이 가진 바른 마음이 발휘되는 능력이다.51 덕(德)의 내적 생명력이 발휘되어 드러나는 것이 도(道)이기 때문에 덕(德)과 도(道)와 서로 떨어질 수 없는 밀접한 관계를 갖는다.52 인간이 궁극적으로 추구해야 할 방향인 도(道)와 개인적인 영역에서 달성해야 할 덕(德)의 관계는 도(道)와 덕(德)이 서로 분리할 수 없는 체용(體用)의 원리가 적용된다.53 결국 검도에서 도(道)의 획득은 덕(德)을 어떻게 얻을 수 있는가와 연결된다.

검도에서 덕(德)은 어떻게 획득할 수 있을까? 저자는 검도의 덕(德)과 그 실천방법을 성리학의 기본 교과서인 『근사록(近思錄)』에서 그 의미를 찾으려고 한다. 『근사록(近思錄)』에서 덕(德)은 사랑이 인(仁)해야 하고, 마땅함을 지키는 의(義)가 있어야 하고, 이치에 맞는 예(禮)가 되어야 학고, 무언가를 관통하는 지(智)가 구비되어야 하며, 변하지 않는

---

51 최재묵 역(2006: 194).
52 오만종 역(1999: 156)).
53 동양사상에서 자주 언급되는 체용의 의미는 사물의 본체와 그 작용을 분리하지 않는다. 체용은 몸과 몸짓을 구분하지 않고 서로 밀접한 관계를 갖고 있음을 말한다. 체용철학과 관련해서는 강진석(2012)을 참조. 예컨대 검도에서 체용의 의미는 도(道)라는 하나의 실체, 즉 체(體)에 그것을 달성하기 위한 전제 조건인 덕(德)의 활용(用)이 뒷받침되어야 한다는 것으로 해석이 가능하다.

신(信)이 있어야 한다. 이러한 덕(德)을 본성으로 삼고 덕(德)에서 편안함을 느끼는 사람을 성인(聖人)이라 일컫는다.54 이 책에 덧붙인 주희(朱熹)의 해설도 도(道)를 자신에게 적용하여 획득하는 것이 덕(德)이라 하였다.55 따라서 『근사록(近思錄)』에서 보여준 덕(德)의 유용한 실천적인 방법을 검도수행의 과정에 적용한다면, 오늘날 검도에서 인격완성의 실천적 방법을 배울 수 있을 것이다.

2) 검도에서 덕(德)

검도에서 도(道), 즉 검의 이법을 통한 깨달음을 얻기 위해서는 구체적인 자신의 몸에서 실천적인 방법이 뒷받침이 되어야 한다. 저자가 생각하기에 검도에서의 덕(德)은 타자의 생명을 존중하고, 자신의 욕망을 다스리거나 배제할 수 있는 활인검의 태도가 자연스럽게 타자에게 드러나는 것이다. 물론 이러한 태도의 경험은 검도의 영역을 넘어 일상생활에서도 그대로 적용되어야 한다.

검도수행의 과정에서 지켜야 할 덕(德)과 관련해서 이치카와(一川一)는 "정의(正義), 염치(廉恥), 용기(勇氣), 예절(禮節), 겸양(謙讓)"으로 설명한다.56 이러한 덕(德) 의미는 각자의 검도수행자의 입장과 과정에

---

54 德, 愛曰仁, 宜曰義, 理曰禮, 通曰智, 守曰信. 性焉安焉之謂聖(이광호역, 2004: 86). 이 책의 영문판 Wing－Tsit Chan(1967: 8)에서는 仁(humanity), 義(righteousness), 禮(property), 智(wisdom), 信(faithfulness)을 각각의 virtue(德)로 번역하고 있다. 그러나 동양의 德의 의미를 명확하게 이해하기 위해서는 각각의 덕(德)으로 해석하는 것보다 덕(德)의 의미는 인의예지신(仁義禮智信)을 관통하고, 경험해서 자신에게 자연스럽게 발휘되는 것이라고 번역하는 것이 올바른 해석이라 생각한다.
55 道之得於身者, 謂之德(이광호 역, 2004: 86).
56 一川一(2008: 8).

따라 덕(德)의 실천적 방법을 제시할 수 있음을 보여준다. 저자는 검도에서 덕(德)의 의미를 앞에서 언급한 『근사록(近思錄)』에서 보인 인의예지신(仁義禮智信)으로 설명하고자 한다. 저자는 어느 한 부분이 아닌, 인의예지신(仁義禮智信)의 전체가 자신의 몸에 축적되어 검도도장이나 일상생활에서 자연스럽게 드러나는 것이 검도의 덕(德)이라 생각한다.

검도에서 실천적인 의미로서 덕(德), 즉 인의예지신(仁義禮智信)이 검도수행에서 어떻게 구현되어야 하는지를 살펴보자.

첫째, 검도에서 인(仁)은 어떻게 달성할 수 있을까? 인(仁)[57]은 사람의 인(人)과 둘이라는 이(二)가 합해진 회의문자로 모든 일은 혼자 힘만으로 인간이 될 수 없다는 유학의 전제를 설명한다.[58] 두 사람의 인간관계가 친밀해야 더 나은 사회를 만들어 갈 수 있는 토대가 형성된다. 친밀한 두 사람의 관계 유지를 위해서 각자 어진 성품인 인간됨(仁)이 필요하다. 따라서 인간됨은 타인으로부터 존경과 권위를 가질 수밖에 없다. 고대에서 인간됨(仁)은 서구의 virtue의 어원인 남성다움, 씩씩한 의미와 유사함을 알 수 있다. 고대에서 인간됨(仁)은 "그것은 남성답다, 싸움을 잘하다, 씩씩하다 등을 의미"했다.[59] 이러한 고대에서

---

57 인(仁)은 사랑, 착함, 박해, 올바른 행동으로 번역이 가능하다. 에임스(Ames)에 따르면, 仁를 기존 자비(benevolence), 선함(goodness), 인간애(humanity)로 번역하는 대신에 '권위 있는 사람(authoritative person)'로 번역한다(장원석 역, 2005). 그는 이러한 권위 있는 사람이 되기 위해서는 인간이 주어진 환경 속에서 공동체를 유지하기 위해 노력한 사람을 객관적인 대상으로 볼 때 권위 있는 사람으로 해석하였다. 저자는 이러한 어진 성품을 위한 실천적인 노력과 행동이 포함해야 한다는 의미로 仁의 의미를 '인간됨(仁)'으로 설명하고자 한다. 인간됨의 영어 번역은 로저 에임스(Roger Ames)와 데이비드 홀(David Hall)이 인간이 지향하고 해야할 것으로 가장 잘 설명한 human becoming에서 인용하였다. 그들은 인(仁)을 명사형의 권위 있는 사람과 동사형의 권위있는 행동을 한다고 번역하였다(장원석 역, 2019: 91－92).

58 장원석 역(2005: 179).

권위를 갖는 사람은 자신들의 집단을 유지하는 인물로 태도로 해석하게 되었다. 이러한 의미 변화는 시대적으로 인간 간의 관계에서 지향해야 할 다양한 가치를 보여준다. 예컨대 『논어(論語)』「안연(顔淵)」편에는 인(仁)을 '극기복례위인(克己復禮爲仁)'과 '애인(愛人)'으로 설명하였다. 즉 자신을 극복하고 예를 갖추는 것이며, 사람을 사랑하는 것이 인(仁)이라 하였다. 자신을 극복하고 예를 갖추기 위해서는 개인의 이기적 욕망을 극복하고 다른 사람을 사랑해야 하는 것은 당연하다. 타자의 사랑은 개인의 이기적 욕망의 극복을 넘어, 규칙을 준수하고 평화로운 공동체 건설의 가치까지 전환되었다.[60] 이와 같이 우리가 인(仁)이라고 할 때는 그 의미가 시대적 상황에 따라 권위를 가지고 있는 사람이거나 그렇게 되기 위해 개인적 노력의 결과인 인간됨으로 해석이 가능하다. 그 인간됨이 다른 사람들로부터 존경받는 이유이다.

그렇다면 검도수행자는 인간됨(仁)을 어떻게 받아들이고 실천해야 하는가? 검도수행자는 검도에서 자신의 감정 통제와 타자의 존중으로 인간됨(仁)을 획득된다고 할지라도, 가장 중요한 검도수행자 자신의 실천적 행위와 경험이 뒤따르지 않는다면 아무런 소용이 없다. 인간됨을 아는 것을 넘어 자기 스스로 실천하여 경험하지 않는다면 무의미하다. 검도수행에서 인간됨(仁)을 느끼는 실천적인 경험은 다양하다. 그 중의 하나는 살인검에서 활인검으로의 전환을 자신이 직접 경험하고 확인하는 것이다. 그리고 검도에서 인간됨은 경쟁과 승리를 지향하는 살인검이 아니라, 타자의 존중과 자신의 감정 통제에서 교검지애(交劍知愛)를 느끼는 것이다.

---

59 이동철, 최진석, 신정근(2006: 200).
60 이동철, 최진석, 신정근(2006: 202).

또한 인간됨(仁)이 두 사람의 친한 관계에서 나왔듯이 검도는 상대가 존재한다. 검도의 교검지애(交劍知愛)도 상대의 사랑과 존중에서 나와야 한다. 물론 그 출발은 자신의 반성이다. 비록 혼자 수행하는 것이라고 할지라도 그 수행의 대상에 대한 진지한 자신의 반성이 있어야 한다. 상대에 대한 존중과 사랑을 하는 검도라야 다른 사람들로부터 존중과 권위를 갖는 검도인이라 불릴 수 있다. 검도의 경쟁에서도 마찬가지다. 검도경기에서 승리는 중요하다. 경쟁에 패배할 경우에도 경쟁에서 이긴 상대나 심판을 원망하기보다는 반대로 자신의 검도수준을 다시금 되돌아보는 태도를 가져야 한다. 이는 상대를 존중하고 인정하는 마음가짐에서 나온다. 상대의 검도실력이 낮고 높음에 상관하지 않고, 검도를 같이 배우는 동료라는 태도를 견지하며, 최선을 다하는 것이 상대를 사랑하는 인간됨(仁)의 태도이다.

둘째, 검도에서 의(義)는 무엇일까? 의(義)는 인(仁)과 더불어 유교의 핵심적인 용어이다. 『설문해자(說文解字)』에서는 "의는 자신의 위의(威儀)를 가리킨다"고 했다. "의는 고대의 제사의례와 관련된 위의(威儀)의 의미에서 출발하여 바람직한 행위준칙, 내면의 덕, 객관적 사회규범, 이타주의적 실천의 원리, 선험적 도덕본성 등 다양한 의미로 사용되었다."[61] 이러한 의(義)는 인(仁)과 유사한 의미를 갖지만, 엄밀하게 나누어 본다면, 인(仁)은 타자를 향한 것이고, 의(義)는 자신을 향한 것이라는 데 차이가 있다. 의(義)는 자기 자신에게 상대에 대한 사랑의 마음을 낼 수 있도록 자신의 도덕적 자각과 수양에서 나온다.[62]

검도에서 의(義)는 승리만을 달성하려는 욕망이 아니라, 바른 칼로

---

61 이동철, 최진석, 신정근(2006: 194).
62 이동철, 최진석, 신정근(2006: 196).

정정당당하게 싸우려는 내면적 마음의 자세와 연결된다. 검도수행자에게 의(義)의 태도는 검도수행의 목적을 승리의 욕망과 이익에 따른 결과에 집착하지 않고, 자신이 배운 내용을 당당하게 상대와 겨루는 태도에서 찾아야 한다. 오늘날 검도경기에서 얻는 승리만이 인생의 모든 것은 아니다. 경기에서 졌다고 인생에서의 패배자는 아니기 때문이다. 따라서 당당하게 상대와 겨루어 경기에서 질 경우에도 후회할 필요는 없다. 다만 자신의 실력 부족을 경험하는 계기로 삼아야 한다.

셋째, 검도에서 예(禮)는 어떻게 행동해야 하는가? 검도의 예(禮)는 형식적인 자세만을 의미하지는 않는다. 예(禮)의 궁극적 지향점은 자신의 행동이 자연의 이치에 맞는 것이다. 자연의 이치를 알고 거기에 합치되는 행동이 자연스럽게 드러나는 것이 진정한 예(禮)의 표현이다. 원래 예(禮)는 제단에 과일을 놓는 종교와 관련된 의식의 개념에서 오늘날 인간의 도덕적 자세의 핵심 개념으로 변하였다. 문화적 상황에 따른 도덕적 규범의 예(禮)는 『논어(論語)』의 「안연(顔淵)」편에 보인다. 즉 "예가 아니면 보지 말고, 예가 아니면 듣지 말고, 예가 아니면 말하지 말고, 예가 아니면 행동하지 마라."[63] 이 문장과 가장 유사한 검도에서 언급되는 문장이 예시예종(禮始禮終)이다. 즉 검도는 예로 시작해서 예로 끝나야 한다. 상대에 대한 존중없는 검도는 검도가 아니며, 막대로 서로 때리는 싸움에 불과하다.

이와 같이 예(禮)는 단순한 형식적인 것으로 해석해서는 안 된다. 검도장에서의 예절뿐만 아니라, 일상생활에서 만나고 헤어질 때의 인사, 검도의 기술과 관계없이 상대의 존중, 가족과 국가에 대한 존경 등 예는 검도영역을 넘어 모든 일상생활에서 지켜야 할 인간의 도리이며

---

63 非禮勿視, 非禮勿聽, 非禮勿言, 非禮勿動(송찬문 역, 2002: 757).

법칙으로 확장되어야 한다. 검도에서 배웠던 상호 간의 예(禮)가 자신의 몸에 배여 일상생활에도 자연스러운 행동으로 드러나는 것이다. 따라서 검도경기에서 공격은 아무렇게나 하는 것이 아니라, 상황에 맞게 공격을 해야 한다. 이는 검도경기에만 적용되는 것이 아니다. 적절한 자연스러운 행동은 일상생활에서도 그대로 나와야 한다.

넷째, 검도에서 지(智)는 어떠한 의미인가? 지(智)의 의미를 논의하기 이전에 知(knowledge)와 智(wisdom)를 구분해서 이해해야 한다. 『설문해자(說文解字)』에 따르면 지(知)는 인식의 의미로 동일하게 사용되어 깨닫다, 이루어 알다, 인식하다로 해석된다.[64] 지(知)는 하나의 아는 지식이라면, 지(智)는 화살(矢)이 구멍(口)을 통과하듯이 말(日)을 잘한다는 것에서 지혜의 의미로 사용된다. 검도에서 지식과 지혜는 다르다. 전자는 검도를 어떻게 보아야 하는지, 그 속에서 우리가 무엇을 얻을 수 있는지와 관련된 내용이다. 가장 쉬운 예로 검도경기에서 검도기술을 어떻게 사용해야 하는지 아는 것이다. 예컨대 이론적으로 검도기술이 무엇인지를 안다(know-what)는 것이다. 후자는 검도에서 상황에 맞는 적절한 행동을 안다는 것이다. 예를 들어 검도기술을 아는 것이 아니라, 그것을 상황에 맞게 어떻게 하는지 몸으로 아는 것이다(know-how). 검도에서 어떻게 행동해야 하는지와 관련된 노하우는 윤리적 행위와 밀접한 관계를 맺는다. 이와 관련해서는 14장에서 구체적으로 다루고자 한다.

자신의 행동을 알고 다룰 수 있다는 것은 지식이기보다는 지혜와 연결된다. 지식(knowledge)의 강조는 서구의 입장을 잘 보여준다. 서구에서 knowledge은 인식론으로 번역된다. 사물을 어떻게 정확하게 인

---

64 최영찬, 최남규, 황갑연, 박용진(2003: 241-242).

지하느냐에 따라 지식의 질과 양이 결정되기 때문에 서양에서는 인식론으로 번역된다. 정확한 지식을 얻기 위해서는 보는 사람의 시각이나 관점이 중요하다. 반면에 동양은 우리가 정확하게 인지한 지식의 내용도 사실 정확한 지식이 아닐 가능성을 상정한다. 이에 따라 동양에서는 눈앞에 보인 것에 현혹되지 말라고 한다. 자신의 감각기관을 바탕으로 인간의 의식구조에 형성된 보편적 지식은 한계를 갖는다. 왜냐하면 대상을 보는 각각의 주체에 따라 의미도 다르게 해석될 가능성이 있기 때문이다. 따라서 동양에서는 감각하고 인식하고 있는 마음의 주체에 대한 반성을 요구하고, 스스로 지속적인 반성을 통해서 마음의 지혜를 가질 수 있음을 강조한다. 마찬가지로 검도에서 지(智)도 지속적인 반성의 과정에서 얻을 수 있는 결과물이다.

다섯째, 검도에서 신(信)은 어떻게 얻을 수 있을까? 신(信)의 의미는 사람(人)이 하는 말(言)에는 책임이 따라야 하고, 그 말이 다른 사람들로 하여금 믿음을 일으키는 것이다. 『논어(論語)』의 「위령공(衛靈公)」에서 "군자는 무슨 일에 있어서나 의를 바탕으로 삼고, 예로써 행하며, 겸손하게 말하고, 신의로써 이룩한다. 그래야 군자이다"[65]라고 하였다. 사람의 말에 신뢰가 있어야 그 속에서 믿음이 생긴다. 믿음은 말의 신뢰를 얻기 위해 보여준 행동의 결과에서 시작한다. 검도에서 신(信)의 의미는 검도수행자 자신의 언행일치이며, 이는 인의예지를 구성하기 위한 가장 중요한 밑바탕이다. 검도수행자는 올바르게 검도를 해야 한다고 말을 하면서 자신의 행동이 바르지 않다면, 이는 진정한 검도수행자의 태도가 아니다. 검도에서의 신(信)은 진실한 마음의 태도로 검도의 수준과 관계없이 상대방의 존중에서 나온다. 그 속에서 상대에 대한

---

65 君子義以爲質 禮以行之, 孫以出之, 信以成之, 君子哉(송찬문 역, 2002: 1001).

믿음은 자연스럽게 형성된다.

요약하면 검도에서 덕(德)은 자신의 검도수행의 움직임에서 인의예지신(仁義禮智信)을 실천할 때 자연스럽게 얻게 되는 결과물이다. 이는 서구의 아레테 개념으로는 설명하지 못하는 부분이다. 서구의 아레테는 무언가 달성해야 할 목적론적 의미를 갖는 반면에, 동양의 덕(德)은 자신의 실천적 수행에 따른 과정의 부산물이다. 이렇게 완성된 덕(德)은 자연스럽게 타인을 감동시킬 수 있는 능력과 힘을 갖게 된다. 물론 '스포츠로서 검도'에서 보여 주는 탁월성, 즉 신기(神技)의 기술에서 깨달음의 도(道)를 획득할 수 있다. 그러나 오늘날 검도수행은 '무도로서 검도'에도 더 관심을 가져야 한다. 왜냐하면 그것이 검도본연의 가치와 평생검도를 지속하게 하는 원동력을 얻을 수 있기 때문이다. 물론 그렇다고 해서 검도수행에서 검도기술과 관련된 탁월성이 중요하지 않다는 것이 아니다. 어느 방향을 선택하느냐는 검도수행자 자신에게 달려있다. 다만 검도수행자는 검도기술에서 탁월성을 넘어 검도수행의 과정에서 동양의 덕(德)을 어떻게 구현할 수 있는지 자신에게 질문을 던져야 한다. 저자가 언급한 인의예지신(仁義禮智信)의 실천적 방법은 그 방법의 하나에 지나지 않는다.

4. 덕분(德分)을 지향하며

검도수행자는 검도수행을 하면서 자신에게 스포츠로서 검도를 추구하는지 아니면 무도로서 검도를 지향하는지 질문을 던지고 답을 해야 한다. 그 이유는 자신이 검도를 대하는 태도에 따라 검도배움의 내용이나 방향이 크게 달라지기 때문이다. 검도경기에서 승리하고 즐거움을 갖는 것도 중요하지만, 검도는 단지 경기에서의 승리만이 전부가 아니다. 오늘날 검도수행의 목적에는 검도를 통한 즐거움과 경쟁의 요소도 있지만, 인격완성의 목적을 외면해서는 안 된다. 외형적으로 보면 생명을 빼앗는 칼과 인격완성은 어울리지 않지만, 검도는 검을 통해 생명을 빼앗는 과정에 삶과 죽음이라는 철학적 개념이 개입된다. 이를 위해 오늘날 검도수행자는 검을 스스로의 욕망을 통제하거나 배제하고, 타인에게 관대함을 보여주는 활인검의 수단으로 인식한다. 여기에 검도가 추구해야 할 인격완성의 길이 보인다.

인간은 탁월함을 지향하고 욕망하는 존재이다. 서구의 아레테 단어가 의미하듯이 경쟁을 전제로 다른 사람보다 더 뛰어나기 위해 검도경기에서 자신이 가진 기능을 최대로 발휘하는 것은 당연하다. 문제는 완전한 기술발휘에도 올바른 마음가짐이 중요한 역할을 한다. 서구의 철학자들의 아레테와 관련된 의미는 시대적 상황과 문화적 흐름에 따라 학자들마다 다르게 설명되어 왔다. 그러나 그들 사이의 공통적인 의미는 인간이 가지고 있는 정신적, 신체적 능력을 잘 발휘해야 한다는 것으로 모여진다. 검도경기에 적용된 아레테 의미는 경쟁의 요소를 배제하고서는 설명할 수 없고, 경쟁에서 승리를 지향하는 탁월성은 '스포츠로서 검도'를 설명하는 데 유용하다. 저자는 검도의 아레테를 기·검·체일치가 보여 주는 탁월한 기술, 즉 '신기(神技)의 기술'로 설명하였다.

하지만 검도는 경쟁을 전제로 하지 않는 자기수행의 성격이 강한 '무도로서 검도'도 존재한다. '무도로서 검도'는 검도수행 과정을 통해서 덕(德)의 획득에 그 목적을 한다. 저자가 생각하는 검도의 실천적인 덕(德)의 의미는 인의예지신(仁義禮智信)을 관통하여 자신에게 몸에 배인 상태에서 타인에게 자연스럽게 드러나야 한다. 예를 들어 검도에서 인(仁)의 의미는 살인검이 아니라, 자신의 욕망이나 감정을 다스리거나 배제하는 데에서 나온다. 물론 이를 검도수행의 과정에서 실천하기란 쉽지 않다. 검도에서 의(義)는 정정당당하게 싸우려는 마음의 자세지만, 승부의 욕망으로 이 또한 쉽지 않다. 당장 검도수행 중에서 저자가 예시예종을 지키고 있는지 스스로 생각해보면 부끄러움이 앞선다. 검도에서 지(智)는 반성을 통해 어떻게 지혜를 획득할 수 있는지 언어로 설명하기도 쉽지 않다. 검도에서 신(信)은 언행일치라고 말을 하였지만, 개인적으로 얼마나 언행일치를 했는지 자문하면 또한 부끄러움이 앞선다. 이와 같이 검도에서 인의예지신을 통한 실천적인 덕(德)은 어느 하나 쉬운 것이 없다. 이는 역설적으로 검도수행자에게 검도의 덕(德)을 획득하기란 그만큼 힘들다는 사실을 잘 보여준다. 그럼에도 불구하고 검도를 한다고 한다면, 이 길을 걸어가야 한다고 생각한다. 현대 검도는 '스포츠로서 검도'와 '무도로서 검도'가 서로 구분되고, 전자가 훨씬 더 강조되는 분위기이다. 그럼에도 저자가 생각하기에 진정한 무도로서의 검도는 경기에서 탁월성을 발휘하는 신기의 기술과 검도가 추구하는 인격완성을 위해 인의예지신(仁義禮智信)을 통한 실천적인 덕(德)의 완성이 서로 이격되지 않아야 한다. 검도기술의 완성과 인격완성의 실천적 방법을 통합할 수 있는 검도수행자의 노력은 말할 필요가 없다.

다른 관점이지만, 검도가 추구하는 도(道)의 의미는 다쿠앙 소호 (沢庵 宗彭)가 『不動智神妙録(부동지신묘록)』에서 언급한, 기술과 마음의 수행이 일치해야 한다는 사리일치(事理一致)66와 다르지 않다. 그는 최

---

66 김현용(2016: 70-71). 사리일치(事理一致)의 말은 부처가 깨달음에 이야기한 『화엄경(華嚴經)』에 나온다. 분별과 인연에 의해 차별된 세계인 사(事)와 깨달음을 통해 분별하지 않는 리(理)의 세계가 다르지 않음을 설명하고 있다. 다쿠앙 소호는 사리일치(事理一致)를 검도에 적용해서, 사(事)는 완벽한 기술의 수행을 말하고 있고, 리(理)는 마음의 수행을 통해 극치에 가면 흔들리지 않는 무심(無心)의 단계로 설명하고 있다. 즉 무심으로 완전한 기술발휘가 사리일치(事理一致)의 의미로 해석하고 있다.

고의 기술발휘와 마음의 통제와 같은 실천적 행위의 일치가 검도가 추구해야 할 이념이며, 가치라고 설명한다. 이러한 주장에도 문제점은 남아 있다. 검도수행자 자신의 사(事)와 리(理)에 대한 엄밀한 이해가 전제되어야 하며, 그 일치가 어떤 과정과 내용을 설명하고 있는지에 대해서도 이해가 있어야 한다.

우리는 일상적인 대화에서 덕분(德分) 또는 덕택(德澤)이라는 단어를 사용한다. 저자가 좋아하고 사랑하는 단어의 하나이다. 이 단어는 검도수행자가 검도수행에서 필요한 덕(德)을 잘 표현하는 단어라 생각한다. 사전적 의미로 덕분은 '베풀어주는 은혜나 도움'으로 설명한다. 우리가 누구 덕분에 도움과 성공을 받았다면, 그 사람에게 자발적인 감사와 존경이 자신의 내면에서 스스로 일어난다. 검도수행자가 자신의 덕(德)을 실천하는 과정에서 자연스럽게 다른 사람에게 베풀어 주고, 그것이 자신의 검도수행에 도움을 받았다면, 검도수행자는 진정한 마음에서 그 사람에게 감사와 존경을 갖게 된다. 예컨대 검도를 가르치는 입장에서 본다면, 검도를 배우는 이들로부터 선배님, 사범님, 선생님 덕분에 검도의 기술이나 이해의 폭이 증대되었고, 이를 통해 검도가 재미있다는 말을 듣기 위해 우리는 노력해야 한다.

진정한 자기 자신의 덕(德)을 위해서는 자신의 행위에 대해 보상을 받으려는 의도가 개입된 덕(德)을 행해서는 안 된다. 그 속에는 진정한 존경이 우러나지 않는다. 진정한 덕의 발휘는 자신이 의도를 갖지 않고 행해질 때 발휘되며, 그것에 의해 도움을 받은 사람은 진정으로 빚을 졌다고 생각한다. 여기에서 우리는 마음에서 나오는 자발적인 존중과 감사의 태도가 발생한다.[67] 완벽한 검도기술은 상대를 의식하지

---

67 덕(德)이 보여주는 진정한 힘의 원천은 인위적으로 획득하려고 하지 않는 자세

않고 자연스럽게 나타나는 것과 마찬가지로 덕(德)의 윤리적 행동도 사심 없이 진행되어야 한다. 검도에서 지향하는 덕(德)의 완성은 검도기술이나 검도윤리의 태도에서 자연스럽게 드러난 힘과 다르지 않다. 검도를 배우는 입장에서 인의예지신을 자신에게 적용해서 덕(德)을 갖기란 쉬운 일이 아니다. 더욱이 자연스럽게 덕(德)이 발휘되기란 더욱더 힘들다. 인격이 하루아침에 이루어질 수 없듯이 덕(德)을 수행하고자 하는 지속적인 노력이 필요한 이유가 여기에 있다.

에서 얻게 된다. 사실 덕(德)을 얻기 위해 노력이 필요하다는 사실과 인위적으로 해서는 안 된다는 말은 서로 모순된다. 이러한 모순에서 덕(德)이 보여주는 진정한 의미는 덕을 인위적으로 하지 않을 때 다른 사람으로부터 진정한 존중을 이끌어 낼 수 있다는 것이다. 이러한 모순적인 과정의 강조를 니비슨(Nivison)은 덕의 역설(paradox of virtue)로 설명한다(김민철 역, 2006).

PART
05

검도의 아름다움

PART 05   검도의 아름다움

　검도경기는 허용된 폭력과 우아함이 결합된 아름다움을 추구한다(저자 생각).

　검도를 배우고자 하는 이유는 개인에 따라 다르겠지만, 상당 부분 검도가 주는 외형적인 멋이나 아름다움(美)에 기인한다. 검도미학은 외적, 내적으로 검도움직임에 나타난 아름다움과 관련된 학문적 논의의 결과물이다. 그러나 검도미학을 이해하는 것은 쉽지 않다. 미학이라는 것 자체가 검도수행자에게 익숙하지 않은 용어이기 때문이다. 그럼에도 불구하고 '아는 만큼 보인다'라는 말이 있듯이, 검도미학은 검도본질을 이해하는 또 다른 길이며, 검도수행자에게 검도를 지속하게 하는 동기로 작동한다.

　10장은 검도미학의 출발점인 검도실천자가 갖는 미적 체험을 검토한다. 검도실천자의 미학은 검도에서 '검도 기감의 맛'을 체험하는 것이다. 11장은 검도관전자의 미적 체험을 설명한다. 검도관전자의 미학은 검도실천자가 보여준 '검도의 멋'에서 '검도의 맛'을 얻는 것이다. 12장은 실천자와 관전자의 이중적인 의미를 갖는 검도심판자의 미적 체험을 설명한다. 검도심판자의 미학은 '검도의 감칠 맛'을 내는 데 있다.

Chapter

10

검도실천자의 미적 체험

1. 검도미학의 출발

저자는 과거 우연히 길에 걸린 검도장 소개 포스트를 보고 검도를 배우고 싶다는 생각이 들었었다. 그 이후 검도장 간판과 위치를 찾아갔던 경험은 아직도 잊을 수 없다. 검도의 어떠한 매력이 나로 하여금 검도장으로 이끌게 하였는지 모르지만, 그 길로 시작한 검도수행이 오늘날까지 이어지고 있다. 검도복을 입은 모습을 보면 한마디로 설명할 수 없지만, 보는 사람들로 하여금 멋있다고 생각하게 한다. 도장에서 검도하는 모습이나 경기장에서 검도경기를 하는 선수를 볼 때도 마찬가지다. 개인적인 생각이지만, 검도복장의 무게감, 정중동의 움직임, 묵직한 목소리, 죽도를 매개로 한 일대일의 움직임 등은 기존 스포츠와는 다른 무언가를 보여준다고 생각한다. 그리고 0.1초의 차이로 승부가 결정되는 검도경험은 검도수행자의 한 사람으로서 하여금 검도를 극단적으로 아름답다고 생각하게 한다.

왜 검도가 멋있고 아름답다고 이야기하는가? 검도의 아름다움은 단순히 검도가 보여주는 외형적인 모습만이 전부가 아니다. 저자는 이를 원래 검도가 갖고 있는 아름다움의 속성이 드러난 것에 지나지 않는다고 생각한다. 이외에도 검도가 갖는 인간의 죽음과 삶의 근저에 내재한 생명의 본질에 경이를 느끼는 것이 아닌가 생각한다. 어떤 이유이던지 간에 검도의 아름다움, 즉 검도의 미(美)는 우리들에게 외형적인 아름다움을 넘어, 우리의 삶을 윤택하고 행복하게 만들어주는 요소를 내재적으로 간직하고 있다. 검도수행자는 검도수행에서 아름다움과 즐거움의 행복을 느껴야 자신의 검도수행이 평생검도로 이어질 수 있다. 따라서 검도수행자는 검도가 어떤 아름다움을 갖는지, 검도의 미적인 요소가 무엇이며, 어떠한 아름다움의 요소가 우리의 행복한 삶과 평생검도에 영향을 주는지 학문적으로 검토할 필요가 있다. 검도미학이란 검도의 아름다움과 관련된 학문적 논의의 총체적인 결과물이기 때문이다.

검도미학을 논하기 전에 미학(aesthetics)의 어원에 대해 간략하게 살펴보자. 미학(aesthetics)이란 단어는 감각을 뜻하는 그리스어인 aiesthtikos에 기원한다. 원래 이 단어는 aisthetikos(sensitive, 감각적인)와 aisthanesthai(to perceive, 지각하다)에서 유래되었다.[1] 즉 감각에 의한 지각을 의미한다. 오늘날 perceive는 대상을 파악하여 이해하거나 지각한다는 의미로 번역되지만, 그리스 시대에는 감성적인, 감각적인,

---

1 www.etymonline.com.

지각적인 이라는 개념이 뒤섞여 서로 명확하게 구별되지 않았다. 이러한 감각에 의한 지각의 단어를 하나의 학문적 용어인 미학으로 성립시킨 이는 18C 독일 철학자인 바움가르텐(Baumgarten, 1714-1762)이었다. 그는 미학, 즉 Aesthetica를 감성적인 인식의 학(aesthetica est scientia cognitionis sensitivae)으로 설명한다.[2] 이전의 서구 사상가들의 관점에서 본다면, 감각적인 것은 이성의 역할과 비교해 열등한 것으로 생각하였다. 고대와 중세 시대에서는 대상 본질 파악에 있어서 이성적인 판단이 감성적인 것보다 훨씬 더 가치 있는 것으로 판단했기 때문이다. 바움가르텐은 이러한 이성적인 학문과 비교해서 감성적인 인식과 관련된 내용도 중요한 학문적 측면으로 다루어져야 함을 강조하기 위해 미학이라는 새로운 학문을 주장하였다.

한편, 우리는 오늘날 미학과 관련된 책이나 내용을 읽을 때 경험과 체험의 단어가 혼재되어 사용하고 있음을 알 수 있다. 따라서 우리는 미학을 더 잘 파악하기 위해 두 단어의 의미를 명확하게 파악해야 한다. 미학은 감각적이고 지각한다는 점에서 일반적으로는 자신의 경험을 토대로 설명한다. 그러나 미학과 관련해서 우리는 경험보다는 체험의 단어를 많이 사용한다. 검도의 아름다움을 경험하는 것과 체험하는 것은 외형적으로는 크게 다르지 않지만, 학문적 엄밀성을 위해 우리는 경험과 체험의 의미를 명확하게 이해해야 한다. 미적 경험과 미적 체험이 지향하는 내용은 미세하게 다르기 때문이다.

사전에 따르면 경험(experience, Erfahrung)은 "자신이 실제로 해보거나 겪어 보는 것 또는 거기서 얻은 지식이나 기능"을 말하고, 철학적 의미로는 "객관적 대상에 대한 감각이나 지각작용에 의하여 깨닫게

---

2 백기수(1996: 10).

되는 내용"으로 설명한다.[3] 이는 경험이 우리의 의식작용으로 인지적으로 파악 가능한 내용임을 의미한다. 사회과학에서는 경험의 내용을 객관화된 과학적인 수치로 변경하여 연구에 활용한다. 반면에 체험(lived experience, Erlebnis, 살아지는 경험)은 자기가 몸소 느끼는 것으로 "주관과 객관으로 나누기 전의 개인의 주관 속에 직접적으로 볼 수 있는 생생한 의식"으로 설명한다. 그리고 "경험과 달리 지성, 언어, 습관에 의한 구성이 섞이지 않는 근원적인 것"이다.[4] 따라서 체험은 우리에게 주어진 대상에 보는 객관적인 의식의 주체가 개입하여 판단하는 것이 아니다. 의식작용의 판단 이전에 우리가 갖는 근본적인 경험이다. 즉 몸과 마음이 객관적으로 나뉘기 이전에 직접적인 몸으로 겪는 경험을 말한다. 따라서 체험은 개인적 경험 내용으로 강조될 가능성이 높다. 미학에 종종 언급된 경험이라는 단어는 체험의 의미를 수반하여 설명하는 경우도 있기 때문에 문맥상으로 잘 파악해서 이해해야 한다.

본 장에서는 검도실천자의 미학에 대한 연구를 살펴보고자 한다. 검도실천자의 움직임에는 어떤 미적 요소를 갖추고 있는가? 또한 검도실천자의 미적 체험의 구조는 어떻게 형성되는가에 한정하여 설명하고자 한다. 물론 검도실천자를 보는 검도관전자의 미적 체험도 존재한다. '검도는 멋있다'거나 '검도는 아름답다'의 판단은 검도실천자[5]의 움직임에 대한 검도관전자의 미적 체험이기 때문이다. 이는 11장에서 설명하고자 한다. 그리고 검도미학에서는 검도심판자의 역할도 중요하다. 심

---

3 국립국어원 표준국어대사전.
4 국립국어원 표준국어대사전.
5 실천자(performer)는 수행자(practician), 경기자(athlete), 참여자(participant), 선수(player)와도 같은 개념으로 사용될 수 있다. 저자는 구체적으로 스포츠의 행위를 수반한다는 점에서 실천자로 정의한다. 이는 관전자(spectator)와 대조적인 용어이다.

판자의 역할수행에 따라 검도경기는 아름다움과 추함으로 갈린다. 이와 관련해서는 12장에서 검토하고자 한다. 검도미학에서 검도실천자의 미적 체험의 입장을 먼저 검토하는 이유는 검도실천자의 행위 그 자체가 검도관전자와 검도심판자에게 하나의 미적 대상이 되어 미적 가치를 불러일으키는 출발점이기 때문이다.

기존 스포츠미학의 이론은 스포츠와 예술 간의 관계,[6] 미적 체험의 구조를 수행자의 감각적 측면과 관전자의 시각적 측면,[7] 유희성, 기술성, 경쟁성을 통한 관찰자 입장에서 미적 체험연구,[8] 현상학적 관점에서 체육미학,[9] 주관적 입장에서 다룬 스포츠 미학[10] 등이 있다. 하지만 그들의 연구들은 구체적으로 실천자와 관전자를 나누어 설명하지 못했으며, 실천자의 입장에서 특정한 스포츠운동 종목을 대상으로 설명하지 못하였다. 개론적으로는 실천자와 관전자의 미학적 비교,[11] 태권도와 관련한 미학,[12] 그리고 현상학적 기술(description)의 입장에서 다룬 검도수행자의 미적 체험의 연구[13]가 있지만, 본 연구와 같이 검도실천자 중심으로 논의된 것은 부족하다.

본 장에서는 먼저 검도실천자의 미학을 설명하기 이전에 미적, 미적인 것, 미적 체험 등의 개념을 분석하고자 한다. 이러한 개념들은 검도미학 이해의 출발점이다. 이를 바탕으로 검도실천자의 미적 구성요소와 검도실천자의 미적 체험이 갖는 의미를 논하고자 한다.

---

6 Best(1985).
7 김인희(1996), 조쟁규(2003).
8 서경희, 구본숙(2001).
9 장정윤(2004).
10 장성수, 신현군, 이정학(2008).
11 Arnold(1985).
12 임일혁(2002; 2007), 임혁일, 김지혁(2008).
13 박동철(1993).

2. 검도실천자의 미적 체험의 이해

검도실천자의 미적 체험은 검도실천자에게서 일어나는 미적, 미적인 것, 미적 체험, 운동감각 등 미학과 관련된 용어의 개념적 이해가 선행되어야 한다.

1) 미적과 미적인 것

미학에서 자주 언급된 단어인 '미적'과 '미적인 것'14을 구분해서 이해해야 한다. 먼저 형용사인 미적(aesthetic) 개념이다. 이 단어는 두 가지 내용을 포함한다. 첫째, aesthetic은 본래 어원적으로 감각적인(지각적인) 의미이다. 이것은 논리적 인식이나 판단이 아니다. 칸트(Kant)는 이것을 미감적(감상적)으로 설명한다. 미감적(감상적)이란 그 규정 근거가 주관적일 수밖에 없기 때문에 칸트는 논리적 판단으로 인정하지 않는다.15 따라서 '미적' 단어는 개인의 감각적인 영역으로 축소되어 이해될 가능성이 높아 객관적으로 설명하기란 쉽지 않다. 단지 '미적'은 주로 이성적 판단이 아닌 감각적인 것을 포함한다는 사실은 분명하다.

둘째로 '미적'은 미를 판단할 수 있는 자신의 능력이 포함된 것으로 해석한다. 여기에서 '미적' 의미는 외형적인 아름다움에서 느끼는 감각적인 내용을 넘어, 보는 사람이 아름다움을 판단할 수 있는 능력까지도 포함한다. 이러한 미적 관점은 실용주의(pragmatism) 미학에서 보인

---

14 미학이론을 설명하는 데 심미적, 심미의 용어가 있다. 심미적은 미적(aesthetic)인 의미로, 심미는 미적인 것(the aesthetic)의 용어와 유사하다. 본 논문에서는 각각 '미적'과 '미적인 것'으로 통일하여 서술하였다.

15 백종현 역(2009:129).

다.[16] 실용주의자 철학자인 존 듀이(Dewey)에 따르면, 유기체인 인간은 경험을 통해 대상을 파악하고, 그것을 통해 우리가 어떻게 해야 할지 아는 것으로 설명한다.[17] 즉 우리가 무언가를 경험하여 아름다움을 느낀다는 사실을 안다는 것은 우리가 대상의 경험을 통해 무언가 판단하고, 그 대상을 다룰 수 있음을 말한다. 예를 들어 아름다운 그림을 경험한다는 것은 내가 그 그림이 보여주는 아름다움의 내용까지 파악이 가능한 능력을 갖추고 있음을 의미한다. 따라서 미학에서 미적 자세, 미적 대상, 미적 판단이라는 단어를 이해할 때 미적에는 우리가 아름다움을 판단할 수 있는 자세나 능력이 포함된 것으로 해석해야 한다. 이와 같이 '미적'이 갖는 두 가지 개념의 이해, 즉 주관적이며 감각적인 것과 미를 파악할 수 있는 능력을 포함하고 있다는 사실은 실천자의 미학을 설명하고 이해하는 데 유용한 개념이다.

대상에 대해 감각적인 것과 동시에 아름다움을 파악할 수 있는 능력을 칸트는 공통감각(Gemeinsinn, common sense)으로 설명한다. 칸트의 공통감각은 감정에 의해 주관적으로 느끼는 감각이지만, 보편적으로 소통될 수 있는 타당한 판단으로 설명한다. 칸트의 공통감각은 감각기관 또는 감각기관의 기능을 의미할 때는 "각각 '감각기관'이나 '감관'으로 옮기지만, 이 감관기관 작용의 결과를 지시할 때는 '감' 또는 '감[각]'으로" 설명한다.[18] 여기에서 공통감각은 동시에 사람들 사이에 보

---

16 실용주의 미학은 내가 아름다운 미적인 것을 본다는 것은 그 아름다움을 판단할 수 있는 능력을 갖추고 있다는 것으로 설명한다. 논리적으로 자신이 대상의 아름다움을 파악할 수 있는 능력이 있어야 우리가 아름다운 것이라고 말할 수 있기 때문이다. 실용주의 미학과 관련된 내용은 김광명, 김진영 역(2009)을 참조.

17 존 듀이(Dewey)에 따르면 경험은 생명체와 환경간의 상호작용에서 이루어진다. 경험은 단순히 움직이는 몸과 물체가 만나는 것을 넘어서 서로에 참여하고 소통하는 과정에서 일어난다고 하였다(박철홍 역, 2016: 57).

18 백종현 역(2009: 240).

편적으로 소통할 수 있는 판단으로 주장한다.

서구적인 개념인 공통감각을 동양적인 단어로 이해하면 쉽게 이해가 된다. 공통감각과 비슷한 동양의 단어는 감(感)이다. 동양의 단어인 감(感)은 주관적 감각과 대상의 판단능력까지 포함한다. 따라서 검도수행자가 느끼는 감각의 합은 자신의 감각기관을 바탕으로 주관적 감각과 상대의 힘을 파악하는 단어인 감(感)으로 표현이 가능하다. 물론 감(感)을 한마디로 무엇인지 명확하게 설명하기란 쉽지 않다. 그러나 우리는 검도에서 '감(感)을 느낀다'고 말한다. 예컨대 검도수행자가 자신의 죽도를 선택한다고 할 때 여러 개의 죽도를 만져 본 후 그 중에서 하나를 선택한다. 그 이유는 많은 죽도 중에서 자신의 감각에 일치하는 것을 찾으려 하기 때문이다. 죽도의 선택에는 죽도라는 대상과 손으로 접촉하여 일어나는 자신의 감각 일치가 우선적으로 개입되어있다. 그 속에는 내가 선택한 죽도로 경기에서 상대를 다룰 수 있다는 능력이 개입된다. 즉 검도수행자가 선택한 죽도에는 암묵적으로 이 죽도로 상대선수를 어떻게 다루어야 하는지에 대한 자신의 의도나 생각까지도 포함되었기 때문에 그 죽도로 수행하거나 검도경기에 사용한다. 따라서 검도에서 감(感)은 몸 기관이 대상에 대한 주관적인 감각의 일치에서 발생하고, 그 근저에 상대를 다룰 수 있는 자신의 능력 파악까지 포함한다고 말할 수 있다.

다음은 '미적인 것'의 개념이다. '미적인 것'은 우리에게 보인 대상이 객관적인 미적 가치를 가진다는 의미이다. 미학 학자인 히구치 사토시(樋口 聰)는 미학을 아름다운(beautiful)이라는 협의의 미(美)와 광의의 미인 '미적인 것'을 대상으로 하는 학문이라 하였다.[19] '아름다운'의 그리스어는 $\kappa\alpha\lambda\acute{o}\varsigma$(kalos)이다. 이 단어는 근대 미학의 용어가 정립되기

---

19 樋口 聰(1987).

전에 일반적으로 아름다움을 표현하는 용어였다. 고대에서 $\alpha\lambda\acute{o}\varsigma$ (kalos) 는 '볼만한 가치가 있다'거나, '훌륭하다'는 인간의 행위를 강조하기 위해 사용되었다. 즉 인간의 행위가 가치를 가지고 있으면, 이는 우리들에게 미적 즐거움을 주는 것으로 인식하였다.[20] 그러나 대상에 따라 단지 아름다움을 넘어 숭고한 의미나 가치를 갖는 부분이 존재한다. 아름다움을 넘어 숭고한 가치 대상은 개인적인 체험에 기인하지만, 넓은 의미로 '미적인 것'이 된다. 따라서 '미적인 것'은 대상에 대해 자신의 감성적 직관과 이성이 개입되어 얻게 되는 객관적인 가치의 내용까지도 포함한다.[21] 요약하면 '미적인 것'은 그 아름다움이 객관적인 가치를 가짐으로써 보는 사람들에게 숭고한 체험의 대상이 되는 것이다.

'미적'과 '미적인 것'의 구분은 실천자의 미학을 이해하는 데 중요하다. 그 이유는 감각적인 의미와 미적 판단 능력의 양쪽 의미를 포함한 '미적' 개념과 보인 대상이 객관적인 미적 가치의 판단을 갖는다는 '미적인 것'의 내용이 다르기 때문이다. 가치 판단을 배제한 '미적'이라는 것으로 축소해서 본다면, 미적은 몸으로 느끼는 감각을 강조한다. 이는 몸의 움직임에 따른 근육과 인지작용인 운동감각의 결과에 따른 것으로 자신의 미적 파악의 능력과 연결된다. 반면에 '미적인 것'에는 '아름다움은 가치를 갖는다'에서 우리 자신의 가치판단이 개입된다. 가치판단에는 윤리적 문제와도 연결된다. 전자가 개인적인 아름다움의 발생 과정을 이해하는 데 도움이 된다면, 후자는 아름다움의 대상을 어떻게 이해할 것인가에 강조점을 둔다.

---

20 강손근 역(2001: 38).
21 樋口 聰(1987: 22)

2) 미적 체험

스포츠미학이 다른 예술미학과 다른 점은 직접적인 몸의 체험을 강조한다는 점이다. 스포츠미학은 자신의 몸 움직임에 따라 일어나는 몸 체험이 보는 관전자의 체험보다 더 중요한 요소로 작동한다. 스포츠의 미적 체험은 일상적인 경험과는 다른 자신만의 스포츠 영역에서 일어나는 가치 체험이다. 이러한 가치 체험이기 때문에 구체적인 언어의 내용으로 설명하기란 쉽지 않다. 그럼에도 불구하고 우리는 자신의 지각과 판단 근거로 체험의 내용을 설명해야 한다. 왜냐하면 자신의 미적 체험의 설명 정도가 자신이 수행하는 스포츠나 무도본질의 내용과 깊이를 결정하기 때문이다.

넓은 의미에서 스포츠의 미적 체험은 운동체험이다. 운동체험은 운동하는 사람뿐만 아니라, 보는 사람에게도 일어난다. 전자는 운동하는 실천자의 감각적 체험에서 작동하고, 반면에 후자는 관전자의 시각적 체험에서 일어난다. 실천자의 감각적 체험은 운동감각에서 시작해서 운동실천자의 행동으로 드러난다. 반면에 시각적 체험은 실천자의 움직임을 보고, 그 상황에서 관전자의 미적 감정이 개입, 변용, 표출한 체험적 측면을 강조한다.22 그러나 실천자의 미적 체험도 좀 더 세부적으로 살펴본다면, 자신의 몸에서 일어나는 체험과 시간의 경과 과정에서 그것을 미적 체험이라고 자신이 기술(description)하는 것으로 구분된다. 본 장에서는 미적 체험의 내용을 실천자의 운동감각에 한정하여 설명하고자 한다.

먼저 운동감각에 주안점을 두고 몸 자체에서 일어난 미적 체험에

---

22 조쟁규(2003).

관한 연구는 다음과 같다.

『미적 체험으로서 스포츠(sport as an aesthetic experience)』에서는 미적 상황으로 예술가, 작품, 관전자의 개념을 차용하여 스포츠에서 체험을 운동실천자(the athlete), 기술완성으로서 스포츠(the sport as art), 관전자(the spector)로 구분하여 설명하였다. 그 중에서 운동실천자의 미적 체험은 자신의 움직임에서 일어나는 운동감각에서 출발해서, 그 과정에서 감정이 표출될 때 나타나는 것으로 설명한다.[23] 미적 체험이 일어나는 과정에서 감정의 개입은 중요하다. 감정은 우리가 대상을 인식하고 행동으로 나타나기 이전에 자신의 몸 움직임에 개입되어 주어진 상황과 조건에 따라 그 행동의 방향 결정에 영향을 미치기 때문이다.[24]

장정윤(2004)은 메를로-퐁티의 몸 지각의 개념으로, 스포츠미학에서 보인 감각의 경험은 자신의 몸이 순수체험의 교섭과정에서 일어난다고 설명한다. 그리고 자신의 의식적 경험은 지각 또는 행동의 작동 근거인 몸의 조건에 영향을 받으며, 이러한 경험은 몸의 이중적인 역할, 즉 몸은 행동하는 주체인 동시에 상대방 움직임에 반응하는 객체로서 몸의 운동수행 과정에서 체험이 일어난다고 하였다. 따라서 그녀는 운동실천자의 움직임에서 느낀 경험을 객관적인 사실의 미적 체험이 아니라고 설명한다. 그녀의 주장에 따르면 진정한 미적 체험은 몸에 배인 상황(embodiment)에서 미적 주체의 세계 파악의 과정 속에서 나오는 경험으로 설명하였다.[25] 이러한 경험의 내용은 주어진 환경, 자신의 태도, 의도, 생각이 포함된 경험으로 나타난다. 이는 2장에서 저자가

---

23 Fisher(1972).
24 김 린 역(2017).
25 장정윤(2004: 193-194).

주장한 경험하는 주체인 몸의 역할과 다르지 않다.

반면에 시간의 경과 과정에서 일어난 미적 체험을 기술하는 입장은 다음과 같다. 토마스(Thomas)의 연구에 따르면, 몸의 미적 체험은 인간의 몸에 누적된 체감적인 측면이 있으며, 주관적인 측면이 강하기 때문에 관전자가 쉽게 이해할 수 없는 부분으로 설명한다.26 이외에도 미적 체험에는 인식의 출발점인 객관적인 경험이기보다는 개인의 인격성이 포함된 가치의 체험도 존재한다.27 고바야시 신지(小林信次)에 따르면, 미적 체험은 대상의 표상28이 발전해 나감에 따라 각각의 내용이 자신의 의식에 축적된 경험으로 설명한다. 그리고 축적된 미적 경험이 또 다시 의식 활동에 새로운 표상을 만들어나간다.29 즉 인간은 자신에게 축적된 경험의 시각을 기반으로 상대방을 파악하고 이해하고자 한다. 그 속에서 자신이 아름다움을 파악하고자 하는 미적 활동이 미적 대상을 성립시키고, 그렇게 형성된 대상이 다시 자신에게 의미 있는 미적 요소로 받아들여진다. 우리는 이러한 시간의 과정 속에서 자신에게 나타난 과정을 통해 미적 체험을 경험한다고 말한다. 따라서 실천자의 미적 체험은 자신의 운동감각에서 출발해서 시간의 축적과정을 거치면서 하나의 경험의 내용으로 드러나게 된다.

우리는 운동감각에서 표출되는 미적 감정30의 개입도 고려해야 한

---

26 Thomas(1983: 166).

27 백기수(1996: 28).

28 표상(表象)은 나의 의식 앞에 주어진 어떠한 것이 나의 의식에 나타나는 것이다. 예를 들어 나의 앞에 있는 차를 본다고 하자. 나에게 전체적인 하나의 형태로 차가 보이는 것이 아니라, 차에 대한 일정한 형태의 이미지가 자신의 의식에 나타나는 것이다. 그것을 전제로 나의 의식은 차라는 판단이 개입되고, 차를 보면서 좋다 싫다는 감정이 개입되어 일어난다.

29 김경자 역(2000: 41).

다. 실천자의 미적 체험은 몸의 운동감각과 그 속에서 표출되는 자신의 미적 감정 간의 조화로운 흐름 속에서 이루어지는 것이기 때문에 언어적 표현으로 완벽하게 설명하기란 쉽지 않다. 우리는 미적 체험의 순간을 느끼지 못하기 때문에 스포츠에서는 미적 체험을 "무욕의 세계로 주관과 객관이 일치되는 절정의 순간, 몰아의 경지, 무아지경의 신비한 경험이 도달하는 순수한 스포츠의 맛"으로 표현한다.[31] 하지만 미적 체험을 언어로 표현할 수 없다고 할지라도, 우리는 개인의 체험을 느끼는 맛이라고 표현할 수 있다면, 이는 실천자의 미적 체험을 이해하는 데 유용한 개념이다. 미적 체험을 '맛'으로 규정한다면, 우리에게 그 단어가 갖는 의미를 공유할 부분이 많기 때문이다. 따라서 저자는 검도실천자의 미적 체험을 '검도의 맛'으로 설명하고자 한다,

3) 운동감각과 기감(氣感)

신경생리학적 관점에서 본다면, 인간의 몸은 자신의 생존을 위해 노력한다. 인간의 생존 움직임은 외부적 물체와 접촉할 때 일어나지만, 적절한 움직임이 가능하기 위해서는 자신의 몸 안에서 상대의 움직임을 파악하기 위한 움직임이 작동하고 있어야 한다. 테니스 경기에서 상대의 서브를 잘 받기 위해 선수가 발을 끊임없이 움직이는 것으로 생각하면 된다. 모든 감각과 행동의 출발점은 운동감각[32]이다. 운동감각

---

30 미적 감정이란 실천자의 미적 체험이 주관적인 지각에 주안점을 두기보다는 몸 자체에서 우러나오는 느낌을 말한다. 단순한 이성적 판단이 아니라, 미학적 대상에 대한 몸의 느낌을 강조하는 용어이다.

31 신현군(2007: 24).

32 운동 제어적 관점에서 "운동감각은 다양한 감각 신경세포들의 정보와 중추적 운

은 인간이 생존을 위해 운동(motion)이 가능할 때 이미 우리들에게 주어져있다. 우리 자신의 행동결정은 외부 움직임의 반응에 내부의 운동감각을 근거로 감각신경과 운동신경이 만나 그 내용을 뇌에 전달함으로써 일어난다. 운동감각의 능력은 몸과 마음이 구분되는 객관적인 육체의 능력이 아니라, 살아지는 몸(lived body, Leib)에서 나온다. 살아지는 몸에서 작동하는 운동감각은 감각기관들(오감)에 의해 작동한다. 오감은 쉽게 말해 나의 몸에서 '만일에' 그렇게 움직이면 '그러면' 그렇게 보이고, 혹은 나의 몸이 그렇게 하면 '그렇다'라고 보이는 형식으로 몸이 지각을 한다.[33] 그러한 운동감각은 더 나아가 자신이 어떻게 해야겠다는 의도까지 확장시킨다.

다시 죽도의 선택과정으로 설명해보자. 우리는 자신의 감각에 일치하는 죽도를 찾기 위한 방법으로 다양한 죽도를 손으로 만지고 위아래로 흔들면서 죽도가 자신에게 주는 무게나 느낌을 알아차리려고 노력한다. 이는 이미 자신이 선호하는 죽도의 감각을 바탕으로 자신에게 가장 알맞은 죽도 선택의 능력을 가지고 있음을 전제로 한다. 자신에게 적합한 죽도의 선택은 단지 자신에게 맞는 죽도를 찾기 위한 움직임을 넘어, 그 속에는 그 죽도를 통해 자신의 검도기술을 최대로 발휘하겠다는 암묵적인 의지까지도 포함된 것으로 생각해야 한다. 이러한 사실은 6장 3절에서 살펴보았듯이 운동감각이 무의식적 몸의 활동과 외부를 지향하는 의식의 지향성, 즉 지각의 내용까지 포함하고 있기

동명령들의 정보를 조합하여 지각되는 감각이라고 할 수 있다"(김선지, 2009: 72). 그러나 운동 제어(motor control)적 관점의 운동감각의 의미는 무의식적 몸의 활동과 자신의 주도적인 능력에 따른 움직임의 가능성을 제외한다는 한계를 가진다. 저자는 운동감각의 의미를 현상학자인 후설에 근거하여 설명하였다. 이와 관련해서 저자는 6장 2절에서 언급하였다.

33 이종훈 역(2019b: 94).

때문에 가능하다.

히구치 사토시(樋口 聰, 1989: 116)도 "실천자가 신체운동을 할 때 느끼는 운동감(Bewegnsgefühl, kinesthesia)을 운동감각적 지각(Kinästhetishe Wahrnmungen, kinesthetic perception)[34]"이라 하였다. 운동감각적 지각은 서구 운동감각의 설명이 아닌 동양적인 내용으로 설명한다면 훨씬 쉽게 이해가 된다. 동양 철학자인 유아사 야스오(湯淺泰雄)는 운동감각 이외에도 몸 내부의 이상에서 발생하는 아픔 인식을 체성내부감각(體性內部感覺)으로 설명한다.[35] 자신의 몸 안쪽에서 문제가 있으면, 몸 자체에서 아프다는 신호를 우리 자신에게 보내고 우리는 그것을 알아차린다. 예컨대 속이 쓰리고 통증이 있다고 하자. 자신에게 보이지 않지만, 자신의 몸에서 아프고 쓰리다는 정보를 주면 우리는 그것을 알아차린다. 체성내부감각은 내적인 몸 작동과 관련한 생리적 조건과 연결되지만, 그 생리적 상태도 자신의 마음 상태나 의지에 따라 몸 작동에 영향력을 받는다는 사실을 외면해서는 안 된다. 유아사 야스오(湯淺泰雄)는 기존 운동감각과 체성내부감각을 합한 전체를 '몸 감각'이라 하였다. 즉 몸 감각은 자기 자신의 몸의 상태를 파악하고 있는 상황에서 상대를 파악하고 느끼는 의식이다.

---

34 감각(sensation)은 감관을 통해 직접 몸으로 내려가는 내적인 의미를 가진다. 반면에 지각(perception)은 몸의 인식론적인 외적 지향성을 가진다. 운동감각적 지각의 용어는 이러한 두 가지 측면이 연결되어 있다는 것을 강조하기 위해 운동감각이라는 용어보다 운동감각적 지각의 개념을 사용하였다고 생각한다. 운동감각에 의식이 포함되어 있다는 면에서 두 용어는 같은 의미를 가지기 때문에 본연구에서는 같은 의미로 병행하여 사용한다.

35 湯淺泰雄(1989: 70-79). 그가 주장하는 체성내부감각(體性內部感覺)은 몸의 내적 상태를 알려주는 내원감각(interoception)과 유사하다. 예컨대 호흡계, 소화계, 내분비계 등 의식되지 않는 자동적으로 작동하며 뼈의 통증, 심장의 압박감, 위장의 배고픔 등으로 자신의 행동에 영향을 미친다.

자기 스스로 자신의 몸 상태를 파악하는 의식은 자신의 몸에서 일어나는 사건의 알아차림(awareness)으로 연결된다. 이러한 자기의 몸 상태의 파악이 중요한 이유는 상대의 힘을 파악하기 위한 기준점으로 작동하기 때문이다. 따라서 동양의 몸 감각은 우리의 운동감각도 중요하지만, 자신의 체내 부분에서 발생하는 감각도 파악해야 한다. 이는 기존에 우리가 관심을 두지 않았던 부분이다. 자신에게 보이지 않는 몸 내부의 감각을 기준으로 바깥쪽으로 향하는 상대의 능력을 파악하는 것은 검도수행이나 검도경기에서 대단히 중요하다. 자신의 몸 상태에 대한 스스로의 질문을 자신에게 던져보자. 이는 상대를 파악할 수 있는 자신의 감각능력을 증대시키는 데 도움이 된다. 내부의 몸 능력을 키우기 위한 방법인 명상이나 호흡법이 필요한 이유가 여기에 있다.

자신의 몸 움직임으로 자신과 상대에서 일어난 감각의 알아차림 전체를 '몸 감각'이라 한다면, 이는 앞에서 언급한 동양적 단어인 '감 (感)'으로 표현이 가능하다. 감(感)의 사전적 의미는 "느낌이나 생각"이다.36 즉 대상에 대한 생각이나 느낌이 떠올라 짐작하거나 알아채는 것을 말한다. 흔히 우리는 무언가 이해하고 다룰 수 있음을 '감(感)을 잡았다'고 말한다. 이는 지적인 것과 논리적인 것을 넘어선다. '감을 잡았다'는 사실은 우리가 보이지 않는 상태의 미세한 감정의 영역까지 포함해서 알았다는 것이다. 이러한 의미는 한자 감(感)의 어원에 보인다. 感 (감)의 한자는 '전부' 또는 '모두'라는 뜻의 함(咸)과 마음(心)으로 이루어진 회의문자(會意文字)이다. 즉 모든 오감을 통해 마음(心)으로 느낀다는 뜻이다. 감(感)은 이성적 영역의 작동에서 일어나는 것을 넘어서며, 몸을 구성하는 감각기관들과 감각의 대상들 사이의 접촉에서 발생하는

---

36 국립국어원 표준국어대사전(http://stdweb2.korean.go.kr/search/List_dic.jsp).

것으로 파악해야 한다. 결국 감(感)이란 내외적으로 인간 몸의 움직임에 대해 마음이 느끼는 주관적 총체이다. 따라서 저자는 자신의 의도와 관계없이 몸에서 일어나는 운동감각과 오감을 기반으로 나타나는 대상의 느낌이나 생각 전체를 '감(感)'으로 서술하고자 한다.

감(感)은 눈으로 보고, 귀로 듣고, 피부로 접촉하고, 입으로 맛보고, 코로 냄새를 맡는 등 오감을 통해 느끼지만, 감(感)이 무엇인지 구체적으로 설명을 요구받을 때 저자도 정확하게 답하기는 어렵다. 감(感)의 설명이 타당성을 얻기 위해서는 자신의 감각기관의 변화를 생리적, 뇌 과학적으로 설명할 수 있어야 한다. 각 기관 작용의 설명이 주관적인 이해라는 점에서 객관성을 담보하기란 사실상 쉽지 않다. 실제 운동경기에서 감(感)은 이성적 판단이기보다는 직감적으로 대상을 판단하는 것으로 설명한다. 따라서 본 장에서 감(感)의 개념은 타자를 인식하기 위한 전제조건으로서 자신의 운동감각에서 나오는 내용을 근거로 하여 상대를 파악하는 힘으로 한정하고자 한다. 감(感)은 상대에서 나오는 것이 아니라, 자신의 운동감각을 근거로 상대를 파악하는 힘이다.

한편, 호소명(胡小明)에 따르면 운동감은 "운동의 진행으로 인해서 생겨나고 이른바 숙달되고, 평가하고, 운동을 지도함에 있어서의 기초가 되는 주관적 이미지의 총화"로 설명한다.37 이는 각각의 운동종목에 따라 느끼는 운동감이 주관적이며, 객관적인 특성을 갖고 있음을 보여준다. 그렇지만 운동감이 개인적인 느낌의 합이라는 점에서는 공통적인 특성을 갖는다. 개인적인 느낌의 합이 내적인 몸의 움직임에 대한 내적 감각과 대상에 대한 운동감각의 합으로 이루어진다면, 앞에서 언급한 감(感)으로 설명이 가능하다. 즉 호소명(胡小明)이 설명한 운동감

---

37 민영숙 역(1992: 203).

도 감(感)으로 대체 가능하다고 생각한다.

이러한 감(感)의 정의는 검도경기에서 일어나는 검도실천자의 운동감각 설명에 유용한 개념적 기초를 제공한다. 그렇다면 검도실천자는 무엇을 감(感)한다는 말인가? 검도에서 감(感)의 대상은 상대방, 주위 환경, 자신의 내적 기분 등 다양한 기(氣)를 느낀다고 말할 수 있다. 검도경기로 설명해보자. 검도경기에서 상대방 칼을 처음 맞출 때 검도수행자는 일정 정도 상대가 가진 능력과 힘을 파악한다. 거기에는 자신이 경기에서 어떻게 해야 하겠다는 의지까지도 포함된다. 그것은 상대의 기(氣)를 느끼는 상황에서 자신의 판단이 개입되어 나온다. 자신의 힘이 상대에 비해 적다고 느끼면, 검도수행자는 기합으로 그것을 보충하려고 노력한다. 또한 경기장의 분위기(雰圍氣)도 느낀다. 그리고 오늘은 왠지 승리할 수 있을 것이라는 기분(氣分)도 가진다. 따라서 검도실천자의 입장에서 운동감은 상대의 힘이나 환경의 분위기에서 나오는 기(氣)를 느끼는, 즉 '기감(氣感)'이라고 말할 수 있다.

검도의 '기감(氣感)'은 단순히 그 상황 속에서 표출된 생각만을 의식하는 것은 아니다. 검도수행자는 자신의 반복된 수행 결과를 기반으로 상대방의 수행 정도를 자신의 몸으로 파악한다. 이는 검도수행자가 상대방의 기(氣) 흐름을 인지하는 것과 다르지 않다. 물론 나의 몸은 상대방 기(氣)의 흐름을 파악하기 위해 먼저 나의 몸이 상대를 파악하고 인지할 수 있는 능력을 갖추고 있어야 한다. 자신이 가진 감각의 능력에 따라 대상이 달리 보일 수 있기 때문이다. 앞에서 언급한 몸의 내부 움직임에 대한 이해가 중요한 이유가 여기에 있다.

사실 검도경기에서 공격과 방어는 짧은 시간에 이루어지기 때문에 의식에 따른 행동의 결과가 승리로 반영되기 힘들다. 그렇기 때문에 반복된 수행의 결과로서 상대방 움직임에 대해 무의식적으로 나의 몸이 알고 거기에 맞는 움직임이 준비되어 있어야 한다. 즉각적인 몸의 대응을 위한 반복훈련을 통해 배인 습관이 감(感)의 알아차림의 확대로 전환된다. 물론 실전에서 감(感)은 6장에서 언급한 무의식 행위의 과정에서도 나온다. 이는 항상 인간의 심층내부에는 상대를 감(感)할 수 있는 능력이 이미 작동하고 있음을 보여준다.

감(感)과 관련하여 대상을 파악하는 매개체는 기(氣)이다. 검도의 기·검·체 일치에서 알 수 있듯이, 동양무도에서 기(氣)는 자주 언급된다. 일반적으로는 기(氣)는 힘 또는 에너지로 설명한다. 몸의 생리적인 측면에서 본다면, 기(氣)는 인간의 신체에 흐르는 일정의 에너지 단위로 설명한다. 반면에 우주의 관점에서 기(氣)는 음(陰)과 양(陽)의 자연을 구성하는 기본 단위로 설명한다.[38] 개인적 몸의 움직임과 한정하여 기(氣)의 개념은 학자들마다 다양하게 정의한다. 예를 들어 기(氣)는 "신체와 마음을 하나로 묶고 있는 생명체의 특수한 에너지"이다.[39] 기(氣)는 마음과 몸이 합일되어서 나오는 힘이다.[40] 기(氣)는 자신의 생각과 행동의 매개물로 심리작용과 연관해서는 심기(心氣)로, 생리작용으로 몸에 관여해서는 혈기(血氣)로 작동한다.[41] 생리작용과 마음의 역할에 모두 관여하는 기(氣)는 맹자의 설명에서도 보인다. 『맹자(孟子)』의 「공손추(公孫丑)」 상(上)에서 "志(마음이 가는 구체적 작용)는 기(氣)를 통솔하고 기(氣)는 몸을 통솔한다."[42] 즉 마음이 가는 방향의 움직임에 관

---

38 무도에서 기(氣)의 의미와 작동에 관련해서는 이상호(2015a)와 Lee(2016)를 참조.
39 湯淺泰雄(1990: 33).
40 이상호(2008).
41 이 양(2006).
42 夫志 氣之帥也 氣 體之充也(우재호 역, 2007: 203-204).

여하는 의지(意志)가 기(氣)를 통제하며, 기(氣)는 신체에 충만하게 된다. 그리고 "뜻이 하나로 정해지면 기(氣)가 움직이고 기(氣)가 하나로 정해지면 마음이 움직인다."[43] 이는 마음과 물질의 매개물인 기(氣)를 통해 자신의 몸 상태를 파악할 수 있음을 보여준다.

저자는 개인의 몸 영역에서 본다면, 기(氣)를 몸이 갖는 생명에너지와 연관된 마음작용의 힘이며, 타자와의 관계에서는 인간 자신의 몸과 마음이 합일되어 나오는 힘으로 규정하고자 한다. 검도경기에서 검도실천자는 내적인 자신의 마음작용을 기반으로 생동적인 타자가 가진 힘을 파악한다는 점에서 상대의 기(氣)를 감(感)한다고 말할 수 있다.

3. 검도실천자의 미적 체험의 구성요소

저자는 검도실천자가 갖는 미적 체험의 시작은 운동감각이며, 동양적인 관점에서는 기감(氣感)으로 설명이 가능하다고 하였다. 이를 기반으로 검도실천자의 미적 체험의 과정은 주어진 환경, 공간, 시간, 자신이나 상대의 검도실력 등에 영향을 받는다. 이러한 조건들은 미적 체험의 구성요소이다. 검도실천자의 미적 체험이 일어나는 구체적인 각각의 구성요소를 설명하기 이전에, 실천자와 관련된 전반적인 미학에 대한 이해가 필요하다. 이는 미적 체험의 구성요소를 폭넓게 이해하는 데 도움이 되기 때문이다.

먼저 아놀드(Arnold)는 스포츠실천자의 미학을 네 가지로 설명한다.[44]

---

43 志壹則動氣 氣壹則動心·(우재호 역, 2007: 205).
44 Arnold(1989).

첫째, 실천자는 감각질(qualities)을 갖는다. 감각질이란 우리가 대상인 무언가를 지각할 때 느끼는 주관적인 경험으로, 우리 자신이 느끼는 기분의 내용을 말한다. 예를 들어 우리는 검도에서 상대와 칼을 겨룰 때 상대가 갖는 힘의 정도나 거기에서 나온 자신의 기분, 느낌, 감정 등 다양한 감각적 내용이 자신에게 일어나고 있음을 느낀다. 물론 감각질(qualities)의 내용은 실천자 자신에게 몸에 배인 상태(embodiment)에 따라 다르게 나타난다. 예컨대 검도초보자와 오랜 검도수행자가 갖고 있는 몸의 조건에 따라 상대방의 힘 파악 정도는 달라진다.

둘째, 실천자의 미학은 기술의 완성에서 나온다. 스포츠에서 실천자는 자신의 기술완성을 위해 노력한다. 기술의 완성은 단지 하나의 기계적인 움직임의 영역을 넘어 관전자에게 아름다움의 형태로 나타난다. 예컨대 검도기술인 기 · 검 · 체 일치의 한 판이 발휘되어 관중이나 선수들에게 보일 때 그 속에서는 아름다움이라는 내용이 표출되어 검도관전자로 하여금 감동을 불러일으킨다. 따라서 실천자의 미학은 기술 발휘에 아름다움을 본래 내재적으로 포함하는 것으로 보아야 한다.

셋째, 실천자는 자신의 몸으로 기술을 사용할 때 그 속에는 자신만의 운동감각적 흐름(kinesthetic flow)이 아름다움을 만들어 낸다. 검도실천자의 기 · 검 · 체 일치의 한 판이 이루어질 때 검도관전자는 아름다운 공격이라고 생각한다. 기 · 검 · 체 일치가 이루어지는 순간에 검도실천자는 그것을 의식하지 못하겠지만, 운동감각적 흐름이 존재한다는 사실은 변함이 없다. 그 운동감각적 흐름에 따른 움직임도 검도관전자나 검도심판자에게 아름다움을 만들어 낸다. 즉 검도행위에서 보는 아름다움은 검도실천자가 보여주는 운동감각적 흐름에 내재한 힘이 드러난 결과이다.

넷째, 실천자는 경쟁과 경기의 주체자로 파악된다. 아름다움을 경험하고 느끼는 주체는 다름 아닌 검도수행자 자신이다. 즉 자신의 갑상, 호완, 갑, 호면을 착용하고 죽도를 잡고 경기에 참여하는 주체자이다. 처음 검도용구를 착용하면 무거운 느낌이 든다. 하지만 시간이 지나면 그 무게를 인지하지 못하고 오히려 검도용구를 착용하면 오히려 편안함을 느낀다. 검도용구의 착용이 끝난 후 자신에게 밀려오는 느낌은 이제 자신이 당당하게 경기에 임할 수 있다는 생각을 들게 한다. 그래서 경기하기 전에 바닥 위를 뛰면서 자신의 자세를 취하는 것인지도 모르겠다.

여기에 덧붙여 저자는 스포츠미학에서 일어나는 스포츠실천자의 미적 체험을 '기분'으로 설명도 가능하다고 생각한다.[45] 사전적 의미로 기분은 대상이나 환경 따위에 따라 마음에서 절로 생기며 한동안 지속되는 좋거나 나쁜 감정을 말한다.[46] 미학적으로 기분이란 일반적으로 감각적 직관에 수반되거나 융합되어 막연하고 약한 감정을 말한다.[47] 기분이 어떠한 의미에서 '미적'인 것인가는 아직 명확하게 규명되지도 않았지만,[48] 그럼에도 검도실천자는 검도를 하면서 느끼는 기분을 다양한 상황에서 경험함을 부인할 수는 없다. 검도에 임할 때 느끼는 기분, 검도경기의 승패에 따른 기분, 상대에게의 공격 성공에서도 기분 좋은 경험을 한다. 물론 그 기분이라는 것도 상황에 따라 느끼는 경험의 강도가 다를 수밖에 없다. 검도에서 최고의 기분은 죽도로서 상대의 생각을 읽는 것도 포함된다.

---

45 樋口 聰(1989: 128).
46 국립국어원표준국어대사전.
47 김문환(1989: 133).
48 樋口 聰(1989: 131).

미학은 서구에서 시작한 학문이기 때문에 서구적 용어인 미적 기분과 동양적인 용어인 기감(氣感)이 갖는 의미 내용이 서로 일치하는가에 대해서는 엄밀한 논의가 있어야 하겠지만, 검도실천자에게 주어진 공간적 성격, 존재적 성격, 기술적 성격, 시간적 성격의 상황에서 어떠한 힘을 자신의 몸에서 느끼는, 즉 기감(氣感)이 작동한다는 사실은 공통적이다. 저자는 앞에서 언급한 실천자에게 주어진 네 가지 성격인 공간미, 존재미, 기술미, 시간미로 검도실천자의 미적 체험의 구성요소를 해명하고자 한다.[49] 이러한 구분에 의한 검도실천자의 미적 체험의 구성은 검도실천자의 검도움직임이 주는 아름다움을 이해하는 데 도움이된다.

1) 공간미

검도경기장의 규격은 9~11m × 9~11m이다. 이 수치는 객관적이고 수학적인 공간이다. 엄격한 의미에서 스포츠의 공간은 경기 규칙의 형태로 주어져 경기 운영에 의해 유지되는 질서이다.[50] 물론 운동 종목에 따라 규정된 공간의 크기는 각각 다르다. 실천자는 주어진 그 공간적 성격을 자신의 관점에서 규정하고 인식한다. 물론 실제로 주어진 스포츠의 공간 그 자체가 전부 미적 체험을 가져다주는 것은 아니다. 스포츠의 공간은 실천자가 그 공간을 체험할 때 살아있는 공간으로 다가와야 의미가 있다. 예컨대 검도를 싫어하는 사람에게 검도장과 검도경

---

49 여기에서 언급한 미적 기분의 여러 가지 성격은 樋口 聰(1989)이 제시한 실천자에게 주어진 미적 기분의 여러 가지 성격, 즉 공간적 성격, 공동 존재적 성격, 기술적 성격, 시간적 성격에서 인용하였다.
50 樋口 聰(1989: 131).

기장은 살아 있는 공간이기보다는 시끄러운 장소에 불과하다. 자신의 입장에 따라 수행자의 기합이 아름답게 들리거나 또는 시끄러운 고함으로 들릴 수 있기 때문이다. 또한 검도실천자의 태도나 관점에 따라 각자가 경기장과 검도도장의 수행에서 느끼는 공간미를 다르게 받아들인다. 검도도장에서 검도기술의 완성을 위해 노력하는 공간, 자신의 반성 수행이 가능한 검도도장의 공간, 승부를 결정짓는 경기장의 공간 등에서 느끼는 공감미도 차이가 있다.

앞선 언급한 객관적인 공간미와 다르게, 검도실천자는 호구와 죽도 등 장비 일체를 착용한 상태에서도 공간적인 느낌을 갖는다. 이 상황에서 실천자는 주어진 공간성에 몰입되고(Eingebettetsein, embeddedness), 피호성(被護性, Geborgenheit, secureness)을 느낀다.51 피호성이란 우리가 경기에 참여할 때 긴장감이나 불안감이 없다는 것이 아니라, 일상적인 공간과 다른 스포츠 공간에서 느끼는 몰입의 경험을 말한다. 검도용구를 착용한 실천자가 느끼는 피호성의 크기는 다른 어떤 경기보다 크다고 생각한다. 검도수행자가 검도장비를 갖추고 나면, 그 공간이 검도장이든 검도경기장이든 상관없이 자신이 무언가를 할 수 있는 준비가 되었다는 느낌을 갖는다. 개인적으로 검도용구를 착용하면 적과 대응할 수 있다는 무언가의 당당한 기분(氣分)을 느낀다. 그 느낌으로 인해 경기를 하기 전에 마루 위를 뛰는 행동이나 자신감의 표출행위로 기합을 내기도 한다. 이것은 검도장비가 주는 피호성에 근거하며, 일상적인 행동공간에서 느낄 수 없는 검도실천자의 미적 체험의 하나이다. 이와 같이 검도경기나 검도수행시 검도실천자가 보여준 피호성의 모습은 관전자에게 새로운 미적 감정을 유발시킨다. 예컨대 검도실천자의 죽도와 장비의 착용에 따른 당당함에서 나온 미적인 요소가 검도관전자에

---

51 樋口 聰(1989: 133).

게 미적 감정을 불러일으켜 검도가 멋있다고 생각하는 미적 대상으로 작동하는 것이다.

2) 존재미

스포츠의 존재미는 스포츠의 공간성과 마찬가지로 스포츠미학 성립의 중요한 요소이다.[52] 존재미는 협의와 광의의 두 가지 의미로 설명이 가능하다. 첫째, 협의의 존재미는 팀 내의 실천자들 사이의 소통에 의해 일어나거나, 나 자신의 수행 과정에서 존재미를 느끼는 것이다. 둘째, 광의의 존재미는 상대가 존재함으로써 경기가 성립된다는 점에서 공동 존재적 의미를 갖는다.

협의의 존재미의 예를 들어보자. 검도 단체전은 실천자 간의 의사소통이 대단히 중요하다. 검도 단체전의 구성원 5명은 개개인의 경기에서 승패가 나기도 하지만, 무승부 경기도 가능하다. 자신보다 뛰어난 선수와의 무승부 경기는 전체 경기의 승패를 결정할 수 있다. 자신의 순서에서 팀이 어떠한 상황에 놓여 있는가를 명확히 알고 승부에 임하는 것과 그렇지 않은 것은 팀 승부의 결과 차이를 만들어 낸다. 단체전에서는 개개인의 실력도 중요하지만, 팀으로서의 공동 운명체라는 의식과 태도가 그 경기의 승패를 좌우하는 요소로 작동한다. 자신이 선봉, 부장, 주장의 역할에 최선을 다하는 것과 우리팀 선수들에 대한 믿음 자체가 검도존재미의 또 다른 표현이다. 이외에도 검도존재미는 경기의 영역에서만 느끼는 것은 아니다. 경쟁이 아닌 개인의 검도수행 과정에서도 존재미가 있다. 개인의 검도수행에서 존재미는 검도수행 도

52　樋口 聰(1989: 143).

중 자신이 살아있음을 확인하는 과정에서 느낄 수 있다. 저자는 검도복과 검도보호구를 착용할 때나 경기를 마친 후에 자신이 살아있음을 느낀다. 그리고 본(本) 수행이나 조선세법에서 진검으로 칼을 잡고 수행을 할 때 자신이 살아있음을 느끼는 것도 존재미이다. 어떻게 보면 존재미는 개인적 수행에서 더 많이 느낄 수 있다.

반면에 광의의 검도존재미는 검도에서 상대방의 인정에서 나온다. 상대가 없는 검도를 상상하기란 힘들다. 검도경기도 상대방이 검도경기에 참여하지 않으면, 그 검도경기는 존재하지 않는다. 따라서 검도수행자는 상대가 선생님이거나, 자신의 실력보다 뛰어난 동료에 대한 존중뿐만 아니라, 반대의 경우에도 상대에 대한 존중의 태도를 유지해야 한다. 상대 존중의 태도로 검도경기에 임하고, 자신의 능력을 최대한으로 발휘하는 그 자체가 스스로 자신의 검도존재미를 만들어 낸다. 검도가 살인검이기보다는 활인검을 지향하기 위해서라도 검도수행자는 상대 존중의 태도를 견지해야 한다. 비록 상대를 죽이는 것이 검의 본질이지만, 저자가 생각하기에 검도존재미는 검도실력과 관계없이 상호 간의 존중에서 의미를 찾아야 한다. 궁극적 검도실천자의 존재미는 다양한 검도수행의 영역과 그 과정에서 자신이 살아있음을 스스로를 확인하는 것이며, 상호 존중이 가능한 전제 조건에서 인간 생명의 아름다움을 느끼는 것이다.

3) 기술미

기술미는 인간의 몸 움직임에서 나타난 미적 가치의 경험이며, 운동감각적 지각과 많은 밀접한 관계를 가진다. 기술미의 미적 체험은 기술의 습득과정이나 자신의 각고의 노력으로 실현된 가치 의미를 실천자에게 가져다준다.[53] 검도의 기술미도 마찬가지다. 검도경기나 수행의 기술미는 검도실천자의 미적 체험에서 가장 중요한 요소이며, 검도미학의 가장 많은 부분을 차지한다. 검도실천자에게 가장 중요한 것이 검도기술의 완성이기 때문이다. 이러한 실천자의 미적 가치의 경험은 다른 사람들에게는 하나의 미적 대상이 된다. 즉 실천자의 기술미는 주관적 경험이지만, 관전자에게는 또 다른 미적 대상이 되는 이중적 구조를 갖는다.

검도기술의 사용은 몸 움직임을 전제로 한다. 몸의 움직임이 없는 기술의 발휘는 상상하기 힘들다. 외형적인 움직임이 없는 정적인 상태라고 할지라도 그 근저에는 마음의 움직임이나 생리적 움직임이 작동한다. 자신의 검도기술을 발휘하기 위한 몸의 움직임에 따른 미적 체험의 근거는 2장 2절에서 언급하였듯이 몸 자신(proper body)이다. 몸 자신은 능동적인 몸과 수동적인 몸의 양쪽 모두의 역할을 한다고 하였다. 능동적인 몸의 작동은 운동감각적 지각을 통해 자신의 새로운 몸의 움직임을 만들어 내는 역할을 하고, 반면에 수동적인 몸의 작동은 외부 자극을 받아들이는 역할을 한다. 이러한 몸 자신의 이중적인 의미는 인간의 움직임이 작동하는 한 지속된다. 검도기술미는 이 둘의 관계가 시간상의 지체 없이 검도기술에 완벽하게 발휘될 때 만들어진다. 예컨대 검도기술은 상대의 움직임을 바로 알아차리고 즉각적인 행동으로 이어져야 한다. 상대 움직임을 알고 행동으로 이어지는 시간의 간격이 없을 때의 기술이 가장 뛰어난 기술이다. 검도기술의 발휘에 많은 생각을 들인다면 그만큼 느린 행동으로 나타나기 때문이다.

---

53 樋口 聰(1989: 146).

검도기술미를 한 판의 경험으로 설명해보자. 검도에서 한 판의 기술은 먼 거리나 가까운 거리가 아니라, 일족일도의 거리에서 나온다. 그러나 일족일도의 거리는 객관적인 거리가 아닌, 상대적 거리라고 하였다. 상대의 공격범위에서 벗어난 상황에서 상대의 공격이 가능한 절대적 거리는 존재하지 않는다. 자신의 공격 범위는 상대에게도 공격이 가능한 거리이기 때문에 상대적 거리라고 한다. 따라서 상대가 들어오는 순간, 물러가는 순간, 상대의 공격이 다한 경우에 공격의 성공 가능성이 높다고 이야기한다. 문제는 상대도 끊임없이 움직임을 한다는 점에서 그 공격의 시간을 찾기란 쉽지 않다. 이에 따라 상대를 의식한 후 움직임을 한다면, 한 판의 공격을 획득하기란 힘들다. 내가 상대를 의식하고 판단하는 순간에도 상대는 정지하지 않고 움직이기 때문이다. 오히려 상대의 관점에서 본다면, 우리가 상대를 의식하고 움직이고자 하는 순간이 상대의 공격이 성공할 확률이 높다. 개인적인 경험이지만, 완벽한 한 판은 자신이 의식하지 않고 한 판이 된 후, 즉 자신의 기술이 사용되었다는 사실을 나중에 알아차릴 때라고 생각한다. 따라서 검도기술미는 기술이 일어나는 순간에 자신의 운동감각을 기반으로 하여 일어나는 미적 체험이기보다는 사후에 판단하는 미적 체험일 가능성이 높다. 기·검·체 일치도 마찬가지다. 기·검·체 일치가 이루어지는 그 순간에 검도수행자는 그 기술미를 느끼지 못한다. 기·검·체가 이루어진 것을 사후에 판단할 뿐이다. 그러나 그것을 바라본 관전자는 기·검·체의 일치에서 나온 기술미를 즉각적으로 느낀다. 따라서 개인적인 미적 체험의 기술미는 우리가 인지하지 못하는 개인의 미적 체험이지만, 그 체험은 몸 자신이 능동과 수동의 역할이 일치된 상황에서 일어난다는 사실은 변함이 없다. 이러한 미적 체험은 개인적인 느낌인 동시에 관전자에게 하나의 미적 대상이 되어 미적 체험을 불러일으킨다.

검도기술의 완성은 반복 수련의 결과로 검도기술이 자신의 몸에 축적되어 자연스럽게 나온 것을 말한다. 완성된 기술이 실전에서 그대로 적용되는 것을 경험적으로 확인할 때 실천자가 갖는 미적 체험은 상대적으로 클 수밖에 없다. 그러한 실천자의 검도기술이 하나의 자연스러운 기교로 발휘된다면, 검도기술미에 대한 관전자의 미적 체험은 더 크게 느껴진다. 기술미와 관련하여 자연스러운 기교가 발휘되지 않는다면, 관전자의 미적 인식도 완벽하게 성립하지 않는다.[54] 특히 동양적인 미학의 관점에서 본다면, 아름다움은 자연스러움에 근거하여 판단한다. 검도기술미도 마찬가지다. 상대를 의식하지 않는 상황에서 나오는 자연스러운 움직임이 최고의 기술이다. 즉 검도기술미의 완성은 상대를 의식하지 않는 무위(無爲)의 기술완성과 다르지 않다. 물론 그 자연스러운 검도의 기술이 발휘되는 순간에 그 당사자는 인식하지 못한다. 차후에 자기 스스로 그 기술미를 지각하거나, 다른 관전자들로 하여금 아름다운 기술이었다는 이야기를 듣게 된다. 개인적인 경험이지만 단체전 결승에서 저자의 공격은 상대를 의식하지 않는 상황에서 이루어졌고, 어떤 공격을 했는지 그 순간에는 기억을 하지 못하였다. 그러나 그 경기의 주심으로 경기를 지켜본 8단 선생님이 나의 경기가 끝난 후 다가와 의도하지 않는 자연스러운 기술이 들어갔다고 말해 주었다. 어쨌든 자연스러운 검도기술은 관전자로 하여금 완벽한 검도기술미를 체험하게 하는 미적 대상이 된다는 것에는 변함이 없다.

---

54 樋口 聰(1989: 151).

4) 시간미

스포츠는 객관적인 시간적 상황을 전제로 한다. 검도경기의 시간도 경기 상황과 경기 여건에 따라 4분, 5분이라는 객관적인 시간을 적용한다. 객관적 시간은 고정된 것이지만, 실천자가 체험하는 시간은 객관적인 특성을 넘어, 주관적으로 시간의 흐름을 다르게 느낀다. 시간흐름에 대한 미적 체험은 자신에게 주어진 상황과 입장과 경기의 집중여하에 따라 시간의 무한성과 유한성을 경험한다. 이는 관전자에게도 마찬가지다. 경기에서 자신에게 유리한 상황에서 시간 흐름의 정도는 불리한 상황보다 상대적으로 더 늦게 진행된다는 느낌을 받는다. 일반적으로 유리한 상황에서 우리는 빨리 그 경기가 끝나기를 바라기 때문이다. 반대로 불리한 경우에는 상대적으로 시간이 빨리 지나간다고 느낀다.

검도에서 시간은 수행의 완성과 연결되기 때문에 중요하다. 『오륜서(五輪書)』 「물(水)의 장」 끝 문장에 단련(鍛鍊)의 단어가 있다. 거기에서 단(鍛)은 쇠가 제 기능을 발휘하기 위해 오랫동안 불에 달구고 두드려야 하는 시간의 과정으로 설명한다. 그것을 위해서는 추상적인 의미로 천일(千日)이 필요하다. 련(鍊)은 불에 달군 쇠를 자신이 원하는 것으로 만들기 위해 은유적 표현으로 만일(萬日)의 노력을 들이는 것으로 설명한다. 이와 같이 검도수행의 완성은 짧은 시간으로 이루어질 수 없으며, 일정 이상의 절대적 시간의 노력이 필요함을 보여준다.

검도는 다른 운동과 다르게 짧은 시간에 배우고 익히기 힘든 운동이다. 몸으로 배워야 하는 운동이기 때문이다. 특히 검도가 갖는 교검지애(交劍知愛)의 깊은 맛을 느끼기에는 충분한 절대적인 시간이 필요하다. 검도실천자가 자신의 검도기술을 체득하면서 느끼는 깨달음의 과정 그 자체가 미적 체험이다. 시간적 성격에서 실천자의 미적 체험은 오랜 수행에서도 드러나지만, 자신이 배웠던 기술의 결과가 경기에서 완전히 발휘될 때 가장 크게 드러난다. 또한 검도실천자는 자신의 완벽한 기술 발휘에 행운에 의해 초래된 결과가 덧붙어질 때도 행복한 체험을 갖는다.55 검도실천자의 행복한 체험은 시간미와 기술미의 밀접한 관계에서 나오는 경험이다. 예를 들어 검도의 시간미를 느끼기 위해서는 상대보다 시간적으로 먼저 공격하는 것도 중요하지만, 상대가 공격하려는 그 순간이 검도공격의 완벽한 순간이라는 것을 경험적으로 확인해야 한다. 이는 검도수행자가 상대의 마음의 일어나는 순간을 파악하고 공격하는 후발선지(後發先至)와 다름이 아니다. 생각이 일어나는 순간에는 상대의 움직임이 정지된 상태이기 때문에 그 순간의 공격이 성공확률이 높다. 따라서 저자는 검도실천자 시간미의 아름다움은 그 미세한 움직임의 순간파악에서 나온다고 생각한다.

공격의 시간이라는 측면에서 본다면 상대의 공격이 다한 경우, 상대방이 방어 이후 움직이지 않는 경우, 자신이 공격을 만들어가는 경우 등 검도실천자 스스로 시간미를 느껴야 한다. 객관적인 시간이라는 것도 자신의 검도기술에 맞게 주관적인 시간으로 만들어가는 과정 또한 시간미이다.

---

55 樋口 聰(1989: 151).

4. 검도실천자의 미적 체험의 구조와 의미

검도실천자의 미적 체험은 자신의 운동감각에서 출발해서 공간미, 존재미, 기술미, 시간미의 미적 체험의 '맛'을 느끼는 것이다. 앞에서 검도에서 운동감각을 '기감(氣感)'이라 하였다면, 이 모든 것은 '기감의 맛'을 경험한다는 것으로 설명이 가능하다. 따라서 저자는 검도실천자가 검도에서 느끼는 미적 체험을 '기감의 맛'이라고 정의하고자 한다. 검도실천자의 '기감의 맛'이란 먼저 검도경기에서 상대의 움직임 속에 발생한 '기감'에 따라 나의 공격이 정확하게 일어날 때 느낀다. 예컨대 상대방의 격자 부위에 정확하게 들어간 가격은 자신에게 감성적인 만족감을 준다. 그러나 많은 부분 진정한 그 기감의 맛은 사후 느낌일 가능성이 높다. '기감의 맛'은 검도수행자 자신뿐만 아니라, 관전자에게서도 느껴진다. 예컨대 검도수행자 자신의 움직임이 기·검·체의 일치가 이루어지는 상황은 관전자에게도 완벽한 미적 체험으로 드러나게 된다. 이때 검도관전자는 검도기술과 관련된 '기감의 맛'을 느낀다고 할 수 있다.

'기감의 맛'은 검도실천자가 가진 미적 체험이라 할 수 있는, 즉 "정중동, 무아지경, 무한대로의 추구, 신체와 자아표현, 한계의 극복, 신체의 초월"[56] 등에서 느끼는 감정과 다르지 않다. 물론 '기감의 맛'이 단지 검도기술에만 적용되는 것은 아니다. 앞에서 언급한 공간미, 존재미, 시간미에서도 느낄 수 있다. 일반적으로 보면 기술미에서 느껴지는 '기감의 맛'이 크다고 하겠지만, 저자가 보기에는 진정한 검도실천자의 미적 체험은 존재미에서 느껴지는 '기감의 맛'이 가장 크다고 생각한다.

---

56 박동철(1996: 42).

이는 검도수행자마다 '기감의 맛'이 다를 수 있음을 보여준다.

맛은 서구와 동양에서 각각 다르게 설명한다. 먼저 서구에서 맛을 표현하는 영어인 taste는 '만져보거나 시험해서 검사한다'의 뜻을 가진 중세영어 tasten에 기인한다. 좀 더 올라가면 날카롭게 접촉한다의 taxare이다. 즉 서구의 '맛'은 시험 또는 평가를 의미한다.57 이는 곧 맛의 영어단어 taste, 독일어 geschmack, 불어 goût 등이 오늘날 미학상 미적 대상을 느끼고, 그 가치를 판정하는 능력에 관한 의미로 확장된다."58 또한 미학과 관련하여 감흥을 일으키는 상태와 미적인 것을 판단하는 능력을 칸트(Kant)는 취미(趣味, Geschmaclk)로 설명한다.

그러나 검도는 동양무도이기 때문에 서양의 미학적인 관점보다는 동양의 아름다움(美)의 의미로부터 파악되어야 한다. 『설문해자(說文解字)』에 따르면 아름답다를 "미(美)는 맛있다는 뜻이다"라고 설명한다. 즉 미(美)는 입에 맞아 '달다(甘)'라는 의미를 가진다. 또한 먹는 것은 하나가 아니지만, "아름다운 도(道)를 맛본다고 하였다."59 따라서 동양의 아름다움(美)은 보는 것을 넘어, 실제로 맛을 느끼는 측면이 강하다. 맛과 멋은 발생적으로 유사한 연관성을 갖지만, 현대에 와서 감각적인 뜻인 맛과 외형적인 뜻의 멋은 구분되고 후자를 더 강조한다.60 멋과 맛은 언어적 발생에 있어 유사한 연관성이 있다고 할지라도, 우리는 그 용어를 검도미학에 적용할 때는 구분해서 이해해야 한다. 맛은 주관적인 측면이 강조되는 반면에, 멋은 대상을 보는 객관적인 인식의 측면이 두드러지게 된다. 전자는 주관적인 미적 체험의 측면에서 미(美)를 설

---

57 백영미 역(2004: 191).
58 백기수(1996: 180).
59 所謂味道之腴也(염정삼 역, 2007: 196).
60 백기수(1996: 181).

명할 수 있으며, 후자는 미적인 대상의 측면에서 여러 가지 미적 의미의 설명에 적절한 용어이다. 맛은 실천자의 입장을 설명하는 측면인 반면에 멋은 미적 가치를 가진 미적 대상을 보는 관전자의 입장을 설명하는 데 유용한 용어라 생각한다.

우리는 알게 모르게 서양의 미학적인 입장과 같이 아름다움을 맛보기보다는 멋에 가중치를 두는 것에 익숙하다. 그러나 동양무도에서는 외형적인 멋도 중요하지만, 무도가 주는 맛을 보는 것이 더 중요하다. 검도실천자의 입장에 적용해 본다면, 공간미, 존재미, 기술미, 시간미의 미적 체험을 자신의 몸을 통해 맛을 느껴야 한다. 여기에서 느끼는 검도실천자의 맛은 검도관전자나 검도심판자에게 완전한 멋으로 표출되는 미적 대상으로 작동한다.

지금까지 검도실천자가 가진 미적 체험을 도식화해 보면 다음의 〈그림 2〉와 같다.

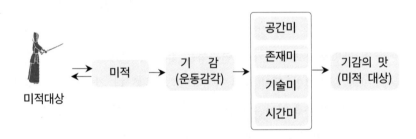

그림 2 검도실천자의 미적 체험의 구조

5. 검도실천자와 '검도 기감(氣感)의 맛'

검도실천자 미학은 검도본질을 이해하는 하나의 방법이다. 검도미학에서 미적 체험은 시각적인 검도관전자의 입장과 자신의 검도체험을 바탕으로 하는 검도실천자의 입장 그리고 이 둘의 요소를 갖는 심판자의 입장 이렇게 크게 세 가지로 나누어진다. 그 중에서 가장 중요한 것은 검도실천자의 미적 체험이다. 검도실천자의 미적 체험은 검도가 갖는 아름다움의 맛을 느낌으로서 평생검도를 지속 가능하게 하는 원동력으로 작동한다.

검도실천자의 미적 체험을 다음과 같이 요약하면서 이 장을 마치고자 한다.

첫째, 검도실천자의 미학적 이해의 기초는 아름다움을 판단할 수 있는 능력을 가진 '미적' 개념이다. 미적 개념 형성의 출발은 몸 자체의 운동감각에서 시작한다. 우리가 몸을 움직일 때 몸에서 느끼는 운동감각은 자극을 받아들이는 수동적 역할 이외에도 자신의 의도나 생각이 포함된 능동적인 역할도 한다. 이러한 운동감각의 힘은 동양적인 개념인 감(感)으로 설명이 가능하다. 감(感)은 실제 검도경기에서 상대방과 처음 칼을 마주할 때 단순히 그 상황 속에서 표출된 자신의 생각을 넘어 상대가 가진 능력과 힘까지 파악한다. 검도에서 상대방의 몸과 마음이 합일되어 나오는 힘을 기(氣)로 파악할 수 있는 것이라면, 경기에서 상대 움직임에 대한 검도실천자의 운동감각은 '검도 기감(氣感)'으로 설명이 가능하다.

둘째, 검도실천자에게 일어나는 미적 체험은 주어진 운동 상황에 따라 다른 미적 구성요소를 갖는다. 예컨대 검도경기, 검도의 본(本) 또는 본국검법, 조선세법, 홀로 수행하는 과정 등 객관적인 운동상황에 따라 검도실천자가 느끼는 체험은 다르게 전개된다. 그러나 검도수행의 객관적인 상황과 관계없이 검도실천자는 각자가 수행하는 영역에서 공간미, 존재미, 기술미, 시간미로 세분화하여 미적 체험을 경험한다. 여기에서 주관적인 검도실천자의 미적 체험 요소는 한마디로 '검도의 맛'으로 표현이 가능하다.

셋째, 검도실천자의 미적 체험 중에서 가장 큰 부분은 기·검·체 일치가 이루어진 기술미의 '맛'을 느끼는 것이다. 그러나 검도실천자의 미적 체험은 검도기술에만 적용되는 것은 아니다. 각각 검도를 배우는 도장과 검도의 기량을 발휘하는 경기장에서 느낀 공간미, 검도에서 자신이 살아있음을 느끼는 존재미 그리고 검도수행의 과정에서 느끼는 시간미의 맛을 경험해야 한다. 이외에도 검도실천자는 다양한 미적 체험을 맛본다. 한 마디로 검도실천자는 '검도 기감의 맛'을 본다고 할 수 있다. 비록 검도수행자 각자가 느끼는 '검도 기감의 맛'은 다를지라도, 우리는 그 맛이 무엇인지 스스로 경험해서 다른 사람들에게 설명할 수 있어야 한다. 그것을 통해 검도실천자는 자신의 검도에서 아름다움을 넘어, 즐거움이나 행복을 갖게 된다. 이 모든 검도실천자의 '검도 기감의 맛'은 평생검도로 이어진다.

Chapter

11

검도관전자의 미적 체험

1. 검도관전자와 열광

검도관전자는 검도경기에서 나온 한 판을 볼 때 멋있다고 한다. 왜 멋있어 보이고 기회가 되면 한번 배워보고 싶다는 생각이 드는가? 이러한 생각을 갖게 되는 이유는 무엇인가? 왜 검도에 열광하고 매혹을 느끼는가? 이러한 이유를 알면 우리는 검도를 훨씬 재미있고 황홀하게 체험할 수 있다. 기·검·체 일치의 한 판 공격이 관전자에게 미적 감동을 불러일으킬 때 관전자는 그 공격이 아름답다고 말한다. 그 이유는 검도실천자의 미적 체험의 요소가 관전자로 하여금 미적 체험을 불러일으키는 근거로 작동하기 때문이다. 검도승단 심사를 본다고 하자. 승단심사는 상대와 이기고 지는 문제를 넘어, 자신의 검도기술이 심사자가 합격을 줄 수밖에 없는 완벽한 한 판을 보여줌으로써 심사자로 하여금 감동을 불러 일으켜야 한다. 마찬가지로 승단 심사자나 관전자는 검도실천자의 움직임에서 자신에게 감동을 주는 미적 요소를 찾았기 때문에 감동한다. 개인적인 경험이지만, 8단 승단시험에서 완벽한 한 판의 머리를 본 적이 있다. 한 판의 머리 공격이 이루어지는 순간에 저 자뿐만 아니라, 그 곳에서 같이 보고 있는 관전자들에게서 동시에 '와' 하는 감탄의 소리를 들었다. 여기에서 검도관전자는 검도실천자의 움직임에서 아름다운 한 판의 머리 공격을 보았다고 말할 수 있다. 나중에 알았지만 그 분이 8단으로 승단했다는 소식을 들었다.

검도관전자의 미학은 검도관전자의 입장에서 검도의 미적 대상은 무엇이고, 검도관전자에게 영향을 주는 미적 요소가 무엇인가의 질문에 답하는 내용으로 구성된다. 예컨대 관전자가 검도경기에서 멋있고, 매혹적이라고 생각한다면, 그 근거는 무엇인가? 어떠한 검도실천자의 행위가 검도관전자에게 아름답다고 하는 생각을 갖게 만들었는가? 관전자의 미적 체험은 구체적으로 시각이나 감각에서 어떻게 일어나는지에 대한 질문을 던지고 답을 찾아야 한다.

기존 스포츠미학 이론은 미적 체험의 본질과 개념,[1] 미적 체험을 감각적 측면과 시각적 측면,[2] 미학의 현상학적 관점,[3] 동양적 미학의 특성[4]으로 설명한다. 특정 운동과 관련해서는 태권도 미학[5]과 현상학적 기술의 방법으로 검도미학의 연구가 있다.[6] 그러나 구체적으로 실천자

---

1 Budd(2008), Kupter(2001), Wright(2003).
2 조쟁구(2003).
3 장정윤(2004).
4 권오륜(2000), 장성수(2003), 임일혁(2003).
5 임일혁(2005).
6 박동철(1996).

와 관전자의 입장을 나누어 설명하지는 못했다. 관전자의 입장에서 연구한 것도 검도가 아닌 다른 종목에 관한 것이다. 예컨대 태권도 경기에서 관중의 미적체험 연구,[7] 프로농구에서 관전자의 입장의 연구,[8] 시각적 측면에서 관전자의 미적 체험 기술[9]이 있다. 여기에 주관적 입장에서 다룬 스포츠 미학[10] 등이 있다.

관전자의 미학연구는 많은 부분 스포츠현상에서 보여주는 탁월한 기술과 관련된다. 그러나 탁월한 기술 발휘의 미적 체험은 경기 움직임에서 폼이나 기술발휘와 같이 특별한 행위가 관전자 자신의 '전체 그림' 안에서 파악되고 체험된다.[11] 자신의 탁월한 기술 이해의 정도에 비례하여 미적 체험의 강도는 높을 수밖에 없다. 검도를 보고 열광과 재미를 느끼는 것이 클수록 검도에 대한 이해와 사랑이 깊어진다면, 이와 관련된 검도관전자의 미학연구는 필요하다. 이 장에서는 먼저 스포츠관전자의 미학을 이해하기 위한 이론적 근거를 논하고, 이를 바탕으로 저자는 검도관전자의 미적 체험이 어떠한 구조에서 발생하는지를 논하고자 한다.

---

7 임일혁, 김지혁(2008).
8 류상호(2008).
9 김인희(1996).
10 장성수, 신현군, 이정학(2008)
11 Fisher(1972: 318-319).

2. 스포츠관전자의 미학적 이해

스포츠관전자는 스포츠에서 보여주는 움직임(performance)을 현존 (presence)[12]의 관점에서 포착된 일종의 몸 동작을 하나의 퍼포먼스로 관전한다.[13] 모든 몸 움직임이 관전자에게 미적 가치의 대상이 되지는 않는다. 실천자의 몸의 움직임이 관전자에게 미적 가치를 갖기 위해서 는 그 움직임의 행위가 관전자에게 아름다움의 행위로 다가올 때 가능 하다. 예컨대 스포츠에서의 행위가 자신에게 주어진 경쟁(argon)의 한 계를 극복하거나, 경기에서 혼신의 힘을 발휘하는 탁월성(aretē)을 관전 자에게 전달할 때 관전자로 하여금 미적 대상이 된다. 또한 경기의 예 측 불확실성의 상황에서 보여준 선수의 땀과 노력은 관전자에게 하나 의 흥분과 기쁨을 주는 것은 당연하다. 경쟁을 전제로 한 스포츠행위에 서 발휘된 기술은 어떤 형태라도 관전자에게 매력을 갖기 마련이다.

검도관전자의 미학을 검도기술에 축소시켜 본다면, 검도의 기·검 ·체 일치에서 나오는 한 판의 검도기술이 관전자로 하여금 미적 즐거 움과 가치를 불러일으킨다고 말할 수 있다. 완벽한 한 판의 미적 즐거 움과 가치를 파악하기 위해서는 검도관전자의 미적 태도에 대한 이해 가 필수적이다. 검도관전자 자신의 한 판에 대한 이해의 정도에 따라 미적 체험의 크기가 다르기 때문이다. 따라서 관전자가 미적 대상과의 관계에서 상대를 어떻게 바라보아야 하는지 설명하는 것은 검도관전자 의 미학에서 대단히 중요한 문제이다.

---

12 퍼포먼스의 관점에서 본 현존의 의미는 스포츠의 행위가 관전자에게 공간과 시 간 속에서 하나의 사건(event)이 드러나고, 그 상황에서 관전자는 그것에 다양한 감정을 갖는 것이다. 굼브레히트(Gumbrecht)는 그것을 "손에 닿을 수 있는 것, 우리가 접촉할 수 있고, 감각으로 직접 지각할 수 있는 것이다"(한창호 역, 2008: 73)라고 하였다.

13 한창호 역(2008: 100).

1) 미적 무관심성(aesthetic disinterestedness)[14]

관전자의 미적 체험에서 가장 중요한 것은 관전자가 대상을 어떠한 태도로 바라보느냐 이다. 보이는 대상은 그대로이지만, 보는 관점에 따라 그 대상의 의미는 다르게 다가오기 때문이다. 미학적인 관점에서 아름다움을 볼 수 있는 태도는 무관심성의 태도이다. 무관심성이란 일반적인 의미로 대상의 존재에 관심이 없다는 것이 아니라, 그 대상에 대해 주관적인 관심을 배제하는 것이다. 관전자의 입장에서 대상을 판단할 때 자신의 선입관이 개입되면 대상이 주는 아름다움을 완전하게 느끼지 못한다.

칸트(Kant)에 따르면 미적 무관심성은 미적 대상에 관전자의 개인적인 선입감의 배제, 즉 자기 이해가 개입되지 않는 이상적인 태도를 말한다.[15] 그는 우리에게 단순히 아름답다거나 그렇지 않다고 느끼는 것은 우리의 무관심성을 전제로 자신의 감정에서 촉발되어 스스로 '쾌감'이나 '불쾌감'을 느끼게 한다.[16] 미적 무관심성[17]이 중요한 이유는

---

14 개인적으로 무관심성, 즉 disinterestedness의 번역을 '사심 없음' 이라고 해석하는 것이 스포츠미학의 이해에 도움이 된다고 생각한다. 무관심성이 관심이 없다고 오해하기 쉽기 때문에 개인적인 관심을 배제하고 선입감을 두지 않는 미적 판단이라면 '사심 없음'이 실천자와 관전자 그리고 심판자의 미적 체험을 이해하고 설명하는 데 적절한 용어라 생각한다. 다만 개념의 혼란과 논리적 타당성을 획득하기 전까지는 무관심성이라고 표현한다. 그러나 저자는 검도와 관련해서는 '사심 없음'으로 번역하고자 한다.

15 오병남 재인용(2003: 39).

16 칸트(Kant)는 취미(Geschmack, 趣味)를 "아름다운 것을 감상하고 이해하는 힘"으로 설명한다(백종현 역주, 2009: 191-192).

17 미적 무관심과 유사한 의미로 미적 관조(contemplation)의 개념이 있다. 미적 관조는 "자아가 실생활의 모든 관심이나 의욕을 초월하여 순수하게 대상에 귀의하고 몰입한다"(김문환, 1989: 130)는 의미한다.

대상에 대해 자신의 이해관계를 초월해야만 관전자로 하여금 완전한 미적 만족을 가능케 하기 때문이다. 최고의 미적 만족은 대상에 의식적인 생각이 개입되지 않는 상황에서 즉각적으로 아름다움을 느끼는 것이다. 예를 들어 검도경기를 볼 때 의식적으로 우리의 팀이 승리해야 한다는 전제를 두고 관전하고 응원한다면, 자신의 팀이 승리하는 경우는 미적 감동은 크겠지만, 상대방의 멋지고 아름다운 행위에 대한 미적 감동은 상대적으로 작을 수밖에 없다. 자신이 관계된 아는 개인이나 팀의 승리를 원하는 입장에서 검도경기를 관전하는 것은 검도움직임이 가져다 주는 미적 아름다움의 일부분만 느끼게 한다. 검도경기에 대해 아무런 전제를 하지 않고, 즉 사심 없음을 가지고 볼 때 검도경기에서 일어나는 경쟁과 반전 그리고 승리에 대한 카타르시스 등은 검도관전자에게 더 많은 미적 감동을 불러일으킨다.

사심 없음의 태도는 검도관전자 이외에도 검도심판에게도 적용된다. 검도심판의 가장 중요한 태도는 개인의 사심이 들어가지 않는 공평무사(公平無私)이다. 심판자는 검도실천자가 보여주는 경기진행에 사심 없이 선수들의 공격 성공에 즉각적으로 반응하여 정확한 판정을 내려야 한다. 검도관전자는 거기에서 아름다운 심판자의 행위를 엿볼 수 있다. 물론 저자는 미적 무관심성만이 관전자의 미적 체험의 모든 것은 아니며, 관전자의 의도를 배제하는 것만이 타당한 것이라 생각하지는 않는다. 사실 검도관전자의 무관심성에도 검도경기에 대한 일정 정도 자신의 의식적 지향이 존재한다는 사실을 부인할 수 없다. 관전자가 미적 대상을 인식하는 태도에서 미적 무관심은 이론적 측면에서 타당하다고 생각하지만, 이러한 태도를 지속하기란 쉽지 않다. 자신의 팀 승리를 원하는 그 자체를 배제하기는 힘들기 때문이다. 그럼에도 불구하고 검도관전자는 자신의 개인적 관점을 배제하려는 노력을 해야 한다. 완벽한 미적 체험은 무관심성에서 나오기 때문이다.

2) 미적 대상의 의미와 미적 가치

미학적인 관점에서 본다면 스포츠행위가 일어나는 현장과 대상을 바라볼 때 우리는 그것을 객관적으로 보인 대상이기보다는 하나의 미적 대상으로 파악한다. 관전자의 미적 대상의 파악은 대상의 미적 가치의 표출에 관전자가 느끼는 미적 체험이 덧붙여져서 비로소 하나의 미적 대상이 된다. 즉 관전자에게 "미적 대상은 근본적으로 지향적 대상"[18]으로 나타나며, 그 움직임에 자신만의 관점을 투영하여 판단한다. 단순히 주어진 내용을 있는 그대로 판단하지 않는다. 왜냐하면 그 판단에는 주어진 환경과 문화의 영향을 배제할 수 없기 때문이다.

관전자의 눈에 들어오는 세부적인 미적 대상은 경기 종목과 장소에 따라 다르다. 예컨대 특정 공간에서 스포츠실천자가 보여 주는 경기력, 복장, 경기 도구의 사용여부, 경기장의 분위기 등에 따라 관전자의 미적 체험은 다를 수밖에 없다. 이러한 다양한 미적 대상은 미적 소재로 설명이 가능하다.[19] 덧붙여 경기가 일어나는 공간적 환경과 스포츠실천자의 움직임 등도 미적 소재로 설명이 가능하다. 더 나아가 스포츠의 미적 소재는 몸의 움직임과 관련된 한정적 요소(근력, 스피드, 파워, 정확성, 전략)와 무한적 요소(통일성, 하모니, 리듬, 우아, 역동성, 스타일) 등도 포함한다.[20] 또한 고정된 환경에서 진행되는 폐쇄종목이나 개방종목

---

18 장호연 역(2000: 219).
19 김창룡, 이광자 역(1999: 173).

에 따른 미적 소재는 다르고, 거기에서 나오는 미적 체험 또한 다를 수밖에 없다. 이러한 미적 소재들이 미적 대상이 되는 이유는 스포츠에서 탁월함을 완성하려는 선수들의 노력과 경쟁이라는 요소가 결합되어 관전자에게 미적 판단을 유발시키기 때문이다.

인간의 행위는 관전자에게 미적 감정을 유도하고, 거기에서 나오는 미적 가치는 관전자에게 영향을 미치기 때문에 우리는 스포츠에 열광한다. 스포츠의 행위가 관전자에게 미적 감정을 불러일으키는 현상과 관련해서 굼브레히트(Gumbrecht)는 다음과 같이 설명한다. 그는 스포츠가 주는 매혹의 요소를 "조각한 듯 한 신체, 죽음에 직면한 고통의 체험, 신체의 잠재력을 발휘하는 도구, 형식의 구현, 몰입으로서의 플레이, 적절한 타이밍"으로 설명한다.[21] 그는 스포츠의 움직임 그 자체가 관전자로 하여금 미적 체험을 가능케 하는 잠재성을 원래 갖고 있음을 주장한다.

요약하면 우리가 미적 대상에서 느끼는 미적 가치의 내용은 스포츠 그 자체가 보여주는 경쟁, 몸의 움직임, 주어진 환경, 문화, 종목에 따라 다를 수밖에 없다. 그러나 관전자의 미적 가치로서 가장 중요한 요소는 자신의 미적 대상을 바라보는 시각, 태도, 몸의 조건에 따라 크게 좌우된다. 검도도 마찬가지다. 다만 검도의 미적대상은 생사의 문제가 개입됨으로 해서 다른 종목과 다른 미적 가치를 갖는다. 그리고 검도관전자의 미적 체험은 검도의 주관적인 체험의 경향이 강하기 때문에 어느 정도 검도수행이 뒷받침되어야 한다.

---

20 김인회(1996: 21).
21 한창호 역(2008: 166-167).

3. 검도관전자의 주관적 미적 체험과 구성요소

스포츠관전자의 주관적인 미적 체험은 미적 직관(aesthetic intuition)과 미적 감정(aesthetic affection)[22]으로 설명이 가능하다.[23] 검도경기는 관전자에게 하나의 지향적 대상이다. 홀로 거울을 보고 검도 수행하는 것 또한 검도관전자로서 지향하는 하나의 대상이다. 의식의 지향은 우리의 의식이 대상에 참여하여 관전자로 하여금 무엇을 생각하게 한다. 여기에 관전자의 미적 태도가 개입된다. 미적 태도는 미적 내용을 지각할 수 있는 개인의 능력을 말한다. 이는 우리가 선천적으로 또는 훈련의 결과로 아름다움을 느낄 수 있는 특정한 개인의 능력이 개입되어 형성된 미적 체험이다.[24]

이러한 미적 태도에 따른 미적 체험은 검도관전자에게도 적용된다. 검도관전자의 주관적인 미적 체험은 미적 대상의 움직임이 보여주는 가치와 자신의 미적 파악의 능력인 미적 태도의 결합으로 이루어진다. 이를 근거로 검도관전자는 미적 직관과 미적 감정을 형성한다. 미적 직관과 미적 감정은 우리가 보는 검도경기에만 한정되지 않는다. 검도수행의 전반적인 태도에서도 나타난다.

---

22 백기수(1985: 76)는 미적 감동을 aesthetic affection이라고 번역하였지만, affection의 개념은 감정(emotion), 느낌(feeling)을 포함하는 의미를 가진다. affection은 정동(情動)이라고 설명하기도 한다. 이 글에서는 감정으로 번역하고자 한다. emotion은 심리학에서는 정서로, 윤리학에서는 감정으로 번역하고 있다. 인간이 갖는 감정의 다양한 의미에 대해서는 최현석(2011)을 참조.

23 樋口 聰은 스포츠 관전자의 미적 체험을 미적 직관과 미적 공감의 두 작용으로 설명하고 있다. 특히 구체적으로 시간적 흐름에 따라 직관(intuition), 감동(feeling), 관조(contemplation), 공감(sympathy)의 과정이 형성된다고 하였다 (樋口 聰, 1987: 83, 99).

24 장호연 역(2000: 244).

구체적으로 미적 직관은 의식의 정적인 측면에서 일어나고, 미적 감정은 의식의 동적인 측면을 강조한다. 그러나 엄밀하게 본다면, 우리의 의식작용에서 관전자가 느끼는 미적 체험에는 미적 직관과 미적 감정이 동시에 일어나는 것으로 보아야 한다. 그 이유는 의식의 생성과정을 능동과 수동의 과정으로 분리할 수 없기 때문이다. 이렇게 미적 직관과 미적 감정으로 구분한 것은 주관적인 미적 체험을 좀 더 잘 이해하기 위한 인위적인 분석이다. 따라서 관전자의 완전한 미적 체험의 이해를 위해서는 먼저 스포츠현상에서 우리가 무엇을 직관하고 있는지, 감정이 불러일으키는 미적 요소가 무엇인지를 파악해야 한다.

1) 직관미

미학적인 의미에서 직관은 "미적 대상의 전모와 본질을 개념의 매개 없이 직접적으로 파악하는 관조 내지 인식의 작용을 의미한다."[25] 직관은 이성이나 추론으로 지식을 획득하기보다는 우리가 대상 전체를 직접적으로 파악하는 데 얻게 된다. 검도직관미란 어떤 다른 개인의 주관적 의식이나 편견이 개입되지 않는 상황에서 대상을 있는 그대로 보는 것이다. 검도직관미는 현상직관과 본질직관으로 구분된다. 현상직관은 대상의 움직임을 있는 그대로 파악한다. 본질직관은 현상직관에서 의미 있는 것을 바로 알아차리는 것이다. 본질은 주어진 현상에서 그것이 없으면 성립되지 않는 것을 하며, 검도관전자의 본질직관은 다양한 검도움직임에 따른 현상직관을 전제로 일어난다.

검도경기에서 현상직관과 본질직관이 어떻게 발생하는지 살펴보

25 백기수(1985: 70).

자. 검도관전자가 검도경기 진행의 내용을 잘 모를 때, 즉 어떠한 공격이 한 판으로 인정되며, 어떻게 승패가 결정되는지 모르는 상황에서는 검도본질의 내용을 직접적으로 파악하기 힘들다. 검도에서 일어나는 현상직관을 위해서는 검도에 대해 일정 정도 사전 지식을 전제로 한다. 주어진 검도현상의 이해가 깊을수록 검도의 본질직관은 더 커진다. 예컨대 검도실천자의 움직임과 유효격자에 대한 검도실천자의 이해 정도와 깊이에 따라 검도의 본질직관 내용이 달라진다. 검도경기에서 한 판의 상황은 짧은 시간에 일어난다. 그렇기 때문에 초보관객들은 검도경기에서 보여준 공격의 성공과 실패 여부를 파악하기 힘들다. 거기에 미적 본질을 파악하기란 쉽지 않다. 결국 직관미라는 것도 관전자의 경기현상에 대한 개인의 축적된 이해에 의해 크게 좌우될 수밖에 없다. 따라서 관전자의 검리(劍理)에 맞는 죽도 움직임과 기·검·체 일치 이해력의 정도가 높을수록 미적 본질의 이해 정도도 비례한다.

검도수행자의 움직임도 마찬가지다. 예컨대 초보자는 고단자의 검도 중단세(中段勢)에서 보인 정적인 움직임의 의미를 바로 파악하기 어렵다. 반면에 어느 정도 검도를 수행한 사람은 정적인 움직임이 주는 이미지와 거기에서 나오는 힘의 크기를 파악할 수 있다. 검도승단 시험에서 심사자는 일차적으로 연격과 짧은 시간의 상호 경기만으로 그 사람의 검도의 자세나 검도실력을 평가한다. 심사자가 짧은 시간에 연격만으로 검도수행자의 검리(劍理)에 대한 평가가 가능한지에 대한 의문을 가질 수도 있지만, 심사자는 충분히 검도수행자의 검도수행의 노력, 실력, 능력의 파악이 가능하다. 오랜 검도를 수행한 심사자는 검도수행자의 연격에서 그의 검도자세와 능력을 판단할 수 있는 직관미가 있기 때문이다. '아는 만큼 보인다'는 말은 관전자의 직관미를 이해하는 데 적절한 용어이다. 검도심사자는 검도승단의 시험자가 보여주는 검도기술의 능력과 움직임을 보며, 충분히 그 단에 맞는 아름다운 검리를 보여준다고 직관적 판단을 한다. 검도승단의 합격은 검도심사자의 축적된 경험에서 예상된 내용과 검도승단 시험자의 움직임이 일치할 때 나타난다.

또 다른 관점에서 직관미는 감각적 직관미와 지적 직관미로 구별된다. 감각적 직관미는 직접 외적 대상에 대한 직접적인 지각에 의한 지각적 직관과 자신의 상상이 더해져 새롭게 드러내는 상상 직관미로 구분된다. 지적 직관미란 대상의 내용 파악을 이성적인 판단에 근거하여 이루어지는 것을 말한다.26 그리고 상상의 직관미란 지적 직관미에 인간 의식의 특징이라 할 수 있는 상상력이 추가되어 나타나는 것이다. 예컨대 감각적 직관은 검도가 추구하는 기·검·체 일치에 따른 한 판의 기술을 보았을 때 검도관전자가 바로 갖는 느낌이다. 여기에 완벽한 한 판을 위해 얼마나 노력했는지의 내적 상상의 과정이 결합하여 형용할 수 없는 아름다움을 느끼는 것이 상상의 직관이다. 이러한 직관미는 심판과 관전자의 직관미와도 연결된다.

저자가 생각하기에는 검도관전자의 직관미에서 우리는 검도경기에서 보여준 화려한 기술미의 아름다움에만 머물러서는 안 된다. 검도경기에서 보여주는 검도기술이나 움직임과 관련된 아름다움의 내용 파악도 중요하지만, 이러한 검도직관미를 자신의 검도수행에도 적용해야 한다. 검도수행자는 자신의 검도수행에서 검도직관미가 주는 생생한 이미지를 경험하고 그 의미를 획득할 수 있기 때문이다. 예컨대 검도수행에서 생(生)과 사(死)를 결정하는 생명력의 아름다움을 검도수행에

---

26 김문환(1989: 121).

서 직접 경험해야 한다. 진지하게 죽도 검도라고 하더라도, 그 속에는 삶과 죽음의 문제를 투영할 수 있기 때문이다. 이러한 경험은 검도본질을 느끼는 것과 다르지 않다. 검도실천자의 입장에서 자신의 검도기술에 흐르는 인간 본연의 살아있는 생명력의 체험은 대단히 중요하다. 비록 검도가 지향하는 생명력의 존재를 언어로 설명하기는 어렵지만, 검도호구를 착용하고 검도대련을 통해서 검도수행자는 자기 자신이 살아 있음을 느껴야 한다. 이를 통해 검도수행자는 검도가 주는 아름다움을 스스로 느낄 수 있다. 저자의 개인적인 생각일지 모르지만, 이러한 검도가 주는 생명력의 경험은 저자에게 평생검도를 가능케 하는 요인으로 작동하고 있다.

2) 감정미

미적 감정은 미적 직관을 통해 아름다움을 인지할 뿐만 아니라, 그 미적 대상에 대한 느낌(feeling)을 가진다. 이러한 미적 감정은 단순히 좋다 또는 나쁘다는 느낌이 아니다. 미적 감정은 인간의 정신적 활동에 따라 일어나는 긴장감과 생의 충실감을 맛보며, 우리의 마음이 순화되는 느낌의 과정에서 일어난다.[27]

뇌 인지과학자인 다마지오(Damasio)는 인간이 가진 의식의 변화 과정을 감정(emotion), 느낌(feeling), 정서(affection)[28]로 설명하면서 감

---

27 백기수(1985: 76).
28 정서(affection)는 감정(emotion)과 느낌(feeling) 등 다양한 인간이 느끼는 일련의 내용을 포함한다(Colombett, 2014). 이러한 개념의 정의는 국립국어원 표준국어사전의 내용과 완벽하게 일치하지는 않지만, 유사하다. 정서는 "사람의 마음에서 일어나는 여러 가지 감정, 또는 감정을 불러일으키는 기분이나 분위기이며, 느낌은 "몸의 감각이나 마음으로 깨달아 아는 기운이나 감정"을 말한다. 감정은

정과 느낌은 정서로 통합된다고 하였다. 감정은 대상을 볼 때 우리가 느끼는 몸의 상태를 반영한다. 여기에는 놀람, 화, 성남, 분노, 침착 등 자신의 몸에서 다양한 형태로 일어난다. 느낌이란 이러한 감정의 변화를 자신이 경험하는 것으로 설명한다. 즉 느낌은 대상을 볼 때 시간적인 인과의 흐름 속에서 자신의 심리적 내용으로 드러나는 것을 의미한다. 이러한 감정과 느낌은 인간의 의사결정이나 행동에 직간접적으로 영향을 미친다. 정서는 감정과 느낌을 전체적으로 포함하는 정신작용을 의미한다.[29] 물론 이러한 의식의 변화 과정에서 검도관전자가 느끼는 마음의 변화는 주어진 운동경기의 양상이나 환경에 따라 다를 수밖에 없다.

검도관전자가 검도경기에서 검도실천자의 움직임을 볼 때 미적 감정이 어떻게 발생하고, 경험하는지를 설명해 보자.

첫째, 외부 감각의 자극에 대해 감정[30]에서 미적 감정을 느낀다. 여기에서 감정은 인간의 감각이 통합된, 즉 오감(五感)으로 외부대상을 파악하고 느끼는 상황에서 나타난다. 예컨대 검도경기를 시작하기 위해 검도의 장비를 갖추고 있는 실천자를 보거나, 상대 선수의 움직임과 기술발휘, 주위 관객의 함성소리, 선수의 땀 냄새 등 외부적인 상황이 관전자로 하여금 특정한 미적 감정을 만들어 낸다. 그리고 외부 감각에 의한 형성된 감정의 요소는 검도관전자의 심리적 거리[31]에서도 나타난

"어떤 현상이나 일에 대하여 일어나는 마음이나 느끼는 기분"이다.

29 김 린 역(2017: 215).

30 사실 학문적으로 우리는 미학에서 보인 감정(emtion), 느낌(feeling), 정서(affection)의 각각의 단어가 갖는 의미를 면밀하게 검토해야 한다. 본 연구에서는 감정, 느낌, 정서를 포함한다는 의미로 감정으로 기술하였다.

31 Bullough에 의하면 "거리란 실용적으로 현실적인 자아를 가진 상태로부터 거리감을 형성시킴으로써 다시 말하면 개인의 개별적 욕구나 목적을 초월하는 태도

다. 심리적 거리는 상대의 움직임에서 떨어져 자신이 생각하고 판단하기 위한 절대적 거리이기보다는 자신의 검도이해에 따른 공간적 거리이다. 또한 심리적 거리는 검도와 관련된 이야기나 토론의 참여 정도에 따라 다르게 나타난다. 마지막으로 검도에 직간접 참여 여부에 따라 미적 체험의 정도는 달라진다. 예건대 직접 경기장에서 참여해서 보느냐 아니면 간접적인 미디어를 통해서 보느냐에 따라 미적 감정은 다를 수밖에 없다. 세계 검도대회를 미디어로 보는 것과 직접 참여하여 본 것은 다르다. 저자의 선생님이 감독으로 참여하여 한국이 우승한 2006년 대만 세계대회에 직접 참가한 경험은 아직도 생생한 느낌으로 남아있다. 그때 같이 참여한 첫째 아들의 경험은 한국 우승에 따른 재미와 감동을 넘어, 오늘날까지 검도를 지속하는 원동력으로 작동하고 있다는 말을 들었다. 따라서 검도경기를 TV, 유튜브, 실제 경기장을 통해 느끼는 미적 감정, 즉 감정미는 각각 다를 수밖에 없다.

둘째, 내면적 감각에 의해서도 미적 감정을 느낀다. 인간의 감각 파악은 자신이 검도와 관련해 습득한 내용 정도에 따라 그 느낌의 강도가 다르다. 실제로 오랜 기간 검도를 수행한 관전자, 짧은 기간 수행한 사람, 전혀 검도를 알지 못하는 각각의 사람이 검도에 대해 갖는 감정미는 차이가 날 수밖에 없다. 이는 검도수행의 과정을 통해 발달된 검도에 대해 가지고 있는 내면적 감각이 감정미 형성에 큰 영향력을 발휘하기 때문이다. 이처럼 내면적 감각에 의한 감정도 '아는 만큼 보인다'라는 개념과 비례한다.

셋째, 기분에 의한 감정이입에서 미적 감정을 느낀다. 기분은 인간의 감정을 형성하는 내외적 감각 이외에 인간의 의식에서 자발적으

에서 세상을 바라봄으로써 생겨나는 현상이다"(김창룡 재인용, 1996: 62).

로 드러난다. 그러나 자신이 알지 못하는 기분이라는 것에도 자신의 몸 조건과 환경이 상당한 영향을 미친다. 어떻게 보면 인간의 의식은 외부 감각과 내부감각이 구분되어 발생하는 것이 아니라, 동시에 일어난다. 외부 자극에 따라 나의 감각이 작동하지만, 나의 내적 감각이 외부에 대한 감각작용보다 우선 작동하는 경우도 존재한다. 따라서 우리가 무언가를 느낀다고 말할 때는 내외적 감각이 동시에 작동하는 것으로 파악해야 한다. 이들 간의 감각융합은 시간이 진행됨에 따라 스스로 자신만의 감정이나 기분을 만들어 낸다. 우리의 감정이 시시각각 변화하고 요동치게 되는 이유도 주어진 상황과 자신의 내외적 감정이 서로 만나 반응이 일어나기 때문이다. 그 속에서 인간은 쾌감 또는 불쾌감을 느끼며, 그것을 토대로 상대방에 자신의 감정을 이입한다. 검도관전자의 감정이입[32]은 검도경기에서 보인 검도실천자의 움직임과 그 결과에 대해 관전자의 감정들을 그대로 옮겨 놓거나 받아들임으로써 일어난다. 검도관전자는 자신도 모르게 자신의 감정을 검도실천자에 이입한다. 검도경기에서 검도실천자의 움직임에 따라 자신의 몸이 따라 움직이거나 승리 감정의 표출에 같이 공감하게 되는 이유가 거기에 있다.

검도경기에서 한 판은 짧은 시간에 일어나기 때문에 감정미를 지속적으로 느끼기는 어렵다. 짧은 순간에 일어나는 한 판의 공격에 아름

---

32 감정이입(empathy)은 "관전자(가) 그들의 표정이나 행위를 보는 것에 의해 표출된 실천자의 감정과 유사한 자기의 감정을 관조대상인 실천자의 표정이나 행위에 투사하여 그것을 실천자가 갖는 감정으로써 체험하는 것이다"(김창룡, 이광자 역, 1999: 87). 또한 김문환(1989: 131)에 따르면, 감정이입은 "관전대상의 감각적 현상에 표출된 내용을 직접 감정적으로 파악할 경우 우리들은 실상 그것과 유비적인 우리의 감정을 우리의 내부로부터 대상에 투사하고, 더구나 이것을 대상에 속하는 것으로 체험하는 것이다. 이것이 일종의 독특한 심적 활동을 감정이입이라고 한다." 감정이입은 내가 가진 감정을 실천자의 대상에게 이입함으로써 느끼는 체험이다. 이는 대상에 몰입하여 몰아(沒我)를 체험하는 과정과 동일하다.

다움을 느끼는 것은 에피파니(epiphany)[33]로 설명이 가능하다. 많은 경우 검도경기에서 얻게 된 감정미는 검도실천자의 행위에 대해 집중하여 몰입하는 순간에 일어난다. 그 이후에 형용할 수 없는 자신의 감정에 압도당하는 짧은 순간을 체험한다. 그것이 끝난 후 우리의 마음은 평정을 얻는다. 이는 카타르시스(catharsis)의 체험 과정과 다르지 않다.

4. 검도관전자의 미적 체험의 구조와 의미

대상의 움직임에 대한 인간의 감정적 표현은 대상이 보여준 이미지의 힘과 자신에게 축적된 의식 간의 결합에서 드러나게 된다. 검도관전자의 미적 체험도 마찬가지다. 검도관전자의 미적 체험의 내용은 검도실천자 움직임의 파악과 검도관전자에게 축적된 지식, 현재의 기분, 감정 등의 결합에서 나온다.

관전자의 미학은 미적 대상의 종류와는 다르게 외형적으로 자신이 대상을 파악하는 이해의 틀인 형식, 내용, 기능의 관점에서 미적 대상을 형성한다.[34] 검도관전자 또한 검도실천자의 검도움직임을 자신의 관점 없이 이해할 수 없기 때문이다. 검도실천자의 움직임에 따라 검도관전자 자신이 가지고 있는 형식미, 내용미, 기능미의 객관화된 구조를 통해 미적 체험이 이루어진다는 사실은 변함이 없다. 따라서 검도관전자의 미적 체험의 이해를 위해서는 형식미, 내용미, 기능미에서 미적

---

33 에피파니(epiphany: 진리의 순간적이고 귀중한 것의 만남을 통해 알게 되는 것)는 우리가 운동경기를 관전할 때 느끼는 환희의 원천이다. 이것은 우리의 미적 반응의 수준을 결정한다(한창호 역, 2008: 66).

34 강손근 역(2001: 72).

체험의 구조35가 어떻게 작동되는지를 알고 있어야 한다. 물론 검도관전자가 구성하는 형식미, 내용미, 기능미의 내용은 미적 대상의 상황이나 종류, 즉 검도 본(本), 조선세법, 검도경기 등에 따라 다양하게 형성된다. 그러나 각자 검도관전자의 미적 구조와 관련된 내용이 다를지라도 형식미, 내용미, 기능미를 관통하는 미적 체험의 근거를 이해하고 있어야 한다. 왜냐하면 이러한 미적 체험의 구조 이해는 우리로 하여금 검도가 갖는 아름다움의 경험을 가능하게 하는 척도로서 작동하기 때문이다.

검도관전자가 일정 정도 검도에 대한 형식, 내용, 기능의 관점을 가지고 검도라는 객관적인 대상의 미적 체험을 겪는 것은 한마디로 요약하면, 저자는 '검도의 멋'36이라고 생각한다. '검도의 멋'은 검도관전자가 가져야 할 미적 가치 판단의 기준이다. 검도관전자는 자신의 미적 구성 능력의 정도, 즉 '검도의 멋'에 대한 이해의 정도에 따라 미적 체험의 정도와 깊이가 달라진다. 따라서 검도관전자는 검도가 가진 형식

---

35 여기서 구조의 의미는 현상학적 용어인 "구성작용(Konstitution)"을 말한다. 구성이란 관전자의 주관적인 의식이 대상이 가지고 있는 의미를 재확립한다. 우리의 의식은 대상을 쉽게 판단하기 위해 자기 나름대로의 인식의 틀을 만들고 적용하고자 하기 때문이다. 즉 관전자의 주관적 의식은 형식미, 내용미, 기능미를 판단할 수 있는 의식의 선구조가 이미 완성된 형태로 존재하고 있어야 대상의 파악이 가능하다. 예를 들어 검도관전자의 의식에는 검도경기에 대해 이해의 정도에 따라 다르겠지만, 검도경기에 대해 일정한 기능, 형식, 내용이 이미 자신의 의식구조에 형성된 상태에서 대상을 본다. 이는 검도를 '아는 만큼 보인다'는 것과 다르지 않다.

36 이학준(2004: 280)은 스포츠의 멋의 현상을 "형태, 표현, 정신"으로 구분하여 스포츠의 본질로 설명하였지만, 미적 개념으로까지는 발전하지 못하였다. 반면에 '검도의 맛'은 검도대상에서 보여주는 미적 가치를 찾으려는 주관적인 점이 강조된다는 측면에서 저자는 '검도의 맛'이라고 기술하였다. 이학준(1997: 20)도 스포츠를 통해 주관적인 미적 의식인 '맛'과 객관적인 미적 대상인 '멋'을 체험해야 한다고 하였다.

미, 내용미, 기능미의 이해조건에서 자신만의 미적 가치를 도출하고 경험해야 한다. 비록 죽도 경기, 검도 본(本), 조선세법 등 각각의 검도상황에 따라 자신이 가지고 있는 형식미, 내용미, 기능미가 각각 다르지만, 그 속에서 검도관전자는 본질적으로 미적 체험을 극대화하기 위해 각각 기술미, 인격미,37 사생미(死生美)의 의미를 도출해야 한다. 이는 검도관전자가 검도에 대한 아름다움을 느끼고 검도본질의 경험을 하는 것과 다르지 않다. 다른 의미로 검도관전자가 '검도의 멋'에서 '검도의 맛'을 느끼는 것과 같다.

1) 검도관전자와 '검도의 멋'

검도관전자는 자신만의 미적인 틀을 가지고 미적 대상을 파악한다. 검도에서 자신만의 미적인 틀은 자신의 주관적인 직관미와 감정미를 바탕으로 대상이 주는 미적 가치와 접촉해서 만들어진다. 구체적으로 검도라는 하나의 미적 대상에 검도관전자가 갖고 있는 검도의 형식미, 내용미, 기능미의 이해 정도에 따라 미적 체험의 강도는 다르게 형성된다. 검도관전자는 검도에 대해 얼마나 잘 알든지 모르든지 간에 자신만의 관점에서 검도에 대한 일정한 형식, 내용, 기능을 가지고 있다. 각자 검도관전자 자신의 검도 이해의 수준에 맞는 형식미, 내용미, 기능미를 구성한다고 보아야 한다. 이를 통해 검도관전자는 자신만의 검도 아름다움을 파악할 수 있는 능력을 갖는다. 즉 검도관전자는 검도에 대한 형식미, 내용미, 기능미의 이해 수준에 따라 자신의 '검도의 멋'을 파악한다.

---

37 이 용어는 미적 대상이 관전자에게 보여 주는 내용적인 측면으로 기술미, 인격미, 생명력(김창룡, 이광자 역, 1999: 227-239)에서 차용하였다.

이를 좀 더 구체적으로 설명해보자.

첫째, 검도관전자는 검도의 형식미를 이해해야 한다. 형식이란 다양한 요소를 총괄하는 원리이며 사물의 본질이다.[38] 이러한 형식에 존재하는 미(美)가 형식미이다. 형식미는 두 가지의 의미를 가진다. "감각적 형상으로서의 형식이며, 또 하나는 통일적 결합 관계로서의 형식이다."[39] 감각적 형식은 우리가 가진 오감(五感)의 지각에 의해 우리 스스로 만들어 낸다. 예컨대 검도관전자는 검도선수의 기술, 검도수행자들의 의복 색깔, 선수들의 함성의 소리, 선수들의 땀 냄새 등을 지각한다. 이러한 사실은 관전자의 내적 상상력과 결합되어 대상에 대해 자신만의 일정한 형식을 만들어 낸다. 우리의 의식에 의해 형성된 형식미는 경기에서 보여주는 동일성, 균형, 리듬 등 다양한 형태로 전개되어 대상을 인식할 수 있도록 의식의 틀을 만든다.[40]

반면에 통일적 결합 관계로서의 형식은 "관전자의 통일적 파악에 적합하도록 일정한 질서가 부여된 경우를 말한다."[41] 검도에서 상대 움직임의 아름다움을 파악하기 위해서는 그 움직임에 대한 자신만의 통일적 관점으로 볼 수 있어야 한다. 예컨대 검도의 정중동 움직임을 통일적으로 파악할 수 있는 능력에 따라 정중동이 갖는 아름다움의 깊이 파악의 정도가 달라지는 것과 같다. 물론 검도운동 수행의 능력에 따라 통일적 파악이 달라지는 것은 사실이다. 그러나 관전자의 대상에 대한

---

38 국립국어원 표준국어대사전(http://stdweb2.korean.go.kr/search/List_dic.jsp).

39 백기수(1985: 140).

40 호소명(胡小明)은 형식미의 구성요소를 정제(uniformity), 대칭(symmetry), 비례(proportion), 균형(balance), 대비(contrast), 조화(harmony), 층차(gradation), 곡선(line), 리듬(rhythm), 다양화와 통일(variety and unity)으로 설명한다(민영숙 역, 1992: 152–165).

41 백기수(1985: 140).

통일적 파악에는 정적인 것과 동적인 구성요소들이 포함된다는[42] 점에는 차이가 없다.

검도 8단이며 철학자인 아베 시노부(阿部忍)에 따르면 검도에서의 "형식적 미는 어떤 동작도 자연체를 무너뜨리지 않고, 안정된 자세나 대적세로부터 기·검·체가 일치된 기술을 발휘하는 것"이라고 설명한다.[43] 그는 형식미를 자연스러운 자세에서 나온 기·검·체의 기술 발휘로 설명한다. 여기에 덧붙여 저자가 생각하기에 동양의 미학적인 관점에서 본다면, 그 자연스러움에는 검도가 지향해야 할 움직임과 고요함이 포함된, 즉 동정(動靜)의 결합도 검도의 형식미라고 생각한다. 동정(動靜)의 의미는 동양 미학에서 아름다운 감상의 기준이 되며, 형식미로서의 구성조건이 된다.[44] 동정(動靜)의 결합은 검도에서 정중동(靜中動)하고 동중정(動中靜)하는 것과 다르지 않다. 검도에서 정중동하고 동중정하는 기술의 경지란 공격을 위해서는 마음이 조용히 정지된 상태에서 부단히 움직이는 내면의 기교작용이 있어야 하고, 공격 중에 고요한 상태를 유지해서 면밀한 공격방법을 위해 침착한 마음의 상태를 경지이다.[45] 움직임과 고요함의 동양적 표현은 다름 아닌 강유(剛柔)의 단어로 대치할 수 있으며, 이는 음(陰)과 양(陽)의 조화와 다르지 않다. 검도경기에서 공격과 방어를 위한 수많은 자세는 검도의 역동성을 보여주지만, 절제된 자세와 예절은 칼의 날카로움과 대비되어 정적인 미적 감흥을 충분히 불러일으킨다. 따라서 검도의 형식미는 정중동하고 동중정하는 상황에서 자연스러운 자세에서 기·검·체 일치의 기술을

---

42 Lowe(1977: 177).
43 박홍식 역(2001: 123).
44 신정근 역(2010: 467).
45 김재일(1996: 52).

발휘하는 것이다.

둘째, 검도관전자는 검도의 내용미를 가져야 한다. 내용미란 검도의 형식 가운데에서 표출되는 미(美)이다. 아베 시노부(阿部忍)는 검도의 내용미를 기품이나 품격과 같은 정신적인 요소로 설명한다. 검도수행 과정에서 생기는 인격의 향기가 보는 사람들로 하여금 미적 감정을 일으키기 때문이다.[46] 검도관전자는 단지 검도경기에서 승패만을 생각하지 않는다. 검도실천자가 오로지 이기기 위해 검의 법리에 맞지 않는 행동을 하면, 검도관전자는 거기에서 검도의 기품이나 인격을 찾을 수 없다. 검도는 짧은 기간 동안에 검도의 기품이나 인격을 형성하기는 어려운 운동이다. 따라서 검도는 검도수행의 과정에서 자신의 검도품격이나 기품을 완성하기 위해 필요한 태도가 무엇인지를 질문하고, 스스로 답을 찾으려는 지속적인 노력이 필요하다. 그 속에서 검도의 인격미는 자연스럽게 형성된다.

셋째, 검도관전자는 검도의 기능미를 구성해야 한다. 기능미란 기술적인 측면에서 관전자가 얻는 미적 체험이다. 검도수행자의 검도기술의 능력에 따라 검도관전자와 수행자 모두 검도의 미적 체험은 달라질 수밖에 없다. 따라서 검도수행자는 검도기술의 향상에 노력해야 한다. 이에 더해 검도기능미에서 더 깊은 미적 체험이 가능하기 위해서는 검도기능에서 삶과 죽음이라는 존재미를 파악하려는 노력이 필요하다. 검도관전자는 처음에는 검도기능에 관심을 갖지만, 자신의 검도수행이 진행됨에 따라 검도가 인간의 삶과 죽음이라는 문제에도 관심을 갖는다. 따라서 검도관전자는 검도실천자가 보인 검도기능미의 파악에 덧붙여 삶과 죽음의 의미를 찾아 경험해야 한다.

---

46 박홍식 역(2001: 189).

검도관전자가 갖는 미적 체험의 틀은 형식미, 내용미, 기능미가 통합된 과정에서 이루어진다. 따라시 임밀한 검도관전자 미적 체험은 자신에게 형식미, 내용미, 기능미가 어떻게 구성되어 있는지를 파악하고 있어야 한다. 시각적인 측면에서 본다면, 형식미, 내용미, 기능미는 검도관전자가 대상을 바라보는 자신의 안경과 같다. 검도관전자에게 각자의 안경의 크기와 도수는 다를 수 있지만, 안경을 통해 검도가 가진 멋과 맛의 깊이를 체험한다는 점에서 각자 검도관전자에게 형식미, 내용미, 기능미가 무엇인지 자신에게 질문을 던지고 답을 찾으려는 노력은 필요하다.

저자가 형식미, 내용미, 기능미의 파악을 '검도의 멋'으로 설명하는 것은 일종의 시각적인 측면에서 멋의 개념을 강조한 서구 미학의 영향력에 기인한다. 고대 그리스의 미학은 비례(proportion), 대칭(symmetry)의 관점에서 시각적인 관점을 강조하였다. 여기에 균형(equilibrium)의 관점이 추가된다.[47] 비례, 대칭, 균형의 강조는 그리스 조각의 그림을 보면 잘 알 수 있다. 이러한 서구의 시각적 관점은 아름다움의 존재론적 본질이 무엇인가라는 답을 찾는 과정에서 나왔다. 하지만 이러한 서구의 시각적 측면의 강조는 동양적인 오감(五感) 영역의 파악에는 한계를 가지며, 감각에 대한 동양의 미적 접근과 이해와는 상당한 거리감을 보여준다. 검도관전자가 완전한 '검도의 멋'을 느끼기 위해서는 대상의 형식미, 내용미, 기능미의 이해를 넘어, 자신에게 적용되고 경험되어야 한다. 따라서 검도가 보여주는 '검도의 멋'도 동양적인 미각[48]적 판단에서 새롭게 해석될 필요가 있다. 동양의 무도는 시각적

---

47 Lowe(1977: 4-10).
48 『설문해자(說文解字)』에서도 "미는 맛있다는 뜻이다"로 설명한다. 즉 달다(甘)라

인 측면인 '멋'도 중요하지만, 오감의 감각에서 검도수행자가 직접 체험할 수 있는 '맛'으로 파악해야 아름다움의 본질을 훨씬 더 잘 이해하고 느낄 수 있다.

동양의 '맛'은 기(氣)와 연결된다고 앞장에서 설명하였다. 기(氣)는 사람의 호흡과 생명을 의미하지만, 기(氣)를 잘 분석해보면 쌀(米)로 밥을 할 때 연기(气)가 공중으로 날아간다는 뜻도 포함되어 있다. 즉 기(氣)는 맛있는 음식물과 연결된다. 동양에서의 맛의 의미는 시간이 지나감에 따라 감각기관에서 나온 기(氣)에서 마음으로 느끼는, 즉 감(感)하는 것으로 변해 간다.[49] 검도관전자는 검도의 형식미, 내용미, 기능미에서 나오는 전체적인 기(氣)를 체험해야 한다는 측면에서 우리는 '검도의 멋' 속에서 검도가 가진 미각적인 '맛'을 느낄 때 진정한 검도의 아름다움을 느낀다고 말할 수 있다.

2) 검도관전자와 '검도의 맛'

검도관전자의 미적 체험 정도는 미적 대상이 보여주는 미적 가치와 그에 상응하는 자신의 이해 정도에 따라 크게 좌우된다. 검도관전자는 검도실천자가 보여주는 형식미, 내용미, 기능미 각각에 내재한 가치인 기술미, 인격미, 사생미를 스스로 경험적으로 파악하고 도출할 수 있어야 한다. 이러한 전 과정을 저자는 '검도의 맛'을 체험한다고 생각한다. 이 과정에서 검도수행자는 검도의 아름다움과 검도본질을 직접

는 의미를 가지고 "먹는 것은 아니지만 아름다운 도를 맛본다"(염정삼 역, 2007: 196)라고 하였다.

49 신정근 역(2010: 401).

적으로 경험하는 기회를 갖는다. 이를 구체적으로 설명해보자.

첫째, 검도관전자는 검도가 가진 형식미에서 기술미를 느껴야 한다. 검도의 형식미를 이루는 기·검·체의 자연스러운 기술 발휘와 동정(動靜)의 결합은 관전자로 하여금 '아름답다, 멋있다, 황홀하다'는 미적 감정을 불러일으킨다. 하지만 완전한 미적 체험은 검도의 형식미에서 기술미의 직접적 경험에서 일어난다. 사실 기술미는 스포츠 미(美)의 전부라 해도 과언이 아니다. 그러나 검도에서 단순히 승리만을 목적으로 하는 기술이 높은 미적 가치를 가진다고는 말할 수 없다. 그것은 검도기능이 뛰어난 것에 지나지 않는다. 기술미는 검도에서 인간의 움직임이 추구하는 기능이 검도관전자의 상황에 맞게 합목적으로 완성될 때 획득된다. 예컨대 완벽한 기술미를 도출하기 위해서는 아름답고 멋있다고 판단하는 기·검·체 일치와 동정의 결합이라는 형식미가 검도관전자에게도 경험되어 그 속에서 기술미의 맛을 느낄 수 있어야 한다. 이는 검도관전자가 느끼는 검도의 본질파악과 연결된다.

둘째, 검도관전자는 검도의 내용미에서 인격미를 느껴야 한다. 검도는 검도기능만이 전부가 아니다. 검도기술과 기능의 뛰어남이 검도수행자의 인격을 보장하지 않는다. 물론 검도기술의 발휘 자체에 각고의 인내와 자신의 인격성이 그 속에 일정 정도 포함되어 있음을 배제하지는 않는다. 다만 검도관전자는 단순히 검도기술의 발휘보다 수행과정에서 검도수행자의 삶 속에 보인 인격성(personality)에 더 많은 공감을 한다.[50] 따라서 검도수행자는 오랜 검도수행의 과정을 통해 인격성을 자연스럽게 드러내도록 노력해야 한다. 또한 마찬가지로 검도수행자도 자신의 검도기술 발휘에 자신의 인격을 발휘하기 위해 얼마나

---

50 김창룡, 이광자 역(1999: 91).

노력하고 있는지를 생각해 보아야 한다.

셋째, 검도관전자는 검도가 가진 기능미에서 사생미를 느껴야 한다. 원래 칼의 운용에는 죽음과 삶의 문제가 개입되어 있다. 스포츠화된 검도경기에는 인간의 생명을 담보로 진행되지는 않지만, 그 경기의 검도본질에는 죽음과 생명이 전제한다는 사실을 외면해서는 안 된다. 검도실천자는 검도경기를 막대기의 싸움으로 인식해서는 안 되는 이유가 여기에 있다. 거기에서 삶과 죽음이라는 인간 존재에 대한 진지한 질문을 던질 수 있기 때문이다. 따라서 검도수행은 죽음과 삶의 경계를 배우는 의미로서 진지하게 받아들여야 한다. 이러한 태도는 자신의 검도경기 운영뿐만 아니라, 검도수행에 영향을 미친다. 검도에서 죽도가 상대를 죽이는 칼의 움직임이라고 생각하면, 함부로 가볍게 움직일 수 없다. 죽도로 상대를 죽일 수 없기 때문에 의미 없는 반복적인 공격은 막대기의 싸움에 지나지 않으며, 죽도라고 하더라도 한 번의 공격에 상대를 벨 수 있는 공격이 되어야 한다. 검도관전자는 검도실천자의 뛰어난 검도기술에 감동하는 것을 넘어, 그 속에서 검도관전자는 살아 있는 생명력에 대한 존중을 느껴야 한다.[51] 결국 검도관전자의 미적 체험은 경기에서 승리만이 전부가 아니며, 검도움직임에 의해 표출되는 인간의 죽음과 삶의 의미인 사생미를 느낄 수 있어야 한다.

요약하면 검도관전자의 미적 체험의 핵심은 주관적인 직관미와 감정미를 바탕으로 검도의 미적 대상에서 자기 스스로 형식미, 내용미, 기능미를 구성해야 한다. 이는 '검도의 멋'을 경험하는 것이다. 이와 더

---

51 생명력은 스포츠 자체에 내재하는 것으로 "생명력의 표출은 스포츠에 있어서 미적 현상이나 운동 현상에만 한정되는 것이 아니라, 당연히 운동자와 경기자의 인격성에도 관계되고 있다"(樋口 聰, 1987: 88).

불어 검도관전자는 형식미, 기능미, 내용미에서 기술미, 인격미, 사생미
의 아름다움을 도출해야 한다. 이것이 '검도의 멋'에서 참다운 검도의
'맛'을 체험하는 것이라고 말할 수 있다. 하지만 엄밀한 관점에서 본다
면, 사실 미적 대상에서 보인 '검도의 멋'과 그 속에서 나타난 '검도의
맛'은 서로 구분하기가 쉽지 않다. 그리고 형식미, 내용미, 기능미에서
일대일로 기술미, 인격미, 사생미가 바로 도출되는 것 또한 아니다. 이
모든 것이 서로 복잡한 관계에서 검도관전자는 검도의 아름다움이 도
출된다. 검도실천자의 움직임 속에서 검도관전자가 어떤 아름다움을
느껴야 하는지, 세부적으로 설명하기 위해 저자가 인위적으로 구분한
것에 지나지 않는다.

　　이상에서 살펴 본 내용을 통해 검도관전자의 미적 체험을 도식화
해보면 〈그림 3〉과 같다.

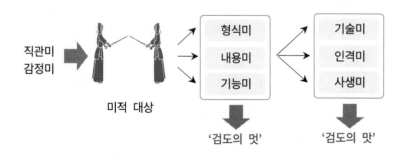

그림 3　검도관전자의 미적 체험의 구조

5. 검도관전자의 멋과 맛

검도움직임이 주는 아름다움이 무엇이고, 그것이 자신에게 어떻게 작동해 일어나는지를 설명하는 것이 검도관전자의 미학이다. 그러나 검도관전자의 미적 체험은 검도실천자가 보인 미적 대상의 가치와 구조를 파악하여 느끼는 주관적인 미적 체험이지만, 검도실천자의 미적 태도와 자신의 미적 능력에 따라 다르게 나타나기 때문에 일반화하기 쉽지 않다. 그럼에도 불구하고 검도관전자라면 검도실천자의 움직임에서 아름다움을 경험한다는 사실에는 누구나 동의를 할 것이다. 우리가 검도관전자의 미학에 관심을 갖는 이유는 관전자의 미적 체험을 통해서 검도에서 행복이나 즐거움을 가질 수 있기 때문이다. 그 속에서 검도수행자 또한 검도본질을 파악할 수 있으며, 이를 통해 자신이 어떻게 검도수행을 해야 하는지 좋은 지침서를 얻게 된다. 이는 평생검도의 밑거름이 된다.

검도관전자가 갖는 미적 체험의 요소를 다음과 같이 요약하면서 이 장을 마치고자 한다.

첫째, 검도관전자의 미학적 이해의 기초는 사심 없음에서 시작해야 한다. 사심 없음은 주관적인 입장이나 관점을 배제하는 이상적인 태도이다. 이를 통해 검도관전자는 완전한 미적 만족을 가능케 한다. 물론 자신의 소속 또는 응원하는 팀에 관심을 가질 수밖에 없는 상황에서는 이러한 태도를 유지하기 쉽지 않은 것도 또한 사실이다. 그럼에도 검도실천자의 움직임에서 완전한 미적 본질의 체험은 검도관전자의 사심 없음의 태도에서 나오는 것을 부인할 수는 없다. 사심 없는 태도는 검도관전자 뿐만 아니라, 검도심판자에게도 검도본질을 정확하게 판단하게 하는 조건이다.

둘째, 검도관전자의 주관적인 미적 체험은 직관미와 감정미를 근거로 작동한다. 직관미는 이성이나 추론이 아니라, 직관적으로 검도행위의 대상을 파악하는 것이다. 반면에 감정미는 관전자가 검도움직임에 대해 가지고 있는 느낌이나 기분을 전제로 미적 체험을 가능하게한다. 검도관전자의 미적 체험은 검도본질의 직관미와 검도에 대한 자신의 내외적인 감정과 기분이 서로 복합적인 작용 하에서 나타난다.

셋째, 검도관전자의 미적 체험은 외형적인 미적 대상에서 나오는미적 가치에 대한 관전자만의 미적 체험의 구조를 가지고 있어야 한다.예를 들어 검도실천자의 움직임에서 검도관전자는 자신만의 형식미,내용미, 기능미의 내용을 구성해야 한다. 검도에서 형식미는 기 · 검 ·체 일치의 자연스러운 기술발휘와 정중동하고 동중정하는 동정의 결합을 파악할 수 있어야 하고, 내용미는 오랜 수행에서 나오는 기품이나품격을 파악해야 한다. 그리고 기능미는 검도의 기 · 검 · 체 일치의 과정과 그 결과에서 삶과 죽음의 의미를 찾아야 한다. 검도관전자는 이러한 미적 체험들 속에서 진정한 '검도의 멋'을 파악했다고 말할 수 있다.

넷째, 검도관전자의 완전한 미적 체험은 자신의 형식미, 내용미,기능미의 관점에서 기술미, 인격미, 사생미의 본질을 파악해야 한다.기 · 검 · 체 일치의 합목적성을 지향하는 형식미에서 검도관전자는 아름다운 기술미를 찾아 경험해야 한다. 오랜 검도수행의 내용미에서 우리는 검도수행자의 깊은 인격미를 파악할 수 있다. 검도행위의 기능미에서 우리는 죽고 사는 인간존재에 대한 사생미의 질문을 던지고 답을찾아야 한다.

결국 진정한 검도관전자의 미적 체험을 위해서는 먼저 형식미, 내용미, 기능미가 검도관전자에게 구성되어 있어야 한다. 그 속에서 검도관전자는 기술미, 인격미, 사생미를 경험할 때 완벽한 미적 체험이 이루어진다. 하지만 이러한 관전자의 미적 체험은 엄밀하게 둘로 나눌 수 있는 것은 아니다. 실제로 검도관전자의 미적 체험의 완성은 이 두 부분이 만나는 곳에서 이루어진다는 것이 정확한 표현이다. 이러한 인위적인 분류는 검도관전자의 미학을 세부적으로 나누어 이해하기 위한 인위적 분류이다. 다만 미학적 경험이라는 관점에서 저자는 검도관전자의 미학을 '검도의 맛'과 '검도의 멋'으로 구분하였다. 이러한 각각의 구분에서 검도미학의 내용을 검도수행자 자신에게 적용해 본다면, 검도를 새롭게 볼 수 있는 기회를 제공한다. 결론적으로 검도관전자의 미적 체험의 핵심은 미적 대상이 보여주는 형식미, 내용미, 기능미에서 자신이 '검도의 멋'을 구성할 수 있어야 하고, 그 속에서 기술미, 사생미, 인격미의 미적 체험을 찾는 것이다. 그것이 '검도의 맛'을 경험하는 과정이다.

Chapter

12

검도심판자의 미적 체험

1. 검도심판자의 이중적 의미

　검도미학은 검도가 아름답고 멋있다고 느끼는 다양한 이론적 요소를 찾아 분석하는 학문이다. 검도미학은 세부적으로 검도실천자와 검도관전자 그리고 검도심판자의 미학으로 구성된다. 그 중에서 검도심판자는 자신의 몸짓과 신호로 경기의 승패를 좌우하는 역할과 그 행위에 대해 윤리적 문제가 개입되어 검도심판자의 미학을 만들어 낸다. 검도심판자의 미적 행위 표출은 직접적인 미적 체험을 하는 당사자이며, 검도경기에 참가하는 선수들과 검도관전자에게 미적 감정을 불러일으키는 대상이 된다.

　심판자의 미학과 관련된 연구는 상대적으로 부족하다. 다만 태권도 실천자의 미학[1]과 스포츠와 관련된 미학의 연구[2]의 한 부분에서 심판자의 미학을 간략하게 언급하고 있다. 더욱이 검도경기에서 심판자의 미적 체험은 전무한 실정이다. 이러한 이유는 검도심판자의 미학이 선수와 함께 경기의 일부분으로 참여하는 실천자의 입장과 심판판정의 움직임과 결과가 다른 관전자에게 하나의 미적 대상이 되는 이중적인 역할과 체험을 설명해야 하는 어려움 때문이다. 덧붙여 검도심판자의 미학은 관전자와 실천자의 이중적인 의미에 더해서 심판행위 그 자체의 윤리적 내용까지 설명해야 한다. 검도심판자가 어떻게 심판을 하느냐에 따라 선수나 관전자에게 그 검도경기를 아름답게 만들거나 추하게 한다. 따라서 검도경기에서 검도심판자의 미적 체험이 어떻게 이루어는지 파악하는 것도 검도의 아름다움을 이해하는 데 도움이 된다.

2. 검도심판자의 미학적 이해

완벽한 심판자의 미적 행위는 사심이 없는 상태에서 선수들의 움직임에 대해 자신의 즉각적인 감각적 반응에서 나온 판정이다. 여기에 심판의 판단행위가 관전자나 선수들에게 진정한 아름다움(美)을 얻기 위해서는 윤리적 정당성의 요소가 개입되어야 한다. 따라서 검도심판자의 미학적 이해의 출발은 미적 행위와 윤리적 정당성과의 관계를 이해하는 것에서 시작해야 한다. 미적 행위가 윤리적 정당성을 포함해야 한다는 사실은 동양적인 미(美)의 단어에 보인다. 『설문해자(說文解字)』에서 "미(美)는 감(甘)이다. 양(羊)을 따르고, 대(大)를 따른다. … 그리고 미(美)와 선(善)은 같은 뜻이다."[3] 여기에서 보인 미(美)는 양대즉미

---

1 임일혁, 김지혁(2008).
2 권오륜(2000), 서경희, 구본숙(2001), 임혁일(2003), 장성수(2003), 장정윤(2004), 장성수, 신현군, 이정학(2008).

(羊大則美)와 양인위미(羊人爲美)의 두 가지로 해석이 가능하다.[4] 먼저 양대즉미(羊大則美), 즉 양(羊)과 큰 것(大)이 미(美)가 된다는 뜻에서 커다란 '양고기는 맛있다(甘)'는 의미를 보여준다. 인간은 가축의 하나인 양(羊) 고기를 먹고 싶다는 생각이 든다. 시각적으로 보인 아름다운 가축의 하나인 양(羊)이 감각적인 측면의 '맛있다'는 의미로의 전환은 인간의 시각과 감각이 상호 소통할 수 있음을 보여준다.

검도에서 관전자나 선수들에게 보여주는 심판행위가 동양적인 의미인 맛이 있어야 하는 것은 당연하다. 비록 '맛있다'의 의미가 주관적인 감정을 표현한다고 할지라도, 심판의 행위와 관련해서 관전자나 선수들에게 감각적인 '맛'으로 인정을 받지 않는다면, 그 경기는 아름답다고 할 수 없다. 검도심판의 판정이 검도관전자나 시합을 뛰고 있는 선수에게 씁쓸하고 기분 나쁜 맛을 주어서는 안 되기 때문이다. 즉 검도심판자는 검도관전자나 시합을 뛰고 있는 선수에게 기분 좋은 맛을 줄 수 있도록 노력해야 한다. 따라서 검도심판자는 자신이 검도관전자나 검도실천자에게 기분 좋은 '검도의 맛'을 내는 역할을 외면해서는 안 된다.

그러나 심판판정은 시각과 감정만으로 해서는 안 된다. 심판판정의 행위에는 권위를 가져야 한다. 검도심판자의 권위가 아름다움(美)과 윤리적 선(善)의 행위가 서로 일치해야 한다는 의미는 양인위미(羊人爲美)에서 보인다. 양인위미(羊人爲美)는 양(羊)의 형상을 한 사람(人)이 아름답다(美)는 의미이다. 고대에서 각종 무술(巫術) 의식을 장악하고 관장하는 사람들은 하나의 상징적인 형태로 양의 뿔을 이용하여 자신의 신비함과 권위의식을 드러내는 데 사용하였다. 고대 사람들은 무속행

---

3 조민환 재인용(2005: 104).
4 권 호 역(1990: 9 – 10).

위에서 노래하고 춤추는 의식을 아름다운 것으로 생각하였다. 그 속에서 의식을 주관하는 사람은 다른 사람들로부터 권위를 가질 수밖에 없다. 이와 같이 맛있다는 감각적인 느낌에서 출발한 미(美)의 개념은 시대적 변화에 따라 아름다움의 행위로, 더 나아가 질서와 격식에 따르는 사람이 선(善)하다라는 사회규범의 의미로 확대되었다.5 검도심판자의 행위가 다른 사람들로부터 권위를 가져야 한다는 것은 당연하다. 이는 검도심판자의 정확한 판단과 판정에서 나온다. 검도심판자의 행위는 선수들에게 자신의 권위를 드러내기보다는 선수의 노력에 대해 감사와 존경을 위해 심판을 한다는 희생의 태도를 견지해야 한다.

미(美)의 한자의 구성 요소인 양(羊)의 또 다른 의미는 희생을 의미한다. 양과 소는 인간이 기른 가축으로서 양의 고기와 털은 인간에게 유용한 물건으로 인식되어 제사에서 희생의 수단으로 이용되었다. 희생은 개인적인 욕심이나 욕망을 버리는 것이다. 저자가 참여했던 심판의 경험은 높은 체력과 많은 시간이 요구되는 희생적인 행위였다. 심판자의 희생적이고 도덕적 양심은 선(善)과 연결되고, 이는 미(美)와 연결된다. 여기에서 우리는 심판행위의 표출이 아름다움, 즉 미(美)가 될 수 있는 당위성을 엿볼 수 있다. 검도경기에서 검도심판자가 가져야 할 희생의 태도는 자신의 사심이나 욕망을 배제하여 공평무사, 즉 사심이 개입되지 않는 것이다. 이것이 검도심판자가 가져야 할 최고의 선(善)이다.

---

5 서양적 사고에서는 진선미를 구분하지만, 동양의 미학에서는 절대적 가치인 덕(德)을 표현하기 위한 방법으로 선(善)과 미(美) 그리고 의(義)를 종합적으로 이해하고자 하였다. 원래 동양에서는 미(美)와 선(善)을 분리되지 않는 것으로 파악했다(윤재근, 2006: 37).

1) 검도실천자로서 미적 행위의 주체

검도심판자의 미적 체험의 특징은 경기 그 자체를 느끼는 것 이외에도 자신의 판단에 따른 행위로 나타난다. 검도심판자의 미적 체험은 감각적 판단이지만, 선수들의 움직임과 행위에 대한 심판판정의 판단이 개입되기 때문에 검도관전자의 일반적인 판단과는 차이를 보인다. 우리는 9장에서 미적 영어인 aesthetic의 어원이 '감각적인(지각적인)' 의미와 '미를 판단할 수 있는 능력을 갖는다'고 하였다. 이에 따라 심판의 미적 판단은 자신의 감각에 따른 판단과 동시에 추론적인 판단이 개입된다. 이러한 이중적 판단은 비록 검도심판자의 미적 판단이 개인적인 영역이지만, 대상의 움직임에 대한 객관적인 판단의 근거를 가지고 있어야 한다. 덧붙여 검도심판자는 경기에 참여하는 검도실천자로서 윤리적인 미적 가치를 관전자나 검도선수들에게 보여 주어야 하는 역할까지도 해야 한다.

검도경기에서 한 판의 유효공격을 설명해보자. 한 판이 되기 위한 기·검·체 일치의 여부에 대한 판단은 심판의 감각적인 판단으로 드러나지만, 누구나 인정할 수 있는 객관적인 판단의 기준이 있어야 한다. 그렇지 않으면 의도적인 감정이 개입된 편파 판정으로 이어진다. 편파 판정이 있으면, 검도경기가 아름답게 진행되지 않고, 검도관전자나 검도선수들에게 추함의 감정을 유발시키게 된다. 따라서 검도심판자의 미학은 심판자의 주관적인 미적 판단이지만, 심판행위가 타당성을 확보하기 위해서는 객관적인 심판자의 미적 판단의 기준이 있어야 한다. 저자는 객관적인 미적 판단의 기준을 "질서, 균형, 크기의 일정함"으로 설명하고자 한다.6 이는 검도경기에서 검도심판자의 한 판의 결정에도 적용이 가능하다.

검도심판자에게는 질서(taxis, order)가 필요하다. 검도경기에서 질서의 개념은 검도선수들의 움직임에 따른 심판들의 공간적 배치를 의미한다. 주심과 부심은 경기하는 양 선수를 중심으로 두고 임의의 삼각형을 만들어야 한다. 경기장에서 주심과 부심 그리고 선수들이 주어진 위치에서 경기가 진행될 때 관전자로 하여금 그 경기가 아름답게 느낄 수 있다. 질서는 심판들의 위치뿐만 아니라, 검도공격의 성공 여부를 판단하는 공간의 위치와 연결된다. 검도공격의 성공여부는 순간의 타이밍에 의해 결정되기 때문에 그 순간에 정확한 심판을 할 수 있는 위치에 있어야 한다. 주심이 그것을 판단하지 못하는 상황에서는 부심의 위치가 중요하다. 이 모든 것은 선수를 중심으로 심판들의 위치에 따른 질서가 잡혀있을 때 가능하다.

검도심판자에게는 균형(symmetria, symmetry)이 필요하다. 검도경기에서 균형이란 검도경기를 진행하는 선수들의 공격 성공이 검리(劍理)에 맞게 이루어지는 것이다. 예를 들어 한 판의 공격은 상대보다 먼저 공격을 성공하거나, 상대방이 머리 공격을 하는 순간에 공격을 하거나 손목공격을 하는 것이다. 상대의 공격이 다한 후 공격을 하거나 상대방의 공격을 방어하고 공격이 이루어지는 경우도 여기에 해당한다.7 그리고 검도경기에서 공격부위를 가격하였더라도 기·검·체 일치가 이루어지지 않는 공격은 한 판으로 인정하지 않는다.

---

6 이 용어는 아리스토텔레스 『형이상학』에서 아름다움(美)이 되기 위한 형태를 설명하기 위한 개념에서 차용하였다(김진성 역, 2007: 547).

7 검도에서는 공격의 성공은 3가지로 나눈다. 첫째는 선(先)의 선(先), 즉 먼저 공격하여 이기는 것이다. 둘째는 대(對)의 선(先), 즉 상대와 동시에 공격을 일으켜서 이기는 것이다. 셋째는 후(後)의 선(先), 즉 상대보다 나중에 기술을 발휘하여 이기는 것을 말한다.

마지막으로 크기의 일정함(hōrismenon, definiteness)을 유지해야 한다. 검도경기에서 일정함이란 검도·심판자가 경기가 끝날 때까지 선수 공격에 대한 한 판의 유효격자[8]에 대해 일관된 관점을 유지하는 것이다. 경기 시 상황에 따라 한 판의 기준이 다르게 적용되면 사심이 개입된 것이다. 심판이 사심이 있는지를 다른 사람이 파악하기는 힘들지만, 사심을 갖고 행동했는가의 여부는 심판하는 자신이 더 잘 알고 있다. 검도심판자의 미적 판단에 사심이 없고 공정한 윤리적 태도를 견지해야 한다는 사실은 언급할 필요도 없다.

2) 검도관전자로서 미적 가치의 표출

검도심판자는 주로 검도경기에서 일어난 선수들의 행위와 경기에서 일어난 다양한 사건들에 대해 심판의 규정이나 규칙에 따라 심판 판정을 한다. 검도심판자는 검도선수의 행위를 본다는 측면에서 검도 관전자의 역할도 한다. 반면에 검도심판자의 움직임은 검도관전자의 경기몰입과 선수들의 경기진행에 영향을 미친다. 즉 검도심판자는 심판의 행위로 미적 가치를 표출하여, 선수들이나 관객들에게 미적 감동을 불러일으킨다. 단순한 관전자에서 심판의 행위가 추가되는 상황에서, 심판자의 행위가 관객이나 선수 모두에게 미적 가치를 주기 위해서는 객관적인 심판규정에 의한 판정이 이루어져야 한다. 사심 없는 공정한 심판의 결정이 자신의 움직임과 심판기로 표시할 때 그 경기를 보는 검도관전자나 검도선수 모두에게 아름다움을 주는 하나의 미적 대

---

8 "유효격자는 충실한 기세와 적정한 자세로써 죽도의 격자부위를 칼날을 바르게 하여 격자하고 존심이 있어야 한다"(2017년 대한검도회 검도경기 심판규칙 제12조).

상이 된다.

사심 없음의 심판 그 자체가 아름다움을 만들어 내지만, 그 속에는 윤리적 가치가 포함되어 있다. 검도심판자의 행위에 윤리적 가치가 포함될 때 관객이나 선수들은 그들의 행위를 더욱 더 아름답게 느끼게 된다. 앞에서 동양에서는 희생의 태도가 아름다움을 만들어 낸다고 하였다. 서구에서도 미적 가치에 원래 윤리적 요소가 개입되어 있는 것으로 생각하였다. 아리스토텔레스도 『니코마코스 윤리학』에서 아름다운 것 (kalos)을 만들어 내는 것이 탁월성의 목적과 부합되며, 이러한 행위와 선택은 어떤 좋음, 즉 윤리적 의미의 선(善)을 목표로 한다고 말했다.9

우리는 검도에서 사심 없음의 윤리적 태도가 검도심판자의 미적 가치를 만들어 내는 조건이라고 할지라도 검도심판자가 실제 사심 없음의 태도로 검도경기를 진행하는 것은 다른 차원이라는 것을 직시할 필요가 있다. 검도에서 이성적 판단이 잘못 개입되면 어느 쪽을 유리하게 편드는 사심(私心)이 작동할 가능성이 높다. 자신이 알고 있거나, 지연 학연으로 연결된 청탁에 따른 심판 판정은 어떻게 보면 과도한 이성적 판단의 개입 결과이다. 이는 관객이나 선수들에 불쾌한 감정10을 유발하게 된다. 더 나아가서는 검도선수나 일반사람들에게 검도에 회의감을 들게 만들고 검도를 포기하게 만들기도 한다.

어떻게 보면 검도경기에서 검도선수의 움직임에 대한 심판 판정에서 검도심판자는 자신의 감각적인 판단에 따르는 것이 훨씬 더 윤리적 행동에 가까울 수 있다. 철학자 칸트도 미적인 것은 윤리적으로 좋은

---

9 이창우, 김재홍, 강상진 역(2006: 12-13).
10 미학에서 근원적인 감정의 발현은 인간의 감각과 분리될 수 없음을 보여준다. 철학자인 비트켄슈타인(Wittgenstein)에 따르면 미적이라는 것과 도덕적인 감정은 같은 기반에서 출발한다고 하였다(Tilghman, 1991: 43).

것의 상징이며, 다른 사람의 감정에 동의를 구할 수 있는 보편성을 갖는다고 하였다.[11] 다시 말해 감각에 따른 움직임과 내재적인 윤리석 태도를 동시에 견지하는 심판자의 완벽한 행위가 검도관전자나 검도선수에게 아름다운 미적 가치를 가져다준다. 검도심판자의 행위 그 자체에 사심 없음이라는 내재적인 도덕적 타당성을 확보할 때 그 미적 가치는 높을 수밖에 없다.[12]

3. 검도심판자의 미적 체험의 구성요소

검도심판자는 일관되고 공통된 합일점, 즉 선수들의 기세, 자세, 존심 등을 전제로 판정을 해야 한다. 이러한 검도심판자의 행위가 검도관전자나 검도실천자 모두에게 받아들여져야 한다. 사실 검도경기는 상호 간의 빠른 공방에 의해 승부가 결정되기 때문에 그 순간을 정확하게 판정하기란 쉽지 않다. 이에 따라 검도심판자는 자신의 검도체험을 바탕으로 폭넓은 검도운영의 시야가 요구된다. 검도경기에서 한 판의 심판판정이 관전자나 선수들에게 객관적인 정당성을 갖기 위해서 검도심판자에게는 두 가지 관점이 필요하다. 첫째, 검도심판자는 경기 내용을 똑바로 보고 바로 판단하는 현상직관이 필요하다. 둘째, 검도는 짧은 시간에 상호간의 공방이 이루어지기 때문에 선수의 움직임과 심판자의 판정에 있어서 선수와 자신의 운동감각이 일치시켜야 한다.

---

11 백종현 역(2009: 399 – 401),
12 윤미정(2011)은 칸트 철학을 통해 '미적인 것'과 '도덕적인 것'이 서로 무관하지 않으며, 스포츠미가 내재적으로 도덕적 의미를 함축하고 있다는 것을 설명하고 있다.

1) 현상직관

미학적인 의미에서 직관이란 "미적 대상의 전모와 본질을 개념의 매개 없이 직접적으로 파악하는 관조 내지는 인식의 작용을 의미한다."[13] 대상 전체를 직접적으로 판단함에 있어 이성이나 추론의 지식이 개입되어 획득하는 내용이 아니라, 주어진 현상에 대해 감각에 근거한 직관적으로 이루어지는 것이다. 검도의 심판판정은 사심 없이 선수들의 한 판의 공격 행위에 즉각적이며, 직관적으로 이루어져야 한다. 이것이 검도심판자의 가장 아름다운 판단이다. 현상직관이란 선수 행위의 아름다움을 느끼기보다는 선수 움직임의 결과에 대한 한 판의 적합성을 판정하는 것이며, 다른 검도심판자의 판정과 관계없이 자신의 결정을 명확하게 표시하는 것이다. 물론 현상직관에 따른 심판의 결과가 결과적으로 틀린 결정일 가능성도 존재한다. 여기에서는 심판 규칙의 해석과 관련하여 주심과 부심간의 합의 하에서 판단이 이루어진다. 따라서 현상직관이란 이성적 판단에 사심이 개입될 수 있는 여지를 없애자는 것이지, 검도심판 규칙에 따르지 않는 것을 말하는 것은 아니다.

관전자나 심판자 모두 미적 체험을 한다는 출발점에서는 같지만, 심판자의 미적 체험의 특징은 주어진 상황에서 드러난 사실에 대한 현상판단이기 때문에 즉각적으로 자신의 깃발을 올리고 정확한 자세와 명료한 목소리로 심판의 권위를 표시해야 한다. 검도는 짧은 시간에 상호공방이 이루어지기 때문에 경기 판정에서 직관미보다는 선수움직임에 대한 현상직관을 통한 결정이 필요하다. 심판자의 현상직관은 자신의 감정이나 의도가 개입되지 않는 드러난 사실에 대한 판단이기 때문

---

13 백기수(1985: 70).

에 완전한 미적 체험은 아니다. 검도심판자는 검도경기 심판에서 드러난 현상의 개별성을 초월하여 검도경기가 가진 보편석이고 본질적인 것을 체험하지는 않는다. 또한 검도심판의 현상직관은 상상력이 포함된 직관미는 아니다. 검도심판미는 주어진 선수들의 행위 그 자체에 대한 직관미이기 때문에 상상력의 개입은 심판자의 사심이 개입될 여지가 존재한다. 중요한 사실은 검도심판자의 직관미는 심판자가 갖고 있는 경기 내용의 이해와 경기에 대한 경험적 측면과 심판자의 능력에 따라 차이가 난다는 사실이다. 따라서 검도심판자는 빠른 상호공방의 움직임 속에서 한 판의 내용을 파악하고, 즉각적인 판정의 행위를 현상 직관할 수 있도록 끊임없는 자신의 검도수행이 뒷받침되어야 한다.

2) 운동감각의 일치: 지속적인 수행

검도심판은 보통 3인에 의해서 진행된다. 기 · 검 · 체 일치에 대한 판정이 가장 아름다운 경우는 3인의 심판 결정이 동시에 일어나는 경우이다. 즉 판정의 깃발이 동시에 올라갈 때 가장 아름다운 심판행위가 된다. 한 사람이 판정하고 그에 뒤따르는 판정이 일어나는 경우에는 관전자의 미적 감정은 상대적으로 적을 수밖에 없다. 기 · 검 · 체 일치에 대한 판정에서 깃발이 동시에 올라간다는 것은 그 행위에 대한 검도심판자들의 운동감각이 일치한다는 것을 보여준다. 운동감각의 일치란 상대방의 움직임에 대한 근육작용과 인지작용이 동시에 이루어지는 것을 말한다. 다른 관점에서 볼 때 검도심판에서 운동감각의 일치는 경기자의 움직임에 대해 심판자가 가지고 있는 즉각적인 몸의 알아차림(awareness)으로 반응하는 경우이다. 저자가 앞에서 언급한 검도선수의 움직임에 대해 검도심판자가 갖는 감(感)의 일치라고 표현할 수 있다. 이러한 검도심판자의 정확한 판단의 감(感)은 검도선수와 마찬가지로 끊임없이 검도심판자가 자신의 경기 감각을 유지하고 있을 때 발휘된다. 즉 검도심판자의 올바른 판정에는 자신의 지속적인 검도수행이 뒷받침되어야 한다. 검도심판자는 검도실천자와 함께 경기를 한다고 생각해야 한다. 경기실천자의 행위와 자신의 판단이 일치할 때 편파판정의 요소가 개입될 여지는 사라진다. 검도심판자는 자신의 검도수행이 뒷받침되지 않는 상황에서 심판판정을 할 수 있다고 생각해서는 안 된다. 검도심판자는 경기에서 선수들의 기·검·체 일치를 동시에 느낄 수 있는 운동감각을 기반으로 한 판의 정확한 판정을 해야 한다.

4. 검도심판자의 미적 체험의 구조와 의미

검도심판자의 미적 개념은 자신의 감각에 근거한 순수한 주관적인 차원에서 발생한다. 그러나 이러한 주관적인 경험에도 사회적, 윤리적 관점이 개입될 여지가 존재한다. 비록 미적 개념이 개인적인 영역이지만, 이를 도덕적 관점에서 언급하고자 하는 이유는 검도심판자에게 윤리적 문제가 개입되기 때문이다. 윤리적 내용은 검도관전자 및 검도실천자와 다른 검도심판자의 미적 체험의 내용을 구성한다.

저자는 검도심판자의 미적 체험의 특성을 기술미, 공통미, 절제미로 설명하고자 한다. 이는 검도심판의 미적 행위가 감각적 행위에서 출발하지만, 그 속에는 공통적인 윤리적 함의를 원초적으로 포함하기 때문이다. 이러한 사실을 앞에서 미(美)의 개념으로 설명하였다. 검도심판자의 미적 체험의 완성은 기술미, 공통미, 절제미에서 검도심판자의 아름다움을 스스로 경험해야 하고, 그 속에서 윤리적 행위가 아름다움을 만들어 내는 것이라고 확인해야 한다.

1) 기술미

넓은 의미에서 본다면 검도심판자의 행위는 선수 움직임에 대한 기술적 판단의 일부이다. 심판의 행위는 선수의 검도기술의 발휘에 대한 심판의 판단이 경기결과에 영향을 미치기 때문에 관전자나 선수에게 미적 가치를 발휘하는 주체이다. 즉 심판행위가 관전자나 선수에게 하나의 미적 대상이 된다. 물론 경기내용과 관련한 검도심판자의 판정은 자신에게 축적된 기술적 판단의 정도에 따라 달라질 수밖에 없다. 검도경기는 죽도를 서로 맞대고 일정한 거리에서 이루어지기 때문에 태권도나 유도보다 더 폭넓은 시야를 가져야 한다. 또한 상호간의 공방이 빠른 속도로 이루어지기 때문에 심판은 이와 관련된 검도기술의 습득이 반드시 필요하다.

여기에서 검도심판자의 기술미는 질적인 것과 양적인 것으로 나눌 수 있다. 질적인 측면은 검도에서의 한 판을 완벽한 기·검·체의 일치가 이루어지는 것으로 판정하는 것이다. 또한 심판기술미의 질적인 의미는 선수들의 기술에 심판자의 결정이 시간적으로 차이가 나지 않게 판정을 하는 것이다. 반면에 양적인 측면은 완벽한 검도에서 언급한 한 판인 것은 아니지만, 기·검·체 일치에 가깝다고 판정하여 한 판으로 인정하는 경우이다. 즉 심판기술미의 양적 판단에는 한 판이 된다는 개인적 판단이 개입된다. 운동감각에 대한 기반을 둔 즉각적인 판단이 아니라, 그 정도면 한 판이 된다는 생각을 기반으로 판정을 한다. 그러나

양적인 판단이 질적인 판단보다 정확하지 않은 판단이라고 단정해서는 안 된다. 검도판정은 적용의 대상에 따라 다를 수 있기 때문이다. 검도심판은 기·검·체의 일치라는 기준에서 공격 시의 강도, 검의 원리 모두에 맞는 한 판의 공격을 인정하지만, 초등부나 중등부, 청년부, 장년부 경기에서 세세한 심판기술의 적용은 다를 수밖에 없다.

2) 공통미

검도심판자는 검도선수의 모든 움직임을 판정한다. 선수움직임에 대한 심판판정은 개인의 미적 감정과는 다른 객관적인 움직임에 대한 미적 행위이다. 비록 심판판정에서 일어나는 미적 판단이 주관적인 판단에 근거하여 작동한다고 할지라도, 심판판정은 아무렇게 행해져서는 안 된다. 주관적인 미적 판단은 칸트의 취미판단에서 살펴보았지만, 이를 심판자의 미적 판단에 적용해 본다면 공통점과 차이점이 존재한다. 취미판단이 일체의 사심 없음의 상태에서 주관적인 판단으로 자신의 감정을 표출한다는 점에서는 같지만, 심판의 미적 판단은 모두가 인정할 수 있는 보편성과 타당성을 가져야 한다. 그렇지 않으면 다른 사람들에게 인정받지 못하고, 개인의 영역으로 축소된 판단으로 인식될 여지를 가진다. 따라서 심판자의 미적 판단은 개인적 영역을 넘어 관전자나 경기 참여자들로 하여금 공통미를 도출할 수 있어야 한다. 그렇게 해야만 심판판단의 행위는 정당성을 갖는다. 이러한 심판판단의 보편성을 갖기 위해서는 칸트가 『판단력 비판』에서 언급한 '성질', '분량', '관계', '양태'의 범주를 분석할 필요가 있다.[14] 이러한 범주 이해는 검

---

14 칸트는 질, 양, 관계, 양태로 취미판단을 분석하였다. 칸트에 따르면 취미판단에

도심판자가 가져야 할 판단행위의 정당성을 이해하는 데 도움이 된다. 저자는 검도심판자의 판단 행위에서 타당성과 정당성을 획득하기 위해서 칸트가 언급한 개념을 변용하여 설명하고자 한다.

'성질'과 관련하여 검도심판자는 검도경기에서 대한 자신의 심판의 행위가 주관적인 판단을 넘어 사심 없는 판단을 해야 한다. 오심이 아닌 편파판정은 검도경기에 대한 사심을 전제로 한다. 검도경기에서 올바른 성질의 심판판정은 선수움직임의 판정에 대해 검도심판자의 상상력에 의존하지 않는 판단이며, 선수와 심판의 동일한 운동감각에 근거해서 선수의 행위와 심판의 판정이 동시에 일어난 판정을 말한다.

'분량'의 의미에는 비록 검도심판자의 주관적인 판단일지라도 어느 정도 객관적인 양을 내포하고 있어야 한다. 정확한 기·검·체 일치에 의한 한 판이 심판판단으로 이어지기 위해서는 객관적인 타격의 강도에 대한 자신만의 기준이 있어야 한다. 물론 그 기준의 정도도 실업선수와 초등부 선수 간에는 공격강도의 차이가 있다는 사실을 인식해 심판판정을 다르게 적용할 필요가 있다.

'관계'의 의미는 선수들에 대한 심판판단의 행위가 합목적성을 가지고 있어야 한다. 구체적인 올바른 행위와 반칙의 경우에 대한 이론적 숙지를 하고 있어야 한다. 예를 들어 상대방의 몸에 칼이 접촉하는 상황에서 공격의 인정은 되지 않는다던지, 상대의 머리의 타격이 이루어졌다고 모두 한 판이 되지 않는 기·검·체 일치의 내용 등도 파악하고 있어야 한다.

심판자에게서 '양태'의 의미는 심판의 판단과 행동이 선수나 관객

서 취미는 "상상력의 자유로운 합법칙성과 관련하여 대상을 판정하는 능력"으로서 아름다운 것을 판정하는 능력을 말한다(백종현 역 해재, 2009: 31).

을 설득할 수 있는 객관적인 필연성을 가지는 것이다. 즉 관전자나 선수 모두가 심판의 판단이 옳다는 것을 인정하고 동의할 수 있는 근거를 가져야 한다. 그리고 단체 경기와 개인 경기에서 심판판정의 양태는 달라야 한다. 단체 경기에서는 무승부가 있기 때문에 자신의 팀이 이기고 있을 경우에 선수는 소극적으로 경기를 진행할 가능성이 높다. 이에 따라 심판은 소극적 행위에 대한 반칙을 줄 수 있는 용기를 가져야 한다. 심판자 자신이 가져야 할 공통감(각)[15]은 비록 주관적인 것이지만, 상황에 맞아야 한다. 또한 적극적인 검도심판의 행위는 관전자나 선수들로부터 보편적 동의를 얻어야 한다. 이외에도 심판자는 운동감각, 타격의 강도, 이론적 숙지, 엄격한 자세, 선수들의 움직임 등에 대해 공통감각을 가져야 한다.

3) 절제미

검도심판자가 관전자나 선수 등에게 미적 대상으로서 표출의 의미를 갖기 위해서는 절제미를 보여주어야 한다. 검도심판의 절제미는 아름다움 이외에도 선수들이나 관객으로부터 존경을 갖게 한다. 검도심판의 절제된 행위란 선수의 움직임과 같이 움직여야 하고, 심판의 행위로 양손에 있는 깃발을 들고 자신의 판정을 정확하게 표시하는 것이다. 또한 정확한 공격에 대한 주심 심판의 우렁찬 목소리와 부심 간의 시간 차이가 없는 판정은 또 다른 절제미의 모습이다. 공통미가 주관적인

---

15 공통감각이란 하나의 순전한 이상적 규범으로서, 이러한 규범의 전제 아래에서 사람들은 그 규범에 부합하는 판단과 그 판단에서 표현된 객관에 대해 만족을 하는 모든 사람의 규칙으로 삼을 권리를 갖는다(백종현 역, 2009: 242). 물론 검도에서 구체적인 공통감각이 무엇인가에 대한 차후의 논의는 필요하다.

미의 판정 기준이라면, 절제미는 공통미가 외형적으로 드러나는 미(美)
이다. 이러한 절제미란 "정도에 넘지 아니하고 알맞은 가운데 느껴지는
아름다움"을 말한다.16 절제미를 심판 판정의 행위에 적용하여 본다면,
편파판정의 감정이 개입되지 않은 당당한 판정자세에서 나오는 아름다
움이다. 검도경기에서 심판의 오심과 편파판정은 개인적인 문제를 넘
어서 윤리적인 문제를 제기한다. 경기에서 오심은 있을 수 있다. 하지
만 자신의 개인적 사심이 개입된 편파판정은 선수 개개인의 성적과 관
련된 문제뿐만 아니라, 검도관전자와 검도실천자로 하여금 근본적으로
검도수행에 회의감을 들게 하고, 궁극적으로 검도를 포기하는 동기로
작동할 수 있기 때문이다. 따라서 심판판정은 개인적인 차원에서 이루
어지지만, 판정이 관전자에게 전달되고 표현되는 차원을 고려한다면,
이는 주관적인 의미를 넘어서 사회적 보편타당한 윤리적인 의미를 갖
는다.

　　아름다움의 미학과 올바른 행위는 서로 다르지 않다. 이 두 가지는
미학과 윤리학의 출발점을 생각한다면, 서로 많은 유사점을 보여준다. 예
를 들어 아리스토텔레스는 기예(technē)를 "참된 이성을 동반해서 무언가
를 제작할 수 있는 일종의 품성상태"로 보았다.17 따라서 기예는 오늘날
기술 발휘의 의미로만 해석해서는 안 된다. 원래 기예에는 품성이 포함되
어야 한다. 이는 심판의 기술적 행위에 자신의 품성에서 출발해야 하는
윤리적 의미까지도 포함되어 있다는 의미이다. 미와 윤리적 선이 동일한
의미를 갖는다는 것은 앞에서 언급한 동양적 관점과 다르지 않다.

---

16 국립국어원 표준대사전(http://stdweb2.korean.go.kr/search/List_dic.jsp).
17 이창우, 김재홍, 강상진(2006: 210).

동양적 관점에서 심판자의 절제미에서 중요한 것은 심판자로서 흔들리지 않은 중용(中庸)[18]의 태도를 견지하는 것이다. "공자가 말씀하시기를 군자는 중용을 하고 소인은 중용에 반대로 한다."[19] 군자가 중용을 한다는 것은 때에 맞게 행동하는 것이며, 소인은 중용과 반대로 당당하지 못한 행동을 한다. 군자가 된다는 것 자체가 경기에서 올바른 심판자의 자세를 심판자 스스로 가다듬는 것과 같다. 예컨대 때에 맞게 행동한다는 것은 한 판이 되는 공격에 주저하지 않고 즉각적으로 심판의 행위가 이루어지는 것이다. 그러나 이러한 행위도 상황에 맞게 공격이 이루어졌는지, 즉 기·검·체 일치의 관점에서 한 판의 공격이라고 판단할 수 있는 근거를 가지고 있어야 한다. 중용이 되기 위해 때에 맞아야 한다는 것은 자신의 마음이 어느 한 쪽으로 치우치지 않는다는 것을 또한 보여 주어야 한다. 그때의 태도에서 검도관전자와 검도실천자는 검도심판자가 갖고 있는 개인적 품성, 즉 덕(德)을 엿볼 수 있다.[20]

---

18 『중용(中庸)』의 해석에서 주희(朱熹)는 중(中)의 의미를 편벽되지 않고 치우치거나 부족함이 없는 것으로, 변치 않음인 용은 평상함이다(中者 不偏不倚無過不及之名 庸 平常也)(성백효 역주, 2009: 81). 동양의 중용의 의미와 비슷한 논리를 아리스토텔레스의 중용의 의미에서도 보인다. 서양 중용의 의미인 mesotēs 는 "양쪽 끝으로부터 같은 거리에 있는 것"으로 정의한다. 그러나 동양에서 중용의 의미는 절대적 의미가 아니라, 상대적인 의미로 사용한다. 과도함이나 부족을 제거하며 편벽되지 않고 치우치거나 부족함이 없는 것(不偏不倚無過不及)로 설명한다(유원기, 2001: 135-136). 동서양의 중용에 대한 개념 전개와 유사점과 차이점에 대해서는 유기원(2001)을 참조. 검도에서 중의 단어를 적용한 중단은 단순히 가운데 중간이 아니라, 상대움직임에 따라 중단의 의미는 다를 수밖에 없다. 따라서 서양의 중용(means)과 동양의 중용(中庸)의 의미는 다르게 이해해야 한다.

19 仲尼曰 君子 中庸 小人 反中庸(성백효 역주, 2009: 86).

20 『중용(中庸)』에서 주희(朱熹)는 군자가 중용을 하는 까닭은 군자의 덕이 있고 또 능히 때에 따라 맞게 처하기 때문이다(君子之所爲中庸者 以其有君子之德 而又能隨時以處中也(성백효 역주, 2009: 86). 반면에 아리스토텔레스의 『니코마코스 윤리학(Nicomachean Ethics)』에서는 중용의 의미를 '지나침과 모자람이 없는 어떤

이상에서 살펴본 내용을 근거로 검도 심판자의 미적 체험을 도식화해보면 〈그림 4〉와 같다.

그림 4　검도심판자의 미적 체험의 구조

5. 검도심판자와 '검도의 감칠 맛'

검도심판자의 미학은 선수와 같이 경기에 참여하는 실천자 입장과 경기과정에 대한 판정을 해야 한다는 관전자인 심판자로서의 역할이 개입된 이중적인 의미를 가진다. 이에 따라 검도심판자의 미학은 검도실천자와 검도관전자의 역할을 구분해서 이해해야 한다. 검도실천자의 입장에서 검도심판자는 검도경기에서의 정확한 판정을 위해 선수들과 같은 운동감각을 갖고 있어야 하고, 선수의 한 판과 반칙에 대해 즉각적으로 파악할 수 있는 본질직관이 필요하다. 여기에 더해 검도관전자의 입장에서 검도심판자는 그 자신의 심판행위에 윤리적 타당성을 확보해야 한다.

검도경기에서 이중적인 검도심판자의 미학은 동양적인 맛을 표현

중간'의 개념으로 arete와 동일시한다(Aristotle, 1999: 1106b, 1108b, 1109a). 중용에 대한 동양과 서양의 차이는 미학의 설명에도 접근이 가능하다.

하는 '다시'21의 역할과 다르지 않다. '다시'는 그 자체로서 맛이 없지만, 다른 것과 섞이면 최고의 맛을 내는 역할을 한다. 검도심판자의 역할도 이와 다르지 않다. 검도심판자의 올바른 판정은 당연한 것이지만, 그 반대로 사심이 개입된 부정확한 판단은 선수나 관중들에게 검도에 대한 혐오를 갖게 만든다. 극단적으로는 검도경기에서 심판의 사심으로 인해 검도선수가 검도를 그만 두는 경우도 발생한다. 사심의 개입은 이익을 본 검도선수에게도 도움이 되지 않는다. 검도경기에서 사심을 통한 승리는 자신의 검도수행 정도를 파악할 수 있는 기회를 갖지 않기 때문이다.

검도심판자에게 '다시'의 맛을 내기 위한 전제는 심판판정에서 사심 없음의 태도이다. 검도심판자의 사심 없는 태도는 운동선수의 움직임에 대한 검도심판자 자신의 운동감각의 일치에 따른 판정이다. 이를 위해 검도심판자는 선수들과 같이 호흡하고 교감할 수 있는 능력이 있어야 한다. 검도심판자의 사심 없음과 즉각적인 운동감각의 일치에 따른 심판행위는 선수나 관중들에게 최고의 맛을 가져다준다.

검도실천자와 검도관전자 각자가 느끼는 미적 체험을 '검도 기감의 맛'과 '검도의 맛'에서 '검도의 멋'을 도출하는 것으로 표현된다면, 검도심판자는 검도경기에서 색다른 맛을 표출해야 한다. 저자는 이러한 색다른 맛을 '검도의 감칠 맛'22이라고 생각한다.

---

21 다시(だし, 出汁)는 멸치, 다랑어 포, 다시마를 삶아 우려낸 국물을 말한다(네이버 지식백과).

22 감칠맛은 단맛, 신맛, 쓴맛, 짠맛에 이은 다르게 다섯 번째 새로운 맛 이다. 중국어로는 선미(鮮味)라고 하며, 일본어로는 우마미(일본어: うま味), 영어로는 'savory taste'라고 한다. 감칠맛이라는 용어는 이케다 기쿠나(池田 菊苗에) 교수가 1908년 다시마의 감칠맛을 내는 물질이 글루탐산나트륨인 것이 발견하여, 감칠맛(umami)이라는 용어를 붙였다. 우마미(umami)는 umai(うまい: 맛있다)와 mi(味: 맛)를

검도미학에서 검도심판자가 갖는 미적 체험을 다음과 같이 요약하면서 이 장을 마치고자 한다.

첫째, 검도심판자의 미적 체험은 실천자로서 미적 행위의 주체와 관전자의 미적 요소인 미적 가치를 표출하는 이중적인 요소를 가진다. 심판자의 미적 체험의 시작은 감각적 행위의 기반에서 출발하지만, 그 속의 미적 행위는 윤리적 정당성을 가져야 한다. 즉 심판의 미적 가치의 표출 정도는 윤리적 정당성과 비례적 관계를 가진다.

둘째, 검도심판자의 주관적 미적 체험의 요소는 현상직관과 운동감각의 일치이다. 이를 위해서는 선수들의 움직임에 일어나는 검도현상에 대한 정확한 직관이 필요하다. 또한 심판판정에 편견이나 감정의 이입이 개입되는 여지를 차단할 필요가 있다. 선수들의 움직임에 대한 현상직관의 성립과 선수움직임에 대한 판정을 일치시키기 위해서는 선수들의 움직임에 대한 운동감각의 일치가 뒤따라야 한다. 이를 위해 검도심판자는 지속적인 검도수행이 필수적이다.

셋째, 검도에서 심판자의 미적 체험의 핵심은 기술미, 공통미, 절제미로 파악할 수 있다. 기술미는 선수움직임에 대한 기술적 판단의 일부분이다. 기술미는 완벽한 기·검·체 일치에 따른 검의 원리와 일정 정도 이상의 타격의 강도가 필요한 요소이지만, 그 대상들이 예를 들어 초등부, 중등부, 청년부, 장년부 등의 수준의 차이에 따라 기술미는 다르게 적용될 수밖에 없다. 공통미는 검도심판의 행위가 합목적적 의미를 가지기 위한 전제조건이다. 검도심판은 모두에게서 인정받을 수 있는 보편성과 타당성을 가져야 한다. 이를 위해 검도심판자는 검도심판의 행위를 '성질', '분량', '관계', '양태'의 범주로 나누어 이해할 필요가

조합한 말이다(https://www.foodprocessing.com /articles/2005/434/).

있다. 검도심판자의 절제미는 관전자나 선수들에게 미적 대상으로서 표출의 의미를 갖기 위해서 편파판정을 벗어난 중용의 자세를 가지는 것이다. 이는 심판자의 행위가 윤리적 자세를 포함하고 있음을 잘 보여준다.

PART

06

검도윤리

PART 06 검도윤리

공자는 네 가지를 전혀 하지 않았다. 즉 자기 마음대로 결정하지 않으셨고, 미리 정해진 것이 없고 단언하지 않으셨고, 고집하지 않으셨으며, 따라서 이기적이고 개별적인 주장을 하지 않았다(『논어(論語)』「자한(子罕)」, 子絶四: 毋意, 毋必, 毋固, 毋我).

예가 아니면 보지 말고, 예가 아니면 듣지 말고, 예가 아니면 말하지 말고, 예가 아니면 움직이지 말라(『논어(論語)』「안연(顏淵)」, 非禮勿視 非禮勿聽 非禮勿言 非禮勿動).

검도윤리는 검도가 지향하는 윤리적 이론 내용을 넘어 검도수행자에게 구체적인 실천적인 방법이 적용 가능한 내용을 제시해야 한다. 검도를 배운다고 저절로 인격이 형성되는 것은 아니기 때문이다. 진정한 검도윤리는 자신의 검도수행을 통해 배웠던 윤리적 경험이 검도과정이나 일상생활에도 적용 가능함을 설명해야 한다.

13장은 검도윤리란 무엇이고, 어떻게 이해해야 하는가?, 검도윤리의 이론적 근거는 무엇인지를 제시한다. 여기에서는 검도윤리의 지향점과 검도윤리의 이론적 토대를 어떻게 구현할 수 있는지 설명할 것이다.

14장은 검도윤리의 실천적 방법을 윤리적 노하우(ethical know-how)로 설명한다. 검도기술의 완성과 검도윤리는 서로 구분되는 것이 아니라, 상대를 의식하지 않는 자발적이고 자연스러운 움직임이 일상생활에서 그대로 적용되는 것이다. 이를 위한 실천적 방법을 검도행위와 관련된 경험, 반성, 무아(無我)의 내용 중심으로 검토한다.

Chapter

13

검도윤리의 의미와 이론적 토대

1. 검도윤리의 시작

검도윤리란 무엇인가? 검도윤리의 지향점으로 자주 언급되는 문장은 예로 시작해서 예로 끝난다, 즉 예시예종(禮始禮終)이다. 이 용어는 검도수행 자체가 근본적으로 윤리적 문제와 떨어질 수 없음을 보여준다. 그러나 검도의 예(禮)를 배운다고 해서 실생활에서도 예(禮)가 그대로는 적용된다는 보장은 없다. 예시예종을 한다는 진정한 의미는 도장에서 배운 예(禮)가 일상생활에서도 실천적으로 적용되고 행동으로 드러나는 것에 있다. 우리는 검도수행자와 관련된 비윤리적인 행위를 안다. 예를 들어 검도 6단 관장의 자신의 일가족 살인사건[1]과 검도 국가대표 감독이 성폭행 사건으로 영구 제명된 경우가 그것이다.[2] 그들은

---

1 http://www.hankookilbo.com/News/Read/201808281473070152

20-30년 정도의 검도수행을 하였다. 여기에서 우리는 그들의 오랜 검도수행이 일상생활에서 윤리적 행위의 정당성을 담보하지 않음을 알 수 있다. 물론 그들의 비윤리적 행위가 개인적인 일탈의 문제라고 돌릴 수도 있다. 검도에서 예를 배우는 것과 일상생활에서 윤리적 행위로의 전환은 또 다른 차원의 노력이 필요하다는 일각의 지적도 있을 수 있다.

하지만 오랜 검도수행이 비윤리적인 행위로 나타나는 현상을 어떻게 이해해야 하는가? 개인적 상황, 환경, 문화가 검도수행자의 윤리적 태도에 영향을 줄 수도 있지만, 근본적으로 자신의 검도수행이 검도나 일상생활에서 어떤 형태로 윤리적 태도와 인격형성을 할 수 있는지에 대해 질문을 던져야 한다. 검도를 배우는 목적으로 인격완성을 지향한다면, '검도수행은 인격을 형성한다'는 구호보다 검도수행자가 어떻게 해야 검도수행의 결과가 일상생활에서 인격적 태도로 드러낼 수 있는지 알고 있어야 한다. 그렇지 않으면 '검도수행은 인격형성에 도움이 된다'는 구호에 그치게 된다. 검도윤리와 관련하여 검도수행자는 자신의 검도수행이 검도의 영역 이외에도 일상에서 어떻게 윤리적 행위로 이어질 수 있는지, 그 실천적 방법이 자신에게 어떻게 적용될 수 있는지 알아야 한다. 검도윤리란 검도에서 배운 예(禮)가 검도의 영역을 넘어 일상생활에서도 그대로 적용될 수 있는 이론과 실천적 과정을 체계적으로 설명한 것에 지나지 않는다.

검도윤리와 관련된 학문적 논의는 검도에서의 덕윤리 관점,[3] 검도지도자의 윤리적 리더십,[4] 검도철학에 내재한 가치에 따른 윤리적 실천

---

2 http://www.ilyoseoul.co.kr/news/articleView.html?idxno=243758
3 이상호, 이동건(2010)
4 김형룡, 김영학(2020)

행위와[5] 그리고 일본 무사와 관련된 예의(禮儀)의 주장 등이 있다.[6] 하지만 기존 검도윤리의 연구는 검도가 지향해야 하는 윤리적 의미에 초점을 맞추어 설명해 왔다. 이는 검도윤리의 이론적 근거와 구체적인 실천적 방법까지 결합된 논의의 부족으로 이어지게 되었다. 따라서 본 장에서는 저자가 생각하는 검도윤리란 무엇이고, 검도윤리의 이론적 근거와 실천적 방법의 통일이라는 관점에서 검도윤리를 제시하고자 한다. 비록 담론적 수준의 개인적인 관점이라는 비판이 제기될 수 있지만, 누군가는 검도윤리와 관련된 이론과 구체적인 실천 방법까지 포함된 내용을 제시해야 한다. 그래야 이것을 토대로 다른 연구자가 저자의 검도윤리 내용을 비판, 수정, 확장할 수 있을 것이다.

일반적으로 동양무도는 자기반성, 수행을 통한 존경, 용기 등의 내재적 가치를 주장하고 이를 습득하기 위해 몸의 수행에서 윤리적 태도를 강조한다.[7] 그러나 한발 더 들어가면 윤리적 의미를 갖기 위해서는 왜 자기반성과 용기가 필요하며, 그것을 위한 몸의 수행이 어떠해야 하는지의 논리적 해명이 뒤따라야 한다. 무도수행이 윤리적 행위로 전환되는 과정을 이론적으로 제시하지 못하고, 수행자로 하여금 실천의 타당성을 획득하지 못하게 한다면, 무도수행의 윤리적 가치와 내용은 공허한 메아리에 지나지 않는다.

따라서 검도윤리는 '예로 시작해서 예로 끝난다'는 당위론이나 목적론을 넘어, 검도에서 배운 예(禮)가 어떻게 일상생활까지도 자연스럽게 확대하여 적용할 수 있는지 실천적 방법까지 포함된 설명에 초점을

---

6 양경미, 권만규 역(2006).
7 김상범(2018).

맞추어야 한다. 이를 위해 먼저 검도윤리란 무엇이며, 어떻게 검도윤리를 이해할 것인가에 대한 개략적인 설명을 하고자 한다. 그 이론적 전제 하에서 저자가 생각하는 검도윤리의 실천적인 내용과 방법을 제시하고자 한다.

2. 검도윤리의 이해와 내용

그렇다면 검도윤리란 무엇인가? 하나의 학문적 체계를 갖춘 검도윤리학이 형성되어 있지 않은 상황에서 개인적인 윤리적 관점에 따라 검도윤리의 내용이 다르게 기술될 여지도 존재한다. 따라서 저자는 먼저 기존 검도에서 언급된 예시예종(禮始禮終)과 활인검(活人劍)의 관점에서 검도윤리가 지향해야 할 내용과 의미를 도출하고자 한다.

1) 검도윤리의 이해

윤리의 사전적 의미는 좁은 의미의 "사람으로서 마땅히 행하거나 지켜야 할 도리"와 넓은 의미의 "인간 행위의 규범에 관하여 연구하는 학문" 두 가지이다.[8] 윤리의 사전적 정의에 따라 검도윤리도 두 가지로 설명이 가능하다. 첫째, 검도윤리는 검도수행자가 마땅히 행하거나 지켜야 할 도리가 무엇인지를 찾아 설명하는 것이다. 이러한 검도윤리에는 검도경기나 검도수행의 영역을 넘어 일상생활에서 적용이 가능한

---

8 반면에 도덕은 "사회의 구성원들이 양심, 사회적 여론, 관습 따위에 비추어 스스로 마땅히 지켜야 할 행동 준칙이나 규범의 총체"(국립국어원 표준국어대사전).

실천적 윤리이론까지도 포함한다. 둘째, 학문적 관점에서 검도윤리는 검도움직임과 관련된 행위의 규범이 어떻게 작동되는지에 대한 체계적인 내용의 제시이다. 학문적 영역으로 검도윤리를 규정하고 일관된 체계로 설명하기란 쉬운 일이 아니다. 검도윤리의 학문적 내용과 완성을 위해서는 많은 연구자들의 학문적 비판과 검토를 통해 인정을 받아야 하기 때문이다. 이 모든 것은 저자의 능력을 벗어난다. 따라서 저자는 첫 번째의 입장에서 검도과정과 일상생활에서 검도수행자가 지켜야 할 윤리적 태도와 그에 따른 실천적 타당성의 방법 제시에 한정하여 설명하고자 한다.

검도와 윤리라는 각각의 단어가 갖는 개념과 그들 간의 관계 속에서 검도윤리에 대한 긍정과 부정의 의미를 도출할 수 있다.

먼저 검도에 대한 윤리의 부정적인 관점이다. 검도는 외형적으로 보면 옳고 그름을 다투는 윤리적 문제와는 상관없어 보인다. 검도는 상대를 죽이고 자신이 살기 위한 생존 기술이기 때문에 그 속에서 윤리적 개입은 자신의 생명을 담보해야 하는 위험한 행위가 된다. 이러한 사실은 검도에 윤리적 의미를 부여할 수 없다는 입장과 연결된다. 그러나 검도윤리의 부정적인 관점에도 시간의 경과에 따라 새롭게 긍정적인 윤리적 의미가 추가된다. 검도에서 윤리적 태도는 자신의 생존이 목적이라면 방해가 되지만, 살인이 정당화되지 않는 시대적 상황 변화가 검도에 새로운 윤리적 태도를 요구한다. 즉 뛰어난 살생의 기술을 추구하는 검도수행이 자신의 욕망, 욕구의 통제 수단이 됨으로써 인격형성이나 극기복례의 윤리적 태도를 요구하게 된 것이다. 이러한 과정 변화는 원래 무(武)의 원래 개념이 살생이지만, 시대적 요구에 따라 평화라는 개념으로 전환된 것과 다르지 않다고 1장에서 지적하였다. 시대적 변화와 요구에 맞게 검도에 더해진 윤리적 의미를 가장 잘 보여주는 단어가 예시예종(禮始禮終)이다.

반면에 검도윤리의 긍정적인 관점도 존재한다. 검도를 죽이고 사는 생존의 문제로 바라본다면 윤리적 관계가 필요 없지만, 인간은 삶과 죽음에 근원적인 질문을 던진다. 예를 들어 죽이는 행위 중에도 인간 본연의 마음에는 측은지심(惻隱之心) 또는 시비지심(是非之心)의 윤리적 태도가 존재한다. 오늘날 일부 검도수행자들은 검도경기에서 윤리적 문제와 관계없이 이기기만 하면 된다고 생각하지만, 그로 인해 일어나는 비윤리적 행위는 결코 관객이나 심판으로부터 인격적으로 존중받지 못한다. 승리를 추구하는 경기에서도 근본적인 윤리적 문제가 개입된다는 것을 검도수행자는 잘 알고 있다. 또 다른 긍정적 검도윤리의 태도는 활인검(活人劍)의 의미와 연결된다. 비록 검도의 시작이 살인검을 지향한다고 할지라도, 그 살인검을 사용하는 사람도 본래 착한 품성의 씨앗을 가지고 있다는 사실이다. 검도수행에서 윤리적 의미의 활인검을 발견하는 것은 쉽지 않다. 그러나 검도수행자의 칼 사용에서 인간이 본래 갖고 있는 내재적인 착한 본성의 의미를 발견하느냐 그렇지 못하느냐는 자신의 검도수행의 방향에 중요한 영향을 미친다. 저자가 생각하는 검도윤리는 검도의 영역을 넘어 일상생활에서의 예시예종(禮始禮終)의 실천과 이를 위한 인간 본연의 착한 성품을 발휘하는 활인검(活人劍)의 실천에 있다.

2) 예시예종의 검도윤리

외형적으로 보면 검도기술은 비윤리적 속성을 갖는다. 자신의 생존을 위해 상대보다 빠르게 칼의 기술을 사용하는 상황에서 예(禮)의 자세는 자신의 생명을 담보로 하는 위험한 행위이다. 따라서 검도윤리는 더 이상 살생이 허용되지 않는 시대적 상황에서 인위적으로 만들어진 것으로 이해해야 한다. 검도를 인격형성의 수단으로 설명하기 위해서 과거 검도수행자는 동양적 사상의 하나인 예(禮)의 개념을 차용하였다. 이것을 가장 잘 보여주는 단어가 예시예종이다.

예시예종의 의미를 좀 더 잘 파악하기 위해 예(禮) 단어의 역사적 변천과정을 검토해보자. 여기에서 우리는 예의 개념이 어떻게 검도윤리에 적용 가능한지 엿볼 수 있다. 『설문해자(說文解字)』에 따르면 "예는 실천하다(履). 그리고 예(禮)란 본시 고대 복을 받기 위해 귀신을 섬기기 위해서 재단에 곡식을 올린다는 의미이다. 즉 귀신의 의미인 기(示)와 풍요의 의미를 갖는 풍(豊)자로 구성된 글자이다."9 고대에서 예는 인간이 귀신으로부터 복을 받기 위한 수단으로 제단에 곡식을 올리는 실천적인 행위에서 시작하였다. 그러나 시대적 흐름에 따라 곡식을 올리는 행위가 관혼상제나 인간들 사이의 형식적 관계로 확대 적용되면서, 단순히 복을 받기 위한 형식적인 예(禮)의 행위가 인간이 지켜야 할 추상적인 도리(道理)의 개념으로 확대되어 지금의 예(禮)로 자리매김되었다. 여기에서 우리가 파악할 수 있는 예(禮)의 의미가 개인의 역할을 넘어, 시대적 가치를 유지하기 위한 방편으로 우리 의식에서 인위적으로 만들어낸 것이 아니라는 사실이다. 반대로 예(禮)는 풍요로운 일상생활의 유지라는 개인의 경험에서 사회적 관계 유지를 위해 지켜야 할 태도의 확대로 전개되었다. 이러한 예(禮)의 개념 확장을 가장 잘 보여주는 경우가 육예(六藝)10의 하나인 활쏘기에 보인다. 활쏘기의 예

---

9 『說文解字』禮, 履者. 所以事神致福也, 從示從豊.

(禮)는 주어진 상황에 따라 학자들마다 다양한 해석이 가능하지만, 시대적 상황에 맞게 군자가 지향해야 할 생각이나 태도로 설명하고 있다는 점에서는 같다. 그 내용은 다음과 같다.

첫째, 활쏘기는 과녁을 뚫거나 둥지에 자는 새는 겨냥하지 않는다.[11] 활쏘기 경쟁은 먼저 상대에 대한 예의 자세를 갖추고 자신의 활쏘기 수준을 파악하는 기회로 삼아야 한다. 군자의 입장에서는 활쏘기를 자기 수행의 관점에서 과녁을 뚫어 살생을 잘하기 위한 수단으로 생각하지 않았다. 풍요로운 일상의 생활유지에서 군자의 살생은 받아들이기 어려운 것으로 인식하였다. 이러한 활쏘기 태도는 그 당시 활쏘기를 군자가 지향해야 할 보편적 자기반성의 수단으로 이해하였기 때문이다. 인격완성을 지향하고자 하는 군자의 관점에서 본다면, 활쏘기의 목적이 살생에 있지 않음을 잘 알 수 있다. 앞에서 언급한 예(禮)가 평화로운 일상의 생활유지의 의미를 갖는다면, 살생의 금지는 당연하다.

이러한 활쏘기 예(禮)는 검도에도 적용이 가능하다. 오늘날 검도는 단지 기술로 상대를 이기는 것에 목적을 두지 않아야 한다. 검도경기에서의 승리가 중요하지 않다는 것을 말하는 것이 아니다. 검도경기에서 승리를 위해서라도 이기는 것에만 목적을 두면 안 된다는 것이다. 검도

---

10 『주례(周禮)』에 육예는 예(禮, 예의범절), 악(樂, 음악), 사(射, 활쏘기), 어(御, 말타기), 서(書, 서예), 수(數, 수학)로 설명한다.

11 『논어(論語)』「팔일(八佾)」射不主皮 爲力不同科 古之道也(활쏘기 경기에서는 화살이 가죽의 과녁을 꿰고 지나는 것으로 우열을 가리지 않는다. 사람마다 힘이 다르기 때문이다. 이것은 옛날의 활쏘기의 도이다. 그리고 「술이(述而)」 26 釣而不網 弋不射宿(낚시질은 해도 그물은 치지 않았고 주살로 잠자는 새는 쏘지 않았다). 비록 춘추시대에 화살이 과녁을 뚫는 것이 사회적 분위기였지만, 동양의 덕의 윤리적 관점은 서구의 덕 윤리학인, 즉 아리스토텔레스가 완전한 화살의 기능을 발휘하여 표적을 맞추고 관통하는 점과 비교된다. 이점에서 동양적인 덕(德)은 서구의 덕 이론(virtue theory)과 일정 부분 다르다. 이와 관련해서는 8장을 참조.

는 승부를 넘어 검도하는 것 자체에 의미를 두어야 한다. 승리 자체에만 목적을 두면 자신의 자연스러운 움직임을 방해해서 승리로도 이어지지 않는다. 검도수행자는 살생이 허용되지 않는 상황에서 끊임없는 자기반성을 통해 자신만의 검도 길을 찾아야 한다. 그 길에서 외형적인 승리도 중요하지만, 검도수행자의 올바른 마음가짐이 검도에 투영된다는 사실을 경험으로 확인해야 한다. 예컨대 검도에서 승부를 초월하는 자세가 역으로 검도경기에서 승리로 이어질 수 있음을 경험하고, 그 경험이 일상생활에서도 그대로 적용 가능함을 스스로 확인해야 한다.

둘째, 활쏘기 경쟁에서 이기고 지는 승부가 개입되더라도 거기에는 상대를 존중하는 예의 자세나 태도가 포함되어 있어야 한다.12 활쏘기 경기에서 승부의 결과에 대한 태도를 타인에게 바로 드러내어 상대 감정을 상하게 하지 말아야 한다. 상대를 이기고자 하는 마음이 드러나면 자신뿐만 아니라, 상대의 감정을 상하게 한다. 상대를 존중하지 않는 자세는 자신의 오만과 과욕이 개입됨으로써 자신의 자연스러운 움직임에도 방해가 된다. 검도경기에서 공격이 성공한 이후 승리의 과격한 표현이나 행동이 따른다면 그 공격은 반칙의 행위로 간주되고, 심판은 득점을 인정하지 않는다. 상대를 배려하지 않는 검도는 단순한 칼싸움에 지나지 않기 때문이다. 검도경기에서 상대를 이기는 대상이 아니라, 존중의 대상으로 대하여야 한다. 서로 존중하는 검도경기가 관전자로 하여금 아름다움을 만들어 낸다. 여기에 검도경기의 결과는 중요하지 않

---

12 『논어(論語)』「팔일(八佾)」君子無所爭. 必也射乎, 揖讓而升, 下而飮 其爭也君子 (군자는 경쟁하는 것은 없으나 경쟁을 한다는 측면에서 활쏘기로 경쟁을 한다. 군자는 경쟁을 할 때에도 서로 온화하게 예를 취하고 활을 쏘고 나서 이긴 자가 부드럽게 예의 태도를 취하면 진 쪽이 술을 마신다. 이와 같이 경쟁을 하는 사람이 군자이다).

다. 자신이 갖고 있는 검도기술을 완벽하게 발휘하기 위한 최선의 태도가 보는 사람들에게 승부의 결과를 넘어서는 만족감을 가져다준다.

검도의 예(禮)는 국가에 대한 예(禮), 사범에 대한 예(禮), 상호 간의 예(禮), 경기에서 예(禮)가 있다. 그러나 이러한 예(禮)의 자세와 내용이 너무 형식적인 의미로 치우쳐서는 안 된다. 형식적인 예(禮)의 강조는 추상적이고 권위주의적인 태도로 흐를 가능성이 높다. 예(禮)는 위치가 낮은 사람이 윗사람에게 취하는 일방향적인 것이 아니라, 위치와 관계없이 서로를 배려하고 존중하는 자세가 필요하다. 사범에 대한 예(禮)는 필요하지만, 역으로 사범도 일반 검도수행자에게 지켜야 할 예(禮)가 있다. 초보 검도수행자와의 대련에서 오랜 검도수행자는 검도기술을 발휘할 때 상대를 배려한 검도기술이 발휘되어야 한다. 초보 검도수행자에게 잘 맞아주는 것도, 즉 상대의 검도 수준에 맞게 대련하는 것도 검도의 올바른 예(禮)의 또 다른 자세이다.

셋째, 활쏘기를 할 때 나아감과 물러감이 예(禮)에 맞아야 한다. 마음을 바르게 하고 몸을 곧게 한 후 활과 화살을 잡아야 한다. 또한 그 행위가 격식에 맞고, 그 이후에야 과녁에 맞추는 것을 말할 수 있으니 그 곳에서 우리는 덕행(德行)을 엿볼 수 있다.[13] 여기에서 활쏘기의 행위는 군자가 되기 위한 인(仁), 즉 인간됨(human becoming)의 완성을 위한 구체적인 행동 과정을 요구한다. 군자는 활쏘기 자체가 목적이기보다는 이를 자기반성의 기회로 삼는다. 더욱이 몸을 바르게 한 후에 발사해서 과녁을 맞히지 못하더라도 자신을 이긴 자를 원망하지 않고 돌이켜서 자신에게 구할 뿐이다.[14] 활쏘기 이전에 마음을 바르게 하고 몸

---

13 『예기(禮記)』「사의(射義)」, 射者 進退周還必中禮 內志正 外體直 然後持弓矢審 固 持弓矢審固 然後可以言中 此可以觀德行矣.

을 곧게 한다는 것은 자신의 내적인 욕망과 욕구를 다루기 위해 필요한 자세이다. 이러한 태도는 경기의 승패가 상대에 있기보다는 자신에게 있음을 보여준다. 개인적 관점이지만, 저자는 검도경기에서 의식적으로 상대를 생각하기보다는 자신의 몸이 바르게 하고 있는지, 나의 어깨에 힘을 빼고 있는지, 왼쪽 다리의 오금을 펴고 있는지, 자신의 마음에서 일어나는 헛된 생각이나 욕망을 잘 통제하고 있는지 등을 스스로에게 질문한다.

오늘날 검도수행자는 검도수행의 과정을 통해 자신을 반성할 수 있는 기회로 삼아야 한다. 검도는 올바른 자세와 마음의 평정심을 위한 끊임없는 자기 반성의 무도이다. 자기 반성 없는 인격완성은 이루어지지 않는다. 인격은 상대를 공격하는 데 초점을 두기보다는 그 공격을 하는 자신의 자세가 바른지에 집중하고, 그 때 자신의 감정이나 욕망을 조절하는 과정에서 만들어진다. 그것이 저자가 생각하는 검도가 갖는 예(禮)라고 생각한다. 예(禮)는 상대를 향하는 것이 아니라, 검도하는 자기 자신에게 반성의 과정을 통해 스스로 만들어가는 과정이라고 생각한다.

검도는 무작정 죽도로 상대를 공격하여 때리고 승리하는 것이 아니다. 그것은 검도라기보다 막대기의 싸움에 지나지 않는다고 하였다. 기·검·체의 검리(劍理)에 맞게 상대를 공격하거나, 올바르게 맞아 주는 것도 상대에 대한 올바른 예의 표현이다. 검도수행자는 검리(劍理)에 맞는 상대의 공격에서 상대수행자의 검도에 대한 예를 느낄 수 있다. 예컨대 상대가 공격을 하는 순간, 상대가 물러가는 순간, 상대의 공

---

14 『예기(禮記)』 「사의(射義)」, 射者 仁之道也 射求正諸己 己正而後發 發而不中則不怨勝己者 反求諸己而已矣.

격이 다하는 순간, 상대가 더 이상의 방어를 할 수 없는 순간에 공격을 하는 것은 검도가 갖는 예(禮)의 또 다른 표현이다. 검도수행자에게 의미 없는 공격의 한 판과 검리(劍理)에 맞는 검도의 한 판이 주는 느낌이 다르다는 것은 주지의 사실이다.

이와 같이 검도윤리가 지향하는 예시예종의 완성은 자신의 검도수행에 많은 것을 가르쳐 준다. 여기에서도 간과하지 말아야 할 것이 있다. '검도는 예를 지켜는 무도이다' 또는 '검도는 예로 시작해서 예로 끝난다'는 언어의 주장으로 끝내서는 안 된다. 검도수행은 예시예종을 실천함으로써 자신의 생각과 태도가 변할 수 있어야 하고, 그것을 기반으로 한 자신의 변화된 태도와 행동이 자신뿐만 아니라, 공동체에 도움이 될 수 있음을 스스로 경험해야 한다. 즉 '검도윤리는 예라는 가치를 갖는다'라는 객관적이고 서술적인 윤리적 내용보다는 검도수행자 자신이 검도에서 배운 예(禮)가 현실에서 어떻게 실천적으로 실현될 수 있는지, 그 경험을 어떻게 채워나가야 하는지에도 관심을 가져야 한다. 극단적인 주장이지만, 자신의 일상생활에서 적용되지 않는 예(禮)는 의미가 없다. 검도수행자는 검도수행에서 배웠던 예의 태도가 검도의 영역을 넘어 일상생활에서 자연스럽게 즉각적으로 적용될 수 있어야 한다. 우리가 이른바 현자(賢者)라고 하는 사람들은 올바른 윤리적 의미가 무엇인지 아는 것을 넘어 자신의 윤리적 행위를 즉각적으로 실천한 사람이다. 따라서 검도윤리에서 진정한 예시예종의 의미는 검도행위자가 검도윤리를 아는 것을 넘어, 자신의 행위 자체가 일상생활에서 자연스럽게 예(禮)로서 실천되는 것에 있다.

3) 활인검의 검도윤리

검도가 원래부터 윤리적 의미를 가지고 있음은 활인검으로 설명이 가능하다. 칼은 사람을 죽이는 도구이지만, 반면에 살릴 수 있는 중요한 수단이기 때문이다. 더 많은 생명을 살리기 위해 살생이 정당화될 수 있다는 점에서 검에 윤리적 가치가 부여된다. 이러한 활인검의 의미는 검도수행자 자신에게 근본적인 검도의 행위에 질문을 던진다. 검도수행자가 검도수행 과정에서 살인검과 활인검을 어떻게 이해하고 적용하느냐에 따라 자신의 검도수행의 가치와 윤리적 의미는 다르게 다가온다. 더 이상 살생이 정당화되지 않는 상황에서 활인검은 새로운 검도윤리의 의미를 요구한다. 즉 검도수행자는 칼이 갖는 살생의 비윤리적 본질을 검도수행 과정에서 활인검으로의 윤리적 태도로 전환, 확장하고 그것을 경험해야 한다.

활인검에 보인 윤리적 가치의 확장은 칼의 본질, 칼의 정당성, 칼의 활용 3가지 관점에서 검도수행자는 스스로 경험을 해야 한다.

첫째는 활인검에서 보인 칼의 본질적 이해이다. 칼의 본질이 상대의 생명을 뺏는 것이라면, 살인검에서는 윤리적 정당성을 찾을 수 없다. 주어진 조건과 환경에 따라 살인검이 활인검으로 변화할 수 있는 이유는 인간이 인간 본연의 생명에 대한 존중의 태도를 갖기 때문이다. 그 하나의 경우로 우리는 인간 본연의 측은지심(惻隱之心)을 외면할 수 없다. 맹자(孟子)는 "사람이라면 누구나 아무것도 모르는 어린아이가 우물가에서 기어 다니다가 우물에 빠지려는 것을 보면 놀라고 측은한 마음이 들 것이다"[15]고 하였다. 이것은 인간 본연의 마음이며 인간됨

---

15 『孟子』「公孫丑章句上」. 今人乍見孺子將入於井, 皆有怵惕惻隱之心.

(仁)의 단초라고 설명한다. 그러나 측은지심을 안다는 것만으로 윤리적 문제가 해결되지는 않는다. 진정한 윤리적 인간은 자신의 인간 본성을 토대로 자신의 윤리적 행동이 자연스러운 움직임으로 드러나야 한다. 우리가 하나님, 공자, 석가모니를 위대한 현자라고 부르는 이유는 그들이 인간 본성에 대한 이해를 바탕으로 타인에게 자연스럽게 행동한 사람들이기 때문이다. 그들의 인간에 대한 사랑과 동정심은 자신과 관련된 영역을 넘어 더 넓은 세계로 확장되었음을 보여준다. 결국 검도수행자는 검도수행에서 얻은 측은지심의 윤리적 태도가 검도의 영역을 넘어, 일상생활에서도 확장시켜야하고, 이를 자신이 경험해야 한다.

활인검과 관련된 측은지심의 윤리적 이해의 확장은 상대에 대한 기본적인 배려와 존중의 태도에서 출발해야 한다. 예컨대 오랜 검도수행자가 초보 검도수행자와 대련을 할 때 자세도 자신이 처음 검도를 시작할 때를 생각하면서 측은지심의 마음으로 임하는 것이다. 오랜 검도수행자는 초보 검도수행자와의 대련이 시간낭비이며, 자신의 검도실력에 도움이 되지 않는다고 회피해서는 안 된다. 검도수행자 자신도 초보의 시절이 있었음을 외면해서는 안 된다. 검도에서 상대를 존중하는 태도로 임하는지 그렇지 않은지 말하지 않더라도 검도수행자들은 잘 안다. 이러한 예의 확장은 검도기본기를 배우는 과정과 다르지 않다. 검도수행의 과정에서 가장 중요한 것은 검도기본기이다. 검도기본기를 어떻게 배우고 수행하느냐에 따라 검도실력이 좌우될 수밖에 없다. 기본기는 초보자뿐만 아니라, 고단자 선생님들도 항상 연습한다. 그 이유는 검도에서 기본기 없는 검도기술 습득은 결코 이루어지지 않기 때문이다. 따라서 예(禮)의 확장을 검도기본기의 습득과정으로 접근하면 이해가 쉬울 것이다. 검도기술의 완성도 기본기가 전제로 깔려 있어야 가능하듯이, 검도에서의 예(禮)의 완성도 측은지심이라는 깊은 인간 본성의 이해에서 출발해서 일상생활에서 완성해야 한다. 이러한 인간 존중의 태도는 동료 상호 간의 예(禮)로, 사범과 스승에 대한 예(禮)로, 그리고 국가에 대한 예(禮)로 확장되어야 한다. 그리고 상호존중의 태도는 검도장이나 검도경기의 영역을 넘어서 일상생활의 공간과 사회의 영역으로 확장이 되어야 진정한 윤리적 활인검이라 할 수 있다.

둘째는 활인검에서 보인 칼 사용의 정당성과 관련된 이해이다. 이는 검이 갖는 수단으로서의 활인검이다. 살인검도 혼란스러운 세상을 바로잡기 위해 사용된다면, 비록 사람을 죽이는 살인검이지만 활인검이 된다.16 칼의 정당성은 자신이나 가족, 사회, 국가를 지키기 위한 특정한 상황에서 허용된다. 오늘날 칼로서 누군가의 생명을 빼앗는 것은 정당화될 수 없는 상황 속에서 활인검은 칼 사용의 정당성을 확인할 수 있는 기회로 삼아야 한다. 활인검에 따른 행위의 정당성을 얻기 위해서라도, 검도에서 칼 사용의 윤리적 정당성의 확보는 바른 칼의 사용에 있다. 상대와 경기를 할 때 자신의 죽도가 칼이라고 생각해보자. 죽도로 생명을 빼앗을 수는 없지만, 그 죽도를 칼이라고 생각하고 운영해서 아름다운 한 판을 만들어 내는 것이 죽도로 대변되는 칼이 가진 정

---

16 『벽암록(碧巖錄)』에서는 살인도(殺人刀)와 활인검(活人劍)으로 설명하고 있다 (안동림 역주, 1999). 불교적 관점에서 살인도는 번뇌 망상을 잘라내어야 한다는 것으로, 활인검은 번뇌 망상을 벗어나 깨달음의 태도로 살아가는 것을 말한다. 그러나 그 책에서는 왜 살인검이 아니고 살인도라고 하였는지는 정확하게 설명하지는 않는다. 다만 도(刀)는 한쪽 날이 있으며, 검(劍)은 양쪽으로 날이 있다. 전자가 베는 것이라면 후자는 찌르는 것이 주목적이다. 한칼에 마음의 욕망을 제거해야지 찌른 것으로 해결할 수 없다는 점에서 도(刀)라고 사용한 것이라 생각한다. 따라서 일도양단(一刀兩斷)이라고 하지 일검양단(一劍兩斷)으로 하지 않는다. 불교에서 사용된 은유적인 표현의 살인도와 활인검의 의미가 검도에 어떻게 적용되어야 하는지는 중요한 연구과제이다.

당성이다. 죽도는 상대의 생명을 빼앗을 수 없지만, 진검이라고 생각하고 검도수행, 대련, 경기에 임해야 한다. 죽도를 칼이라고 생각한다면 함부로 공격하고, 그 속에서 칼의 정당성을 가질 수 없다. 진검이라 생각해도 죽도의 공격으로는 죽음으로 이어지지 않기 때문에 검도수행에서 바른 칼의 운용으로 자신의 당당한 윤리적 태도를 경험하고 인식하는 계기로 삼아야 한다. 즉 검도수행자는 검도수행의 과정에서 당당한 태도로 하늘과 땅에 부끄러움이 없는 호연지기(浩然之氣)의 자세로서 검(劍)의 정당성을 스스로 경험해야 한다. 상대를 다치게 하거나 기분을 상하게 하는 것은 살인검이지 활인검이 아니다. 검도수행자는 상대의 바른 검에 맞으면 기분이 상하기보다는 반대로 감탄과 즐거움을 가져다준다는 사실을 잘 안다.

셋째는 활인검에서 보인 칼 활용에 대한 이해이다. 이는 검을 내면적 마음의 연장 수단으로 인식하는 것이다. 검도수행에서 활인검의 진정한 의미는 자신의 욕구나 욕망을 극복하고 경험하는 것이다. 즉 칼을 자신의 욕망, 욕구, 감정 통제를 위한 도구로 파악해야 한다. 자신의 욕망을 극복할 수 있는 방법은 다양하다. 활인검에서 활(活)의 '살아 있다'라는 의미는 자신의 생각과 사고가 특정한 것에 얽매이거나 집착하지 않는 상태를 의미하며, 이때의 활인검은 곧 자연스러운 인격으로 드러난다. 자연스러움은 상대를 이겨야겠다는 의도나 감정을 갖지 않을 때 가능하다. 따라서 칼의 활용과 관련된 활인검의 윤리적 태도는 자신이 갖고 있는 내면적 생각, 감정, 욕망 등을 버리기를 요구한다.

요약하면 저자가 주장하는 검도수행자가 가져야 할 검도윤리의 이론적 토대는 예시예종과 활인검을 통한 윤리적 태도의 경험이다. 전자는 검도윤리가 갖는 예의 외면화 과정이라면, 후자는 예의 내면화 과정이다. 검도윤리의 외면화는 검도 본(本)과 다양한 검도기술의 수행에서 배울 수 있다. 검도 본(本)은 자신의 움직임을 절제하고 적절한 검의 움직임을 배울 수 있는 합리적 수단이다. 검도기술에는 바른 태도와 자세를 근간으로 자신의 욕망과 감정을 통제할 수 있는 가능한 경험의 과정이 포함되어야 한다. 더 나아가 그러한 경험의 내용이 일상생활에서도 자연스럽게 적용되어야 한다. 검도윤리의 내면화는 검도수행에서 마음의 태도와 관련된다. 예(禮)의 내면화는 검도수행 과정에서 인간 본성의 이해, 정정 당당한 행위, 마음의 통제 등을 요구한다. 검도윤리에서 외면화와 내면화의 과정에서 배운 검도수행자의 윤리적 태도는 검도문화의 수준을 한 단계 더 높이는 기회를 제공한다. 이 모든 검도수행자의 윤리적 태도의 출발점은 근원적으로 자신의 마음이 깨끗한 거울과 같이 상대를 있는 그대로 받아들이는 마음의 존재를 스스로 지각하는 데 있다.

3. 검도윤리의 이론적 토대

검도윤리가 자신의 의식이나 태도변화를 통해 검도수행자가 지켜야 할 행위로 나타난다고 할 때 윤리적 행위의 움직임이 실천적 방법에 대한 이론적 근거를 제시하지 못한다면, 검도윤리는 단지 언어적 단어의 강조에 그치게 된다. 검도수행자가 검도윤리를 알기만 하고 실천하지 않으면, 이는 공허한 외침과 다르지 않다. 이에 따라 검도윤리는 3인칭의 관점에서 보인 검도행위자의 윤리적 관점보다는 일인칭적인 검도수행자 자신의 윤리적 행위와 경험에 관심을 가져야 한다.[17]

그렇다면 검도윤리에서 검도실천자의 실천적인 행위의 이론적 토대는 어떻게 설명할 수 있는가? 저자는 세 가지로 설명하고자 한다. 첫째, 외형적인 검도윤리의 이론적 지향점이다. 여기에서는 사리일치(事理一致)의 검도윤리로 설명하고자 한다. 둘째, 검도윤리의 실천적 정당성과 관련된 이론적 출발점을 몸 자신(proper body)으로 설명하고자 한다. 셋째, 검도윤리의 궁극적 목적으로 무심(無心)의 이해와 관련하여 설명하고자 한다.

1) 사리일치(事理一致)의 검도윤리

검도완성은 검도기술만이 전부가 아님을 앞에서 언급하였다. 검도기술만을 강조하고 윤리적 함의가 뒷받침되지 않으면, 검도는 살인검과 다르지 않다. 오늘날 검도수행은 검도기술 못지않게 검도윤리에도 관심을 가져야 한다. 오늘날 검도수행의 완성은 검도기술에 윤리적 의미와 태도가 뒷받침되어야 하며, 검도기술과 윤리적 행위를 서로 구분해서는 안 된다.

그렇다면 검도기술과 윤리가 결합할 수 있는 검도윤리의 이론적 지향점은 무엇인가? 저자는 검도기술의 완성과 윤리의 실천적 행위의 결합을 사리일치(事理一致)의 개념으로 설명하고자 한다. 사리일치(事理一致)[18]는 원래 불교 용어이다. 불교에서 사(事)는 우리에게 보이는 현

---

17 윤리와 관련해서 행위자의 초점은 객관적이고 3인칭의 관점이라면, 행위는 자기 자신의 1인칭 관점이다. 윤리의 문제는 다른 사람이 어떻게 해야 한다는 주장보다는 자신이 어떤 윤리적 행위를 할 것인가에 초점을 맞추어야 한다. 무도윤리의 행위자 중심과 행위중심의 문제는 이상호(2015c)를 참조.

18 사리일치(事理一致)의 단어는 불교의 『화엄경(華嚴經)』에 보인다. 물론 원래 사리일치와 무도에 적용된 사리일치가 지향하는 내용은 근본적으로 다르다. 불교에서 사(事)는 인연에 의해 우리의 눈에 보이는 차별화된 현상을 말한다. 리(理)

상적인 것이라면, 이(理)는 궁극적 본질로 설명한다. 이러한 용어가 무도에서 언급된 것은 다쿠앙 소호(沢庵 宗彭)의 『부동지신묘록(不動智神妙錄)』에 보인다. 그는 사리일치의 내용을 '무도의 기술과 마음의 평상심은 같아야 한다'는 의미로 해석하였다. 무도의 기술 발휘에 평상심의 마음 사용은 중요하고, 그 둘 사이의 우선순위는 매길 수 없다는 것이다. 다르게 설명하면, "기술 없는 마음은 무용지물이고, 마음 없는 기술은 제대로 그 기술을 발휘할 수 없다"는 것이다[19] 기술 발휘에는 마음의 작동이 개입되고 그 마음에 평상심이 개입된 기술만이 진정한 검도기술로서 의미를 갖는다. 즉 검도수행 완성을 위해서는 검도기술과 마음의 평정심이 양쪽 수레 바퀴가 되어야 한다. 평정심은 자신의 욕망, 욕구의 통제를 넘어 벗어날 때 가능하며, 완벽한 검도기술은 마음이 얽매이지 않는 상태에 나오기 때문에 서로 분리할 수 없다. 무언가에 제어되지 않는 순간에 인간은 최대한의 힘을 스스로 만들어 내는 존재이며, 그 속에서 최고의 기술이 발휘된다.[20]

이러한 검도기술의 완성은 마음의 평정심과 더불어 궁극적으로 검도윤리가 지향하는 방향과 다르지 않다. 검도윤리의 궁극적 목적은 검도수행에서 배운 예(禮)의 형식 논리를 넘어, 일상생활에서도 자연스러운 행위로 적용되는 것이다. 검도기술은 자연스럽게 발휘되는 것이 최

는 인연을 초월하여 보편적인 진리를 말한다. 깨달음의 관점에서 본다면, 이 둘은 서로 장애가 없는, 서로 융합 가능한 것으로 판단한다(김현용, 2016: 70). 이러한 불교의 사리일치의 개념이 무도에 적용되는 과정에서 기술과 마음의 일치라는 새로운 개념으로 전환되었음을 알 수 있다.

19 김현용(2016: 90).

20 어디에 억매이지 않고 자유로운 에너지의 발휘는 인간생존에서 에너지를 가장 효율적으로 소비한다. 이는 피에르 드 모페르튀(Pierre de Maupertuis, 1698－1759)가 언급한 최소작용의 원리에 기원한다(강윤재, 김옥진 역, 2004).

고라면, 윤리적 행위도 일상생활에서 자연스럽게 나타나야 한다. 따라서 검도윤리에서 사(事)가 검도기술의 윤리적 완성이라면, 리(理)는 일상생활에서 그 행위가 자연스럽게 드러나는 것이다. 다른 이야기이지만, 일본에서 지하철 선로에 떨어진 이를 발견하고 구출하기 위해 뛰어든 사건을 잘 알 것이다.[21] 그는 인명을 구하기 위해 이성적 판단보다는 즉각적이고 자발적인 행동을 통해 실천하였다. 이로 인해 한국과 일본에서 의인으로 존경을 받는다. 주어진 상황에서 다른 것을 생각하지 않고 즉각적인 행동으로 다른 생명을 구한 사건이다. 이 경우가 사리일치의 윤리적 행위이다. 검도윤리에서 사리일치는 예(禮)의 태도를 기본으로 해서 검도기술을 배우고, 그 예의 행위가 검도장을 넘어 일상에서 인격의 몸짓으로 드러나는 것이다. 검도기술에만 뛰어나고 일상생활에서 인격의 불일치가 일어난다면, 검도수행은 절름발이에 지나지 않는다. 검의 자연스러운 움직임과 일상에서 행위의 자연스러움은 근본적으로 서로 구분되지 않아야 한다.

검도하는 몸과 일상생활에서 보인 몸짓이 서로 일치하기 위해서는 먼저 검도수행자는 검도 본(本), 검도기술, 묵상(黙想)을 통해 사리일치(事理一致)를 경험해야 한다.

첫째, 검도 본(本)의 윤리적 사리일치이다. 검도 본(本)은 상황에 맞게 자신의 행동을 절제하고 윤리적 태도를 배우는 좋은 기회로 삼아야 한다. 검도 본(本)의 수행은 인격형성의 실천적 방법으로 유용하다.[22] 완벽한 검도 본(本)의 완성은 선도의 올바르고 적절한 검의 행위

---

21 2011년 1월 26일 신오쿠보 역(新大久保駅)에서 일본 유학생 이수현 학생이 철로에 떨어진 사람을 구하기 위해 일어난 사건을 말한다.
22 유기홍(2016).

가 후도의 올바른 자세로 이어지는 것이다. 예를 들어 검도 4본(本)에서 선도는 상대의 가슴에 정확하게 찔러야 한다. 상대가 다칠 것을 생각해서 정확하게 상대 가슴에 찌르지 못한다면, 후도는 상대 칼의 스침을 통해 자연스럽게 받아내고 공격을 할 수 있는 경험의 기회를 갖지 못한다.

검도 본(本)에서 예(禮)는 형식적인 것이 아니라, 주어진 상황에 맞게 파악하여 행동으로 옮기는 것이다. 검도 4본(本)의 경험에서 보여주듯이 예(禮)는 주어진 상황에 따라 정확한 행동과 이에 따르는 마음의 자세가 일치되어야 한다. 검도 본(本)의 행동에 다른 생각이 추가되면 올바른 본(本)의 자세가 나오기 힘들다. 검도 본(本)은 선도와 후도의 상호 존중의 윤리적 태도를 배울 수 있는 기회를 제공한다. 선도는 후도가 올바른 자세를 배울 수 있도록 정확한 행동을 해야 한다. 그 속에서 우리는 그 사람의 인격을 엿볼 수 있다. 오랜 검도 본(本)의 수행에서 자신의 위치에 맞게 행동할 때 우리는 검도수행자의 인격을 엿볼 수 있다. 이는 자신의 행위 근저에 인간의 인격적 성품이 반영되어 나타나기 때문이다.23 따라서 검도수행자는 검도 본(本)을 통해 선배나 스승 그리고 후배와 제자가 자신의 위치에 맞는 윤리적 행동이 확장되는 경험을 해야 한다. 일상생활에서의 윤리적 행위도 마찬가지다. 상황에 맞는 적절한 행위가 타인으로부터 존경을 받는다. 요약하면 검도 본(本)의 사리일치란 검도 본(本)에서 의식하지 않은 상태에서 상대와 자

---

23 불교의 유식학의 관점에서 본다면 우리가 느끼는 감각이라는 현상도 그 밑바탕에는 아뢰야식이라는 인격을 바탕으로 행동이 일어난다(정병조 역, 1983: 99-100). 감각은 이미 그 속에 자신의 축적된 경험을 배제할 수 없다면, 축적된 경험에서 인격적인 측면이 개입되어 있다고 보아야 한다. 유식학의 관점에서 무도의 마음 작동에 관해서는 이상호(2019b)를 참조.

연스러운 검의 운영이 이루어진 경험의 내용이 일상생활에서도 그대로 적용되는 과정이 서로 다르지 않음을 말한다.

둘째, 검도기술의 윤리적 사리일치이다. 검도기술과 관련된 윤리적 경험은 올바른 검도자세와 연관된다. 검도수행자 각자의 검도 스타일은 다를 수밖에 없다. 그러나 그 검도움직임에서 우리는 암묵적으로 그 사람의 인격을 평가하거나 덧붙이기도 한다. 검도경기에서 오직 승리에 초점을 맞추어 행동하면, 그것은 검도기능에 대한 존중이지 인격적 존중은 아니다. 신경과학의 거울 뉴런(mirror neuron)[24]을 언급하지 않더라도 검도경기에서 자신이 바르게 검도한다면, 상대도 거기에 맞추어 바른 검도를 보여준다. 타인을 인정하는 태도도 마찬가지다. 사범과 초보자가 경기할 때 사범이 초심자의 조건을 고려하지 않고 공격하는 것은 올바른 윤리적 태도가 아니다. 상대에 맞게 경기를 할 줄 아는 것이 올바른 윤리적 태도이다. 검도수행자의 존경은 검도기술에 인격이 결합될 때 더 크게 다가온다. 올바른 습관과 마음의 태도가 검도하는 몸에 배인 상태(embodiment)를 유지한다면, 이는 자동적으로 일상생활에서도 당당한 윤리적 태도로 이어지게 된다. 검도에서 배운 바른 자세에서 나온 검도기술은 일상생활에서 바른 마음을 갖게 하는 원동력으로 작동하기 때문이다.[25]

셋째, 묵상(mediation)의 윤리적 사리일치이다. 검도묵상에서 반성은 자신의 더 나은 기술이나 바람직한 태도를 위해서 필요하다.[26] 그러

---

24 거울 뉴런은 상대 행동하는 것을 보는 것만으로 같은 행동을 일으키는 신경 세포를 말하며, 상대의 공감이나 모방의 신경체계를 설명하기 위해 인용한다. 거울 뉴런과 관련해서는 이상호(2016a)를 참조.

25 올바른 움직임이 올바른 사고를 만드는 것은 충분히 논리적으로 타당하다. 인간움직임에 따른 태도가 특정한 사고를 만들어 낸다는 내용과 관련해서는 Tversky(2019)를 참조.

나 묵상은 단순한 자신의 검도기술이나 검도행위에 대한 반성을 넘어서야 한다. 검도묵상은 자신의 검도행위와 관련된 편견과 잘못된 행위를 파악할 수 있는 기회를 제공하지만, 이를 통해 욕망과 욕구가 왜 일어나는지에 대한 근본적인 해답을 찾으려는 노력도 필요하다. 즉 묵상을 통해 자신이 대상을 있는 그대로 보지 못하게 하는 집착의 본질을 파악하고 반성하려고 노력해야 한다. 왜냐하면 집착은 대상의 움직임을 바로 볼 수 있는 기회를 빼앗아 가기 때문이다. 따라서 묵상의 윤리적 사리일치는 검도기술에서 자신의 욕망, 욕구, 집착의 근본적인 이유를 찾아 그 실천적 방법을 일상생활에서도 적용하는 것이다.

2) 몸 자신의 검도윤리

검도윤리는 단지 '검도수행은 인격완성을 해야 한다'는 것으로 끝내서는 안 된다. 검도윤리는 검도를 통해 배웠던 윤리적 태도와 의미가 자신의 경험에 축적되고 일상생활에서도 자연스럽게 드러낼 수 있는 이론적 내용으로 채워져야 한다. 예컨대 검도수행에서 배운 바른 자세와 욕망과 욕심 없는 마음의 태도가 검도경기에서 승리로 이어지고, 이러한 경험이 일상생활에도 확대되어 적용 가능함을 스스로 확인해야 한다. 즉 마음의 비움이 일상생활에도 도움이 되어야 한다. 일상의 삶에서 자신의 실천적인 행위가 뒷받침되지 않으면, '검도는 인격완성을 추구한다'는 당위적 명제의 외침에 지나지 않는다. 당위적 명제 그 자체에서 직접적인 실천적 방법은 도출되지 않는다.

검도수행자는 검도윤리의 실천적 방법을 찾기 위해서 먼저 윤리적

---

26 이상호(2017a).

경험의 주체가 누구인지를 명확하게 알고 있어야 한다. 검도윤리에서 경험하는 주체의 해명이 없이, 구체적인 윤리적 실천 방법의 제시는 논리적으로 타당성을 확보하기 쉽지 않다. 윤리적 실천의 주체의 해명은 검도윤리의 이론적 출발점과 연결된다. 저자는 검도윤리의 이론적 출발점을 몸 자신(proper body)이라 생각한다. 몸 자신과 관련해서는 2장에서 상세하게 설명하였다. 몸 자신이란 "자신의 몸에 대한 항상성을 유지하면서 세상 속에서 대상을 받아들이는 수동적인 역할 이외에도, 주도적인 역할을 하면서 근원적으로 무언가를 할 수 있는 능동적인 힘을 가진 주체"이다.[27] 이러한 몸 자신의 이중적인 의미는 윤리적 행위에도 적용이 가능하다. 몸 자신은 윤리적 행위의 능동적인 주체인 동시에 윤리적 행동의 수동적 대상으로도 작동을 한다. 몸 자신은 능동적인 주체로 사회와 공동체의 유지를 위한 바람직한 윤리적 태도를 갖지만, 윤리적 태도와 관계없이 자신의 생존을 위한 수동적인 존재라는 것이다. 개인적인 윤리적 행동과 관련해서 몸 자신이 감각과 이성 그리고 감정이 서로 복잡하게 연결되어 있는 이상 윤리적 문제를 옳고 틀린다는 이분법적으로 사고로 나눌 수 있는 것은 아니다. 비록 승리를 위해 자신의 윤리적 태도를 외면하는 경우도 존재하지만, 그럼에도 우리는 자신의 몸 자신이 선천적으로 인격완성의 능동적인 주체로서의 가능성을 가지고 있다는 점을 외면해서는 안 된다. 검도가 비록 외형적으로는 검도기술의 완성을 추구한다지만, 그것만이 검도가 추구하는 본성의 전부가 아닌 이유가 거기에 있다.

　　검도에서 몸 자신의 능동적인 역할은 검도의 반성이다. 검도의 반성은 자신의 마음을 평화롭게 만드는 것에서 시작해야 한다. 검도에서

27　이상호(2015a: 74).

생(生)과 사(死)를 결정하는 생존의 유용한 방법은 자신의 마음을 고요하게 유지하는 것이다. 마음의 평정심은 상대에 대한 차별적 인식이나 태도를 전제하지 말아야 한다는 것으로 연결된다. 마음의 고요한 상태의 경험은 생(生)과 사(死)의 문제를 넘어선다. 이를 통해 우리는 검도에 새로운 인격적 태도를 부여할 수 있을 것이다.

물론 몸 자신의 검도윤리는 자신에게 주어진 시대적, 환경적, 문화적 요소의 영향을 받는다. 검도윤리는 예컨대 불교의 선(禪)과 유교의 경(敬)사상의 강조점에 따라 그 내용과 관점이 달라질 수 있으며, 동양 각국의 사상적 문화적 배경에 따라 검도윤리의 지향점도 다르게 설명될 가능성도 잔존한다.28 그리고 몸 자신의 검도윤리와 관련하여 몸이 갖고 있는 내적 조건에 따라 상대 파악과 통제 가능한 윤리적 힘의 정도도 다르게 나타난다.29 이는 다양한 수행 방법을 통해 형성된 몸 자신이 갖는 내적 조건의 변화 정도가 윤리적 행위의 힘을 결정하는 요소로 작동할 수 있음을 보여준다. 즉 몸 자신의 윤리적 능력은 자신의 윤리적 의지나 생각 그리고 몸에 축적된 윤리적 내용에 따라 달라질 수밖에 없다. 이러한 내적 조건의 필요성 때문에 몸 자신에 대한 끊임없는 수행이 요구된다.

2장 2절에서 몸 자신은 그 자체로 행위의 중심이며 대상과의 관계에서 방위의 중심축으로 작동한다고 하였다. 대상을 보는 판단은 자신이 어떤 관점에서 상대를 보느냐에 따라 달라진다. 3심에서 각각 심판

---

28 한국과 일본의 칼과 관련된 문화적 인식의 차이점은 임진왜란 때 포로가 되어 일본에 끌려가 기록한 강항(姜沆, 1597–1660)의 『간양록(看羊錄)』에 보인다. 그 책에서 강항은 일본의 사무라이는 죽음을 기꺼이 받아들이고 살아있음을 싫어한다(樂死惡生)고 하였다(박상휘, 2018).

29 이상호(2015a)는 이러한 관점을 동양적인 기(氣)가 발현되는 조건에 따라 윤리적 힘은 다르게 나타난다고 하였다.

의 판정이 달라지는 것도 대상과의 관계에서 자신에게 주어진 위치 중심으로 판단하기 때문이다. 또한 자신의 유리한 위치 선정은 상대와의 경기에서 승부를 결정짓는 요소로 작동한다. 이와 같이 자신을 중심축으로 한 대상의 이해는 자신이 도달 가능한 윤리적 힘의 영역으로 파악될 수 있다. 몸 자신이 행위의 중심이라는 것은 몸 자신이 타자와의 관계에서 윤리적 행위를 실천할 수 있는 능력을 가진 주체라는 의미이다. '자신이 무언가를 할 수 있다'는 사실은 검도수행자가 검도의 기술을 배우는 것을 넘어서 일상생활에서도 자신의 감정, 이성, 의지를 잘 통제하여 자연스러운 윤리적 행동을 할 수 있는 원천적인 힘을 가지고 있음을 보여준다. 따라서 검도수행자는 검도수행자의 몸 자신이 운동주체를 넘어 무언가를 스스로 할 수 있는 윤리적 태도가 가능한 실천적 능력을 가진 주체자이며, 인격완성의 힘을 갖는 원천임을 확인해야 한다. 이와 같이 몸 자신의 윤리적 태도는 기존 몸과 마음을 구분한 이성 우위의 윤리적 지향점과는 전혀 다르며, 새로운 검도윤리의 이론적 토대를 제공한다. 이와 관련해서는 14장에서 다루고자 한다.

3) 무심(無心)의 검도윤리

검도윤리와 관련해서 마음의 역할과 작용은 대단히 중요하다. 마음의 문제는 검도기술과 관련하여 많이 언급될 뿐만 아니라, 검도윤리와도 밀접한 연관성을 갖는다. 왜냐하면 윤리적 행위의 옳음과 그름은 많은 부분 마음의 작동과 연결되기 때문이다. 검도에서 마음의 문제는 검선일여(劍禪一如)라는 단어가 잘 보여준다. 많은 검도수행자들은 검의 완벽한 사용을 위한 마음의 자세로 불교에서 언급한 마음의 평상심(平

常心), 부동심(不動心) 그리고 무심(無心)의 태도를 추구한다. 먼저 무심(無心)이 무도에 적용되어 설명된 내용은 헤리겔(Herrigel)의 『활쏘기의 선』에서 보인다. 그는 진정한 기예는 목적이나 의도를 갖지 않는 상황에서 이루어진다고 하였다. 단순한 활을 잘 쏘겠다는 생각이나 집착은 활쏘기에 방해가 되기 때문이다. 그가 언급한 활쏘기에서 "기술 없는 기술(der Kunstlosen Kunst, an artless art)"이란 무심의 관점에서 활과 내가 하나가 될 때 활이 지향하는 목표지점에 맞추는 것을 말한다.30 그리고 토미키 겐지(富木謙治)에 따르면 현대 무도의 교육이념은 "무구조(無構造)에서 무심(無心)"으로의 이행의 필요성을 주장하였다. 그는 무도가 가져야 하는 기술적인 형태의 구조에서 자연스러운 무구조를 추구하는 것도 중요하지만, 구조가 없는 무구조 상태에서 가장 중요한 전제는 무심의 상태를 유지할 때 가능하다고 하였다.31 이와 같이 무심의 태도는 검도기술의 완성에 중요한 요소이다.32

하지만 무심을 검도기술에만 적용해서는 안 된다. 무심의 태도는 검도윤리와도 밀접한 연관을 갖는다. 무심의 행위가 부정과 긍정의 윤리적 문제를 넘어 새로운 윤리적 행동을 야기하기 때문이다. 검도에서 한 판의 공격이 되기 위해서는 마음을 비우고 공격하라고 한다. 무심의 공격이 얼마나 힘들고 어려운 일인지 검도수행자는 잘 알고 있다. 무심의 윤리적 행동도 마찬가지다. 단적으로 이렇게 행동하는 것이 자신이나 다른 사람에게 도움이 된다고 판단한 후 일어난 윤리적 행위는 최

---

30 정창호 역(2004).
31 富木謙治(2007: 11-12).
32 무심의 태도는 모치다 모리치(持田盛二)가 언급한 마음이 움직이지 않는 수행을 한다는 것과 유사하다. 그는 60이 되자 신체가 약해지기 때문에 70에는 자신의 마음을 고요히 해서 흔들리지 않는 검도를 한다고 하였다(小川忠太郎, 2011).

고의 윤리적 행위라고 말할 수 없다. 공격할 것인가 후퇴할 것인가를 생각하는 망설임의 순간이 상대의 공격이 쉽게 이루어지는 순간이다. 우리가 상대를 의식하고 생각하는 것은 자연스러운 몸의 움직임에 방해가 된다.[33] 따라서 검도와 마찬가지로 자연스럽고 즉각적인 행위가 수반된 움직임이 진정한 무심의 윤리적 행위이다. 이러한 태도와 행동은 검도뿐만 아니라, 일상생활에서도 마찬가지로 적용되어야 한다.

한편, 검도수행자는 무심으로 행해진 행동의 결과에 대한 부정적인 윤리적 문제도 생각해 보아야 한다. "무심의 경지에 있다고 자신의 자의식, 자기 통제력, 그리고 도덕적 및 책임이 사라지는 것은 아니라는 점"이다.[34] 따라서 무심에 대한 모든 검도행동이 윤리적 정당성을 확보하는 것은 아니다. 의식하지 않고 자연스럽게 행동하는 것이 검도기술의 완성일 수는 있지만, 그것이 상대에게 치명상을 일으키는 윤리적 문제까지 포용하지는 않기 때문이다. 이는 검도의 무심이 보여주는 부정적인 윤리적 측면이다.

뇌 생리학적 관점에서 본다면, 무심(無心)이 지향하는 자세는 이성적인 판단이 형성되기 이전에 뇌간(the brain stem)이 중심축으로 작동하는 파충류의 뇌로 설명이 가능하다.[35] 그러나 검도수행자가 추구하는 검도기술의 완성은 동물 이전의 파충류를 지향하는 것이 아니다. 인간은 이성과 감정을 가진 존재라는 점을 인식해야 한다. 검도에서 평상심, 부동심, 무심의 주장은 파충류의 뇌로 되돌아가 경기에서 승리만을

---

33 심리학자인 베일락(Beilock)에 따르면 "paralysis of analysis(분석의 마비)"이라는 개념으로 자신의 의도적인 생각은 자연스러운 행동에 스트레스를 주어 행동의 방해가 된다고 하였다(박선령 역, 2011).

34 김정행, 최종삼, 김창우 역(2002: 172).

35 김미선 역(2009: 159).

쟁취하는 것을 목적으로 하지 않는다. 감정을 배제한 즉각적인 행동은 검도기술 완성에 도움이 되지만, 무심이란 의식하지 않는 반사적 행위만이 전부가 아니다. 무심은 불필요한 사고의 흐름을 끊어내라는 이야기이지 의식의 작동을 멈추라는 이야기가 아니다.

무심은 의식적 사고가 수반되지 않는 자기 자신의 지각상태를 말한다.[36] 다시 말해 자신의 사고에서 암묵적인 의도나 생각을 배제하라는 것이다. 의식은 하나의 실체가 있는 것이 아니라, 하나의 흐름 속에서 나타나 자신의 자연스러운 행동을 방해하고자 하는 속성을 가진다. 따라서 욕망과 욕구의 마음을 제거할 수 없다면, 그냥 일어나는 대로 내버려 두는 것도 하나의 방법이다. 이것이 다쿠앙 소호(沢庵 宗彭)가 『부동지신묘록(不動智神妙錄)』에서 언급한 심요방(心要放)의 방법이다.

검도수행에서 무심의 실천적 적용은 새로운 검도의 윤리적 의미를 배울 수 있는 기회를 제공한다. 오랜 검도수행자는 검도에서 자신의 감정이나 욕망을 통제하는 방법을 배운다. 검도는 죽도로 서로 지속적으로 공격하는 것이 아니며, 검도수행자는 상대의 움직임에서 보인 틈에 일격을 가하기 위해서 자신의 감정을 통제할 수 있어야 한다. 무심의 검도대련은 아무런 생각 없이 상대를 공격하는 것이 아니다. 검도의 아름다움은 상호공방에서 보인 허점을 찾아, 상대를 의식하지 않고 공격이 이루어질 때 드러난다. 수준 높은 고단자의 검도경기는 서로 자신의 감정을 얼마나 통제 가능한지 잘 보여주며, 다른 의미로 무심의 태도로 자신의 움직임을 보여준다.

무심을 기반으로 하는 검도경기에서 결과적으로 부도덕한 행위가

---

36 이와 관련해서 Mann(2012, 128-129)은 무심을 생각하지 않는 자동적인 반사(reaction)가 아니라, 불필요한 사고를 하지 않는 지각의 상태를 말한다.

나올 경우도 발생한다. 이때 검도수행자의 부도덕한 행위 기준은 검도수행자가 의도를 가지고 했는지 그렇지 않았는지의 기준으로 판단하면 된다. 진정한 무심의 태도에서는 부도덕한 행위가 나오지 않는다. 따라서 무심은 단순한 무의식적 반사 작용이 아니다. 예를 들어 찌름이 잘못되면 상대에게 큰 상처를 줄 수 있지만, 검도수행자는 그 찌름이 상대가 감정을 실어서 한 행동인지 아닌지를 알 수 있다. 진정한 무심의 자세에서는 윤리적으로 옳고 그르다는 기준을 적용해서는 안 된다. 여기에서 저자는 검도윤리가 지향해야 할 새로운 관점을 제시하고자 한다. 무심의 행위 결과와 관련하여 검도윤리는 객관적으로 타당한 선(善)의 기준을 미리 선정할 필요는 없다. 무심의 행위에 대한 옳고 그름의 기준이 없다는 것이 아니라, 규율이나 법칙이라는 절대적인 선(善)의 의미를 미리 규정할 필요가 없다. 절대적인 옳고 그름이 없다는 생각은 살인검과 활인검이 엄밀하게 구분될 수 없음을 보여준다. 살인검과 활인검이 같다는 것이 아니라, 자신의 집착이나 의도가 개입되지 않아야 한다는 점에서 그 둘은 다르지 않다는 것이다.

외형적으로 본다면, 살인검은 그 자체로는 윤리적 타당성을 확보할 수 없다. 그러나 특수한 상황에서 공공의 선을 위해서는 살인검의 비윤리적 행위가 윤리적 행위의 정당성을 갖는다. 이처럼 주어진 윤리적 조건과 환경에 따라 살인검과 활인검은 서로 나눌 수 없음을 보여준다. 물론 저자는 살인검을 정당화하려는 것이 아니다. 무심의 검도윤리는 살인검과 활인검을 넘어서야 한다는 의미로 이해해야 한다. 요약하면 검도에서 배운 무심(無心)의 태도는 검도의 영역을 넘어 일상생활에서도 마음을 자연스럽게 비운 행위로서 자신에게 드러나고 스스로 경험되어야 한다. 검도수행을 통한 윤리적 의미는 무심(無心)의 자세가 자신의 몸에 축적되어 있어야 하고, 그것이 검도에서 자연스럽게 몸짓으로 드러나야 하고, 이것이 일상생활에서도 그대로 적용되어야 한다. 이것이 저자가 제시하고자 하는 무심(無心)의 검도윤리이다.

4. 검도윤리의 길

검도는 윤리적 문제에 대해 이중적인 관점이 존재한다. 외형적인 관점에서 본다면, 검도는 살생에서 출발하였기 때문에 옳고 그름의 윤리적 문제와 연결되지 않는다. 여기에는 검도기술에 윤리적 문제가 개입될 여지는 없어 보인다. 그러나 근대 이후 살생이 더 이상 허용되지 않는 시대적 변화는 새로운 검도윤리를 요구했다. 이에 따라 검도윤리에는 예시예종을 강조하게 되었다. 이와 별개로 검도는 원래 윤리적 의미를 갖고 있었다. 살생에도 죽고 사는 문제의 윤리적 문제가 개입되기 때문이다. 즉 측은지심이라는 인간본연의 윤리적 정당성을 외면할 수 없고, 이는 검도에서 활인검을 요구하게 되었다. 따라서 오늘날의 검도윤리는 예시예종과 활인검의 관점을 지향한다.

그러나 오늘날 검도윤리가 예시예종과 활인검을 지향해야 한다는 것과 검도와 일상생활에서도 그것이 실천적으로 적용되고 경험하는 것은 다른 문제이다. 오늘날 승부를 겨루는 검도기술이 강조되는 분위기에서 검도수행과 검도윤리의 일치는 단지 구호에 지나지 않는지 반성해야 한다. 우리가 그것을 어떻게 이해하고 검도수행에서 적용할 수 있는지와 관련된 실천적인 방법의 논의는 부족한 것이 사실이다. 따라서 검도수행에서 배웠던 윤리적 행위가 검도의 영역을 넘어 일상생활에 확장되고 적용되기 위해서는 검도윤리의 이론적 토대와 이를 근거로 하는 실천적 방법에 따른 검도수행자 자신의 경험을 전제로 해야한다.

저자는 검도윤리의 외면화와 내면화의 과정으로 각각 예시예종과 활인검의 경험을 주장하였다. 그 과정의 차이점에도 불구하고 검도수행자는 그 둘 모두 경험하고 실천해야 한다. 검도윤리는 검도수행의 과정에서 예시예종과 활인검이 구호를 넘어 자신에게 적용하여 실천할 수 있는 방법까지 포함해야 한다. 검도윤리 내용을 아는 것을 넘어, 자신의 실천적 행위에서 예시예종과 활인검을 실제로 구현해야 한다. 엄격하게 예의 실천이라는 점에서 본다면, 예시예종과 활인검은 차이가 나지 않는다. 예(禮)라는 것은 너와 나를 구분하지 않는 상대존중이라는 마음에서 출발하기 때문이다. 활인검도 마찬가지다. 즉 인간본연에 대한 존중 없는 예(禮)와 활인검은 알맹이 없는 껍질로만 보일 뿐이다.

검도윤리가 지향하는 인격형성의 목적도 중요하다. 인격형성의 실천적 방법의 하나로 검도 본(本)의 수행이 도움이 될 수도 있다.[37] 검도윤리의 진정한 의미를 생각할 때 검도수행자는 절대적인 관점에서 인격형성을 해야 한다는 정언명령에서 벗어나야 한다. 검도윤리는 주장이 아니라, 자신의 검도수행 과정에서 배웠던 태도나 자세가 어떻게 일상생활에서 실천적으로 윤리적 행위로 전환될 수 있는지 그리고 이를 자신에게 적용하는 과정을 스스로 경험해야 한다. 그 속에서 자신만의 검도윤리의 이론체계를 만들어 갈 수 있을 것이다. 따라서 검도수행자는 검도윤리가 무엇이고 우리는 어떻게 그것을 정당화할 수 있는가? 의 질문보다는 자신의 검도수행 과정에서 자신이 검도윤리를 어떻게 받아들이고, 검도의 영역을 넘어 일상생활에서 어떻게 실현 가능한지 질문하고 답을 찾으려는 노력을 해야 한다. 이를 위해 검도윤리는 검도에

---

37 유기흥(2016).

대한 자신의 주도적이고 통일된 관점을 요구한다. 이는 자신의 검도수행 과정 속에서 어떠한 윤리적 태도를 견지해야 하는지 자문하고 답을 찾으려는 노력에서 만들어진다. 검도수행자는 자신의 윤리적 태도에 따라 윤리적 행위는 다를 수밖에 없기 때문이다.

저자는 검도윤리의 이론적 토대를 사리일치(事理一致), 몸 자신, 무심(無心)의 관점으로 설명하였다. 사리일치는 검도윤리의 이론적 지향점으로 검도기술과 검도윤리가 서로 다른 길이 아님을 검도수행의 과정에서 스스로의 경험으로 확인하는 것이다. 예컨대 검도 본(本), 검도기술, 검도의 묵상 등을 통해 형성된 자신의 윤리적 경험을 확대시켜 나가야 한다. 더 나아가 검도수행자는 검도에서 배운 검도움직임과 그 움직임을 통해 일상생활에 나타나는 몸짓이 서로 다르지 않음을 스스로의 경험으로 확인해야 한다. 이를 위한 검도윤리의 실천적 정당성의 이론적 출발은 몸 자신의 인격적 능력을 확인하는 것에서 시작해야 한다.

몸 자신의 끊임없는 수행을 통해 근육의 힘을 기르듯이 도덕적 능력도 키워야 한다. 여기에서 우리는 몸 자신이 윤리적 행동을 할 수 있는 원천적인 힘을 가지고 있음을 스스로 확인해야 한다. 또한 저자가 생각하는 검도윤리의 궁극적 목적은 무심(無心)의 윤리적 태도이다. 무심의 검도윤리는 윤리적 행위가 즉각적이고 자발적이며, 자연스러운 움직임을 지향한다는 점에서 검도기술과 같다. 물론 앞에서 제시한 검도윤리의 이론적 내용들은 검도윤리에 대한 저자의 관점을 제시한 것에 지나지 않는다. 다른 검도수행자의 수행 경험에 따라 검도윤리의 내용을 달리 주장할 수 있기 때문이다.

Chapter

14

검도윤리와 윤리적 노하우
(ethical know-how)

1. 검도윤리의 역할

검도를 배운다는 의미는 무엇일까? 단순하게 보면 그것은 스승이나 선배들로부터 검도이론과 검도기술의 내용을 배우는 것이라고 말할 수 있다. 그러나 검도기술과 관련된 자신의 손과 발의 운용을 배웠다고 검도를 배웠다고 말하기에는 충분하지 않다. 검도 배움의 진정한 의미는 검도기술의 이론뿐만 아니라, 검도경험을 통해 배웠던 내용이나 가치가 오늘날 검도수행자 자신의 일상적인 삶에 투영되어야 하며, 사회구성원으로서 자신의 생각과 태도의 결정에 도움이 될 때 드러난다. 더나아가 검도수행자는 자신의 검도경험이 일상생활에서 윤리적 행동과판단에 중요한 역할을 한다는 사실을 경험적으로 확인해야 한다. 검도수행에서 배운 다양한 경험은 암묵적으로 일상의 윤리적 삶과 판단의 기준점을 제공하기 때문이다. 따라서 검도수행자는 검도윤리의 내용을 검도선수와 심판의 행위 등과 관련된 윤리적 내용에만 관심을 가져서는 안 된다. 검도윤리의 내용은 검도수행에서 배운 경험이 일상에서 어떠한 윤리적 의미를 도출할 수 있는지, 검도수행에서 배운 실천적인 윤리적 행위를 어떻게 일상생활에서 구현할 것인가에도 관심을 가져야 한다.

검도수행자가 검도기술을 배우는 이유가 검도경기에서 상대를 다룰 수 있는 능력의 확대에 있다면, 검도윤리를 배우는 이유도 검도에서 배운 경험을 통해서 일상생활에서의 윤리적 능력 발휘에 있어야 한다. 검도기술이 뛰어난 것이 그 사람의 인격을 담보해주지는 않는다. 우리는 검도기술과 인격이 담보된 검도수행자에게 진정으로 마음에서 우러난 존경을 보낸다. 검도기술과 검도윤리는 검도수행을 이끌어가는 수레의 양쪽 바퀴이다. 이 점은 앞장에서 논하였다.

그러나 앞 장에서는 검도기술과 검도윤리를 일치시키는 실천적인 방법이 무엇인가에 대한 설명이 부족했다. 본 장에서 저자는 검도경험을 기초로 실천적 방법을 통한 윤리적 행위로 확대 적용하기 위해 검도기술의 습득과정과 마찬가지로 윤리적 기술의 숙련의 필요함을 주장하고자 한다. 이를 위해 저자는 검도수행의 과정에서 획득한 경험을 통해 일상생활에서도 확대적용이 가능한 이론적 근거로 '윤리적 노하우(ethical know-how)'으로 설명하고자 한다. 검도의 윤리적 노하우란 검도기술의 습득과 마찬가지로 검도의 영역에서 배운 윤리적 자세와 태도가 검도의 영역을 넘어 일상에서도 실천적으로 적용 가능한 검도윤리이다. 검도에서 배웠던 경험이나 가치가 일상생활에 적용되지 않는다면, 검도윤리의 강조는 공허한 메아리에 지나지 않는다.

본 장은 검도의 윤리적 노하우를 설명하기 위해 먼저 기존의 윤리적 접근에 따른 검도윤리의 한계점을 검토하고, 새로운 검도윤리의 이론적 근거와 이를 근거로 구체적인 실천 가능한 방법을 제시하고자 한다.

2. 검도윤리의 이론적 근거

일반적으로 검도는 인격형성에 도움이 된다고 말한다. 그러나 '검도는 인격형성을 목적으로 한다'는 언어적 명제로는 성립할지 모르겠지만, 이 문장이 설득력을 갖기 위해서는 검도가 어떻게 인격형성을 할 수 있는지 구체적이고 실천적 방법이 제시되어야 한다. 그렇지 않으면 검도의 인격형성은 말의 성찬에 지나지 않는다. 검도윤리는 이러저러하다는 객관적인 설명도 중요하지만, 실천적인 자신의 움직임이 수반된 윤리적 방법을 제시하고, 행동으로 이어질 때 그 윤리적 의미가 살아난다.

1) 기존 검도윤리의 이해와 한계

검도윤리의 연구 대상은 크게 두 가지이다. 첫째는 검도수행의 전반적인 과정에 대한 윤리적 문제이다. 둘째는 검도수행자의 행위와 관련된 윤리적 해석이다. 전자는 검도윤리와 관련된 저서나 학자의 관점 해석과 설명에 초점을 맞춘다. 후자는 검도경기나 일상에서 보이는 검도행위와 관련된 윤리적 내용이다. 예컨대 검도수행자의 윤리적 행위, 검도경기에서 선수, 심판 등의 비윤리적 행위, 심판의 비디오 판독에 따른 기술 윤리의 문제 등이 있다.

저자는 이러한 검도윤리를 다시 세 가지로 설명하고자 한다.

첫째, 검도윤리의 출발점과 관련된 내용이다. 먼저 검도윤리에서 검도와 윤리는 서로 이격되거나 아니면 상생 가능한 개념으로 설명이 가능하다. 전자의 관점에서 본다면, 윤리라는 것이 공동사회를 유지하기 위해 사람들 간의 지켜야 할 법칙이나 도리(道理)라면, 생명을 빼앗는 검도와는 처음부터 상생하기 어려운 개념일지도 모른다. 이는 검도와 윤리 사이의 부정적인 측면을 강조한다. 후자의 관점에서 본다면, 검도와 윤리에는 긍정적인 측면이 존재한다. 생사의 문제라도 근원적으로 인간에 대한 윤리적인 연민의 태도를 가진다. 인간본성의 이해를 매개로 검도와 윤리는 긍정적으로 상호 연결이 가능하다. 이와 관련해서는 앞장에서 충분히 논의하였다.

둘째, 검도수행의 시대적 변화에 따른 검도윤리의 지향점이다. 근대 이후 더 이상 살생의 정당성이 확보되지 않는 상황에서, 검도는 예시예종과 같은 윤리적 가치를 요구하게 되었다. 이는 검도수행 과정에서 언급된 마음의 중요성의 강조와 예(禮)의 요구가 인격형성에 도움이 된다는 주장으로 변화하게 되었다. 이러한 주장은 오늘날까지도 검도의 유용한 윤리적 가치로 언급된다.

셋째, 다양한 윤리적 이론을 적용한 검도윤리의 해석이다. 검도윤리는 윤리학자들의 주장에 따라 다양하게 전개된다. 윤리적 이론의 관점에 적용해 본다면, 크게 3가지 관점, 즉 의무론적 관점(deontology)과 공리주의적 관점(utilitarianism) 그리고 개인적 품성과 태도를 강조한 덕(德) 이론(virtue theory)으로 나눌 수 있다. 의무론적 검도윤리는 검도수행자가 지켜야 할 원칙이 있으며, 그 규범에 위배되지 않는 것이 옳다는 것이다. 예컨대 스승이나 사범에 대한 예의는 반드시 존중해야 한다. 그러나 의무론적 관점은 그것을 자신에게 어떻게 적용해야 하느냐의 문제가 여전히 숙제로 남는다. 자신이 해야 한다는 것과 자신이 실제로 수행하는 것은 다를 수밖에 없다. 검도윤리에서 의무론적 관점은 선수는 반칙을 하지 말아야 한다는 당위성을 강조한다. 그러나 그렇게 해야 한다거나 하지 말아야 한다는 주장에는 자신이 실질적으로 어떻게 움직여야 하는지와 관련해서 구체적으로 적용할 수 있는 내용을 제시하거나 설명하지 않는다. 공리주의적 관점은 공공의 목적이나 자신의 이익을 위해 비윤리적 행위를 하는 것은 옳지 않다는 입장이다. 예컨대 검도경기에서 심판의 권위는 절대적이다. 심판에게 사심이 개입되면 그 경기는 아름답지 않고, 경기가 가져야 할 공공의 이익에 부합하지 않다. 따라서 심판의 행위는 사심 없이 진행되어야 한다. 이러한 공리적 관점은 틀린 이야기는 아니다. 그렇지만 모든 검도심판의 행위가 사심 없이 진행되지 않는다. 관객과 선수의 공정성을 위해 검도경기가 사심 없이 진행되어야 한다는 사실과 검도수행자가 직접적으로 사심 없는 태도를 가지고 심판으로 참여하는 것은 다르다. 사심 없는 판단이 실질적으로 자신의 행위로 적용되지 않는 상황에서 우리가 공공의 가치를 주장하는 것만으로 검도심판의 비윤리적 행위의 모든 것이 해결되지는 않는다.

덕(德) 이론의 관점은 검도윤리 설명에 있어 공리주의와 의무론적 관점보다 개인적인 윤리적 이론으로 언급된다. 덕 이론은 자신의 검도수행에서 보여주는 윤리적 태도와 품성을 강조하여 자신의 행동변화에 초점을 맞춘다. 이와 관련해서는 8장에서 언급하였다. 그러나 덕 이론도 객관적이며, 3인칭의 관점에서 덕(德)을 가져야 한다는 목적론적으로 설명될 가능성이 높다. 인격완성을 위해 덕(德)을 구현해야 한다는 사실과 자신이 일상생활에서 실천적으로 어떻게 덕을 구현할 것인가는 다른 차원의 문제이기 때문이다.

이처럼 검도윤리는 기존의 윤리이론을 근거로 설명할 수는 있지만, 이와 같은 접근으로는 근본적인 검도윤리의 해명에 일정 정도 한계를 갖는다. 그 한계의 가장 큰 문제점은 기존의 검도윤리에 언급된 윤리적 이론이 일인칭의 검도경험에서 출발하기보다는 객관적인 3인칭적 관전자의 관점에서 기술하고 있다는 점이다.[1] 저자는 검도윤리의 내용을 배운다는 것은 검도수행자 자신의 검도경험을 통한 자신의 행동이 어떻게 윤리적 행동으로 이어질 수 있는지에 대해 설명할 수 있어야 한다고 생각한다. 그렇지 않으면 검도윤리는 나와 떨어진 것으로 인식될 가능성이 높다. 저자는 타인의 윤리적 행동을 평가하는 것도 중요하지만, 자신의 윤리적 행동 과정의 변화를 인식하고 경험하는 것이 더 중요하다고 생각한다. 따라서 검도윤리는 검도수행에서 배웠던 윤리적 가치가 자신의 행동에 어떻게 변하고, 구현될 수 있는지 스스로에게 자문하고 답을 찾아야 한다.

검도는 이러저러하다고 말을 할 수 있지만, 검도는 근본적으로 자신의 움직임의 경험을 통해 배우는 것이다. 검도윤리도 마찬가지다. 검도윤리는 자신이 검도수행을 통해 배운 경험이 검도의 영역을 넘어 일상생활에 적용될 수 있는 내용으로 이론적 근거를 제시해야 한다. 검도윤리는 자신의 검도수행과 떨어질 수 없다. 검도수행자가 검도기술의 완성을 위해 노력하듯이 검도윤리도 자신의 검도기술의 연장선에 있음을 잊지 말아야 한다.

---

1 이러한 3인칭의 관점에서 윤리적 적용의 문제점은 이상호(2015c)를 참조.

2) 새로운 검도윤리의 이론적 근거

앞에서 언급한 기존 세 가지 윤리적 내용의 강조와 전제는 생각하고 판단하는 이성의 역할을 높게 평가한다. 이성적 판단에 따른 검도윤리의 지향점은 윤리의 문제와 관련하여 옳고 그르다는 우리의 의식작용에 따른 이분법적 자세를 암묵적으로 전제한다. 그러나 저자가 생각하는 검도윤리는 이성적 판단에 따라 옳고 그름의 판단을 전제로 하는 객관적인 검도윤리의 우선 가치를 배제해야 한다. 이 점과 관련해서는 많은 사람들이 동의하지 않을 수도 있다. 옳고 그름의 윤리적 행위의 판단이 전제되지 않는다면, 우리의 윤리적 행위를 어떻게 평가할 수 있는가라는 많은 사람들의 반문이 가능하기 때문이다. 그렇지만 저자가 설명하고자 하는 검도윤리의 내용은 절대적인 윤리적 가치가 없다는 것을 말하는 것이 아니다. 검도수행에서 배운 가치나 태도, 즉 검도윤리가 자신의 일상생활에서도 적용되어야 함을 강조하기 위함이다. 검도경험의 출발점에서는 옳고 그름이 없지만, 검도경험에서 배운 가치나 행동은 사회관계에서 윤리로서의 역할을 담당하고 있다. 검도에서 배워왔던 태도나 의식이 주어진 환경과의 관계에서 우리의 행동에 영향력을 미친다는 사실은 부인할 수 없다. 이러한 주장에는 검도수행자가 검도경험을 어떻게 배우고 실천하느냐에 따라 검도윤리의 내용이 달라질 수 있음을 보여준다.

저자가 생각하는 검도윤리는 검도수행에서 우리의 이성적 판단에 의해 형성되는 지식으로 남기보다는 검도수행 과정에서 몸으로 획득된 경험을 토대로 형성된 지혜의 활용과 실천에 초점을 맞추어야 한다. 검도지식을 많이 안다고 윤리적 행동으로 바로 이어진다는 보장이 없기 때문이다. 우리는 검도수행에서 배운 검도기술을 일상의 삶에 적용하고, 그 속에서 지혜를 도출할 수 있어야 한다. 진정한 지혜는 옳고 그름을 나누지 않는다. 우리가 현자(賢者)라고 일컫는 사람은 옳고 그름을 둘로 나누는 사람이 아니다. 그들은 좌우를 통합하고 인정하는 사람이다.2 이것을 가장 잘 보여주는 동양적 단어가 중용(中庸)이다. 예컨대 중용의 실천은 검도중단 기술의 배움에서도 가능하다. 뒷부분에서 구체적으로 설명하겠지만, 검도에서 중단은 옳고 잘못되었다는 이분법으로 나눌 수 없으며, 상대적인 의미를 갖는 것과 일치한다. 따라서 검도윤리는 자기 자신의 검도경험을 통한 윤리적 지식의 축적에 더해 자신의 검도경험이 일상생활까지 적용하는 것이다. 즉 검도윤리는 윤리적 내용을 검도에 적용하는 것이 아니라, 검도경험에서 나오는 의미가 어떻게 일상생활에서 윤리적 행위로의 전환이 가능한지 스스로 확인해야 한다. 이를 뒷받침하기 위해서는 새로운 검도윤리의 이론적 근거가 필요하다.

저자는 새로운 검도윤리의 이론적 근거를 행위창출(enaction)3의 관점에서 설명하고자 한다. 행위창출의 관점은 인간 사고의 시작을 마음과 몸이 구분되어 작동하는 것으로 보지 않고, 자신의 생물학적인 행

---

2 박치완, 김용석 역(2009). 이 책의 저자인 프랑수아 줄리앙(Francios Jullien)에 따르면, 현자(賢者)는 자신의 관점을 아무에게도 주장하거나 강요하지 않는다. 그리고 고정된 관념이 없다고 하였다. 물론 자신이 주장하는 생각이 없다는 것이 아니라, 존중해야 한다는 특정 관념을 상대에게 강요하지 않는다는 것이다. 현자는 자신의 생각이 특별하지도, 자신의 생각이 유연하게 변할 수 있음을 주장한다.

3 행위창출과 관련된 논의는 이상호(2017c: 132-139)를 참조. 행위창출은 자신의 운동감각에서 일어나는 행위가 지각을 작동시킨다. 이는 대상을 보고 판단하는 것이 이성적 작용의 결과물이 아니라, 유기체가 갖는 생존의 행동과 움직임이 지각을 만들어 낸다. 행위창출의 개념은 박인성 역(2016: 37-40)을 참조.

위(action)가 세계와의 관계를 맺음에서 시작된다고 본다. 이분법적 관점에서 이성이 존재하여 윤리를 판단할 수 있음을 전제로 하기보다는 유기체인 인간의 행동이 대상을 판단하는 움직임에서 의식이 형성된다. 즉 자신의 행위가 대상과의 관계 조정에서 축적되는 과정에서 형성된 의식이 윤리적 판단에 중요한 역할을 한다는 것이다. 우리가 생각하고 판단하는 의식은 자신의 감각운동을 기초로 하여, 자신의 행위를 통해 대상을 지각되고 그것을 통해 자신행위의 결과물을 규정한다. 자신이 생각하는 의식의 주체는 자신의 운동감각과 대상과의 관계에서 드러나는 것이지, 미리 판단하는 의식의 주체가 결정된 상황에서 판단한다는 의미는 아니라는 것이다. 물론 이러한 자신의 행위는 자신에게 주어진 환경, 문화, 몸에 축적된 경험의 내용에 따라 영향을 받는다.

행위창출의 개념을 검도수행에 적용해보자. 검도는 처음 누구한테서 배웠는지 어떻게 배웠느냐에 따라 검도기술의 정도가 달라진다. 처음 배웠던 검도기본기는 검도수행의 과정에서 대단히 중요하다. 처음 배웠던 검도기술의 내용이 자신에게 축적된 상황에서 그 검도기술을 바꾸기란 쉽지 않다. 처음 배운 검도자세가 틀려 다시금 검도자세를 바꾸고자 할 때는 더 많은 노력과 어려움을 겪는 이유가 거기에 있다. 최고의 검도기술은 자신의 운동감각에서 시작해서, 경기에서 상대를 의식하지 않고 자연스러운 움직임으로 나오는 것이다. 그 움직임에는 생각이라는 것이 개입될 여지가 상대적으로 적고, 운동감각적 상황에 의존해서 발휘된다. 행위창출의 검도윤리는 검도기본기를 배우는 과정과 유사하다. 검도기본기에서 배운 경험을 토대로 검도수행자는 윤리적 태도를 확장해가야 한다. 검도기본기에서 우리는 발의 위치, 손과 어깨 등의 검도기술 이외에도 마음가짐과 같은 기본적인 예법을 배운다. 그러나 검도기본기에서 가장 중요한 것은 검의 운용에 있어 힘을 빼는 것이다. 힘을 뺀다는 것은 감정의 통제와 연결되어 있고, 자연스러운 움직임을 가능하게 한다. 여기에서 검도수행자는 검도기술에서 배울 수 있는 윤리적 가치를 경험하게 된다. 힘을 빼고 감정을 통제하면 상대 움직임의 순간을 바로 알 수 있는 경험으로 이어진다. 이는 검도경기에서 승리로 이어진다. 이러한 경험은 일상생활에서도 적용이 가능하다. 훌륭한 감정의 통제와 권위적이지 않은 자세는 다른 사람들로부터 외면을 받지 않는다. 따라서 검도윤리는 저 멀리에 존재하는 것이 아니라, 검도수행자가 자신의 검도를 배우면서 축적되어온 행동이 일상생활에서 만들어가는 길에서도 형성되어야 한다. 하늘의 별을 따는 것도 자신의 움직임에 따른 노력이지 하늘에서 떨어지는 것은 아니다. 또한 검도경험을 어떻게 자신의 몸에 축적시켜 윤리적 행동으로 전환시켜 나가느냐는 검도수행자의 노력에 달렸다.

검도는 궁극적으로 상대를 의식하지 않는 상황에서 자연스러운 움직임을 지향해야 한다. 검도수행에서 자연스러움은 자신의 욕망과 요구를 통제하고 다룰 수 있는 상황에서 나오는 것임을 경험해야 한다. 자신의 몸에 힘이 들어가지 않기 때문에 즉각적인 반격의 행위로 전환될 수 있음을 자신이 직접 경험적으로 확인해야 한다. 이러한 과정들이 자신의 몸에 경험적으로 축적되어 몸에 배인 상태에서 윤리적 태도가 일상생활에서도 자연스럽게 드러낼 수 있어야 한다. 검도에서 자연스러운 움직임을 위해 끊임없는 수행이 필요하듯이 검도윤리에서도 자신이 배우고 실천하는 하나의 기술, 즉 자연스러운 윤리적 숙련(ethical expertise)의 기술이 필요하다. 검도윤리의 윤리적 숙련 기술이란 자신이 지금 검도수행의 과정에서 경험의 내용으로 배웠던 마음가짐이나 태도가 자신의 검도영역 밖으로 그대로 자신의 경험으로 축적되어 경험적으로 확대되는 과정을 말한다.

물론 검도기술에서 배우는 기본기에 대한 이해의 정도, 자신의 경험으로 몸에 축적된 상태, 도장 분위기, 선생님의 가르침의 방향 등은 자신의 윤리적 행위에 영향을 미친다. 이는 단지 이성적 판단 이외에도 자신에게 주어진 환경이나 성장배경에 따라 그리고 자신의 몸에 축적된 기준들에 의해서 윤리적 행동과 판단이 다를 수 있음을 보여준다.[4]

누가 어떠한 태도로 검도를 처음 배웠느냐에 따라 그리고 도장의 환경과 분위기에 따라 검도수행자 자신의 검도윤리가 형성된다. 예를 들어 저자가 배우는 검도장은 중년의 많은 사범들이 있다. 저자의 아이들은 초등학교 때 새벽에 검도를 배웠다. 새벽에 도장에 가면 다양한 사범들과 검도하며, 배우는 것은 검도기술만이 아니었다. 나의 자녀들은 많은 사범들로부터 검도기술도 배웠지만, 그 이외에도 그들 삶의 태도, 윤리적 가치, 인생관을 배웠다고 생각한다. 어린 친구들이 일찍 일어나 도장에 온 사실들에 대한 사범들의 따뜻한 격려가 성인이 되는 과정에서 나의 자녀들의 인성과 검도관에 많은 영향력을 미쳤다는 사실을 저자는 경험적으로 안다. 또한 검도의 사회적, 문화적 환경은 검도수행자의 태도와 행동에 영향을 준다. 따라서 검도지도자와 사범의 검도에 대한 자세와 태도가 바람직한 검도문화를 만들어 가는 조건임을 확인해야 한다.

요약하면 저자가 생각하는 검도윤리는 검도수행의 과정에서 배웠던 자발적이고 자연스러운 행동의 경험이 검도영역을 넘어 일상생활에서도 자연스러운 행동으로 드러내는 것에 있다. 그 실천적 이론 방법은 검도의 윤리적 노하우로 설명이 가능하다.

---

4 이상호(2015c).

3. 검도의 윤리적 노하우(ethical know-how)

검도의 윤리적 노하우[5]는 윤리이론을 검도에 적용하는 것이 아니라, 검도에서 배웠던 경험이 자연스러운 윤리적 행위로 어떻게 전환되는지에 초점을 맞춘다. 검도의 윤리적 노하우에서 요구되는 자연스러운 윤리적 행위는 인간 움직임에 대해 새로운 관점을 요구한다. 윤리적 노하우는 이성 판단의 우위 관점에서 작동하지 않는다. 인간의 행위는 합리적인 이성적 판단과 본능적인 감각이 서로 복합적으로 연결된 상황에서 일어난다. 예컨대 완벽한 검도기술의 발휘란 자신이 이성적으로 판단한 후 즉각적인 움직임의 결과는 아니라는 것이다. 검도수행자에게 완벽한 검도기술의 발휘는 생각하지 않고, 즉각적이고 자발적인 움직임에 의해 일어나는 것이다. 즉 본능적인 감각으로 움직이는 것이라고 할 수 있다. 물론 본능적인 감각에도 상대의 움직임을 파악할 수 있는 이성적 판단이 복잡하게 개입된다. 따라서 우리의 자발적이고 즉각적인 자연스러운 움직임은 이성과 감각이 혼재되어 나타난다고 말할 수 있다. 결론적으로 우리가 생각하는 가장 올바른 윤리적 태도는 자신의 이익이나 감정이 개입되지 않고 즉각적으로 윤리적 행위를 실천하는 것이다. 윤리적 행위에 있어 이성적인 판단을 한 후 행동을 실천한 사람도 윤리적으로 존중받아야겠지만, 윤리적인 측면에서 진정으로 존중받는 사람은 즉각적이고 자발적으로 실천한 사람이다. 이는 완벽한 검도기술이 상대를 의식하지 않고 자발적으로 자연스럽게 이루어지는

---

5 무도윤리의 노하우는 다음의 과정이 필요하다. 첫째, 자신의 행위에 대한 반성(反省)이 필요하다. 둘째, 자신의 행위는 몸에 배인 상태(embodiment)를 확인해야 한다. 둘째, 무위(無爲)의 상태를 견지해야 한다(이상호, 황옥철, 2017: 186-187).

것과 다르지 않다. 물론 완벽한 검도기술이 발휘되기 이전에 올바른 자세와 마음가짐이 오랜 시간 검도수행 과정을 통해 자신의 몸에 배어 있어야 함은 말할 필요도 없다.

검도기술인 기본자세를 완성하기 위해 검도지식의 습득과 실천 과정은 검도윤리를 배우는 과정과 다르지 않다. 검도수행자는 검도윤리와 관련해서 자신의 검도기술의 숙련과정과 윤리적 노하우의 과정을 나누어서는 안 된다. 검도기술에만 집중하고 윤리적 행위에 무관심하다면, 검도수행자는 검도를 배운다고 말할 수 없다. 검도기술과 윤리적 노하우는 서로 나누어지는 것이 아니며, 일직선상에 있는 시간적, 공간적으로 확장해 나가야 하는 과정으로 파악해야 한다. 검도기술과 검도윤리는 외형적으로 다른 내용을 보여주지만 결국은 서로 일치시켜야한다. 검도수행자가 추구해야 할 검도수행의 윤리적 지향점은 거기에 있다.

검도의 윤리적 노하우는 검도윤리의 내용을 단순하게 아는 것을 넘어선다. 검도수행에서 배웠던 경험을 토대로 실제로 윤리적 행동으로 전환되는 과정과 내용에 초점을 맞춘다. 전자는 하나의 검도규범을 설정하여 이성적으로 판단하는, 즉 윤리적 노왓(ethical know-what)이라면 후자는 즉각적으로 행위가 뒤따르는 것으로 윤리적 노하우(ethical know-how)이다.6 검도의 윤리적 노하우는 검도에서 배웠던 올바른 자세, 활인검, 마음의 비움, 자연스러운 태도의 경험이 일상생활에서도 즉각적으로 실현되는 것이다.

이를 위해 저자는 검도윤리의 윤리적 노하우의 방법을 3가지로 설명하고자 한다. 첫째, 자신의 검도행위에서 경험이 갖는 의미 이해와

---

6 유권종, 박충식, 역(1999: 25-26).

반성의 과정이 수반되어야 한다. 둘째, 그 속에서 무아(無我)의 확인 과정이 수반되어야 한다. 셋째, 이를 경험해서 자신의 생각과 태도가 바뀌는 것을 알아차리고 확인해야 한다. 물론 오늘날 검도기술과 마찬가지로 검도윤리의 윤리적 노하우가 이론적 타당성을 확보하기 위해서는 인간의 인식과 행위와 관련된 과학적 해명이 뒷받침되어야 한다.7

1) 검도행위의 경험

검도의 윤리적 노하우의 시작은 검도행위에서 획득한 경험의 이해에서 시작해야 한다. 검도수행자의 검도행위와 관련된 경험을 설명하기 위해, 우리는 행위와 경험에 대한 명확한 선이해가 필요하다. 먼저 행위의 설명이다. 행위의 사전적 내용은 "사람이 의지를 갖고 하는 짓"이며, 철학적인 의미로는 "분명한 목적이나 동기를 가지고 생각과 선택, 결심을 거쳐 의식적으로 행하는 인간의 의지적인 언행. 윤리적인 판단의 대상이 된다."8 즉 사전적 의미에서 행위란 자신의 생각과 감정

---

7 이성적 판단만이 윤리 문제를 결정하는 요소가 아니라는 관점들은 인지과학(cognitive science)의 발달에 기인한다. 윤리에 대한 인지 과학적 이해는 이성과 감정의 이분법적인 관점에서 이성 우위를 근거로 추상적인 가치만이 윤리에서 절대적 가치의 타당성을 강조하지 않는다(이상호, 2015c). 이성 우위의 관점에서 강조하는 규범이나 원칙의 윤리를 Johnson(2014:15 – 20)은 비자연주의적(non – naturalistic) 윤리로 설명하고 있다. 이러한 관점은 우리가 실제적으로 살아가는 데 몸과 타자와의 상관관계, 문화 환경을 중요하게 고려하지 않는다. 기존 몸과 마음이라는 이분법적 관점에서 이성우위에서 시작한 윤리 내용은 인간들이 자연스러운 세계에서 살아가면서 나타난 인과의 과정과 한계의 문제를 초월해서 주장한다. 따라서 Johnson은 윤리는 규범적인 원칙보다는 사실과 인과관계를 다루는 인지 과학적 접근이 필요하다고 하였다. 인지 과학적인 관점에 대한 윤리적 논의는 또 다른 설명이 추가되어야 하기 때문에 본고에서는 다루지 않는다. 인지과학과 관련된 다양한 윤리적 논쟁과 내용들은 송영민 역(2013)을 참조.
8 국어국립원 표준국어대사전(http://stdweb2.korean.go.kr/search/List_dic.jsp).

과 동기가 내재되었다는 사실에서, 우리의 행위는 애초부터 윤리적 문제와 떨어질 수 없음을 보여준다. 이와 같이 행위와 관련된 윤리적 문제는 자신의 동기, 의식, 감정, 인간 본연의 성향 등 주어진 상황과의 만남에서 일어나는 사건으로 파악해야 한다는 점에서 복잡하다. 따라서 검도수행자의 윤리적 행위도 자신이 갖고 있는 검도의 목적, 동기, 감정, 성향 등을 근거로 출발한다. 물론 이러한 다양한 생각들은 검도수행 과정에서 배운 경험과 만나 자신의 몸에 맞게 조정되고 몸에 배이게 된다. 예컨대 자신의 검도 목적과 동기의 명확성, 자신의 감정 통제, 검도기술의 능력 등 자신의 몸에 배인 정도에 따라 상대를 다루는 윤리적 능력은 다를 수밖에 없다.

검도수행자는 검도수행의 과정에 나타난 자신의 의식이나 태도가 자신의 경험으로 어떻게 축적되는지를 명확하게 인지해야 한다. 경험은 대상에 대한 감각, 인식, 지각을 통해 알게 되는 지식이며, 검도경험의 의미는 2장 4절에서 상세하게 설명하였다. 검도의 윤리적 행위는 이전의 자신에게 축적된 경험과 주어진 환경 사이에서 자신의 윤리적 조정 능력에 따라 발생한다. 검도수행자는 검도수행을 통해 다양한 경험을 한다. 비록 검도경험에서 배웠던 내용이나 가치가 전부는 아닐지라도 자신의 행위에 영향을 미친다는 사실은 부인할 수 없다. 검도를 통해 즐거움과 당당함을 배우거나 바른 칼의 의미를 배울 수 있을 것이다. 또한 검도본질의 이해를 통해 인생의 가치를 다시금 생각하는 기회를 제공한다.

앞에서 언급한 행위창출의 윤리적 관점에 따르면 운동감각의 영역은 검도기술의 영역을 넘어, 윤리적 행동에도 적용이 된다고 하였다. 행동의 반복은 운동감각을 기반으로 몸에 배어 축적된다. 여기에서 축적된 검도경험은 윤리적 행동을 하는 데 중요한 역할을 한다. 예를 들어 검도는 바르게 하는 것이고 상대를 의식하지 않고 힘을 빼는 것이라고 생각하고, 우리가 그에 따라 수행하여 그 경험의 내용이 자신의 몸에 배어 있다면, 이는 일상생활에서 생각하고 판단하는 데 중요한 근거로 작동한다. 물론 검도를 배웠던 경험들이 생활세계에 그대로 다 적용되는 것은 아니다. 검도장에서만 적용되고 일상생활에 적용되지 않는 배움의 경우도 고려해야 한다. 경험이 항상 개념적 구조들과 사고의 양상들을 결정하는 것이 아니기 때문이다.

그러나 우리는 "경험(이) 다양한 인지적 영역들에 걸쳐 개념적 이해를 가능하게 하고 또한 그렇게 하도록 강제"하는 점[9]을 외면해서는 안 된다. 검도경험이 자신의 사고, 행동, 의사결정에 완벽한 영향을 미치는 것이 아니라고 할지라도, 우리의 의사결정과 행동은 일정 부분 자신의 경험을 근거로 작동한다. 따라서 검도수행의 과정에서 올바른 태도와 마음가짐을 갖는 것은 대단히 중요하다. 검도윤리는 검도를 통한 경험의 윤리적 행위가 확대되는 것이지, 윤리적 이론의 관점을 검도수행에 적용하는 것이 아니다. 자신의 검도경험에 대한 이해가 완벽하면 할수록 일상생활의 행동에 더 큰 영향력을 미친다. 검도에서 바른 자세, 마음가짐, 상대와 마주할 때의 당당한 태도는 일상의 삶을 살아가는 데 도움이 된다. 그리고 검도경기 속에서 자신의 감정을 다룰 수 있는 자신의 경험은 일상의 행위에도 영향을 미칠 수밖에 없다.

검도수행의 과정에서 윤리적 행위의 근원적 토대는 13장에서 언급한 몸 자신이라고 하였다. 검도하는 몸 자신은 본능적인 생존의 물리적 층과 합리적이고 이성적 판단을 하는 층이 상호 연결되어 작동하는 몸이

---

9 유권종, 박충식 역(2009: 41).

기 때문에 마음과 몸을 이분법적으로 나눌 수 있는 몸은 아니다. 이분법적으로 나눌 수 없는 몸 자신의 검도경험은 다양한 방법으로 지식들을 획득한다. 그 지식의 경험들은 전반성적(前反省的, pre-reflective), 명시적(明示的, explicit), 암묵적(暗默的, implicit) 지식으로 얻게 된다.

전반성적 지식이란 자신의 의도적 판단이 개입되기 이전에 알아차리는 것이다. 예컨대 검도경험에서 죽도를 맞으면 즉각적으로 아픔을 느끼고 안다. 명시적 지식은 검도의 공격득점은 손목, 허리, 머리, 찌름이며, 그것이 한 판이 되기 위해서는 "충실한 기세와 적정(適正)한 자세로써, 죽도의 격자부로 격자부위를 칼날을 바르게 하여 격자하고 존심이 있어야 한다"[10]는 것을 아는 지식이다. 암묵적 지식은 경험과 학습을 통해 개인의 몸에 배인 상태(embodiment)에서 나오는 것으로 언어로 명확하게 드러낼 수 없는 앎의 지식이다. 암묵적 지식은 검도에서 상대를 다룰 때 말로 설명할 수는 없지만, 상대를 어떻게 다루는지 아는 지식이다. 이처럼 검도에서 몸 자신이 경험하는 지식은 자신에게 검도와 관련된 일련의 이미지를 형성하고, 이것을 토대로 자신의 검도수행에 적용한다. 더 나아가 일상적인 삶의 판단기준, 즉 윤리적 행동으로 작동한다. 물론 검도의 경험뿐만 아니라, 자신의 사회적 환경과 개인적 습관 등에 따라 검도경험을 받아들이고 해석하는 능력에 따라 달라질 수 있다. 예컨대 많은 시간 검도수행에 전념하여 직업으로 삼는 검도관장님과 일반적인 검도수행자가 검도를 경험하고 해석하는 능력은 다를 수밖에 없다. 각각의 몸의 조건과 경험의 축적에 따라 발휘되는 내용의 크기가 다르기 때문이다.

검도기술에서 배웠던 자세와 경험이 일상에서의 윤리적 행위를 결

---

10 대한검도회 검도경기 · 심판규칙 제12조

정하는 데 큰 영향력을 미치지만, 역으로 우리의 일상생활에서 올바른 자세와 태도의 경험 또한 검도기술의 완성에 영향을 미친다. 예컨대 검도기술에서 중요한 요소는 승리에 대한 감정, 집착, 욕망의 통제이다. 이러한 통제 경험은 일상에서도 적용하고 경험해야 한다. 일상생활에서의 욕망, 감정의 통제 경험이 검도기술의 발휘와 전혀 무관하지 않기 때문이다. 경기와 일상에서 감정과 욕망의 통제 경험은 크게 다르지 않기 때문에 완벽한 검도기술을 위해서는 오로지 검도기술만의 수행이 전부가 아니라는 것을 인식할 필요가 있다.

검도행위의 경험이 어떻게 윤리적 행위로의 확장으로 가능한지 검도의 중단으로 설명해보자. 검도중단은 검도기술에서 가장 중요한 자세이다. 검도에서 중단은 절대적인 옳고 틀림이 존재하지 않는다. 개인에게는 적절한 중단의 자세가 존재하지만, 서로 중단을 하는 상황에서 중단은 상호 규정적이며, 상호의존적인 의미를 갖는다. 예컨대 상대와의 관계에서 상대의 신장이 자신보다 크거나 작을 때 검도중단의 위치는 조정될 수밖에 없다. 따라서 중단은 단절된 것이 아니라, 연속적인 과정에서 파악해야 한다. 물론 검도기술에서 중단이 없다는 것은 아니다. 중단이란 상대보다 자신의 칼이 낮지 않아야 하며, 상대의 칼을 압도하는 자세가 전제되어야 한다. 하지만 만약 상대도 나와 같은 중단의 자세를 취한다면, 각각의 관점에서 올바르다고 생각하는 중단의 자세가 존재할지는 모르겠지만, 그 둘의 관계에서 중단의 점은 하나이지 두 개가 될 수 없다. 즉 검도수행자 상호 간 죽도로 겨루기를 할 때 검도중단은 하나이기 때문에 서로 하나의 중심을 빼앗기 위해서 노력하는 것이다.

이와 같이 중단은 검도수행자에 따라 다양하게 설명된다. 어떤 사람은 자신의 죽도 끝이 상대의 왼쪽 눈 안쪽을 지향해야 한다고 말한다. 또 다른 사람은 상대의 목을 겨냥해야 하며, 중단은 상대의 칼보다 위에 있어야 한다고 말한다. 이러한 검도중단의 의미가 윤리적 의미로 전환이 가능함은 『중용(中庸)』에서 중(中)에서 보인 의미에서 그 단서를 찾을 수 있다. 검도중단의 의미를 동양사상에서 인용한 이유는 중(中)이 갖는 은유(metaphor)적 의미가 검도윤리에도 적용이 가능하기 때문이다.

인지언어학자인 레이코프(Lakoff)와 존슨(Johnson)에 따르면, 추상적인 단어는 은유적으로 만들어졌다고 주장을 한다.[11] 왜냐하면 인간의 사고 과정과 개념 체계는 은유적으로 구성되고 규정되기 때문이다.[12] 인간은 몸의 운동감각에서 형성된 경험을 기반으로 은유의 상상적 기제를 통해 우리 자신이 추상적 단어나 사고를 형성한다고 주장한다.[13] 이에 따라 중(中)은 단어적 의미인 가운데라는 의미를 넘어서는 것으로 파악해야 한다. 즉 중(中)은 동양인 자신들의 경험적 내용을 은유적으로 표현하기 위한 추상화된 단어로 만들어 사용하고 있는 것이다.

동양의 은유적 표현의 또 다른 단어인 물의 개념도 검도에 적용된다. 예컨대 검도에서 자신의 몸이 부드러워야 한다는 의미로 물의 단어를 은유적으로 차용한다. 이러한 은유적 표현은 노자(老子)가 언급한 '최고의 선은 물과 같다'[14]에서 보인다. 물은 외형적으로 부드럽지만, 딱딱한 바위를 뚫을 수 있는 힘을 가진다는 점에서 은유적 표현으로

---

11 임지룡, 윤희수, 노양진, 나익주(2002: 25).

12 노양진, 나익주 역(2006: 25).

13 노양진(2013: 117-118).

14 『노자(老子)』 8, 上善若水. 水善利萬物而不爭, 處衆人之所惡, 故幾於道.居善地, 心善淵, 與善仁, 言善信, 政善治, 事善能, 動善時. 夫唯不爭, 故無尤.

자주 사용된다. 물에서 우리가 느끼는 경험을 토대로 검도에 적용하면, 칼을 다루는 데 물과 같이 손목과 어깨가 부드러워야 한다는 것이다.

중(中)의 은유적 의미를 좀 더 상세하게 살펴보자. 중(中)의 은유적 의미란 단지 단어 그 자체인 가운데를 의미하지 않고, 어느 한쪽을 편들지 않는다는 것이다. 『중용(中庸)』에서 중(中)은 경험을 토대로 인간이 따라야 할 행동의 내용으로 설명한다. 『중용(中庸)』의 서문에서 주희(朱熹)는 중용을 편벽되지 않고 치우치지 않고 과함이 없고 미치지 않음이 없는 것을 말하며, 변치 않음이 일상적인 것으로 나타난 것으로 설명한다.[15] 인간의 본성과 관련하여 중(中)의 실천적 행위는 『중용(中庸)』에서 다음과 같이 설명한다.

> 기뻐하거나(喜), 성남(怒), 슬픔(哀), 즐거움(樂)의 감정들이 아직 드러나지 않는 것을 이르러 중(中)이라고 말하고, 그러한 감정이 드러날 때에는 모든 주어진 상황에 따라 절도(節度)있게 들어맞는 것을 이르러 화(和)라고 한다. 중(中)이라는 것은 천하의 큰 근본이며, 화(和)라는 것은 천하의 사람들이 이루어야할 공통된 도(道)이다. 그 중(中)과 화(和)를 지극한 경지에까지 일치시켜 밀고 나가면, 천지(天地)가 바르게 자리 잡을 것이고, 만물이 잘 자라게 된다.[16]

---

15 中者, 不偏不倚無過不及之名. 庸, 平常也.
16 『중용(中庸)』. 怒哀樂之未發 謂之中. 發而皆中節 謂之和. 中也者, 天下之大本也. 和也者, 天下之達道也. 致中和, 天地位焉 萬物育焉.

어떠한 감정이 드러나지 않는 상태를 중(中)이라고 설명하고 있지만, 원래 한자 中(중)은 갑골문자는 ꝯ으로 그려졌다. 이 글자는 군 진영에 깃발을 꽂아놓은 모습이 진지 중심에 있다는 의미이다. 즉 중(中)은 중앙을 관통하는 무언가를 꿰뚫는 모습으로 그린 것이다. 이와 같이 동양의 중(中)의 의미는 자신의 중심과 상대를 관통한다는 은유적 의미를 보여준다.

이러한 은유적 경험은 검도중단에도 적용이 가능하다. 검도의 중(中) 관련하여 검도 8단인 허광수는 검도본질을 "계고에 임하매 중(中)의 발현"으로 설명한다. 즉 그는 중단을 모든 자세의 근본이라고 주장한다.[17] 이러한 주장도 그의 은유적 경험의 일부분이다. 우리가 검도에서 중단을 강조하는 이유는 중(中)의 경험적인 뿌리가 검도중단에 투영되어야 하기 때문이다. 검도에서 중심은 칼의 운용 방법에서 가장 중요한 기술이다. 검도에서 상대의 중심을 빼앗는 것이 승부를 결정짓는 중요한 요소이기 때문에 중단에서 상대를 관통할 수 있는 힘을 보여주어야 한다. 그리고 중단은 검도기술의 문제이지만, 중단은 자신의 마음과 몸자세의 연장으로 이해해야 한다. 왜냐하면 중단의 자세는 상대의 움직임에 감정을 즉각적으로 드러내지 않는 마음의 자세와 연결되기 때문이다. 따라서 우리는 중단의 자세에서 검도수행자가 가져야 할 마음의 자세와 검도기술을 엿볼 수 있다.

검도는 상대 중심을 무너뜨리고 공격을 해야 성공 가능성이 높지만, 중단을 통한 공격의 성공이 이루어졌다고 할지라도 올바른 자세와 마음가짐에 따른 공격이 되지 않으면 상대의 감정을 자극하게 된다. 검도에서 감정이 드러나는 경우를 검도수행자는 아름다운 검도라 말하기

---

17 허광수(2021: 112).

힘들다. 따라서 검도수행자는 검도중단에서 자신 감정의 통제를 경험을 해야 한다. 그리고 자신의 감정적 표현을 드러냄에도 상황에 맞게 해야 한다. 검도공격이 성공한 후 자신의 감정 표현이나 태도를 금지하는 이유가 여기에 있다. 이 모든 것은 아름다운 윤리적 행위와 연관된다.

검도는 개인적 수행의 특성을 갖지만, 상대가 없는 검도는 반쪽자리 검도이다. 상대와 지속 가능한 검도의 즐거움을 이루기 위해서는 올바른 칼의 사용과 감정의 표현이 상대와 조화롭게 어울려야 한다. 이것이 『중용(中庸)』에서 언급한 조화로운, 즉 화(化)의 지극한 경지이며, 이 또한 검도의 윤리적 행위에도 적용된다. 물론 검도경기에서 싸워 이겨야 한다는 인간의 욕망을 배제하기는 힘들다. 하지만 그러한 행위라도 상대를 자극하지 말아야 한다. 일상생활에서도 경쟁은 피할 수 없지만, 상대에게 피해를 주는 승리는 그 타당성을 인정받기 힘들다. 검도중단이 자신의 마음과 자세의 연장이라면, 우리는 검도중단을 자신의 욕망과 감정을 억제할 수 있는 경험의 기회로 접근해서 자신에게 적용해야 한다. 검도중단의 올바른 길은 올바른 몸의 자세와 자신의 평정한 마음을 기반으로 상호 공방이 이루어질 때 이루어지며, 이것이 실현된 검도경기는 아름다운 경기로 인정받을 수 있다.

이와 같이 검도중단의 경험은 검도수행자에게 다양한 윤리적 의미를 만들어 낸다. 검도에서 절대적인 중단은 없고 상대적이라는 사실의 경험도 가능하다. 물론 그렇다고 해서 그 속에서 절대적인 중단의 의미를 배제하는 것은 아니다. 중단이 상대적이라는 사실은 절대적인 윤리적 가치를 우선적으로 상정할 필요가 없음을 말해 준다. 윤리적 의미가 상대적이라는 사실은 검도의 궁극적 지향점이 인격완성에 있다고 미리 선정하기보다는 인격형성 그 자체에 대한 노력이 더 중요하다는 점을 시사한다. 따라서 검도수행자는 검도중단에서 윤리적 의미와 태도를 발견하고, 자신에게 적용함으로써 인격형성을 위해 노력해야 한다.

2) 검도행위의 반성

우리가 검도를 하는 이유는 다양하다. 경기에서의 승리나 즐거움이거나 아니면 인격형성일 수도 있다. 어떤 쪽을 선택하더라도 더 나은 방향을 위해서라면 검도수행자에게 반성은 필수적이다. 여기에서 중요한 사실은 반성은 원래부터 경험과 떨어져 있지 않다는 점이다. 반성은 인간이 경험을 통해 더 잘하고자 하는 욕망과 욕구의 기본적인 속성에서 나왔기 때문이다. 이러한 반성의 경험은 검도행위의 반성에도 적용이 가능하다. 가장 일반적인 검도기본기로 검도반성을 설명해보자. 검도기본기는 초보자든지 고단자든지 누구나 한다. 하지만 모든 검도수행자가 검도기본기를 거울로 보면서 자신의 자세를 반성하는 이유는 검도기본기가 검도기술의 응용의 출발점이기 때문이다.

검도기본기의 연습은 거울을 보면서 한다. 하지만 거울에 나타난 자세와 자신이 생각하는 자세를 비교한 반성은 진정한 반성이 아니다. 이는 2부 4장에서 언급하였듯이, 자신의 경험에 근거한 반성이기 때문이다. 예컨대 자신이 생각하는 기본기의 이해가 틀린 경우에는 기본기의 완전한 수정이 이루어지지 않는다. 자신의 경험에서 나왔기 때문에 근본적인 반성이라고 할 수 없다. 자신이 생각하는 기본기는 근본적으로 자신의 관점이 틀릴 수 있음을 전제한 반성이 진정한 반성이다. 따라서 검도수행자는 자신의 관점에서 본 검도기본기의 자세가 틀릴 가능성이 있기 때문에 다른 동료나 선배, 선생님들의 조언을 항상 열린 마음으로 귀 기울일 필요가 있다. 즉 다른 사범이나 선생님들로부터의 검도기본기에 대한 조언이나 지적에 대한 개방적 열린 태도가 필요하다. 그리고 자신의 검도기본기의 행위는 몸에 배인 상태에서 나온다는 것을 직시할 필요가 있다.

사실 오랜 검도수행자들은 자신의 기본기를 바꾸기가 기본기를 처음 배우는 검도수행자보다 더 힘들다. 자신의 경험에 각인된 내용의 폭이 깊을수록 그만큼 수정하기 힘들기 때문이다. 따라서 몸에 배인 상태에서의 반성은 몸과 마음이 함께 반성해야 근본적으로 자신의 행동을 변화시킬 수 있다. 검도수준과 관계없이 자신의 움직임에 대한 근원적인 반성적 태도는 고단자나 일반 검도수행자 모두 일괄적으로 적용이 가능하다. 반성에 따라 자신에게 주는 경험 정도의 차이가 있을지 몰라도 하나의 경험이 자신에게 영향력을 준다는 측면에서는 같다. 그리고 자신의 검도행위가 틀릴 수 있다는 반성은 자기 자신의 행위를 자각 (awareness)하는 주체가 누구인지에 대한 질문으로 이어진다. 이는 자신의 경험에 대한 이성적 판단을 근거로 하는 반성을 넘어, 반성하는 주체에 대한 반성을 요구한다.

검도의 묵상(默想)을 예로 설명해보자. 검도는 시작과 끝에 묵상을 한다. 묵상에서 검도수행자는 자신의 잘못된 행위나 자세를 생각하고 새롭게 해야겠다는 마음가짐을 한다. 그러나 자기 자신의 경험을 전제로 하는 반성은 틀릴 가능성이 존재한다. 자신의 관점이 개입된 반성이기 때문에 검도행위의 진정한 반성을 가로막는다. 검은 색의 안경알을 쓰고 세상을 보면, 세상은 검게 보인다. 마찬가지로 푸른 안경알을 쓰면 세상은 푸르게 보이기 때문에 안경 너머 존재하는 세상을 바로 보기 위해서는 자신이 어떤 색깔의 안경을 쓰고 있는지 자기 스스로에게 자문하고 확인해야 한다. 따라서 검도수행자는 자신의 의식작용에 대한 근본적인 태도에 질문을 던지고 답을 찾아야 한다. 물론 자신의 검도기술이나 움직임을 비판하고 수정하기 위해 묵상이 필요가 없다는 것이 아니다. 검도묵상에서 반성은 더 나은 검도기술이나 태도에 긍정적인 역할을 한다. 하지만 그 반성에 따라 자신의 왜곡된 관점이 포함될 가능성에 대해서도 반성이 있어야 한다. 즉 자신의 관점에 대한 근본적인 반성을 토대로 검도수행에서 행해진 태도와 행동에 대한 반성이 뒤따를 때 진정한 반성이라 할 수 있다.

하지만 진정한 반성이라도 문제가 사라지지 않는다. 진정한 반성을 통한 새로운 태도나 행동이 검도나 일상생활에 그대로 적용되면 문제가 없지만, 항상 그렇게 되지 않는 경우가 항상 발생한다. 이러한 경우에도 우리는 자신의 관점에 따른 반성에서 아직 벗어나지 못하고 있는 상황에서 자신의 행위가 틀린 건 아닌지를 생각해야 한다. 우리가 행위를 할 때마다 자신의 행위가 잘못될 수 있다고 한 번 더 생각하면, 비윤리적 행위로 나타나는 경우는 줄게 된다. 반성이 진정한 반성으로 전환되기 위해서는 생각으로만 그치는 것이 아니라, 반성도 하나의 경험의 영역으로 생각하고 받아들여야 한다. 반성하였던 내용이 하나의 경험으로 다시금 자신에게 축적되어 익숙해지도록 노력해야 한다. 즉 반성하는 주체가 경험을 통해 반성의 의미가 자기 자신에게 어떤 것을 가져다주는지 검도수행의 과정에서 스스로 확인해야 한다. 검도기본기의 하나인 머리치기를 한다고 생각해보자. 자신이 생각하는 머리치기의 관점을 잠깐 접어두고, 즉 자신의 관점이 틀렸다고 인정하고 다양한 사람들이 주장하는 머리치기를 열린 마음으로 받아들이고 그들이 주장하는 대로 한번 해보는 것이다. 자신의 관점을 버리고 다른 사람의 의견을 받아들여 자기 자신이 경험을 해보면, 그 과정에서 자신만의 가장 적절한 머리치기가 형성된다. 그렇다고 자신이 생각하는 머리치기의 관점이 사라지는 것은 아니다. 열린 마음으로 자신의 입장을 배제한 머리치기의 경험은 자신의 머리치기를 강화하거나 새로운 경험을 가져다준다. 여기에서 머리치기의 강도와 속도의 경험은 우리 자신의 머리치기에 새로운 관점을 제공해준다.

물론 우리 자신이 갖고 있는 주도적 관점과 다른 선생님들의 검도의 머리치기 관점이 올바르다는 것을 어떻게 인정할 수 있느냐에 대한 의문은 사라지지 않는다. 근본적인 반성의 기준점이 없는 상황에서 올바른 머리치기의 자세를 찾을 수 없지 않느냐의 질문이 가능하기 때문이다. 그러나 머리치기의 올바른 자세를 찾는 것도 중요하지만, 지속적인 반성을 통해 머리치기 방법을 찾는 것 그 자체가 검도수행의 과정이라는 것이다. 이와 같이 검도반성의 경험은 다양한 윤리적 의미를 만들어 내기 때문에 근본적인 반성의 태도는 일상생활에서도 그대로 적용되어야 한다. 검도의 반성적 태도가 일상의 윤리적 태도로 전환되고 적용될 때 검도반성의 진정한 의미가 실현된다.

3) 검도행위와 무아(無我)

검도는 마음을 비우고 공격할 때에 한 판이 된다. 마음을 비운다는 것은 자신의 몸에 힘이 들어가지 않는 상황이다. 이는 자신의 감정, 의도, 욕망이 배제된 조건 하에서 일어난다. 검도움직임에 자신의 감정이나 생각이 배제된 상태에서 일어난 공격을 우리는 일반적으로 무심(無心)의 공격이라 한다. 무의식의 상태에서 나온 부드러운 움직임은 가장 강력한 힘을 발휘한다. 의식하는 순간에는 움직임이 부자연스러워 자기가 갖고 있는 힘을 완벽하게 발휘하지 못하기 때문이다.[18] 따라서 자신의 어깨에 힘을 빼고 자연스러운 움직임을 통한 공격이 검도에서 한 판의 가능성이 가장 높다. 자신보다 기술적으로 뛰어난 수행자를 만나면 자신도 모르게 몸에 힘이 들어간다는 사실을 검도수행자는 잘 안다. 그러나 우리가 마음을 비우고 자연스럽게 해야 한다고 말은 쉽게 할 수 있지만, 짧은 시간에 승부를 내는 검도에서 실제로 실천하기는 힘들다.

개인적인 경험이지만 1−2년 정도 수련한 검도수행자가 검도단체 경기에 참가하여 연속적인 승리를 거둔 경우가 있었다. 그는 처음 두 경기에서 상대를 의식함으로써 힘이 들어가 패배를 하였지만, 나머지 경기는 상대를 의식하지 않고, 즉 승패에 상관하지 않고 경기에 임함으로써 연속적인 승리를 획득하였다. 연승 이전에 저자는 그에게 경기에서 상대하는 선수는 당신보다 검도경력이 오래되었기 때문에 경기에서 지는 것을 당연하게 받아들이고, 승패를 의식하지 않고 움직임을 하라고 부탁하였다. 그가 상대를 의식하지 않았기 때문에 경기하는 상대도 그의 움직임이나 의도를 파악하기 힘들었다고 생각한다. 물론 이러한 무심(無心)의 상태로 경기에 임하는 것이 쉽지는 않다.[19]

다른 이야기이지만 상대의 죽도를 맞으면 아프다고 느끼는 것은

---

18 고바야시 히로유키(한양희 역, 2017: 10−11)에 따르면, 인간의 행동은 90% 무의식에서 결정한다고 하였다. 그는 인간에게 내재되어 있는 무의식은 자동적으로 자신의 몸을 움직이게 하는 강력한 힘을 발휘하는 것으로 설명한다(한양희 역, 2017: 26). 무의식의 능력을 이끌어내는 방법으로 첫째, 멍하니 나 자신과 마주해야 하는 시간을 갖기. 둘째, 지속적인 수행으로 의식하지 않고 움직일 때 까지 단련, 셋째, 하나의 폼에서 무의식적으로 하게 될 때까지 단련. 넷째, 사소한 것까지 철저하게 자동화시키는 것으로 설명하고 있다(한양희 역, 2017: 101−101). 이는 검도에서 무의식의 힘을 키우는 데도 일정 정도 도움이 된다.

19 연속적인 승리를 가진 그 선수는 자신의 검도수행이 지속됨에 따라 상대를 의식하게 되었고, 다음 경기에서는 더 이상 승리를 챙기지 못했다.

상대방의 검도 수준이 높지 않음을 보여준다. 이는 의식한 상황에서 어깨와 손목에 힘이 들어간 상황에서 나오는 칼이기 때문이다. 반면에 수준 높은 검도수행자의 머리 공격을 맞으면 고통스럽지 않고, 상대 죽도가 가진 힘의 강도를 온몸으로 느낀다. 우리는 고단자의 바른 자세와 부드러운 자연스러운 움직임에서 나온 죽도의 강도가 크다는 사실을 잘 안다. 힘을 뺀 공격에 강력한 힘이 추가되는 것은 그 속에 기(氣)가 들어가 있기 때문이다.[20] 따라서 검도는 힘을 뺀 상황에서 무심의 자세를 기반으로 자연스러운 움직임을 강조한다. 자신의 몸에 힘이 들어가지 않는 자연스러운 움직임은 오랜 기간 수행이 전제되어야 하는 건 말할 필요가 없다. 우리는 걸어갈 때 먼저 오른발을 내딛고 다음으로 왼쪽 발을 내딛는다고 일일이 생각하면서 걸어가지 않는다. 우리는 의식하지 않고 발을 내딛고 자연스럽게 걸어간다. 즉 자연스러운 걸음걸이는 자신의 행위에 의식하지 않는다. 다른 말로 의도적 마음이 개입되지 않는 마음이 비워진 상태에서의 움직임이기 때문이다. 검도도 일상의 걸음걸이와 마찬가지로 자연스러운 마음이 비워진 상태를 추구해야 한다. 마음 비움이 상대적으로 검도의 한 판이 될 가능성이 높기 때문이다. 이러한 마음을 비운 움직임은 동양적인 의미인 무위(無爲)[21]의 행

---

20 헤리겔(Herrigel)은 『활쏘기의 선』에서 힘을 빼고 계속 수행하다 보면 그 힘이 빠진 곳에 동양적인 의미의 에너지인 기(氣)가 들어간다고 하였다(정창호 역 2004). 힘을 뺀 상황에서도 강력한 힘을 느끼는 이유가 여기에 있다.

21 무위(無爲)는 아무것도 하지 않는다는 의미는 아니다. 자신이 행동하기 위해 의도적으로 무언가를 행사하려는 노력을 하지 않는다는 것이다(Slingerland, 2003: 11). 그는 무위의 내용을 개인의 자발적이고 자연스러운 움직임을 강조하는 개념적 은유(conceptual metaphor)로 설명하고 있다. 더 나아가 무위는 개인의 자연스러운 행동이 사회에서도 의미 있고 받아들일 수 있는 확장의 개념으로 주장한다. 무위의 지속적인 행위는 마음이 몸에 배인 상태(embodiment)가 되고, 몸의 움직임은 마음에 새기게 되어 지적 자발성(intelligent spontaneity)을 갖는다고 하였다(김동환 역, 2018).

위와 다르지 않다.

마음을 비움으로써 검도경기에서 가져다주는 이익이 상대적으로 크다는 것을 검도에서 경험한다면, 그 경험을 우리의 일상생활에서도 적용이 가능하다. 개인적인 관점이라고 할 수 있지만, 저자는 검도경기에서 상대를 의식하지 않고 경기에 참여한다. 그리고 그것이 경기의 결과에 도움이 되고 자신의 몸에 무리가 가지 않는 것을 경험한다. 이러한 경험의 축적은 일상생활에도 알게 모르게 적용된다. 검도에서 상대 존중을 위한 예(禮)의 경험이 일상생활에 적용되는 것과 마찬가지다.

철학자 사르트르(Sartre)에 따르면, 우리는 자아에 대해 어떤 알아차림도 갖지 않는다. 그 이유는 우리가 경험하는 동안 자아는 나타나지 않기 때문이다. "자아는 오직 우리가 문제가 되고 있는 경험에 대해 거리두기와 대상화하기의 태도를 취할 때, 즉 우리가 경험을 반성할 때 출현한다." 반성과 관련된 자아는 반성을 하는 대상이지 반성의 주체는 될 수 없다.[22] 따라서 자아의 실체는 없지만, 반성의 주체로서 자아의 존재는 가능하다. 반성의 주체는 우리가 평가하고 판단하기 위해 인위적으로 만들어낸 것이기 때문에 우리 자신의 반성은 완벽하게 되지 않는다는 사실을 직시해야 한다. 따라서 우리는 반성에는 끊임없는 반성의 과정이 필요함을 인정해야 한다. 더 나아가 반성은 자신의 경험에 대한 반성을 넘어선 반성 그 자체도 하나의 경험으로 인식해야 한다.

검도가 궁극적으로 마음을 비우고 즉각적이며 자연스러운 움직임을 지향한다고 할지라도 마음을 비우는 방법은 검도수행자들마다 다른 관점에서 설명한다. 가장 일반적인 방법은 자신의 마음을 찾거나 내려놓은, 즉 5장에서 언급한 구방심(求放心)이나 심요방(心要放)의 방법이

---

22 박인성 역 재인용(2013: 352).

있을 수 있고, 13장에서 언급한 무심(無心)의 이해에 따른 방법도 있다. 검도수행자는 앞에서 언급한 다양한 마음을 비우는 방법을 검도수행에서 경험해야 한다. 이것을 통해 자신의 의식작용이 검도움직임이나 검도기술을 어떻게 변화할 수 있는지 스스로 확인해야 한다.

저자는 검도수행에서 무심의 방법을 배우는 또 다른 방법의 하나로 검도수행의 과정에서 자아(自我)가 없다는 사실을 파악하고 경험하는 것이라 생각한다. 자아란 우리가 생각하는 주체가 아니라, 우리의 의식의 흐름에서 만들어진 것에 불과하다는 것을 검도수행에서 확인하는 것이다. 상대의 움직임을 판단하고 생각하는 주체로서의 자아가 없다는 것을 주장하는 것은 아니다. 의식의 흐름에서 나타난 생각의 주체를 우리가 자아의 실체라고 인정하는 것은 잘못된 것이라는 것이다. 우리가 생각하고 판단하는 자아의 실체가 존재한다고 하더라도 그 자아는 진짜가 아닌 우리의 의식에서 만들어낸 가짜의 자아에 지나지 않는다고 판단해야 한다. 대상을 파악하는 통일된 하나의 주체로서의 자아는 존재하지 않음을 검도수행에서 확인해야 검도에서 자연스러운 움직임이 가능하다. 예컨대 검도경기에서 공격해야겠다는 감정이나 욕망은 만들어진 이기적인 자아에서 나오는 것이다. 이기적인 실체를 인정하지 않고, 자신의 감정이나 욕망을 억누를 수 있는 가장 좋은 방법은 그러한 생각이 나타날 때마다 통일된 하나의 실체로서의 자아는 허상이라고 생각해야 한다. 상대를 경기에서 승리를 해야겠다는 의지나 욕망이 실체가 없는 가짜의 자아가 만들어낸 것임을 자기 스스로 검도경기에서 확인해야 한다. 그럼에도 불구하고 검도에서 무위나 무심의 태도를 유지하는 것은 쉽지 않다.

검도수행의 과정에서 생각하는 주체인 자아가 없다는 것을 경험하는 과정은 검도수행에 많은 것을 가져다준다. 따라서 검도수행자는 의식하지 않고 자발적인 자연스러운 움직임을 통해 자신에게 의식의 주체가 없음을 자기 자신에게 확인해야 한다. 물론 상대를 의식하지 않고 어떻게 검도에서 공격과 방어가 가능하겠는가라는 반론도 가능하다. 저자가 주장하는 것은 검도움직임에 우리의 의식이 없다는 것을 말하는 것이 아니라, 자신의 생각과 의도를 덧붙일 필요가 없다는 것이다. 대상이나 상대를 있는 그대로 받아들이는 자세가 필요하다. 물론 이러한 무아의 경험을 검도에 적용하기란 쉽지 않다. 그러나 검도수행에서 우리는 개인의 욕망, 욕구, 욕심이 자신의 가짜의 마음에서 만들어 낸 것임을 확인하는 과정에서, 무아의 경험은 자기중심적 생각을 버리게 만들어준다.

우리는 상대를 구분하지 않고, 고정된 관점과 태도를 갖지 않는 것도 필요하다. 그리고 자신의 행위에 특별함을 부여하지 않는 태도도 중요하다. 받아들이기 힘들겠지만, 상대의 비윤리적 행위도 받아들일 수 있어야 한다. 비윤리적 행동을 하는 검도수행자를 외면하면, 그 상대는 자신의 움직임을 바로 볼 수 있는 기회를 놓친다. 상대가 비윤리적 행위를 하더라도 자신은 바르게 검도하는 행위에 집중해야 한다. 그래야만 비윤리적 행위를 하는 상대도 자신의 행위를 반성할 수 있는 기회를 갖게 될 것이다. 가장 고차원적인 검도수행자의 윤리적 태도는 바르지 않은 검도행위를 비판하기보다 검도를 통해 상대의 행동을 변화시키는 데 있다. 따라서 상대 행동에 대한 비난에만 초점을 맞추지 말아야 한다. 극단적으로 검도에서 무아의 경험은 모든 것을 받아들이는 태도를 견지하는 것이다. 검도에서 자아 중심적 습관을 버리고 모든 것을 받아들이는 마음의 태도가 자신의 몸에 배어 있어야 일상생활에서도 그러한 행동이 자연스럽게 발휘된다.

무의식의 움직임은 자신의 의도와 생각이 포함된 의식의 또 다른 형태이기 때문에 윤리적 행위와 연결된다. 움직임이 일어나는 상황에서 의식이 작동하지 않았다는 측면에서 무의식이라고 칭하지만, 우리의 의식은 폭포수처럼 끊임없이 물이 흐르듯 무언가를 생각한다. 따라서 우리는 자신의 의식에서 무언가의 생각과 감정이 일어난다는 사실을 부인해서는 안 된다. 다만 무언가가 일어나는 것이 틀릴 수 있다는 알아차림은 결국 나라고 생각하는 자아가 없음을 검도수행에서 확인하는 것이다. 특정한 마음이 없다는 생각은 그 마음에 기반을 하여 다른 모든 것을 있는 그대로 다 받아들일 수 있는 것을 말한다. 따라서 무아(無我)의 검도윤리는 모든 것을 다 받아들일 수 있는 자세와 태도를 말하며, 서로에 대한 존중과 사랑의 행위가 되는 것이다. 더 나아가 무아의 검도윤리는 개인의 윤리적 노하우에서 시작하였지만, 상대와의 관계 속에서 평화와 인류애를 포함한다.

4. 검도윤리의 지향성

검도기술의 완성은 의식하지 않고 자연스러운 행동으로 드러나는 것이며 의식을 하면 자신의 행동이 부자연스럽게 된다고 하였다. 검도경기에서 완벽한 자신의 검도기술의 발휘에 마음 비움이 도움이 되어 경기를 승리한다면, 마음 비움의 경험이 일상생활까지도 확대되어 적용이 가능함을 자기 스스로 확인해야 한다. 상대를 의식하지 않는 자연스러운 검도움직임의 경험이 검도경기에서 승리로 이어진다면, 이러한

태도를 일상생활에서도 확대 적용해서 자연스러움 몸짓으로 드러내어
야 한다. 검도윤리는 검도기술, 검도 본(本), 조선세법(朝鮮勢法) 등에서
보인 자연스러운 움직임의 경험을 일상생활에서 윤리적 기술로 확장되
는 것이다.

　윤리적 기술의 이론적 근거는 윤리적 노하우의 확장에 있다. 본문
에서 언급하였듯이 윤리적 노하우는 이성적 판단에 근거한 윤리적 행
위가 아닌 즉각적인 움직임을 통해 형성된 윤리적 행위와 관련된 이론
적 내용으로 구성된다. 검도움직임이 의식하지 않고 자발적이고 자연
스러운 행위로 나타나는 것이라면, 일상에서 윤리적 행위도 자발적인,
즉 즉각적인 움직임으로 나타나는 것이 최고의 윤리적 행위이다.

　그러나 현실적으로 검도수행의 상황에서 검도의 윤리적 노하우가
자신의 몸에 배인 상태를 경험하기란 쉽지 않다. 따라서 검도수행자는
검도대련, 검도 본(本), 조선세법 등 검도수행을 하는 동안 다양한 감정
의 표출을 마주할 때마다 무아(無我)의 속성을 이해하고 경험해야 한다.
그 경험을 토대로 자신의 내면에서부터 외면의 방향으로 시간적, 공간
적으로 확장을 해야 한다. 인지학자인 발레라(Varela)에 따르면, "윤리
적 노하우는 점진적이고 직접적으로 자아의 가상성과 익숙해지는 것이
다"라고 하였다.23 검도에서 자연스러운 움직임은 자아라는 실체를 전
제하지 않을 때 궁극적으로 달성될 수 있으며, 자연스러운 움직임을 경
험하지 못하는 상황에서 일상생활까지의 자연스러운 윤리적 태도를 기
대하기란 힘들다. 결론적으로 검도의 윤리적 노하우란 다양한 검도수
행과정에서 반성과 경험의 과정을 통해 무아(無我)를 확인하고, 상대를

23　Ethical know－how is the progressive, firsthand acquaintance with virtuality
　　of self(1999: 63). 윤리적 노하우의 궁극적 목적을 가상적 자아의 파악이라고 한
　　이유는 자아는 특정한 윤리적 태도를 취하기 때문이다. 진정한 윤리적 태도는 자
　　신의 생각과 관계없이 자연스럽게 나오는 것이다(유권종, 박충식 역, 2009: 99).

차별하지 않는 보편마음의 태도나 생각을 일상생활의 영역까지 확대하는 것이다.

Conclusion

결론

Conclusion   결론

　이 글은 검도철학의 내용을 체계적으로 서술하기 위해 시작한 것이 아니라, 저자의 개인적 관심에 따라 검도철학의 내용을 설명한 글이다. 따라서 검도철학이라 할 수 있는 논리적 체계를 갖추고 있느냐에 대해 회의적인 생각이 든다. 그럼에도 불구하고 저자는 검도철학의 각 부분을 기술하면서 나름대로 검도철학의 관점과 틀을 형성하였다. 그 속에서 개인적인 견해와 독단과 편견이 있겠지만, 검도철학과 관련된 하나의 관점을 제시했다는 점에서 의미가 있다고 생각한다. 이러한 관점에서 검도철학의 핵심적인 내용을 요약, 정리해 본다면 다음과 같다.

　첫째, 검도철학의 시작은 자신의 검도움직임에 따른 경험의 해명에서 출발해야 한다. 기존 검도철학의 내용은 심신일여, 평상심, 무심, 깨달음, 인격완성 등으로 설명한다. 그러나 그 내용은 검도수행자 자신의 검도움직임과 그에 따른 자신의 경험을 이론적으로 뒷받침하기 위해 추상적인 단어로 표현한 것에 지나지 않는다. 따라서 검도철학은 자신의 검도움직임에서 일어나는 자신만의 긴장(tension), 투영(projection), 선형성(linearity), 진폭(amplitude), 그리고 감각(sense)을 경험하고 설명할 수 있어야 한다.

둘째, 검도철학의 이론적 근거는 '검도하는 몸', '검도하는 몸의 움직임', 그 움직임에서 일어나는 '검도의 경험과 반성'에 초점을 맞추어야 한다. 검도움직임에 따른 경험의 내용은 자신의 몸을 어떻게 이해하느냐에 따라 달라진다. 검도는 몸으로 몸을 배워야 한다고 할 때 그 몸은 몸 자신(proper body)이다. 몸 자신과 몸 움직임의 이해는 심신일여와 인격완성의 작동 파악에 도움이 된다. 검도가 깨달음을 지향한다면, 검도하는 몸과 몸의 움직임에 따른 경험과 반성의 과정에 대한 이해는 필수적이다.

셋째, 검도깨달음은 좁은 의미로 깨침의 길(경구의혹)과 닦음의 길(수파리)을 자신에게 적용하여 확인하는 것이다. 깨침의 길은 경구의혹을 극복하기 위해 초월론적 자아의 역할을 확인하는 것이다. 그 속에서 검도수행자는 네 가지 병의 본질이 일정한 특성을 가지고 있지 않다는 무자아(無自我)성을 확인하고, 있는 그대로 인정하는 것이다. 닦음의 길은 수파리의 검도움직임에서 인격적 자아를 형성하는 것이다. 인격적 자아의 완성은 수파리 각각의 단계에서 검도수행자 자신의 태도변경을 통해 반성이 경험의 한 형태임을 확인하는 과정에서 이루어진다.

넷째, 검도깨달음은 넓은 의미로 깨침의 길(심신일여)과 닦음의 길(인격완성)이 있다. 넓은 의미의 검도깨달음은 깨달음의 주체인 초월론적 자아와 몸의 운동감각에서 일어난다. 그 속에서 심신일여를 통한 깨침의 길과 인격완성을 위한 닦음의 길이 있다. 심신일여는 몸과 마음의 관계가 소멸되어 무심(無心)의 상태에서 몸과 마음이 하나가 되는 경험을 말한다. 인격완성은 인격적 자아의 태도로 자기 반성과 상호 존중의 태도를 기반으로 자연스럽게 몸에 배인 습관에서 나오는 것이다. 심신일여와 인격완성은 자연스러운 움직임을 추구한다는 점에서 본다면, 그 둘은 다르지 않다.

다섯째, 경구의혹의 극복은 무심(無心)의 본질을 파악하는 것이다. 검도 본질의 하나는 경구의혹을 극복하는 것이다. 하지만 경구의혹은 인간의 의식작용에서 일어나는 자연스러운 현상이기 때문에 극복하기란 사실상 힘들다. 경구의혹의 극복은 마음의 본질을 파악할 때 가능하다. 즉 경구의혹은 무심(無心)이 갖는 본질을 파악할 때 자연스럽게 극복이 가능하다. 무심의 이해는 경구의혹이라는 네 가지 병이 우리 자신이 만들어낸 것임을 검도수행의 과정에서 확인하는 과정이다. 그 속에서 심요방(心要放)의 자세는 무심을 실천할 수 있는 방법론의 의미를 갖는다.

여섯째, 검도의 무의식적 행위는 운동감각, 지향성, 지평, 습관성, 연상과 촉발 등 수동적 종합의 과정에서 이루어진다. 검도의 무의식적 행위는 의식이 작동하지 않는 것이 아니라, 우리가 의식하지 못하는 상황에서 일어나는 의식작용의 과정이다. 이러한 무의식적 행위의 이해는 검도의 실천적 방법을 배울 수 있는 기회를 제공한다. 무의식의 과정은 시간적 흐름에서 발생하는 지향성의 과정에 대한 이해와 다른 지향성의 내용, 즉 감정, 기분, 느낌 등이 개입되어 무의식의 행위가 일어난다. 여기에 자신이 갖고 있는 몸 자신의 능력도 검도의 무의식 행위에 영향력을 미친다.

일곱째, 검도개념은 텍스트의 이해를 넘어서야 한다. 오늘날 한국의 검도개념이 타당성을 갖기 위해서는 단지 검도개념의 해석이 아니라, 과거 『화랑세기(花郞世記)』에 보인 검도(劍道)개념을 검토할 필요가 있다. 신라시대 화랑도(花郞徒)가 추구한 검도개념은 단지 검도단어의 존재와 해석을 넘어, 오늘날 실천적 적용이 될 때 새롭게 의미를 갖게 된다. 『화랑세기』에 보인 "검도를 크게 떨쳐 사기를 드높여 백세의 스승이다(劍道大擅 士

氣以興 百世以師)"의 의미는 오늘날 검도수행자들에게 실천적 적용을 위한 텍스트로서의 가치가 있다.

여덟째, 조선세법(朝鮮勢法)의 수행은 몸을 통해 생존의 경험, 움직임의 은유적 의미 파악과 추상적인 사고 형성, 검도문화를 만들어 가야하는 것으로 이해해야 한다. 조선세법은 몸으로 배워야 하고, 칼의 경험으로 자신이 생존의 유기체임을 확인하는 것이다. 조선세법은 움직임의 은유적 의미를 기반으로 추상적인 개념이 몸의 경험에서 나온다는 사실을 배워야 한다. 그리고 자신의 몸이 검도문화를 형성하는 출발점임을 확인해야 한다.

아홉째, 무도로서 검도의 완성은 인의예지신(仁義禮智信)을 관통해서 몸에 배인 상태로 자연스럽게 드러나는 것이다. 검도수행자에게는 검도기술의 완성도 중요하지만, 검도기술의 탁월성이 바로 인격완성으로 연결되지 않는다. 진정한 무도로서 검도의 완성은 검도수행의 과정 자신의 덕(德)을 발휘하는 것이며, 이는 검도기술의 완성인 신기(神氣)의 기술 발휘와 인의예지신(仁義禮智信)을 통한 실천적인 움직임이 서로 이격되지 않는 자연스러운 움직임에서 이루어진다.

열 번째, 검도실천자의 검도미학은 '검도 기감(氣感)의 맛'을 체험해야 한다. 검도실천자의 미적 체험은 자신만의 움직임에 따른 감각에서 출발한다. 그 감각은 동양적인 의미에서 감(感)으로 검도에서 상대의 힘, 즉 기(氣)를 느낀다는 점에서 기감(氣感)으로 설명이 가능하다. 검도실천자의 미적 체험은 공간미, 존재미, 기술미, 시간미에서 일어나는 '기감의 맛'을 느껴야 한다. 즉 검도실천자의 미적 체험은 '검도 기감의 맛'이다.

열한 번째, 검도관전자의 미학은 사심 없는 태도로 '검도의 멋'에서 '검도의 맛'을 찾는 것이다. 검도관전자의 미적 체험은 직관미와 감정미를 근거로 작동한다. 검도관전자의 미적 체험은 미적 대상에 대해 미적 내용을 구성해야 한다. 즉 검도대상에서 보여주는 형식미, 내용미, 기능미에서 '검도의 멋'을 파악해야 한다. 그 속에서 검도관전자는 각각 기술미, 인격미, 사생미의 '검도의 맛'을 체험해야 한다. 검도관전자의 완전한 미적 체험은 위의 두 부분이 만나는 지점에서 이루어진다.

열두 번째, 검도심판자의 미학은 '검도의 감칠 맛'을 보여주는 것이다. 검도심판자의 미학은 경기에 참여하는 실천자와 판정과 관전자의 이중적인 관점을 갖는다. 검도실천자의 입장에서 검도심판자는 선수들의 움직임에 대한 본질직관과 선수의 움직임에 따른 자신의 운동감각을 일치시켜야 한다. 그리고 검도관전자의 입장에서 검도심판자는 자신의 행위에 윤리적 정당성을 가져야 한다. 그 속에서 검도심판자는 기술미, 공통미, 절제미의 '검도의 감칠 맛'을 표현해야 한다.

열세 번째, 검도윤리는 예시예종(禮始禮終)과 활인검(活人劍)의 의미를 일상생활에도 적용하는 것이다. 예시예종은 예의 외면화 과정이고 활인검은 예의 내면화 과정이다. 검도의 외면화와 내면화의 과정은 검도문화의 수준을 높이게 된다. 검도윤리의 이론적 토대는 사리일치(事理一致)이며, 검도윤리의 실천적 정당성의 출발점은 몸 자신이다. 그리고 검도윤리의 궁극적 목적은 검도수행의 과정에서 무심(無心)의 확인에 있다.

열네 번째, 검도의 윤리적 노하우는 검도수행의 경험과 반성의 과정을 통해 궁극적으로 무아(無我)를 확인하고 적용하는 것이다. 검도수행의 궁극적 목적은 검도기술과 검도윤리가 서로 떨어져 있는 것이 아니다. 검도기술의 완성은 상대를 의식하지 않고 자발적이고 자연스러운 움직임을 추구한다면, 검도윤리도 일상에서 즉각적이고 자발적인 움직임이 수반되어야 한다.

이렇게 본문에서 요약한 내용이 검도철학의 전부일 수는 없다. 그리고 검도철학은 고정된 것이 아니다. 과거의 검도움직임과 경험의 내용이 오늘날과 다르듯이 오늘날의 지향점도 다를 수밖에 없다. 미래에도 마찬가지다. 검도철학은 자신의 검도움직임과 그에 따른 경험과 그것을 설명하기 위한 철학적 내용 간의 역동적인 관계의 산물이다. 따라서 검도철학의 내용이 앞으로도 새롭게 바뀔 가능성이 높은 상황에서 본 검도철학이 얼마나 타당성을 확보하고 있는지 벌써 걱정이 앞선다. 그렇다고 검도수행자는 검도철학을 외면해서는 안 된다. 검도는 당당하게 맞서 싸워야 하는 것이지 회피하는 것이 아니다. 검도철학도 마찬가지다. 검도철학이라는 상대가 있다면 누군가가 당당하게 싸워야만 새로운 것을 만들어 낼 수 있다. 마지막으로 저자가 바라는 것은 이 책이 다른 검도수행자의 검도수행에 조금이나마 도움이 되었으면 한다. 이 저서가 그러한 목적에 조금이나마 부합하였다면, 그것으로 저자는 만족한다.

글을 마치면서

✎

나만의 철학적 관점에서 검도철학을 제시하겠노라고 호언장담에서 이 글을 시작하였지만, 그 결과를 장담할 수 없음을 이 책을 마무리하는 시점에서 알게 되었다. 이 책이 20년 연구의 결과물이지만, 저자의 글쓰기 능력부족으로 독자에게 쉽게 읽히는 책이 되지 못함을 솔직히 고백해야 겠다. 이 책의 초안을 읽고 난 후 어렵다는 어느 사범님의 말씀은 이 책을 집필하는 내내 나의 머릿속을 떠나지 않았다. 차후 출판될 『검도현상학』에서 이 점을 보완하겠다는 다짐으로 면피하고자 한다.

이 책을 기획하고 완성하는 과정을 생각해 본다면, 다양한 감정이 나에게 일어났다.

특히, 저자가 기술한 검도철학의 내용에 따라 자신이 행동하였는지 반성해 본다면, 긍정적인 답을 내놓기보다는 부끄러움이 앞선다. 시간의 흐름에 따라 저자의 검도철학에 대한 학문적 이해와 깊이는 발전하였는지 모르지만, 검도수행의 열정과 깊이는 학교와 일을 핑계로 상대적으로 줄어들었다는 것 또한 사실이다. 다만 이 책을 마치면서 검도수행에 더 많이 매진해야겠다는 다짐으로 아쉬운 마음을 대신하고 싶다.

오늘날 검도의 위상은 과거 저자가 검도를 배우기 시작한 환경과 관심에 비해 본다면, 상대적으로 검도에 대한 관심은 줄어들었다. 검도가 요즘 젊은이들에게 어떤 매력을 줄 수 있는지를 생각해보면, 긍정적인 답을 하기란 쉽지 않다. 즉각적인 반응과 결과물에 익숙한 디지털 세대에게 오랜 수행의 시간이 필요한 검도는 쉽게 다가가 배울 수 있는 매력적인 것으로 인식되지 않는다. 대학에서도 검도동아리의 인원이 줄어들고, 검도도장의 인원도 상대적으로 초등학교 학생에 치우친 느낌이 든다. 저자가 수행하는 검도도장에서도 젊은 친구들을 찾아보기 힘들다. 이제 많은 도장은 묵은 칼의 검도수행의 장으로 변모되고 있다. 누구의 잘못이 아니다. 시대적 환경은 모든 것을 변하게 한다. 살생이 허용되지 않는 시대적 배경이 인격완성의 수단으로 검도를 받아들였듯이 디지털 시대에는 그에 맞는 새로운 검도의 가치를 제시해야 한다. 이와 관련해서 모든 검도사범이나 지도자는 고민해야 할 시점이다.

저자에게 검도의 존재이유는 평생검도이다. 오랜 검도수행의 과정, 즉 평생검도는 저자의 일상적인 삶에 많은 영향을 미치고 있다. 개인적인 관점이지만, 검도는 부드러움, 여유, 상대의 배려, 자신의 반성, 부동심, 삶과 죽음의 근본적인 질문, 심층마음의 작동, 몸과 죽도의 움직임에 따른 경험의 확장, 미묘한 마음의 움직임에 대한 인식과 통제, 심신일여, 인격완성, 경구의혹, 검선일여, 정중동, 동중정, 이외에도 많은 경험을 가능하게 한다. 모든 검도수행자도 평생검도의 과정에서 얻게 된 모든 검도의 경험을 넘어 다른 사람들에게 설명해야 한다. 이는 검도의 지속 가능한 발전을 위한 전제조건이다. 물론 저자는 아직 이 모든 질문에 정확한 답을 할 수 있는 능력은 부족하다. 이 책에서 설명한 검도철학의 내용이 반드시 옳다고 자신 있게 말할 수는 없다. 그러나 명확하게 말할 수 있는 것은 이 책에서 표현한 내용이 저자의 검도수행이 진행됨에 따라 그 내용도 달라질 수 있다는 점이다.

저자에게 검도는 미세한 몸의 움직임에서 일어나는 마음의 통제 가능성을 배우는 기회를 제공한다. 검도는 몸과 마음이 하나 되는 심신 일여를 주장하지만, 저자가 생각하기에는 원래부터 몸과 마음의 하나라는 사실을 검도수행을 통해 경험으로 확인하는 것이라 생각한다. 이러한 상황에서 평상심의 수행은 상대를 차별하지 않는 마음의 존재가 있음을 경험적으로 확인해야 한다. 물론 이러한 경험이 나의 검도수행이나 일상생활에서 지속적으로 유지되지도 못한다는 것 또한 사실이다. 이는 역설적으로 저자에게 끊임없는 반성을 통한 검도수행을 해야 하는 당위성으로 다가온다. 검도수행을 통해 커다란 무언가를 얻기보다는 '오직 할 뿐'이라는 어느 선사의 말처럼 지속적인 수행의 과정 속에서 자연스럽게 모든 것을 차별하지 않는 마음이 나에게 생겨나기를 기원한다.

세상사 모든 것을 혼자 이루는 것은 없다. 이 책의 완성도 나를 아는 모든 사람의 도움으로 가능하였다. 다시 한 번 나를 아는 모든 검도수행자에 감사의 말씀을 드린다.

교검지애(交劍知愛)의 장: kdmusic@hanmail.net

참고문헌

📖

강미라(2011). 몸, 주체, 권력-메를로 퐁티와 퓨코의 몸 개념-. 서울: 이학사.

강손근 역(2001) / 木幡順三. 美와 藝術의 論理. 서울: 집문당.

강신주(2014). 매달린 절벽에서 손을 뗄 수 있는가? 무문관, 나와 마주 서는 48개의 질문. 경기도: 동녘.

강영계 역(2007) / Spinoza. 에티카. 서울: 서광사.

강윤재, 김옥진 역(2004) / Gribbin, J. R. 과학-사람이 알아야 할 모든 것 -. 서울: 들녘.

강진석(2012). 체용철학(體用哲學). 서울: 도서출판 문사철.

고현석 역(2021) / Damasio, A. 느끼고 아는 존재. 서울: 흐름 출판.

고현향(2005). 풍월도 사상이 화랑도의 체육사상에 기친 영향. 미간행 석사 학위 논문, 단국대학교 교육대학원.

곽수경 역(2009) / 易中天. 이충텐 미학강의. 서울: 김영사.

구태훈(2005). 일본 무사도. 서울: 태학사.

권오륜(2000). 양명사상의 스포츠 미학적 탐구. 움직임의 철학: 한국체육철학회지, 8 (1), 123 – 138.

권 호 역(1990) / 李澤厚. 華夏美學. 서울: 동문선.

권 호 역(1995) / 張立文. 도. 서울: 동문선.

김경자 역(2000) / 小林信次. 무용미학. 서울: 현대미학사.

김광명, 김진엽 역(2009) / Shusterman, R. C. 프라크마티즘 미학-살아 있 는 아름다움, 다시 생각해보는 예술-. 서울: 북코리아.

김권택(2010). 신라화랑의 신체활동과 무도사상 고찰. 미간행 박사학위논문, 수원대학교 대학원.

김권택, 오주성(2011). 화랑세기에 기록된 신라화랑의 무도. **무예연구, 5**(2), 1-26.

김기홍(2003). 화랑 설치에 관한 諸 史書의 기사 검토: 김대문『花郎世記』와의 관련성을 중심으로. **역사교육, 88,** 115-145.

김동환 역(2018) / Slingerland, E. **애쓰지 않기 위해 노력하기.** 고반: 경기도.

김동환, 최영호 역(2012) / Johnson, M. **몸의 의미-인간 이해의 미학-.** 서울: 동문사.

김 린 역(2017) / Damasio, A. **데카르트의 오류-감성, 이성, 그리고 인간의 뇌-.** 서울: ㈜눈출판그룹.

김말복 역(1994) / Sheets-Johnson, M. **무용의 현상학.** 서울: 예전사.

김문환(1989). **미학의 이해.** 서울: 문예출판사.

김미선 역(2006) / Koch, C. **의식의 탐구-신경생물학적 접근-.** 시크마크레스: 서울.

김미선 역(2007) / Llinás, R. R. **꿈꾸는 기계의 진화-뇌과학으로 보는 철학 명제-.** 서울: 북센스.

김미선 역(2009) / Noë, A. **뇌과학의 함정.** 서울: 갤리온.

김민철 역(2006) / Nivison, D. **유학의 갈림길.** 서울: 철학과 현실사.

김복희(2004a). 호메로스의 운동경기에 나타난 영웅의 특징과 Arete. **한국체육학회지, 43**(4), 3-16.

김복희(2004b). **고대 올림픽의 세계.** 서울: 살림.

김부찬(2005). 화랑도(花郎徒)의 체육철학으로서 풍류도(風流道). **한국스포츠리서치, 16**(3), 1801-1810.

김상범(2018). 무도수련을 통한 도덕성 함양은 가능한가. **움직임의 철학: 한국체육철학회지, 26**(2), 99-107.

김상헌(2009). 『화랑세기』**에 나타난 화랑도 체육의 체육사적 의미.** 미간행 석사학위논문, 부산교육대학교 교육대학원.

김선지(2009). **운동학습과 제어.** 대한미디어: 서울.

김인희(1996). 스포츠를 통해 지각되는 미의 요소와 그 미적 체험의 구조. 미간행 박사학위논문, 부산대학교 대학원.

김재일(1996). 검도총서. 서울: 서민사.

김정행, 최종삼, 김창우 역(2002) / Kim, D., & Bäck A. 무도론. 서울: 교학연구사.

김정현(2000). 니체의 몸 철학. 서울: 문학과 현실사.

김진성 역(2007) / Aristoteles. 형이상학. 서울: 이제이북스.

김창룡(1996). 스포츠미학의 시론. 서울: 21세기 교육사.

김창룡, 이광자 역(1999) / 樋口 聰. 스포츠 미학. 서울: 21세기 교육사.

김창우(2008). 플라톤의 '선수다움'에 대한 윤리적 소고. 움직임의 철학: 한국체육철학회지, 16(4), 273 -385.

김학주 역주(2006) 中庸. 서울: 서울대학교 출판부.

김현용(2016). 스포츠인문학-다쿠앙 소호의 부동신묘록연구-. 서울: 안티쿠스.

김형중(2011). 덕(德), 함양과 행위 지침. 미간행 박사학위논문, 고려대학교 대학원.

김희영 역(1992) / 湯淺泰雄. 身體. 서울: 박문사.

김태식(2002).『화랑세기』또 하나의 신라. 서울: 김영사.

김태형(2005). 화랑도의 체육활동과 체육사상적 의의. 미간행 석사학위논문, 부산교육대학교 교육대학원.

김태훈(1999). 덕 교육론. 서울: 양서원.

김태희 역(2018) / Husserl, E. 사물과 공간. 경기도: 아카넷.

노양진 역(2000) / Johnson, M. 마음 속의 몸-의미·상상력·이성의 신체적 근거-. 서울: 철학과 현실사.

노양진(2009). 몸 언어 철학. 서울: 서광사.

노양진(2013). 몸이 철학을 말하다-인지적 전환과 체험주의의 물음-. 경기도: 서광사.

노양진, 나익주 역(2006) / Lakoff, G., & Johnson, M. 삶으로서 은유. 서울: 박이정.

노영란(2009). **덕윤리의 비판적 조명**. 서울: 철학과 현실사.

노혜숙 역(2003) / Csikszentmihalyi, M. **창의성의 즐거움**. 서울: 더난출판사.

노태돈(1995). 필사본『화랑세기』의 사료적 가치. **역사학보**, 147, 325 – 362.

류상호(2008). **프로농구의 미적 체험론에 관한 연구**. 미간행 박사학위논문, 동아대학교 일반대학원.

류의근 역(2002) / Merleau – Ponty, M. **지각의 현상학**. 서울 : 문학과 지성사

문성화 역(1998) / Hans Ineichen. **철학적 해석학**. 서울: 문예출판사.

민영숙 역(1992) / 胡小明. **체육미학**. 서울: 동문선.

박동철(1996). **검도 수행체험의 교육적 및 철학적 가치**. 미간행 박사학위논문, 세종대학교 대학원.

박동철(2014). 검도수행에서 체현된 철학적 가치. **움직임의 철학: 한국체육철학회지**, 22(3), 1 – 20.

박상휘(2018). **선비, 사무라이 사회를 관찰하다**. 창비: 경기도.

박선영 역(2011) / Beilock, S. **부동의 심리학**. 서울: 21세기 북스.

박이문(2007). **현상학과 해석학**. 서울: 지와 사랑.

박인성 역(2008) / Gallagher S., & Zahavi, D. **현상학적 마음**. 서울: 도서출판b.

박인성 역(2016) / Thompson, E. **생명 속의 마음**. 서울: 도서출판b.

박종현 역(1997) / Plato. **플라톤의 국가**. 서울: 서광사.

박철홍 역(2016) / Dewey, J. **경험으로서 예술 1**. 서울: 나남출판사.

박치완, 김용석 역(2009) / Jullien, F. **현자에게는 고정관념이 없다**. 서울: 한울아카데미.

박홍식 역(2001) / 阿部忍.. **체육·스포츠철학론·무도론**. 서울: 대경북스.

박희준 역(1990) / 湯淺泰雄. **氣·修行·身體**. 서울: 범양출판사.

백기수(1985). **예술의 사색**. 서울: 서울대학교 출판부.

백기수(1996). **美의 思索**. 서울대학교 출판부: 서울.

백영미 역(2004) / Ackerman, D. **감각의 박물관**. 파주시: 작가정신.

백종현(2007). **철학의 개념과 주요문제**. 서울: 철학과 현실사.

백종현 역(2009) / Kant. **판단력 비판**. 서울: 아카넷

석봉래 역(2013) / Thompson, E., Rosch, E., & Valrela, F. **몸의 인지과학**. 서울: 김영사.

성백효 역주(2009). **大學·中庸集註**. 서울: 전통문화연구회.

송일훈, 이황규, 이진수(2006). 퇴계 이황의 덕으로서의 신체운동. **한국체육학회지, 45**(1), 45-54.

송형석, 이학준 역(2006) / Hyland, D. W. **스포츠 철학**. 서울: 북스힐.

신오현(2003). **원효 철학 에세이-반야와 해탈의 현상학-**. 서울: 민음사.

신재성 역(2020) / Jay, M. **경험의 노래들**. 경기도: 글항아리.

신재홍(2009). **『화랑세기』 역주**. 서울: 태학사.

신정근 역(2010) / 李炳海. **동아시아 미학-동아시아 정신과 문화를 꿰뚫는 핵심키워드 24-**. 서울: 동아시아.

신현군(2007). **스포츠체험과 이해**. 서울: 숙명여자대학교 출판부.

안동림 역주(1999). **벽암록**. 서울: 현암사.

안자산(1974). **朝鮮武士英雄傳**. 서울: 정음사.

양경미, 권만규 역(2006) / 新渡戶稻造. **일본의 무사도**. 서울: 생각의 나무

양선규(1995). **칼과 그림자**. 서울: 知識工作所

양원곤 역(2002) / 宮本武藏. **오륜서**. 서울: 미래의 창.

양혜림(2011). **현대해석학 강의**. 서울: 집문당.

염정삼(2007). **《설문해자주》 부수자 역해**. 서울: 서울대학교출판문화원.

오만종 역(1999) / Sarah, A. **공자와 노자 그들은 물에서 무엇을 보았는가?** 서울: 예문서원.

오만종, 양회석, 김태완, 장춘석(2005). **중국 고대 학술의 길잡이: 『漢書·藝文志』 註解**. 전남: 전남대학교 출판부.

오병남(2003). **미학강의**. 서울: 서울대학교출판문화원.

오용득(1996). **가다머의 철학적 보편성과 해석학적 세계경험**. 미간행 박사학위 논문, 동아대 일반대학원.

오현택(2006). 덕론의 스포츠윤리학적 함의. **움직임의 철학: 한국체육철학회지, 14**(1), 19-33.

우재호 역(2007) / 孟子. **맹자**. 서울: 을유문화사.

유권종, 박충식 역(2009) / Varela, F. **윤리적 노하우**. 서울: 갈무리.

유기홍(2016). 劍道 本에 내재한 원리. **선도문화, 제20호**, 469 – 495.

유원기(2001). 동서양의 중용(中庸)개념. **공자학 제8호**, 119 – 141.

윤미정(2011). 스포츠에서 미와 도덕성과의 연결 – 칸트철학을 중심으로 – . **한국체육학회지, 50**(2), 13 – 20.

윤재근(2006). **東洋의 本來美學**. 서울: 나들목.

염정삼(2007). 《설문해자주 부수자》 **역해**. 서울: 서울대 출판부.

이강래 역(1998) / 김부식. **삼국사기 1, 2**. 서울: 한길사.

이광호 역(2004) / 朱熹 呂祖謙. **近思錄 集解 Ⅰ. Ⅱ**. 서울: 아카넷.

이기동(1994). 신라화랑도 연구의 현 단계. **이기백선생 고희기념 한국사학논총 上**. 서울: 일조각.

이기상 역(1988) / Heidegger, M. **존재와 시간**. 서울: 까치출판사.

이남인(2004). **현상학과 해석학**. 서울: 서울대출판국.

이남인(2006). **후설의 현상학과 현대철학**. 서울: 풀빛미디어.

이남인, 김태희 역(2020) / Husserl. **내적 시간의식의 현상학**. 경기도: 서광사.

이동철, 최진석, 신정근 엮음(2005). **21세기의 동양철학**. 서울: 을유문화사.

이문성, 안용규(2009). 신체의 아레테(arete) 테크네(techne) – 아리스토텔레스를 중심으로 – . **움직임의 철학: 한국체육철학회지, 17**(3), 53 – 63.

이상인 역(2009) / Plato. **메논**. 서울: 이제이 북스.

이상우(1999). **동양미학론**. 서울: 시공아트.

이상호(2008). **스피노자(Spinoza)의 신체관 연구**. 미간행 석사학위논문, 동아대 일반대학원

이상호(2011). **검도에서 깨달음의 구조에 관한 현상학적 연구**. 미간행 박사학위논문, 동아대 일반대학원.

이상호(2013). 『화랑세기』에 보이는 검도의 해석학적 함의. **대한무도학회지, 15**(2), 67 – 82.

이상호(2015a). 무도에서 기(氣)가 갖는 함의 – 현상학적 몸 자신(proper body)의 관점에서 – . **움직임의 철학: 한국체육철학회지, 23**(1), 63 – 83.

이상호(2015b). 『화랑세기』에 보이는 무도의 해석학적 함의. **움직임의 철학:**

한국체육철학회지, 23(3), 161 – 180.

이상호(2015c). 무도윤리의 출발점과 방향모색. 움직임의 철학: 한국체육철학회지, 23(4), 53 – 70.

이상호(2016a). 무도윤리의 인지과학적 적용가능성. 움직임의 철학: 한국체육철학회지, 24(1), 201 – 219.

이상호(2016b). 무도현상학. 움직임의 철학: 한국체육철학회지, 24(3), 151 – 171.

이상호(2017a). 검도철학의 일 고찰. 움직임의 철학: 한국체육철학회지, 25(1), 197 – 213.

이상호(2017b). 검도철학의 일 고찰 II – 몸, 움직임, 경험과 반성을 중심으로 – . 움직임의 철학: 한국체육철학회지, 25(2), 139 – 159.

이상호(2017c). 무도철학과 인지과학. 움직임의 철학: 한국체육철학회지, 25(3), 117 – 145.

이상호(2018). 검도철학에 대한 일 고찰(III) – 검도에서의 깨달음의 의미와 방법 – . 움직임의 철학: 한국체육철학회지, 26(3), 67 – 79.

이상호(2019a). 무도해석학. 움직임의 철학: 한국체육철학회지, 27(1), 53 – 66.

이상호(2019b). 무도의 마음(心)과 유식학(唯識). 움직임의 철학: 한국체육철학회지, 27(4), 119 – 134.

이상호(2020). 검도철학에 대한 일 고찰(IV) – 검도윤리의 이론적 검토와 실천적 방법 – . 움직임의 철학: 한국체육철학회지, 28(4), 91 – 106.

이상호, 박동철(2002). 검도깨달음의 구조에 관한 연구 – 후설(Husserl)의 현상학적 관점에서 – . 대한무도학회지, 14(1), 35 – 49, 2012.

이상호, 이동건(2009a). 스피노자의 신체관. 움직임의 철학: 한국체육철학회지, 17(2), 91 – 106.

이상호, 이동건(2009b). 검도에서의 무의식행위 – Husserl의 발생론적 현상학을 중심으로 – . 움직임의 철학: 한국체육철학회지, 17(4), 1 – 17.

이상호, 이동건(2010). 검도에서 아레테와 덕의 의미. 움직임의 철학: 한국체육철학회지, 18(2), 1 – 18.

이상호, 황옥철(2012). 무도철학의 실천적 함의와 이해. 움직임의 철학: 한국체육철학회지, 20(3), 45-63.

이상호, 황옥철(2014a). 무도윤리학의 형성근거에 대한 고찰. **움직임의 철학: 한국체육철학회지**, 22(3), 39 – 57.

이상호, 황옥철(2014b). 무도의 덕(德)과 인격적 성품의 방향. **움직임의 철학: 한국체육철학회지**, 22(4), 21 – 38.

이상호, 황옥철(2017). 무도윤리의 예(禮)와 윤리적 노하우(know – how). **움직임의 철학: 한국체육철학회지**, 25(4), 175 – 192.

이선철 역(2011) / 木田 元, 野家啓一, 村田純一, 鷲田淸一. **현상학사전**. 서울: 도서출판b.

이승환(2004). **유교담론의 지형학**. 서울: 푸른숲.

이 양(2006). **심리학으로 본 기(氣)**. 서울: 교육과학사.

이영호, 이종훈 역(1988) Husserl. **현상학의 이념: 엄밀한 학으로서의 철학**. 서울: 서광사.

이재언 역(2003) / Dewey, J. **경험으로서의 예술**. 서울: 책세상.

이정우(2004). **개념의 뿌리들 02**. 서울: 철학아카데미.

이정우 역(2007) / Gottlieb, A. **이성의 꿈**. 서울: 산해.

이정학(2005). 화랑도의 체육교육사상에 관한 연구. **움직임의 철학: 한국체육철학회지**, 13(1), 113 – 123.

이정학(2008). 동양무도와 서양스포츠에 관한 철학적 담론. **대한무도학회지**, 10(2), 37 – 46.

이종림(2006). **검도교본**. 서울: 삼호미디어.

이종림(1999). **朝鮮勢法考**. 한국체육학회지, 38(1), 9 – 21.

이종욱 역주해(1999). **『화랑세기』 – 신라인의 신라이야기 –**. 서울: 소나무.

이종욱(2000). **『화랑세기』로 본 신라인 이야기**. 서울: 김영사.

이종욱(2003). **화랑**. 서울: 휴머니스트.

이종욱(2010). 『화랑세기』를 보는 눈. **한국고대사탐구**, 6, 5 – 27.

이진수(1987). **신라화랑의 체육사상연구**. 서울: 보경문화사.

이진수(1999). **일본무도연구**. 서울: 교학연구사.

이진수(2001). **한국체육사상사**. 서울: 한양대출판부.

이진수(2004). **동양무도연구**. 서울: 한양대출판부.

이종훈 역(1997) / Husserl. **경험과 판단**. 서울: 민음사.

이종훈 역(2002) / Husserl. **데카르트적 성찰**. 서울: 도서출판 한길사.

이종훈 역(2008) / Husserl. **엄밀한 학문으로서의 철학**. 서울: 지만지.

이종훈 역(2009a) / Husserl. **순수현상학과 현상학적 철학의 이념들 1**. 서울: 한길사.

이종훈 역(2009b) / Husserl. **순수현상학과 현상학적 철학의 이념들 2**. 서울: 한길사.

이창우, 김재홍, 강산진 역(2006) / Aristotle. **니코마코스 윤리학**. 서울: 이제이북스.

이태열(2017). **지능의 탄생**. 서울: 바다출판사.

이학준(1997). 스포츠 심미현상의 본질적 양면성: 스포츠의 맛과 멋. **한국체육학회지, 36**(2), 20－26.

이학준(2004). 멋의 스포츠 철학: 표현, 정신, 형태. **움직임의 철학: 한국체육철학회지, 12**(1), 279－291.

이학준(2006). 심판오심과 도덕적 책임. **한국체육학회지, 45**(6), 81－89.

이한우 역(2001) / Palmer, R. E. **해석학이란 무엇인가**. 서울: 문예출판사.

이한우 역(1994) / Ryle, G. **마음의 개념**. 서울: 문예출판사.

이향준(2015). 도 (道) 개념의 인지적 주석, 그리고 그 너머. **동양철학, 43**, 113 －141.

이형민 역(2016) / 酒井利信. **일본 검도의 역사**. 서울: 한토.

이혜진 역(2010) / Shusterman, R. **몸의 의식**. 서울: 북코리아.

임지룡, 윤희수, 노양진, 나익주 역 (2002) / Lakoff, G., & Johnson, M. **몸의 철학-신체화된 마음의 서구 사상에 대한 도전-**. 서울: 박이정.

임지원 역(2007). / Damasio, A. **스피노자의 뇌**. 서울: 사이언스북스.

임일혁(2002). 태권도 겨루기의 미적 고찰. **대한무도학회지, 4**(1), 75－87.

임일혁(2003). 동양무예의 미적 특성에 관한 연구. **움직임의 철학: 한국체육철학회지, 11**(1), 43－59.

임일혁(2005). 태권도 미학의 특성에 관한 연구. **움직임의 철학: 한국체육철학회지, 13**(3), 26－38.

임일혁(2007). **태권도와 미학의 만남**. 서울: 레인보우북스.

임일혁, 김지혁(2008). 태권도 경기 관중의 미적 체험. **움직임의 철학: 한국 체육철학회지**, 16(4), 173-187.

임홍배 역(2012) / Gadamer, Hans-Georg. **진리와 방법 2-철학적 해석학 의 기본 특징-**. 서울: 문학동네.

은정희 역주(1991). **원효의 대승기신론 소·별기**. 일지사: 서울.

장성수(2003). 동양적 미학에 기초한 스포츠의 내재적 미에 대한 이해. **한국 체육학회지**, 42(2), 43-51.

장성수(2004). 스포츠의 반미학적 현상에 대한 고찰. **한국체육학회지**, 43(6), 67-76.

장성수(2009). 탁월성의 체육적 이해. **움직임의 철학: 한국체육철학회지**, 17(2), 211-223.

장성수, 신현군, 이정학(2008). 주관적 규정에 기초한 스포츠미학에 대한 고 찰. **한국체육학회지**, 47(5), 47-56.

장원석 역(2005) / Ames, R. T. **동양철학, 그 삶과 창조성**. 서울: 성균관대 출판부.

장원석 역(2019) / Ames, R. T., & Hall, D. L. **일상사에 초점 맞추기-『중용』의 번역과 철학적 해석**. 성남시: 한국학중앙연구원출판부.

장정윤(2004). 체육미학의 현상학적 조명. **움직임의 철학: 한국체육철학회 지**, 12(1), 178-196.

장정윤(2005). **무용하는 신체, 세계 속의 신체**. 서울: 교학연구사.

장질환(2011). **東洋 武道 精神性의 實存에 대한 考察**. 미간행 박사학위논문, 용인대학교 일반대학원.

장호연 역(2000) / Dabney, T. **미학 입문**. 서울: 이론과 실천사.

정경숙(2001). **신라화랑도 신체수련의 사상적 배경**. 미간행 박사학위논문, 경북대 일반대학원.

정병조 역(1983) / 太田九紀. **불교의 심층심리**. 서울: 현음사.

정양은 역(2005) / James, W. **심리학의 원리 1**. 서울: 아카네.

정승현 역(2007) / Searle, J, R. **마인드**. 서울: 까치글방.

정창호 역(2004) / Herrigel, E. **활쏘기의 선**. 서울: 삼우반.

조광제(1993). **현상학적 신체론-후설에서 메를로 퐁티에로의 길**. 미간행 박
사학위논문, 서울대학교 대학원.

조광제(2008). **의식의 85가지 얼굴-후설현상학의 주요 개념들-**. 서울: 글
항아리.

조민환(2005). **21세기의 동양철학**. 서울: 을유문화사.

조성을 역(1987) / 赤塚 忠. **중국사상개론**. 서울: 이론과 실천

조쟁규(2003). 학교체육에서의 스포츠 미학교육. **한국체육학회지**, 42(3), 85-94.

하피터(2013). 택권도에서의 "심신(心身)수련"과 일원론적 "기(氣)"개념. **움
직임의 철학: 한국체육철학회지**, 21(2), 151-170.

한양희 역(2018) / 小林弘幸. **의식하지 않는 기술**. 서울: 이터.

한자경(2016). **심층마음의 연구-자아와 세계의 근원으로서의 아뢰야식-**. 경
기도: 서광사.

한전숙(1989). **현상학의 이해**. 서울: 민음사.

한창호 역(2008) / Gumbrecht, H. U. **매혹과 열정**. 서울: 돌베게.

황정현(2008). 도핑에 관한 아리스토텔레스주의적 접근. **움직임의 철학: 한
국체육철학회지**, 16(4), 31-44.

허광수(2021). **검도**. 용인시: 직지.

최명관 역(2008) / Aristotle. **니코마코스 윤리학**. 서울: 창.

최영찬, 최남규, 황갑연, 박용진(2003). **동양철학과 문자학: 유가철학 주요개
념의 형성과 변천**. 서울: 아카넷.

최재묵 역주(2006). **노자**. 서울: 을유문화사.

최재성(2005).『**화랑세기**』**에 나타난 화랑도 교육과 정신**. 미간행 석사학위논
문, 경상대학교 교육대학원.

최종삼, 김영학, 최종균 역(2006) / 田中守 외3. **日本武道論**. 서울: 무지개사.

최현석(2011). **인간의 모든 감정**. 경기도: 서해문집.

『三國史記』

『三國遺事』

『老子』

『莊子』

『中庸』
『春秋左氏傳』
『論語』
『大學』
『孟子』
『禮記』

Arnold, P. J. (1985). Aesthetic Aspects of Being in Sport: The Performer's Perspective in Contrast to that of the Spectator. *Journal of the Philosophy of Sport, 12*(1) 1−7.

Bäck, A. (2009). The Way to Virtue in Sport. *Journal of the Philosophy of Sport, 36*(2) 217−237.

Bennett, A. C. (2015). *Kendo: Culture of Sword.* California: University of California Press.

Best, D. (1985). Sport is Not Art. *Journal of the Philosophy of Sport, 12*(1), 25−40.

Broadie, S. (1991). *Ethics with Aristotle.* New York: Oxford University Press.

Budd, M. (2008). Aesthetic Essence, In Shusterman. B., & Tomblin, A. (ed.), *Aesthetic Experience.* New York: Routledge.

Chan, Wing−Tsit (1967). *Reflections on Things at Hand*(近思錄). New York: Colombia University Press.

Colombett, G. (2014). *The Feeling Body: Affective Science meets the Enactive.* Cambridge: The MIT Press.

Corlett, J. (2002). Virtue Lost: Courage in Sport, in *Philosophy of Sport.* Holowchak, M. A. (ed.). New Jersey: Prentice Hall.

Cox, J. L. (2010). *An Introduction to the Phenomenology of Religion.* london: Continuum.

Damasio, A. (2003). *Looking for Spinoza.* New York: A Harvest Books.

Damasio, A. (2018). *The Strange order of Things: Life, Feeling, and the Marking of Culture*. New York: Penguin Random House.

Dombrowski, D. A. (2009). *Contemporary Athletics and Ancient Greek Ideals*. Chicago: The University of Chicago Press.

Donohue, J. (1999). *Complete Kendo*. Boston: Tuttle Publishing.

Dreyfus, H. L. (2016). *Skillful Coping: Essays on the Phenomenology of Everyday Perception and Action*. New York: Oxford University Press.

Drummond, J. J. (2008). *Historical Dictionary of Husserl's Philosophy*. Lanham: The Scarecrow Press.

Fisher, M. (1972). Sport as an Aesthetic Experience. In. Gerber, E. W. (ed.), *Sport and the Body*. Philadelphia: Lea & Febiger.

Forster, A. (1989). The nature of martial arts and their change in the West, in *Mind and Body*. Kleinman, S. (ed.). Illinois: Human Kinetics Publishers.

Gadamer, H.—G. (2004). *Truth and Method*. Weinsheinmerm, J., & Marshall, D. G. (trans.). Continuum: London & New York.

Gallagher, S. (2005). *How the Body Shapes the Mind*. Oxford: Oxford University Press.

Gallagher, S. (2012). *Phenomenology*. New York: Palgrave Macmillan.

Gibson, J. J. (1950). *The Ecological Approach to Visual Perception*. Boston: Houghton Miffin.

Herrigel, E (1991). *Zen in the Art of Archery*, Hull, R. F. C. (trans.). New York: Randon House.

Holowchak, M. A. (2000). "Aretism" and Pharmacological Engogenic Aids In Sport: Taking a Short at the Use of Steroids. *Journal of the Philosophy of Sport*, *27*(1), 35—50.

Husserl, E. (1983). *Ideas Pertaining to a Pure Phenomenology and to a Phenomenological Philosophy—First Book: General Introduction to a Pure Phenomenology*. F. Kersten. (trans.). The Hague: Nijhoff.

Husserl, E. (2001). *Ideas Pertaining to a Pure Phenomenology and to a Phenomenological Philosophy—Third Book: Phenomenology and the Foundations of the Sciences*, T. E. Klein & W. E. Pohl. (trans.). Dordrecht: Kluwer.

Husserl, E. (1989). *Ideas Pertaining to a Pure Phenomenology and to a Phenomenological Philosophy—Second Book: Studies in the Phenomenology of Constitution*. R. Rojcewicz a & A. Schuwer. (trans.). Dordrecht: Kluwer.

Jackon, S. & Csikszentimihaly, M. (1999). *Flow in Sports*. Champaign: Human Kinetics.

Jeffrey, K. M. (2012). *When Buddhists Attack*. Vermont: Tuttle Publishing.

Kerry, S. S., & Armour, K. M. (2000). Sport Science and the Promise of Phenomenology: Philosophy, Method, and Insight. *Quest, 52*, 1−17.

Kim, D., & Bäck, A. (2001). *The Way to Go: Philo sophy in Martid Arts*. Seoul: NANAM Publising House.

Kupfer, J. (2001). Perfection as Negation And Aesthetics of Sport. *Journal of the Philosophy of Sport, 28*(1), 18−31.

Lee, Sang−ho (2016). The Phenomenology of Understanding of Ki(氣) in Martial Arts. *Journal of Korean Philosophic Society for Sport and Dance. 24*(4), 1−16.

Lee, Y., Lee, S., Carello, C., & Turvey, M. T. (2012). An archer's perceived form scales the "hitableness" of archery targets. Journal of Experimental Psychology: *Human Perception and Performance, 38*(5), 1125-1131. https://doi.org/10.1037/a0029036

Lowe, B. (1977). *The Beauty of Sport−A Cross−disciplinary Inquiry*. New Jersey: Prentice−Hall.

Määttäner, P. (2015). *Mind in Action: Experience and Embodied Cognition in Pragmatism*. Switzerland: Springer.

MacIntyre, A. (1984). *After Virtue*. Indiana: University of Notre Dame Press.

Mann, J. K. (2012). *When Buddhists Attack: The Curious Relationship Between Zen and the Martial Arts*. Singapore: Tuttle Publishing.

Merleau−Ponty, M. (2012). *Phenomenology of Perception*. Lades, D. A. (trans.). New York: Routledge.

Miller, S. G. (2004a). *ARETE: Greek Sports from Ancient Sources*, California: University of California Press.

Miller, S. G. (2004b). *Ancient Greek Athletics*. New Haven and London: Yale University Press.

Morgan, W. (1973). An Existential Phenomenological Analysis of Sport as a Religious Experience. Osterhoudt, R. G. (ed.). *The Philosophy of Sport*, 78−107. Illinois: Charles C Thomas Publisher.

Pakaluk, M. (2005). *Aristotle's Nicomachean Ethics*. Cambridge: Cambridge University Press.

Priest, G., & Young, D. (2010). *Martial Arts and Philosophy*. Illinois: Open Court.

Rabieh, L. R. (2006). *Plato and the Virtue of Courage*. Baltimore: The Johns Hopkins University Press.

Reid, H. L. (2002). *The Philosophical Athlete*. Durham: Carolina Academic Press.

Reid, H. L. (2007). Sport and Moral Education in Plato's Republic. *Journal of the Philosophy of Sport*, *34*(2), 160−175.

Reid, H. L. (2009). Sport, Philosophy, and the Quest for Knowledge. *Journal of the Philosophy of Sport*, *36*(1), 40−49.

Reshotko, N. (2006). *Socratic Virtue*. Cambridge: Cambridge University Press.

Sarkissian, H. (2021). Skill and experience in three schools of classical Chines thought. In Fridland, E. & Pavese, C. (ed.), *The Routledge*

Handbook of Philosophy of Skill and Experiecne. New York: Routledge.

Schneider, R. C. (2009). *Ethics of Sport and Athletics*. Baltimore: Wolters Kluwer.

Shaner, D. E. (1985). *The Bodymind Experience in Japanese Buddhism*. New York: State University of New York Press.

Sheets—Johnson, M. (2011). *The Primary of Movement*. Amsterdam: John Benjamins.

Sing, S. C. (2004). *Spiritual of Sport: Balancing Body and Soul*. Cincinnati: St. Anthony Messenger Press.

Slingerland, E. (2003). *Effortless Action: Wu—wei as Conceptual Metaphor and Spiritual Idea in Early China*. New York; Oxford University Press.

Smith, A. (2016). *Experiencing Phenomenology*. New York: Routledge.

Sokolowiski, R. (1999). *Introduction to Phenomenology*. New York: Cambridge University Press.

Thomas C. E. (1983). *Sport in a Philosophic Context*. Philadelphia: Lea & Febiger.

Tilghman, B. R. (1991). *Wittgenstein, Ethics and Aesthetics*. London: The Macmillan Press.

Tomlin, A. (2008). Introduction. In Shusterman, R., & Tomlin, A. (Eds), *Aesthetic Experience*. New York: Routledge.

Tversky, B. (2019). *Mind in Motion: How Action Shapes Thought*. New York: Basic Books.

Vannatta, S. (2008). A Phenomenology of Sport: Playing and Passive Synthesis. *Journal of the Philosophy of Sport, 35*(1), 63—72.

Varela, F. J. (1987). Laying down a path in walking. In Tompson, W. I. (ed.), *Gaia, a Way of Knowing, Political Implications of the New Biology*. New York: Lindisfarne Press.

Varela, F. J., Thompson, E., & Rosch, E. (1999). *The Embodied Cognition: Cognitive Science and Human Experience*. Cambridge: MIT Press.

Weiss, P. (1969). *Sport: A philosophic inquiry*. Carbondale: Southern Illinois University of Press.

Wright, L. (2003). Aesthetic Implicitness in Sport and the Role of Aesthetic Concept. *Journal of the Philosophy of Sport*, *30*(1), 83－92.

崔在穆(2009). 韓國における「武の精神」·「武士道」の 誕生. **한국양명학회**. 22, 313－359.

馬場欽司(1991). **劍道藝術論**. 東京: 體育スポーツ出版社.

富木謙治(2007). **武道論**. 東京: 大修館書店.

小田佳子(2017). **日韓劍道**. 東京: 靑弓杜

小川忠太郎(2011). **百回稽古**. 東京: 體育とスポーツ出版社

一川 一(2008). **劍道修行の心德**. 東京: skijournal株式會社.

池田 論 訳(2010) 沢庵 宗彭. **不動智神妙錄**. 東京: 德間書店.

湯淺泰雄(1986). **氣 修行 身體**. 東京: 平河出版社.

湯淺泰雄(1990). **氣と人間科學**. 東京: 平河出版社.

樋口 聰(1987). **スポーツの 美學 －スポーツの 美の 哲學的 探究－**. 東京: 不味堂出版刊.

http://preview.britannica.co.kr/bol/topic.asp?article_id＝b04d3637a

http://www.etymonline.com/index.php?term＝aesthetic

www.dubest.net/mencius.html

www.etymonline.com/index.php?search＝virtue&searchmode＝none

www.wikipedia.org/wiki/arete

국립국어원 표준어대사전(http://stdweb2.korean.go.kr/search/List_dic.jsp)

네이버 지식사전

네이버 한자사전

한국민족문화대백과사전

찾아보기

📖

저자 소개

이상호 검도6단(여명관, 대한검도회)

저자는 대학을 졸업하고, 게임회사에 근무 중 무도철학의 관심으로 진로를 바꾸게 되었고, 동양철학, 현상학, 인지과학(박사 후 과정)을 공부하였다. 한국체육철학회 편집이사와 학술이사를 역임했고, 한국체육철학회 부회장으로 일하고 있다. 한국체육철학회 최우수 논문상을 2회 수상하였다. 현재 경성대학교에서 학술연구교수로 한국e스포츠학회 총무이사와 한국e스포츠학회지 편집위원으로 일하고 있다. 그리고 검도현상학, 무도현상학, e스포츠인지행동과 관련된 연구를 진행 중이다. 저서로는 『무도철학과 무도윤리』, 『e스포츠의 이해』, 『e스포츠의 학문적 이해』가 있고, 역서로는 『보이지 않는 e스포츠』, 공저로는 『게임은 훌륭하다』, 『Esports Business Management』, 『e스포츠와 인지과학』 등이 있다.

검도철학

초판발행	2023년 2월 17일
지은이	이상호
펴낸이	안종만 · 안상준
편 집	김윤정
기획/마케팅	정성혁
표지디자인	이영경
제 작	고철민 · 조영환
펴낸곳	(주) **박영사**
	서울특별시 금천구 가산디지털2로 53, 210호
	(가산동, 한라시그마밸리)
	등록 1959. 3. 11. 제300-1959-1호(倫)
전 화	02)733-6771
f a x	02)736-4818
e-mail	pys@pybook.co.kr
homepage	www.pybook.co.kr
ISBN	979-11-303-1638-3 93690

copyright©이상호, 2023, Printed in Korea

* 파본은 구입하신 곳에서 교환해 드립니다. 본서의 무단복제행위를 금합니다.
* 저자와 협의하여 인지첩부를 생략합니다.

정 가   32,000원